Afin de vous informer de toutes ses publications, **marabout** édite des catalogues où sont annoncés, régulièrement, les nombreux ouvrages qui vous intéressent. Vous pouvez les obtenir gracieusement auprès de votre libraire habituel.

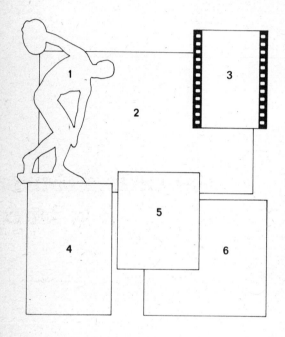

Les illustrations de la couverture:
1. *Le Discobole,* Myron, d'après document antique, Musée des Thermes, Rome.
2. Vue éloignée du *Taj Mahal,* Agra.
3. Charlie Chaplin dans *Le Dictateur.*
4. *La Joconde,* L. de Vinci, Louvre, Paris.
5. Scène du *Bourgeois Gentilhomme,* Molière à la Comédie-Française.
6. *Mozart à 13 ans devant son clavecin,* peinture de Th. Helbing, Musée Mozart, photo N. Glaser.

Gabrielle BORILE

100 chefs-d'oeuvre
à la loupe

marabout

Nous tenons tout particulièrement à remercier pour leur très précieuse collaboration : Roland Deflorenne (musicologue), qui a rédigé les textes relatifs à la musique, ainsi que Sophie Orloff (historienne de l'art contemporain).

Et pour leur aimable participation : François Rivière (écrivain), Sophie Godin et Marie-Françoise Dispa (journalistes), Pierre Loze (historien de l'art).

Sommaire

Introduction

Qui peut aujourd'hui prétendre être un Pic de la Mirandole ? Depuis cette époque mémorable où l'on pouvait encore assimiler toute la culture du passé, chaque siècle a enrichi l'Histoire de la civilisation d'une multitude d'informations en tous genres. Aussi est-il devenu rare cet éclectisme qui, dans le domaine des arts, nous permettrait de connaître tout à la fois la musique et la littérature, la peinture et l'architecture, le cinéma comme la sculpture.

Dans notre XXe siècle si turbulent a-t-on encore le temps de se plonger dans de grosses encyclopédies ? Souvent la profusion des noms et des références qui grouillent sur des milliers de pages ont plutôt tendance à décourager le néophyte. Devant ces lectures titanesques, on a vite fait de laisser tomber les bras. Aussi faut-il, lorsque l'on désire par exemple jeter un petit coup d'oeil sur le beau monde qui a hanté la littérature, avaler cinq ou six volumes où apparaissent à côté des plus grands, telle oeuvre chinoise du VIe siècle ou telle illustre inconnue du XIe siècle syldave ! Veut-on consacrer quelques heures à découvrir les plus grands films du monde ? Ou les chefs-d'oeuvre de la musique ? Il va falloir investir une somme coquette pour s'offrir un ouvrage — volumineux sans doute — où l'on ne pourra que s'égarer dans la masse des oeuvres citées au point de ne plus pouvoir distinguer dans cette forêt touffue les arbres qui méritent le détour.

Il nous a paru évident que certaines oeuvres-clés, célèbres entre toutes, constituaient de véritables mythes, et qu'elles pouvaient à elles seules faire l'objet d'un ouvrage économique, court et simple à absorber. De la Messe en si Mineur jusqu'aux Rhapsodies hongroises, de La Joconde aux Pyramides, de l'Ulysse de Joyce aux Illusions perdues, en passant par Providence ou Le Cuirassé Potemkine, les chefs-d'oeuvre méritent qu'on s'y attarde sans pour autant devenir un rat de bibliothèque ou un pilier de musées !

La culture dans le plaisir

Si 100 chefs-d'oeuvre à la loupe *peut intéresser quelque étudiant en mal de résumé et servir à rafraîchir les souvenirs scolaires, son ambition est aussi d'évoquer des oeuvres qui n'ont pas droit de cité derrière les hauts murs des lycées, telles la peinture ou la musique par exemple… Nous avons cherché par ailleurs à intégrer autant que possible des créations modernes : Bob Dylan et les Beatles ont désormais autant d'importance dans notre culture que Liszt ou Bach, tout comme Agatha Christie et Hemingway en ont par rapport à Dante et Goethe.*

Un tel ouvrage, qui aborde en quelque 400 pages des domaines aussi divers, ne pouvait être exhaustif : c'est son essence même, du reste, que de ne présenter qu'un spectre sélectif…

Enfin, dans un souci d'économie de texte et pour rendre la lecture plus aisée, la présentation des oeuvres s'efforce d'être rigoureuse dans sa structure : le résumé ou la description est suivi par des commentaires et par une biographie de l'auteur.

Mais une telle approche n'exclut pas le plaisir ! Trop souvent on oublie que les créateurs — ces grands funambules de l'émotion — sont des spécialistes de l'extravagance et du délire. Nous n'avons pas oublié de relever les outrances et le spectaculaire qui président souvent à la naissance des chefs-d'oeuvre. Sait-on que Léonard de Vinci écrivait de droite à gauche ? Et qu'Agatha Christie, cette grande Duchesse de la Mort, était un drôle d'oiseau qui prit un jour la clé des champs en mettant en scène sa propre disparition ? Que dire des frasques de Bob Dylan et de la vie sentimentale de Beethoven ou de Tchaïkovski ? Y a-t-il vraiment des bourdes dans Guerre et paix ? *En architecture, la folie se niche ailleurs, dans les chiffres, dans les 2.500.000 rivets de la* tour Eiffel *ou dans les 10.000.000 de briques de l'*Empire State Building. *L'art n'est-il pas un maëlstrom de fantaisies ? Orson Welles s'affublait toujours d'un faux nez avant de paraître sur une scène. Quant à Godard, il a filmé à plusieurs reprises les héros de* A bout de souffle *à partir de voitures d'enfant. Qui a dit que la culture était ennuyeuse ?*

G.B.

Les chefs-d'oeuvre

de la

littérature

L'Amant
de lady Chatterley
1928

David-Herbert Lawrence (1885-1930)

L'oeuvre

Lady Constance Chatterley est mariée à Clifford, un Anglais de vieille souche qui est revenu de la guerre paralysé de la moitié inférieure du corps. Il écrit des contes, rêve de renommée et ne vit que de littérature. Les longues soirées intellectuelles qu'il passe en compagnie de ses amis en vaines conversations ennuient Constance. Elle se sent étrangère à cette vie stérile, vidée de sa substance. «Tout cela n'était qu'un songe; ou plutôt un simulacre de la réalité».

C'est alors que Constance Chatterley rencontre le garde-chasse de son mari, Mellors, homme farouche et secret, réfugié dans la nature après la rupture avec sa femme et qui cherche dans sa retraite à oublier de nombreux problèmes.

Cet homme fruste, mais sensible, va représenter pour Constance Chatterley toute la liberté et l'épanouissement du corps. Leur liaison d'abord physique se mue en une véritable passion, tous deux explorant inlassablement les plaisirs de la chair.

La femme de Mellors, de retour chez elle, ne pourra lutter contre le couple et, en dépit de la mesquinerie de son époux qui refuse le divorce, Constance Chatterley vivra avec Mellors. De leur amour naîtra un enfant.

Jugé scandaleux, L'Amant de lady Chatterley *fut interdit en Angleterre jusqu'en 1960!*

Un chef-d'oeuvre

L'érotisme

Dans une Grande-Bretagne puritaine, engoncée dans le conformisme et la pudibonderie, D. H. Lawrence eut le courage de défendre un credo qui fit scandale : le retour aux pulsions fondamentales de l'homme, la foi dans la nature et l'instinct. Avec *L'Amant de lady Chatterley,* c'est sans masque aucun qu'il écrivit son apologie du corps humain.

Pour D. H. Lawrence, l'homme ne peut se révéler à lui-même que par l'érotisme. Toute son oeuvre est imprégnée par cette quête, ce besoin de se fondre dans la sexualité. L'équilibre entre l'esprit et le corps, l'harmonie de l'action et de la pensée concernant la sexualité sont pour lui le seul moyen d'atteindre à la plénitude.

Un moraliste

Mais il serait simpliste de ne voir en Lawrence qu'un apôtre de la liberté sexuelle. L'amour physique en définitive ne représente pour lui que la partie visible de ce complexe mécanisme des passions qu'il s'efforça de comprendre tout au long de sa vie. Pour ce panthéiste amoureux de la nature, parler de la sexualité, la prôner, c'était aussi une façon détournée d'encourager le lecteur à vivre, à renouer avec tous ses instincts, qu'ils soient de sentir, voir ou goûter.

L'homme naturel, pense Lawrence, s'est laissé dévorer par l'homme social qui ne sait plus écouter son corps, qui cache l'appel des corps derrière des tabous. «L'esprit moderne tout entier est en train de sombrer dans ces formes viles des démences-tabous. J'appelle ça un gaspillage de la saine conscience humaine». Voulant briser ces interdictions sociales, Lawrence a pris les mots à bras le corps, mis l'écriture à nu : «Nous devons accepter le mot *cul* comme nous acceptons le mot visage, car nous avons des *culs* et nous en aurons toujours».

> «*C'est là la vraie signification de ce livre. Je veux qu'hommes et femmes puissent penser les choses sexuelles pleinement, complètement, honnêtement et proprement.*» D. H. Lawrence

Porteurs de cette provocation, tous ses romans, qui furent interdits en Angleterre, dépassaient le simple cadre moral pour rejoindre la critique sociale et politique. Lawrence, avant Reich, avait déjà distingué ce que les tabous sexuels impliquaient dans l'aliénation des masses.

Le couple

Dans la passion qui unit Constance Chatterley et son garde-chasse, on a pu voir la confirmation de tout ce que D. H. Lawrence avait écrit et pensé sur la femme et le couple. Notions littéraires qui furent étroitement liées à sa vie personnelle. Etrange rapport en effet que celui d'une femme «supérieure» socialement à son amant et que l'on retrouve dans plusieurs autres de ses romans...

Cette image du couple lui aurait été inspirée par le violent contraste qui existait entre sa mère, d'origine bourgeoise, intellectuelle et idéaliste, et celle de son père : mineur, d'une nature instinctive et plutôt fruste.

Lui-même, dans sa propre vie, ne s'est-il pas conformé à cette image ? Il épousa en effet, lui le fils de mineur, une femme de l'aristocratie allemande, beaucoup plus âgée que lui, Frieda von Richthofen...

> *«A ses yeux, ce n'est pas par la conscience de ce qu'il a de particulier que l'individu s'atteint, c'est par la conscience la plus forte de ce qu'il a de commun avec tant d'autres : son sexe»* Malraux

L'auteur

David Herbert Lawrence est né en 1885, à Nottingham, une triste banlieue ouvrière, d'un père mineur et d'une mère d'origine bourgeoise. Après de brèves études, il devient apprenti, mais à seize ans une pneumonie l'oblige à renoncer aux travaux manuels. Il commence des études d'instituteur et reçoit une bourse du Nottingham University College. c'est à cette époque qu'il se lie d'amitié avec Jessie Chambers, une jeune fille qui le stimule à la lecture. Ils vont ensemble découvrir pendant plusieurs années la littérature anglaise et française.

> *« Chez Lawrence, la conscience exaltée de la sensualité peut seule combattre la solitude humaine. »* Malraux

Il publie ses premiers poèmes en 1909 et deux ans plus tard son premier roman, *Le Paon blanc* (1911).

La mort de Siegmund (1912) lui est inspiré par ses premières amours et *Amants et fils* (1913) par la mort de sa mère (1910) qui le marque profondément ; il s'efforce de transcrire le malaise d'un fils écartelé par des origines sociales qui s'opposent.

Pour raison de santé, il abandonne son poste d'instituteur, travaille en Allemagne où il se lie avec Frieda von Richthofen qu'il épouse à son retour en Angleterre, en 1914. *L'Arc-en ciel* (1915), jugé obscène et interdit dans son pays, sera suivi de *Women in love* (1920). Sa femme étant allemande, le couple est soupçonné d'espionnage et doit quitter les Cornouailles. Ils voyageront en Italie, en Amérique et en Australie jusqu'en 1925, tous deux en quête d'une vie communautaire utopique.

Après quatre autres romans dont *La Verge d'Aaron* (1922) et *Le Serpent à plumes* (1926), D.H. Lawrence publie son roman le plus connu, *L'Amant de lady Chatterley* (1928) qu'il défendra contre les nombreuses critiques par deux essais : *Pornographie et obscénité* (1929) et *A propos de l'Amant de lady Chatterley* (1930).

Souffrant depuis longtemps de tuberculose, il meurt d'une hémoptysie en 1930.

> *« En matière sexuelle, l'esprit est en retard ; à vrai dire, il l'est en tout ce qui concerne les actes physiques. Nos pensées sexuelles traînent et rampent dans une obscurité, une peur secrètes qui nous viennent de nos rudes ancêtres, encore à demi-bestiaux. »* D. H. Lawrence

Le Bruit
et la Fureur
1929

William Faulkner (1897-1962)

L'oeuvre

Dans l'Etat du Mississipi, une vieille famille déchue du Sud, les Compson, voit trois générations s'affronter : Jason Compson et sa femme Caroline ; leur fille Caddy et leurs trois fils : Benjy, Quentin et Jason ; Quentin, enfin, la fille de Caddy.

Caddy, la fille des Compson, mène une vie dissolue ; elle aime les hommes et ils le lui rendent bien. Enceinte, elle se marie.

Lorsqu'il apprend ce mariage quelques jours plus tard, Quentin, l'un des frères, étudiant à Harvard, décide de se suicider. Le 2 juin, il s'absente de ses cours, achète des fers à repasser et s'en va les cacher sous un pont en prévision de son acte. Quentin aime sa soeur, mais non pas comme un frère aime une soeur : il la désire physiquement. Le mariage de la soeur trop aimée, c'est plus que ne peut en supporter ce garçon tourmenté par des idées d'inceste et de suicide.

Dix-huit années s'écoulent au cours desquelles la déchéance des Compson se poursuit : le père meurt d'alcoolisme ; Caddy, chassée par son mari, abandonne à sa famille sa petite fille, prénommée Quentin en souvenir du frère mort ; Benjy est châtré à la suite d'une tentative de viol...

Jason, le troisième frère Compson, est le type même du sournois, du sadique. Tout son entourage en pâtit. Il brutalise sa nièce, lui vole l'argent que lui envoie sa mère. Il surveille Quentin, l'épie, elle qui, comme Caddy, ne dédaigne pas la compagnie des hommes. Quentin découvre un jour le magot que cachait Jason dans sa chambre, s'en empare et s'enfuit.

«*C'est une histoire que conte un idiot, une histoire pleine de bruit et de fureur, mais vide de signification*». Shakespeare, *Macbeth*

Un chef-d'oeuvre

Une structure complexe

Nul ne l'a jamais nié, *Le Bruit et la Fureur* est une oeuvre difficile. Cela s'explique sans doute par la structure qu'a imposée Faulkner : il a divisé son roman en quatre parties correspondant chacune à une journée, et le récit est chaque fois transmis par un narrateur différent. Faulkner en outre n'a pas hésité à bousculer la chronologie des événements.

Enfin, la difficulté d'accès à l'oeuvre est encore exacerbée par le fait que la première partie du livre (la première journée, c'est-à-dire le 7 avril 1928) est vue à travers les yeux de Benjy, l'idiot. Son présent, son passé — sa castration, l'ivrognerie du père, le mariage de Caddy — il ne les raconte pas en réalité : l'incohérence de ses propos, leur caractère discontinu nous les laissent seulement entrevoir. Mais tout comme ces animaux qui, à l'approche d'un séisme s'affolent, s'enfuient, Benjy sent les drames qui se préparent. Son discours, c'est celui de l'angoisse, de la folie.

La seconde journée, celle vécue par Quentin, le frère, dix-huit ans plus tôt, c'est aussi un discours de folie, mais d'une folie maîtrisée. L'amour qu'il porte à Caddy rend cependant sa dernière promenade, ses fers à repasser sous le bras, émouvante et nostalgique.

Jason est le narrateur de la troisième journée, le 6 avril, veille du jour où Jason soliloque : c'est une vision haineuse mais cependant cohérente qui reflète bien toute l'insensibilité et la rudesse du personnage.

Le récit de la journée du 8 avril 1928 clôt le roman. Faulkner y renonce à la technique du monologue et relate, à la troisième personne, d'une manière objective, l'épilogue de l'histoire : le vol de Quentin et sa fuite. S'ouvrant sur les perceptions désordonnées et angoissées de Benjy, le roman s'achève sur une note d'apaisement relatif.

Un roman charnière

Le Bruit et la Fureur constitue un saisissant raccourci de l'oeuvre de Faulkner. Tous les thèmes, toutes les obsessions, toute la technique d'écriture de l'auteur apparaissent dans ce roman que l'on peut qualifier de jeunesse. Si, au plan littéraire, *Le Bruit et la Fureur* n'est peut-être pas l'oeuvre la plus réussie, ni la plus aboutie, c'est certainement celle où, pour la première fois, Faulkner devient Faulkner.

Le Sud

Toute l'oeuvre s'enracine dans le Sud des Etats-Unis. Plus précisément, «le petit carré de sol natal», Oxford (Mississipi) — devenu par la grâce de l'imaginaire et de l'écriture, le légendaire comté de Yoknapatawpha et son chef-lieu Jefferson — se transforme en un champ clos où près de cent personnages, dont beaucoup sont récurrents comme chez Balzac, jouent une nouvelle comédie humaine.

Le Sud de Faulkner, c'est le paradis perdu d'avant la Guerre de Sécession. Ce Sud vaincu, colonisé, déchu : Faulkner écrit pour lui rendre son identité, sa gloire, son mythe. L'épopée du Sud dont il ne se résigne pas à faire son deuil, c'est aussi sa propre épopée dans l'aviation qui lui a été refusée ; ces actions héroïques, cette gloire qui n'étaient pas au rendez-vous.

L'écriture devient alors le moyen d'une reconquête imaginaire. Mais l'écriture du Sud ne se confond pas avec le régionalisme : Faulkner n'est pas Giono ou Pagnol... Faulkner s'engloutit dans l'écriture («Il a écrit des livres et il est mort») : une façon de dire le tragique, l'absurdité et le non-sens du paradis perdu devenu enfer, de l'homme devenu une bête.

Le sexe et la mort

Le sexe et la mort, «porte d'entrée et porte de sortie du monde», sont omniprésents dans l'oeuvre de Faulkner et *Le Bruit et la Fureur* illustre bien cette double polarité : l'appétit sexuel de Caddy et de sa fille Quentin, la tentative de viol de Benjy, l'attirance physique du frère Quentin pour sa soeur ; le suicide de Quentin, la mort du père, la castration de Benjy (mort de l'organe de vie)...

L'acte sexuel, chez Faulkner, est toujours décrit comme une entreprise bestiale, répugnante ou perverse. Dans *Sanctuaire*, roman où Popeye force Temple à l'aide d'un épi de maïs, dès qu'il est question, souvent de manière voilée, des choses du sexe, le personnage — femme ou enfant (l'innocence...) — est pris de nausée et vomit. Les héros de Faulkner souffrent de n'être pas des anges (toujours le mythe du paradis perdu) et se vengent du monde en le faisant plus noir qu'il n'est.

La mort, elle, est pourriture, décomposition, destruction. Péché et chute, voilà deux maîtres-mots du Faulkner puritain biblique. Le monde de Faulkner, comme l'a bien vu André Malraux, «c'est un monde où l'homme n'existe qu'écrasé».

Un maître d'écriture

Il y a un avant Faulkner et un après Faulkner dans l'histoire littéraire. Influencé certes par Joyce et son monologue intérieur — *Le Bruit et la Fureur* en est un exemple typique — Faulkner est à l'origine d'une technique nouvelle fondée sur la puissance de l'inexprimé. Faulkner juge les mots de piètres amis. Désire-t-il créer un effet particulier, il remplace les mots par des images et les faits par des symboles. Il ne raconte plus, il suggère. Principalement dans les scènes à connotation sexuelle, les phrases incomplètes, inabouties inspirent à la fois le désir et la crainte de «savoir». Grâce au mystère qui en résulte, les scènes tragiques acquièrent un caractère hallucinant. L'affleurement de l'inconscient (c'est d'autant plus sensible chez des êtres perturbés comme Benjy) produit une écriture faite de pulsions et de censure.

L'auteur

Né le 25 septembre 1897 à New Albany (Mississipi), William Falkner (transformé en «Faulkner» — faucon — en 1918) est l'arrière-petit-fils de William Clark Falkner, auteur d'un roman d'aventures célèbre en son temps, *La Rose blanche de Memphis*. Dès 1902, la famille s'établit à Oxford (Mississipi). Le jeune William y fait des études médiocres. Dès 1914, il se lie avec Phil Stone qui deviendra son mentor et avec Estelle Oldham à qui il dédie ses premiers poèmes.

William Faulkner s'engage dans la RAF canadienne en 1918, mais à peine s'est-il enrôlé que l'Armistice est signé! C'en est fait des rêves de gloire et des exploits tant souhaités. D'autre part, Estelle Oldham se marie. L'immédiat après-guerre voit ainsi Faulkner privé de gloire, de métier et de femme : il va donc «entrer en littérature»...

Suit une période de maturation, de 1920 à 1926, pendant laquelle Faulkner exerce des «petits métiers», voyage (Nouvelle Orléans, Italie, Angleterre, France), écrit des poèmes. Il travaille aussi à son premier roman, *Monnaie de singe*. L'année 1926 marque le début d'une période exceptionnellement féconde, au plan littéraire, puisque Faulkner écrit et publie, sur une période de cinq ans, *Monnaie de singe, Moustiques, Le Bruit et la Fureur, Tandis que j'agonise, Sanctuaire* auxquels il convient d'ajouter une quarantaine de nouvelles.

En 1929, William Faulkner épouse Estelle Oldham qui a divorcé de son premier mari. Le couple s'installe, l'année suivante, à «Rowen Oak», une ferme dans laquelle Faulkner habitera et travaillera jusqu'à sa mort.

Dès lors, les romans vont succéder aux nouvelles et les nouvelles aux romans : *Lumière d'août* (1932), *Pylône* (1935), *Absalon ! Absalon !* (1936), *Palmiers sauvages* (1939), *Le Hameau* (1940), *L'Intrus* (1948), *Le Gambit du Cavalier* (1949), *Requiem pour une nonne* (1951), *Parabole* (1954). Faulkner obtient le Prix Nobel de littérature en 1950.

Cette production littéraire foisonnante ne réussit cependant pas à le faire vivre, lui et sa famille. Dès 1932, Hollywood fait appel à lui ; c'est sans grand enthousiasme qu'il y écrira de nombreux scénarios. Il appelera ses séjours dans La Mecque du cinéma, «ses mines de sel»... On lui doit notamment le scénario du *Port de l'angoisse* de Howard Hawks (adapté du roman d'Hemingway, *En avoir ou pas*) et *Le Grand Sommeil,* du même Hawks, avec Humphrey Bogart et Lauren Bacall.

> «*Mon but, la tension de mon effort, est que l'histoire et la somme de ma vie tiennent en une phrase qui soit à la fois ma nécrologie et mon épitaphe : Il a écrit des livres et il est mort.*»
> Faulkner

Cent Ans de solitude
1967

Gabriel Garcia Marquez (1928)

L'oeuvre

Après un duel à la lance au cours duquel il abat Prudencio Aguilar, José Arcadio Buendia, pourchassé sans répit par le spectre du mort, décide de quitter son pauvre hameau situé sur les contreforts de la sierra pour partir à la recherche d'un débouché sur la mer. Après avoir erré pendant des mois dans une zone de bourbiers, loin des derniers indigènes croisés en chemin, José Arcadio renonce à son entreprise et, pour ne pas avoir à retourner sur ses pas, s'installe avec sa petite troupe d'hommes, de femmes et d'animaux auprès d'une rivière et fonde le village de Macondo.

Ce petit village, formé d'une vingtaine de maisons en glaise et roseaux, devient rapidement prospère, tant grâce à l'ingéniosité du patriarche, alchimiste improvisé transformant des débris métalliques en or, qu'à l'esprit d'entreprise de son épouse Ursula, tout entière consacrée à son commerce de coqs et de poissons en sucre.

C'est ainsi que, dans cette région sud-américaine isolée du reste du monde, s'épanouit la dynastie des Buendia qui, bien que forte et vigoureuse, n'en est pas moins marquée dès le départ par une fatalité : celle de l'inceste, pratiqué, il y a quelques siècles, par un

> « En quelques années, Macondo devint le village le mieux administré, le plus laborieux de tous les villages au-dessus de trois cents habitants connus jusqu'alors. En vérité, c'était un village heureux : nul n'avait plus de trente ans, personne n'y était jamais mort. » Cent ans de solitude

ancêtre d'Ursula et une ancêtre de José Arcadio, tous deux unis par un proche lien de parenté, et sanctionné par la naissance terrible d'un enfant à queue de cochon.

Au fil des longues années et de générations qui ne font que perpétuer l'inceste initial, la prospérité et l'harmonie de Macondo s'éteignent lentement, au gré des dissensions qui divisent la famille des Buendia, mais aussi parce que cette région de marigot se fait l'écho des tumultes politiques, des guerres civiles et du courant de fanatisme religieux qui traverse le pays. C'est ainsi que l'évolution de Macondo ne sera plus, après la fermeture de la compagnie bananière qui avait fait sa richesse, qu'une longue décadence. Le point de non-retour est atteint avec la mort d'Aureliano Babilonia, qui voit son Macondo natal subrepticement envahi par les émanations funestes de la «civilisation», tandis que les membres de la famille Buendia s'entre-déchirent…Bientôt les dimensions du village se réduisent jusqu'à disparaître peu à peu de la carte du monde…

> «… *car il était dit que la cité des miroirs (ou des mirages) serait rasée par le vent et bannie de la mémoire des hommes à l'instant où Aureliano Babilonia achèverait de déchiffrer les parchemins, et que tout ce qui y était écrit demeurerait depuis toujours et resterait à jamais irrépétible, car aux lignées condamnées à cent ans de solitude, il n'était pas donné sur terre de seconde chance.*» Cent ans de solitude

Un chef-d'oeuvre

Une épopée moderne
Ce quatrième roman de Gabriel Garcia Marquez a la forme d'une chronique des générations qui se suivent dans la dynastie des Buendia, toutes marquées de la même façon par l'inceste fatidique. Cette histoire d'une famille, dont les membres semblent perpétuer l'essence en incarnant chacun un de leurs lointains ancêtres, est en effet indissolublement liée à la chronique mythologique du village de Macondo : sa fondation, sa grandeur et sa décadence forment les étapes réinterprétant de manière colorée le modèle du Paradis Perdu.

Mais, et c'est là la force de Garcia Marquez, ce cadre épique s'enrichit des apports du romanesque : *Cent Ans de solitude*, c'est en effet une somme d'histoires individuelles — de «solitudes» — et les innombrables personnages, loin de se fondre dans la masse indifférenciée d'une collectivité propre à l'ordre épique, présentent chacun une destinée personnelle et une épaisseur unique.

Les ravages du temps

Dès les premiers contes de Garcia Marquez, marqués par l'obsédante présence de la mort, apparaît un des thèmes fondamentaux de *Cent Ans de solitude* : celui de la famille maudite, incapable de s'adapter au passage du temps, et finalement détruite par lui. La dynastie des Buendia est en effet l'aboutissement d'une humanité désorientée, sans espoir, que rien ni personne ne peut amener à vivre le temps de l'histoire, simplement parce qu'elle ne croit pas en ses propres valeurs. Ces «cent années de solitude» ne sont qu'érosion et déliquescence : elles passent simplement et, après un âge d'or initial, usent les êtres et les choses pour finalement ruiner, détruire et tuer.

Va-et-vient...

Ce temps cyclique et continuellement recommencé dans son mouvement destructeur est mis en scène dans le roman sur le mode d'un va-et-vient, d'un aller-retour constant opéré par le narrateur à travers les décennies, au gré des associations d'idées et des faits principaux qui ont marqué la dynastie des Buendia. A ce temps fluctuant de la quotidienneté se joint le temps du fabuleux, des apparitions spectrales, de l'alchimie, un temps plus débridé qui s'oppose au temps ordinaire comme l'Eternité s'opposerait à l'Histoire.

L'auteur

Gabriel Garcia Marquez est né en 1928 dans le village colombien d'Aracataca. De cette contrée riante, il ne cessera de conserver la nostalgie. Une nostalgie qui, mêlée à la hantise du prodigieux univers de son enfance, inspirera le thème, constant dans son oeuvre, du Paradis Perdu.

A l'âge de 27 ans, Garcia Marquez voit paraître son premier

roman, *La Hojarasca.* dans lequel figure déjà Macondo, village mythique et transposition de l'Aracataca natal. Jeune romancier couvert d'éloges dès sa première publication, il est avant tout journaliste. Rédacteur anonyme dès 1948 dans un quotidien de Cartagena, *El Universel,* il s'installe fin 1949 à Barranquilla où il tient, dans *El Heraldo,* une chronique humoristique curieusement intitulée *La Chèvre*, qu'il signe du pseudonyme de Septimus.

En 1953, après avoir travaillé quelque temps comme voyageur de commerce, Garcia Marquez devient rédacteur en chef d'un autre journal de Barranquilla, *El Nacional,* une feuille à sensation, avant d'être engagé par l'un des plus grands quotidiens colombiens, *El Espectador,* de Bogota, et de réaliser l'année suivante son premier reportage qui, d'emblée, fit de lui l'un des plus prestigieux reporters latino-américains.

C'est en 1959 que se situe le tournant de sa carrière journalistique. C'est en effet à cette date qu'il participe à la création de l'antenne *Prensa Latina,* agence récemment créée par la révolution cubaine et qui lui donne l'occasion de pratiquer un journalisme différent et contestataire.

A partir de cette époque, grâce à l'aisance et à la renommée que lui procure le succès de *Cent Ans de solitude* puis de *L'Automne du patriarche,* Garcia Marquez devient un homme politique affirmé qui, après avoir collaboré au plus haut niveau avec le P.C. colombien, se fait ambassadeur occulte des causes humanitaires et progressistes d'Amérique latine et du Tiers Monde. Ce sont les rencontres et l'amitié de Castro, Torrijos, Neto et, plus récemment, de Mitterrand. C'est aussi la constante protestation contre le «statut de sécurité» promulgué en Colombie le 6 septembre 1978. Et c'est enfin l'oeuvre du romancier le plus lu de son pays et du monde hispanique, une oeuvre qui universalise les valeurs humaines de sa région d'origine, la «côte atlantique» de Colombie, et plus largement la culture afro-hispanique et le cosmopolitisme du monde caraïbe.

Le Conformiste
1951

Alberto Moravia (1907)

L'oeuvre

Le jeune Marcello, 13 ans, grandit pratiquement abandonné à lui-même dans une vaste demeure des beaux quartiers de Rome. Il s'adonne en particulier au massacre des lézards et à sa fascination pour les armes qu'il collectionne secrètement. L'isolement dans lequel le laissent une mère mondaine et coquette et un père menacé par la folie, est passagèrement comblé par l'amitié — ou plutôt l'admiration — qui le lie à un voisin plus âgé que lui: Roberto.

Un jour, tandis qu'il est en proie aux violences de ses camarades d'école qui se moquent de son caractère efféminé, Marcello est abordé par Lino, un prêtre défroqué à l'allure équivoque. D'étranges relations, faites d'attirance et de répulsion, se nouent entre l'adolescent et l'homme qui, sous prétexte de lui montrer un révolver, l'attire bientôt dans sa chambre et cherche à assouvir par la force son désir sexuel. Marcello perd la tête et, comme dans un rêve, abat le vieux séducteur humilié et suppliant.

Dix-sept ans plus tard, Marcello aborde une trentaine parfaitement sereine et conventionnelle. Les troubles de son passé semblent enfouis à jamais. Fonctionnaire au ministère de l'Intérieur, il est prêt à devenir un bon époux et un bon père. En fait, sous ses dehors petit-bourgeois et pacifiques, Marcello travaille pour le Service secret. Cette étrange organisation s'est fixée pour but d'éliminer les déviants politiques, tel Quadri, professeur de philosophie, devenu chef des exilés antifascistes parisiens, que le jeune homme a pour mission d'abattre. Pour Marcello, c'est le début d'une longue marche vers la violence. Le fascisme devient sa seule raison d'être.

Tandis qu'il passe à Paris le voyage de noces le plus traditionnel, c'est en réalité à la préparation de l'assassinat de Quadri qu'il se consacre tout entier. Un singulier chassé-croisé a lieu entre les deux couples Marcello-Julia et Quadri-Livia, l'épouse du professeur dont Marcello tombe amoureux. Le jeune homme hésite longtemps entre l'amour impossible qu'il éprouve pour cette jeune femme en laquelle il voit l'incarnation de la pureté, et la rigueur de son adhésion au fascisme qui lui dicte son assassinat. Il choisit finalement de rester fidèle au Service secret et d'aller jusqu'au bout de sa mission.

L'épilogue voit la chute du fascisme et les retrouvailles de Marcello avec Lino, qui n'était pas mort, contrairement à ce que croyait Marcello. Débarrassé du fardeau de son premier crime, il se met à la recherche d'une nouvelle innocence. Mais c'est la mort qui vient à sa rencontre, sous l'aspect d'un châtiment divin : son épouse et sa fille sont toutes deux abattues lors d'une attaque aérienne, sur une petite route de campagne.

Un chef-d'oeuvre

La normalité à tout prix

Comme dans ses précédents romans, Moravia utilise, dans *Le Conformiste,* une technique originale : il dissèque les malaises de toute une génération à travers un seul personnage dont il retrace l'itinéraire particulier. C'est ainsi que Marcello est l'adolescent-type, désarmé devant les expériences ambiguës et les instincts qui assaillent tout jeune garçon de treize ans.

La crise de l'adolescence l'oblige à passer de l'innocence qui lui permettait un rapport direct avec le monde, à la prise de conscience nécessaire à toute action. Après avoir cherché vainement auprès de ses parents une règle de conduite, Marcello se tourne vers Roberto, cherche en lui un modèle auquel se conformer. C'est ainsi que pour Marcello, la règle va devenir la norme. « Il n'aurait jamais su dire pourquoi il attribuait tant d'autorité à Roberto : il pensait obscurément que si Roberto faisait également ces choses, de cette façon et avec ces sentiments, cela voulait dire que tout le monde les faisait ; et ce que tout le monde faisait était normal, autrement dit bien. »

Mais puisque Roberto se dérobe à son appel, la crise des structures autoritaires persiste. Marcello va alors tenter de combler ce vide par un mirage : celui d'être comme Monsieur-Tout-Le-Monde ; il va censurer impitoyablement cette « richesse tumultueuse et obscure » qu'il sentait en lui à l'âge de 12 ans. Cette normalité, utopique puisqu'elle est le résultat d'une sorte de « moyenne géométrique » totalement abstraite, Marcello n'arrivera évidemment pas à l'atteindre, si ce n'est par des expédients tels que le conformisme désincarné et l'élimination des déviants, soit des résistants à l'idéologie mussolinienne.

Une interprétation singulière du fascisme

S'il fut salué, lors de sa publication, par un accueil des plus froids, *Le Conformiste* n'en présente pas moins une analyse très pertinente de la crise des valeurs qui mena au fascisme. A travers la représentation de la famille de Marcello, Moravia en effet met en scène un certain aspect de la désintégration et de la décadence de la grande bourgeoisie. Une décomposition sociale qui mène le jeune homme à se raccrocher à un bloc de glace, soit à adhérer à l'ordre noir.

Pour Moravia, le fascisme ne peut se définir autrement que négativement. L'ordre qu'il impose n'est que pure et simple négation du désordre. C'est ainsi qu'il devient force de mort et non de vie. Une force de mort qui va de pair avec l'incommunicabilité qu'elle fait naître. Pour Moravia, en effet, loin d'instaurer ce contact mythique, charismatique entre le chef et la foule que certains essayistes ont cru déceler, le fascisme ne fait pas autre chose qu'« ériger en système l'incommunicabilité tant du dictateur avec les masses que des citoyens entre eux et avec le dictateur ».

Cependant, Moravia entendait déborder le cadre strict du fascisme mussolinien : il rejoint ainsi la conception d'un Thomas Mann qui, en affirmant que « l'époque tout entière est fasciste », rattachait le fascisme à un malaise plus général de la société européenne.

> « *Pourquoi devient-on fasciste ? Pour échapper à l'intolérable sentiment d'être différent des autres et comme tel coupable.* »
> Moravia

L'auteur

Alberto Moravia (Alberto Pincherle pour l'état civil) est né à Rome le 22 novembre 1907. Atteint de tuberculose osseuse à l'âge de 9 ans, il est condamné à l'immobilité et se réfugie dans la lecture. Si son véritable maître n'est autre que Dostoïevsky, en qui il voit le fondateur de l'existentialisme, des poètes comme Dante, L'Arioste et Rimbaud enchanteront ses premières lectures.

Ses débuts littéraires très précoces sont d'ailleurs marqués par cet amour de la poésie avec la publication en 1920 de *Dicioto Liriche (Dix-huit Poèmes)*. Mais c'est en 1929, avec la parution des *Indifférents,* que Moravia entre dans la célébrité. Ce premier roman, en prenant à contre-pied l'idéologie mussolinienne, fit l'effet d'une bombe dans les milieux politiques ; Moravia devenait l'archétype de l'écrivain provocateur.

C'est à cette époque également qu'il commence une carrière journalistique tumultueuse en se faisant, de 1930 à 1935, l'un des fleurons de la revue florentine *Solaria,* expression de la jeune fronde littéraire italienne. Mis au ban de la société par le pouvoir établi puisque ses écrits l'obligent à vivre dans la clandestinité, Moravia n'en continue pas moins à poursuivre une oeuvre de plus en plus féconde, avec des essais, des récits de voyages (sur l'URSS, l'Inde, la Chine, l'Afrique...), et des recueils de nouvelles.

Après son mariage en 1941 avec la romancière Elsa Morante, l'inspiration de Moravia se diversifie et puise ses sources dans des éléments fondamentaux de la culture moderne : le marxisme (*La Belle Romaine*-1947) et la psychanalyse (*La Désobéissance*-1948 et *L'Amour conjugal*-1949).

En 1953, Moravia lance avec Alberto Carocci la revue *Novi Argomenti,* qui deviendra l'une des plus importantes revues littéraires d'après-guerre. A ces deux directeurs s'adjoint Pier Paolo Pasolini, qu'une longue et profonde amitié liera à Moravia. C'est à cette époque que Moravia apparaît comme la figure de proue de la vie culturelle italienne. Aujourd'hui encore, ses articles, qui concernent autant la philosophie que le cinéma et la politique, ne cessent de faire autorité tandis que ses derniers romans et recueils de nouvelles comme *Le Paradis* (1970), *La Vie intérieure* (1978) ou *La Chose* (1983) consacrent définitivement sa place majeure dans la littérature italienne contemporaine.

Crime et Châtiment

1865

Féodor Mikhaïlovitch Dostoïevski
(1821-1881)

L'oeuvre

Le ventre creux, terré dans sa mansarde, accablé par la misère qui l'a obligé à quitter l'université, Raskolnikov a échafaudé un étrange projet : il veut commettre un meurtre, celui d'une vieille usurière qui exploite ses semblables d'une façon éhontée.

S'agirait-il d'une mission altruiste ? Grâce à l'argent volé, Raskolnikov se propose bien, tel un Messie, d'aider les siens. Il pourrait délivrer sa soeur Dounia des caprices de propriétaires grossiers. Il pourrait soulager sa mère aussi et, pourquoi pas, ces êtres faméliques, en guenilles, qu'il croise chaque jour.

Mais ce meurtre répond aussi à des considérations bien plus théoriques. Voilà l'occasion pour Raskolnikov de s'affirmer enfin comme un «homme fort» ! Tout esprit supérieur n'a-t-il pas le droit d'être au-dessus des lois ? Et pour disposer de la richesse à laquelle tout surhomme a droit, tous les moyens sont bons, y compris le meurtre : la race des élus n'a que faire de la morale ! Il faut pouvoir sacrifier quelques êtres malfaisants pour des causes plus nobles.

Et Raskolnikov accomplit son crime… Pourtant il doit déchanter. De son projet grandiose, il ne reste qu'un crime sordide, complètement raté : il s'est vu obligé, dans la panique, de tuer également l'innocente soeur de l'usurière et de surcroît, il n'a ramené qu'un butin très réduit.

Mais Raskolnikov n'a que faire de l'argent. Son plus grand désespoir, c'est de constater qu'il a manqué de sang-froid. Ne serait-il pas l'homme fort dont il a rêvé ? Pourtant, il se donne le change, il essaie tant bien que mal d'étayer ses théories qui chancellent. Dévoré par le remords, il ne peut s'empêcher de confesser son crime ouvertement ; il provoque presque Porphyri Petrovich, le juge qui le soupçonne, qui joue au chat et à la souris, prêt à le saisir au premier aveu. L'affaire se complique lorsqu'un ouvrier fou vient s'accuser du crime...

Sombrant dans le délire, Raskolnikov trouve un peu de consolation auprès de Sonia Marmeladov, une jeune fille qui se prostitue pour aider sa famille mais dont la foi est inébranlable. « Baise la terre que tu as souillée par ton crime, dit-elle à Raskolnikov, et proclame tout haut à la face du monde : Je suis un assassin ! ». La voie de la sagesse. Raskolnikov se dénonce aux autorités. Condamné à la déportation en Sibérie, puis à l'exil, il abandonnera sa trouble idéologie, pour retrouver sa foi en la solidarité humaine.

Raskolnikov, le héros de Crime et Châtiment ne veut pas se soumettre à la morale humaine, il se veut au-dessus des lois... Un nom qui n'a pas été choisi au hasard. **Raskol,** *en russe, signifie schisme, séparation. Suite à certains événements historiques, le mot raskolnik est devenu l'équivalent de « rebelle », « insurgé ».*

Sonia, *la jeune femme qui va l'aider à retrouver la foi, fait figure, elle aussi, de symbole. « Et si elle s'appelle Sonia, c'est que ce nom est le diminutif de Sophie, qui veut dire Sagesse ».*
D. Arban.

Un chef-d'oeuvre

Le Surhomme

Il serait bien trop facile de ne voir dans *Crime et Châtiment* qu'un simple roman policier. Drame métaphysique ? Tragédie religieuse ? Ou bien roman psychologique et social ? Le chef-d'oeuvre de Dostoïevski est tout cela à la fois.

Avec *Crime et Châtiment*, Dostoïevski est parvenu à exprimer deux thèmes qui lui étaient chers et qui semblent de prime abord incompatibles. La misère des pauvres gens d'abord à qui il voue une grande tendresse et qui sont devenus les héros d'une fresque sociale très aboutie. Le thème du surhomme ensuite pour lequel Dostoïevski n'a pu cacher sa fascination. Exorcisme ? Toujours est-il que Raskolnikov dont le eoeur balance, semble-t-il, entre ces deux idéaux, finit effectivement par abandonner son credo nietzschéen pour rejoindre les espaces sereins de la foi et de l'amour universel.

Le roman de la rédemption

Le combat douloureux entre les instincts et la pureté — bestialité, crime et débauche s'opposant à la bonté et à l'amour — est également incarné dans les autres personnages de *Crime et Châtiment*. Marmeladov, le père de Sonia, oublie sa misère dans l'ivrognerie ; son épouse encourage Sonia à se prostituer ; Svidrigaïlov, le riche propriétaire symbole de la passion charnelle, empoisonne sa femme pour pouvoir séduire la soeur de Raskolnikov… Une humanité bien peu reluisante. Mais alors même que tout semble perdu pour ces personnages qui ont sombré dans la veulerie, un espoir renaît : repentir dans la mort ou sacrifice de soi, tous retrouvent des vertus oubliées.

> *« Il n'y a pas de bonheur dans le confort, le bonheur s'achète par la souffrance »* Dostoïevski

L'auteur

Né en 1821 à Moscou, Féodor Mikhaïlovitch Dostoïevski souffre très tôt de la brutalité de son père, médecin ivrogne qui mourra d'ailleurs assassiné en 1838 par des serfs qu'il avait maltraités. A l'âge de sept ans, confronté à une scène violente entre ses parents, il subit sa première crise d'épilepsie. Après des études à l'Ecole supérieure des Ingénieurs militaires à Saint-Pétersbourg, il trouve un travail comme dessinateur à la Direction du Génie.

Mais dès 1844, il quitte l'armée et commence à écrire. *Les Pauvres Gens* (1844), très inspiré par Gogol, est bien accueilli, mais aussitôt suivi par un échec. En 1846, il se met à fréquenter les mouvements radicaux fouriéristes et se lie avec Pétrachevsky. Le 23 avril 1849, il est arrêté comme conspirateur, incarcéré et condamné à mort. A l'instant où le peloton d'exécution s'apprête à tirer, il apprend que sa peine est commuée en travaux forcés. Il passe quatre ans au bagne, en Sibérie, puis quatre ans enrôlé dans un régiment.

Ses *Souvenirs de la maison des morts* (1862) inspirés par ses années de bagne lui valent une certaine notoriété. Ses premiers voyages à l'étranger, Allemagne, Angleterre, France, Italie, en compagnie d'une jeune maîtresse, lui font découvrir les plaisirs du jeu ; il joue à la roulette et revient à Saint-Pétersbourg complètement démuni. En 1864, il prend à sa charge la famille de son frère qui vient de mourir et, pour couvrir ses besoins financiers, il signe un contrat d'édition qui frise l'escroquerie. Nouveaux voyages à l'étranger et nouvelles dettes. Il écrit *Crime et Châtiment* dont la publication commence par épisodes dès 1865 dans le Messager russe et remporte un grand succès. Il prépare *Le Joueur* et se remarie avec une jeune secrétaire (1867). *L'Idiot* est publié en 1868 et sera suivi par ses romans de la maturité dont notamment *L'Eternel Mari* (1870), *Les Possédés* (1871), *Les Frères Karamazov* (1880). Cette même année, il prononce le célèbre discours à l'inauguration du Monument à Pouchkine : sa passion pour les Russes, sa foi en la nation est telle qu'il est porté en triomphe et appelé «le prophète». Il meurt en janvier 1881.

Crime et Châtiment *: une analyse psychologique remarquable qui a séduit les scientifiques. Psychiatres et criminologues se sont penchés sur les déboires de Raskolnikov avec tout le sérieux qu'ils auraient mis à examiner un cobaye en chair et en os !*

David Copperfield
1849-1850

Charles Dickens (1812-1870)

L'oeuvre

David Copperfield coule des jours heureux dans la province anglaise, à Yarmouth, en compagnie de sa mère, une douce et jeune veuve, et de l'étrange M. Pergotty, qui cache un coeur tendre sous ses manières brusques. Ce bonheur paisible est rompu par le mariage de Mme Copperfield avec M. Murdstone, homme cruel qui, après avoir causé la fin prématurée de sa naïve épouse, envoie le jeune David à l'école de Salem House où il éprouve bientôt l'incompétence et la brutalité de ses maîtres, particulièrement en la personne de M. Creakle. Seules l'amitié qui le lie au bon Traddles, «le dessinateur de squelettes», et l'admiration qu'il voue au séduisant Steerforh mettent un peu de douceur dans la vie de David.

Hélas une période plus dure s'ouvre bientôt pour le jeune garçon : il est condamné par son beau-père à accomplir de serviles besognes dans le magasin de Murdstone et Gringy à Londres. Il est heureusement réconforté par l'amitié de M. Micawber, un commis voyageur rude mais chaleureux, et de sa famille.

Mais les tâches qui l'occupent à la fabrique de vernissage de chaussures deviennent insupportables pour David Copperfield. Il prend alors la décision de se rendre à pied à Douvres pour retrouver sa tante Betsy Trotwood, une excentrique qui vit en compagnie de M. Dick, un doux maniaque qui ne parvient pas à mener à bien un mémoire sur ses affaires parce qu'il est obsédé par le souvenir de Charles Ier.

Après avoir poursuivi son éducation à Canterburry, dans la maison de l'avocat M. Wickfiekd, David continue son apprentissage auprès de M. Spenlow, de l'étude Spenlow & Jorkins. Jorkins s'avère bientôt être un homme de paille chargé d'endosser la responsabilité des actes funestes commis par Spenlow.

C'est à cette époque que David, ignorant de l'amour que lui porte la fille de M. Wickfield, Agnès, se marie avec Dora Spenlow, une «child-wife» attachante mais fragile qui, après quelques années, le laissera veuf. David se tourne alors vers Agnès dont le père est tombé aux mains d'une canaille sans foi ni loi, son factotum Uriah Heep, qui administre ses biens et prétend à la main d'Agnès. Les méfaits de ce sinistre individu sont bientôt dénoncés par le «bon Traddles» qui entre-temps est devenu avocat. Heep condamné pour appropriation indue, David peut enfin épouser Agnès, tandis que M. Micawber, l'ami de toujours, parvient à régler ses dettes et obtient une place de magistrat colonial qui lui permet de mener une vie honorable.

Un chef-d'oeuvre

Roman populaire

Plus qu'aucun autre écrivain du XIXe siècle et peut-être du XXe, Dickens a destiné ses livres à ses lecteurs : il avait non seulement l'ambition de remplir par son oeuvre un rôle social, mais aussi un profond désir de popularité.

A l'époque où le développement de l'alphabétisation transforme le peuple et la petite bourgeoisie en lecteurs potentiels, Dickens leur présente une image d'eux-mêmes, une image réaliste et vivante. Ceux qui n'avaient alors pour toute lecture que la Bible et le *Pilgrim's Progress* voient dans l'univers de Dickens le reflet ambivalent de leur propre univers : la misère et les mutations engendrées par une Révolution industrielle «qui ne profite qu'aux riches», la lutte pour la vie dans des villes soudainement peuplées de masses laborieuses, mais aussi un espoir intense dans l'avenir et une foi inébranlable en ce que l'homme recèle de meilleur.

C'est ainsi que, voulant à toutes forces plaire à son public en lui donnant ce dont il avait envie — et ce dont il avait envie c'était avant tout qu'on lui raconte des histoires — Dickens, témoignant de sa connaissance et de son amour du peuple, est le seul auteur anglais à avoir excercé une influence déterminante sur des romanciers russes tels que Gogol, Dostoïevsky ou Tolstoï.

La puissance de l'imaginaire

Chantre du quotidien, de la ville et de ses mutations, Dickens fut «l'homme de la rue élevé à la puissance du génie». Si David Copperfield nous livre massivement les réalités de l'Angleterre victorienne, l'originalité et la force de ce chef-d'oeuvre résident surtout dans la métamorphose du réel filtré, magnifié par la subjectivité. Tout, personnages, événements, lieux, passe par le regard acéré de David, un regard qui transforme la contemplation du réel en vision. Et c'est ainsi que cette mise en perspective débouche sur le fantastique, car l'auteur, gardant de sa passion pour le théâtre le goût du spectaculaire, donne de son univers une image baroque marquée par les signes de l'«énormité».

L'auteur

David Copperfield est le roman, en grande partie autobiographique, de l'enfance de Dickens, le reflet d'une enfance ballotée au gré des pérégrinations et des inconsciences d'un père qui, en 1823, alors que David n'était âgé que de 12 ans, mène par le fait de ses dettes toute sa famille dans la misère. Dans le quartier à la fois pauvre et excentrique de Camden Town, près de Londres, le petit provincial accumulera les tâches sordides et nouera quelques amitiés avec des personnages pittoresques, camarades de misère. Par la force inextinguible de sa volonté et de son optimisme, Dickens deviendra clerc de notaire, puis sténographe, et enfin journaliste.

L'année 1836 consacre la surprenante ascension littéraire de celui qui s'était surnommé lui-même le «saute-ruisseaux famélique»: les *Pickwick Papers*, petits feuilletons comiques, se vendent à plus de 800.000 exemplaires! C'est le début d'une fastueuse période de création, à l'époque de ces énormes romans victoriens qui paraissent en librairie, «complets en trois volumes» et qui ont toute l'épaisseur d'un monde.

Dans *Oliver Twist* (1838) et dans *Nicolas Nickleby* (1839), Dickens dénonce les torts cruels faits à l'enfance pauvre et mal aimée.

«*De tous mes livres, c'est celui que je préfère (...) comme beaucoup de pères aimants, j'ai, au plus secret de mon coeur, un enfant favori. Et il s'appelle David Copperfield.* » Dickens

Dans *Le Magasin d'antiquités* (1840), il évoque les forces dominantes du nouveau système créé par la Révolution industrielle et, entre autres, l'enfer de l'exploitation capitaliste et de ses machines. Après un voyage aux Etats-Unis où il découvre une société esclavagiste et cupide, société dont il fera le procès dans *Martin Chuzzlewit* (1844), Dickens parcourt l'Italie où il écrit *Le Carillon*, un conte de Noël où passe le souffle de la révolte sociale et qui sera couvert d'éloges par Marx et Engels. C'est l'époque où son engagement politique bat son plein. *Les Temps difficiles* (1854) dénonce l'inhumanité inhérente au capitalisme et dans *La Petite Dorrit* (1857), il se bat contre la bureaucratie chargée de saboter tout espoir démocratique.

En 1857, Dickens traverse une grande crise sentimentale : il se sépare de sa femme pour une jeune actrice qui lui cède mais ne lui rend pas sa passion. L'écho de cette souffrance se retrouve dans *Les Grandes Espérances* (1861) et *Notre ami commun* (1855), dernières oeuvres complètes d'un Dickens qui délaisse bientôt la littérature pour parcourir les villes, s'adonnant à sa première passion : son métier d'acteur. En mars 1870, il est reçu à Buckingham par la reine Victoria et il meurt trois mois plus tard dans sa maison de Chatham. Des obsèques grandioses lui sont faites à l'abbaye de Westminster.

La Divine Comédie
1307-1321

Dante Alighieri (1265-1321)

L'oeuvre

L'Enfer

«Au milieu du chemin de la vie, je me trouvai dans une forêt obscure, car j'avais perdu la bonne voie». Dante Alighieri, le poète,
s'est égaré. Mais il est secouru par Virgile, envoyé par Béatrice
sa bien-aimée, et celui-ci, tel un guide, va entraîner le jeune poète
à travers les mondes d'outre-tombe.

Les Enfers, où les damnés sont répartis par catégories, sont formés de neuf cercles. Plus on s'enfonce dans le gouffre, plus les
supplices infligés aux hommes sont épouvantables : si au troisième
cercle, les gourmands sont poursuivis par une pluie éternelle et
tourmentés par Cerbère, le démon aux trois gueules de chien, au
plus profond de l'Enfer, les pécheurs souffrent de façon halluci-
nante. Les adulateurs sont immergés dans un cloaque où semblent
«s'être vidés tous les égouts de la terre»; d'autres se transform-
ent en serpents, souffrant le calvaire d'infinies métamorphoses ;
d'autres encore, tels les faussaires, ont le corps rongé par des plaies
purulentes... Dante écoute les récits et les plaintes de ces âmes
damnées.

> *« Voulez-vous être remué, voulez-vous savoir jusqu'où l'ima-
> gination de la douleur peut s'étendre, voulez-vous connaître
> la poésie des tortures et les hymnes de la chair et du sang,
> descendez dans l'Enfer du Dante »* Châteaubriand

Le Purgatoire

Arrivés au fond du gouffre de l'Enfer qui correspond au centre de la Terre, Dante et Virgile empruntent un couloir qui va les conduire de l'autre côté du monde, sur une montagne située aux antipodes de Jérusalem. Sur les flancs de cette montagne, courent les sept cercles du Purgatoire où les hommes ont à expier les sept péchés capitaux. Dans cet univers plus clément que baigne «une douce couleur de saphir oriental» et où les souffrances sont atténuées par l'espérance, Dante, comme dans l'Enfer, rencontre l'âme de personnages qu'il a connus jadis et d'autres encore dont l'histoire a gardé le nom.

Le Paradis

Après avoir lui-même franchi un rideau de flammes qui doit le purifier, Dante rejoint enfin, seul, le Paradis Terrestre, au sommet de la montagne. C'est là que Béatrice l'accueille, dans un lieu où resplendit la lumière, éclairant d'angéliques visages. Béatrice entraîne Dante à travers les sept planètes qui forment le Paradis et où les bienheureux sont répartis selon leurs vertus : la justice, la tempérance, la prudence, la charité… Enfin, au terme de cette ascension, le poète peut contempler le Christ incarné ainsi que la Rose céleste que forment les anges. Guidé par saint Bernard, Dante reçoit le don de l'ultime extase : la vision de Dieu.

> «La Comédie»: *c'est ainsi que Dante appela son grand poème quand il le termina, à la fin de sa vie, parce qu'il commence mal avec l'Enfer et se termine bien avec le Paradis, au contraire de la tragédie, qui finit toujours mal. C'est la postérité qui lui a ajouté l'épithète* Divine, *qui figura définitivement dans le titre à partir de l'édition vénitienne de 1555.*

Un chef-d'oeuvre

Une somme théologique

Dans ce grand poème qu'il commença en 1307 et auquel il travailla toute sa vie, Dante Alighieri voulait raconter l'histoire de sa propre conversion, le récit de son ascension vers le bien. L'ouvrage, qui devait aussi constituer une somme théologique capable d'édifier le pécheur aspirant à la sagesse, est aussi devenu un essai philosophique et historique brassant les idées, les faits et les personnages connus de la plus haute Antiquité.

Le portrait d'une société

Les légions de personnages réels qui peuplent la *Divine Comédie* et que Dante, en véritable démiurge, s'est donné le droit de juger, les plaçant en Enfer ou au Paradis selon son bon vouloir, sont tous l'occasion d'évoquer autant l'histoire que la morale et le monde politique auquel Dante fut mêlé pendant toute sa vie. Croise-t-il Ciacco, le Florentin, c'est une façon de parler des luttes intestines de sa ville natale. Pier Della Vigna, le bras droit de Frédéric II que Dante a placé en Enfer, donne lieu à des considérations sur la trahison, tout comme Francesca est le prétexte au récit d'une passion tragique. Femmes mythiques ou aimées, princes et hommes politiques, familles célèbres : c'est toute l'Italie des XIIIe et XIVe siècles qui se trouve ainsi racontée et jugée dans la *Divine Comédie*.

L'inspiratrice

Dante avait 9 ans lorsqu'il rencontra à Florence une fillette qui le mit dans un grand émoi : c'était Béatrice, la fille de Folco Portinari. Morte en 1290, elle hantera toute la vie de Dante, lui inspirant son premier ouvrage, *Vita Nuova*, avant de devenir la clé de voûte de sa *Divine Comédie* : dame idéalisée, conformément aux traditions médiévales, Béatrice représenta le symbole de l'Amour transfiguré, celui qui conduit à la sagesse chrétienne.

Esotérisme

La science des chiffres et des nombres parfaits héritée de l'Antiquité a profondément influencé Dante : pour le poète, ce n'est pas un hasard s'il rencontra Béatrice à l'âge de 9 ans, qu'il la revit 9 ans plus tard et qu'elle mourut le 9e jour du 9e mois de l'an 1290.. Neuf, c'est le carré de 3, chiffre parfait qui va imprégner toute sa *Divine Comédie* : l'ouvrage est composé de 3 grandes parties (l'Enfer, le Purgatoire et le Paradis), chacune comprenant 33 chants de cent vers divisés en tercets. Chaque région d'outre-tombe se divise en 3 parties et en 9 zones. Quant à l'aventure, elle est menée par 3 guides (Virgile, Béatrice, saint Bernard). Les occultistes y ont décrypté quantité d'autres symboles...

Le créateur d'une langue

Exilé de Florence, cherchant peut-être à mieux convaincre ses concitoyens de l'injustice de sa condamnation, Dante écrivit son traité *Le Convivio* (1307) non en latin, mais en langue vulgaire, l'italien devant lui permettre d'être entendu non seulement par les clercs, mais aussi par les seigneurs et dames d'Italie. C'était la première fois qu'un ouvrage d'érudition était écrit en langue vulgaire ! Persuadé d'ailleurs que le toscan était assez riche pour égaler le latin, Dante avait déjà défendu cette thèse avec son essai en latin *De Vulgari Eloquentia*. C'est sa *Divine Comédie*, rédigée en toscan, qui le consacra définitivement créateur de la langue italienne.

Une influence décisive

La *Divine Comédie* connut très vite un grand succès à travers tout le pays. Du vivant de Dante, 600 copies manuscrites circulèrent. Cinquante ans après sa mort, on créait pour son oeuvre des chaires spéciales dans les universités du pays ; l'un des titulaires fut Boccace… Si Dante fut un peu renié par la Renaissance et même fustigé par le XVIIe siècle, il retrouva avec l'avènement du romantisme une gloire éclatante. Michel-Ange, Raphaël, Boticelli, Ingres, Rodin, Rossetti, Dali… autant d'artistes qui illustrèrent le grand maître du Moyen Age.

L'auteur

Dante est né à Florence en 1265, d'une famille de petits propriétaires. Outre sa formation universitaire, il jouit des leçons d'un maître cultivé, Brunetto Latini, familier du monde littéraire européen. C'est à 18 ans que Dante publie ses premiers vers, ce qui lui vaut de rencontrer le poète Guido Cavalcanti, qui deviendra son meilleur ami. A la mort de Béatrice, en 1290, Dante se console en se réfugiant dans la philosophie. Entre-temps, il s'est marié avec Gemma Donati, qui lui donnera plusieurs enfants, et mène une vie mondaine qu'il ne cessera qu'en 1295, année qui le voit s'inscrire à la Corporation des Médecins et Apothicaires.

En même temps, le poète entre dans la vie publique et occupe de hautes fonctions dans les Conseils de Florence. La ville est divisée par un conflit violent qui oppose les Guelfes Blancs (des modérés dont fait partie Dante Alighieri) et les Guelfes Noirs, les radicaux soutenus par Boniface VIII. En novembre 1301, appuyé par l'intervention de Charles de Valois, le parti Noir prend le pouvoir à Florence : Dante est condamné à l'exil en janvier 1302.

Pendant les 19 années qui suivent, Dante ne cessera d'intriguer en compagnie d'émigrés pour pouvoir retrouver sa ville natale. En vain. Il est contraint de voyager : Bologne, Vérone, Lucques… où il trouve hospitalité auprès de seigneurs pour qui il assume des charges diplomatiques. Il meurt à Ravenne en 1321.

Dix Petits Nègres

1940

Agatha Christie (1890-1976)

L'oeuvre

A qui appartient l'île du Nègre? Qui est le mystérieux Mr Owen
qui a convié ces invités à une réception et qui ne daigne même
pas apparaître en ces lieux? Et que signifient ces dix statuettes
de nègres qui semblent narguer les visiteurs? Ces questions, les
invités se les posent d'abord sans grande inquiétude... Il y a le
juge Wargrave, dont la respectabilité n'a d'égal dirait-on que son
impartialité; il y a la belle Vera Claythorne, qui se dispose à devenir la secrétaire de cet inconnu d'Owen; ainsi que Philip Lom-
bard venu régler une affaire dont il ne connaît pas le premier mot;
suivent la vieille Emily Brent confite en dévotion; le vieux général Macarthur, un inquiet; le docteur Armstrong qui jadis a beaucoup tâté de la bouteille; Tony Marston enfin qui ressemble à un
jeune dieu nordique et Mr Blore qui ne s'appelle pas vraiment
Mr Blore... Sur l'île du Nègre, ils se trouveront mêlés à Davis,
le maître d'hôtel et à Mrs Rogers, la femme de chambre.

Et lorsque s'éloigne le dernier bateau, lorsque disparaît le dernier lien qui les relie au reste du monde, le piège infernal peut
se refermer sur l'île du Nègre. Comme surgie d'outre-tombe, la
voix du gramophone sonne l'heure du châtiment: «Je vous accuse
des crimes suivants...» Canular grotesque penseront les dix accu-
sés, blague enfantine... Telle cette chanson de nourrice, avec ses
strophes naïves, encadrée un peu partout dans la villa. «Dix petits
nègres s'en allèrent dîner. L'un d'eux étouffa et il n'en resta plus
que neuf... Neuf petits nègres veillèrent très tard. L'un d'eux
oublia de se réveiller et il n'en resta plus que huit». Dix petites
strophes qui scandent une histoire tragique jusqu'à l'ultime con-

clusion : «Un petit nègre se trouva tout seul. Il alla se pendre et il n'en resta plus aucun !».

Lorsque Tony Marston, le premier soir, s'étouffe, foudroyé en un clin d'oeil, il sera temps pour les petits nègres — il en reste neuf — de se questionner sur leur crime passé, resté impuni, et de chercher parmi eux, celui qui tel un dément s'est institué en instrument d'une vengeance dont rien ne peut contrarier l'inéluctable déroulement.

Un chef-d'oeuvre

La comptine-compte à rebours

Agatha Christie, lorsqu'elle était enfant, raffolait des comptines, de ces *nursery rhymes* qui sont à la fois cruelles et sentimentales, drôles et tragiques. Ces «sentences», on s'en souvient, elle les utilisa avec brio dans plusieurs de ses romans tels que *Trois Souris aveugles, ABC contre Poirot* ou *Cinq petits cochons*. Dans *Dix Petits Nègres,* la comptine où les dix négrillons diminuent inexorablement à chaque couplet ponctue tout le récit au point que le lecteur est, comme les personnages, prisonnier du dénouement fatal que laisse présager la chanson d'enfant. Le rite doit s'accomplir, dirait-on, quels que soient les raisonnements, et rien ne peut, comme dit François Rivière, arrêter «le métronome de la terreur qui, tel un compte à rebours, scande le silence oppressant du lieu, tic-tac de la bombe à retardement... Quelque chose d'immanent a décidé du sort de ceux-qui-ont-péché et qui vivent à présent leur châtiment. »

Les comptines chez Agatha Christie : «Les nursery rhymes *racontent d'étranges fables, la plupart cocasses mais le plus souvent tragiques. Les éléments saccadés de ces syllogismes d'épouvante possèdent un pouvoir étrangement fascinant. Ils prennent votre conscience dans les rets de leurs malicieuses — et souvent maléfiques — nasses euphoniques et, sans vous laisser le temps de réfléchir, font de vous la victime consentante d'un jeu de sang, de vengeance et de mort. » F. Rivière*

La grille magique

Aussi est-ce le poids de l'attente qui forme le ressort essentiel du roman, autant peut-être que la question du coupable — ou du manipulateur — si classique dans le Detective novel. La perversité d'Agatha Christie, qui consiste à déposer sur le récit cette comptine, cette grille magique qui est censée expliquer le déroulement de l'histoire, va au contraire dérouter le lecteur qui a cru naïvement y trouver un fil conducteur : «Le texte, précise F. Rivière, n'en est pas véritablement éclairé — je dirais même que d'une certaine manière il en est obscurci, le jeu étant truqué à son insu».

Semblable à ces paraboles qu'on affectionne en Angleterre et qui résument une certaine morale, qui véhiculent la tradition à travers les âges, la comptine, dans sa simplicité, dans sa formulation enfantine, s'éloigne de la complexité humaine : vision d'un monde enfermé dans un carcan de strophes versifiées, rigides, elle a cette inéluctabilité propre au destin, cette force qui rappelle si bien le rôle de l'écrivain-démiurge.

L'auteur

Agatha Miller est née le 15 septembre 1890 à Torquay dans le Devon, d'un milieu aisé. Elevée par une nurse, elle n'a pas à subir l'école et anime l'univers clos d'Ashfield, la villa familiale très victorienne, en s'inventant des histoires, cultivant en particulier une petite colonie de personnages imaginaires qui lui deviennent des familiers. A 14 ans, encouragée par sa mère et conseillée surtout par Eden Phillpotts, un écrivain vivant non loin de la demeure familiale, Agatha écrit ses premières histoires. La mort de son père, à cette époque, rend son écriture plus urgente encore. Mais c'est à la musique et au chant qu'elle consacre encore la plus grande partie de son temps, notamment pendant son séjour de deux ans à Paris. Sa timidité naturelle toutefois l'empêche de réussir la moindre audition... Mais Agatha ne croit pas plus à une carrière d'écrivain, elle rêve du mariage, et au gré des bals qu'elle fréquente assidûment, elle s'occupe à une frénétique chasse aux maris : c'est à la veille de la guerre qu'elle se prend de passion pour un beau militaire, Archie Christie, qu'elle épouse très vite, en décembre 1914.

Pendant que son époux s'envole avec la RAF, Agatha devient

Agatha Christie, auteur de 66 romans, 18 pièces de théâtre, plusieurs nouvelles, contes pour enfants, poèmes, souvenirs de voyage et d'une autobiographie, a selon le New Yorker, plus de 400 millions de lecteurs de par le monde.

infirmière volontaire et se découvre une autre passion: les poisons… La guerre l'inspire car c'est à cette époque qu'elle écrit *La Mystérieuse Affaire des Styles,* son premier roman, qui ne sera publié qu'en 1920. Déjà Hercule Poirot est né, un peu dandy, un peu grotesque, qui résout les énigmes à l'aide de ses «petites cellules grises». Déjà Agatha Christie a trouvé son style avec ces intrigues se déroulant dans des athmosphères victoriennes, intimistes, avec une prédilection pour des lieux clos. Très vite ses romans remportent un gros succès.

Mais en 1926, un tragique concours de circonstances — la mort de sa mère et la menace du divorce — conduit Agatha vers la dépression; la littérature ne lui est plus d'aucune aide: son roman *Le Train bleu* n'avance pas, elle bute sur l'intrigue. Alors un soir elle disparaît. Sa voiture est retrouvée à proximité d'un étang, phares allumés… Aussitôt la presse s'empare de l'événement, la romancière fait la une des journaux, des battues sont organisées, on promet des récompenses… En réalité, Agatha, avec la science du romanesque qu'on lui connaît, a mis en scène sa propre disparition: elle s'est rendue incognito dans une ville voisine et s'est inscrite dans un hôtel sous un nom d'emprunt. Voulant échapper au drame de la réalité, elle a fabriqué la trame d'un roman en se distribuant un rôle… Sur cette mystification tragique qui a tout de même servi sa carrière de romancière, Agatha Christie a toujours gardé le silence. Certains donc ont prétendu que sa fugue avait contribué au fulgurant succès du *Meurtre de Roger Ackroyd,* mais plus sûrement il faut l'attribuer à cette géniale idée du roman qui contrevenait à la règle la plus importante édictée par le rigide code du roman policier…

C'est à cette époque aussi que Agatha Christie se met à écrire un autre genre de roman, sous le pseudonyme de Mary Westmacott: son premier, *Giants' Bread,* sera suivi par cinq autres du même genre; certains sont très autobiographiques et éclairent la reine du roman policier sous un autre jour.

Un voyage vers Bagdad lui fait découvrir l'âme soeur en la personne de Max Mallowan, un jeune archéologue de 26 ans, un peu timide, qu'elle épouse en 1930 et dont elle partagera les fréquents voyages en Extrême-Orient: ils inspireront plusieurs de ses romans, comme *Mort sur Le Nil* ou *Meurtre en Mésopotamie*. Dès lors, la vie d'Agatha Christie, celle que Churchill a nommée «La Lucrèce Borgia du Crime», se poursuit dans la plus grande discrétion. Fuyant la presse, elle se consacre à son univers de fiction, s'astreignant à produire chaque année «a Christie for Christmas». En 1952, *La Souricière* remportera un grand succès au théâtre et poussera A. Christie à s'adonner sans retenue à cette nouvelle forme d'expression avec notamment *La Toile d'araignée, Témoin à charge…* C'est en 1975, un an avant la mort d'Agatha Christie, que fut publié *The Curtain* où Poirot, revenant dans la propriété des Styles qui fut le décor de sa première enquête, mettait un point final aux aventures de ses petites cellules grises.

Don Quichotte
1615

Miguel de Cervantes (1547-1616)

L'oeuvre

Un gentilhomme campagnard ayant trop lu de romans chevaleresques s'en pénètre au point de perdre le sens commun et de prendre la pure fiction pour la réalité. Poussé par la noble intention
de «combattre toute violence», il abandonne maison et biens et
se met en route en compagnie de Sancho Pança, un paysan mi-
nigaud, mi-sage, et d'une vieille rosse baptisée du noble nom de
Rossinante.

Les mésaventures se succèdent, ayant toutes pour origine la folie
de Don Quichotte, le chevalier errant, qui veut revêtir à tout prix
de noblesse et de beauté un monde plat et ordinaire : il se bat contre des moulins à vent, affronte des lions en cage, pénètre dans
les recoins inexplorés d'une caverne mystérieuse, navigue sur un
fleuve à bord d'une barque enchantée...

Las, Barcelone voit venir le terme de ses exploits imaginaires :
vaincu, dans un combat singulier, par un nouveau personnage
mystérieux, le Chevalier de la Blanche Lune, le plus terrible des
châtiments lui est infligé : le retour au pays et l'abandon de son
état de chevalier errant. Au terme d'un long sommeil, le gentilhomme se trouve complètement débarrassé de sa folie. Fugitive
guérison puisqu'il sombre trois jours plus tard dans le repos
éternel.

Un chef-d'oeuvre

Le premier roman de l'âge moderne

S'attaquant aux vestiges d'un monde chevaleresque autrefois sublime, Cervantes s'est plu à instaurer à l'intérieur de l'homme

la dimension de l'imaginaire. Son *Don Quichotte* est l'incarnation vivante du sempiternel conflit entre l'Idéal et le Réel, entre les fabuleuses envolées que l'imagination offre à l'homme et les limites que le monde lui impose. Image symbolique d'une protestation contre l'absurdité du monde, le personnage de Cervantes est aussi le héros du premier roman moderne. En effet, comme le dit Jean Cassou, «Le *Quichotte* marque, pour tout le monde occidental, une des dates les plus importantes de celui-ci : l'origine de la pensée moderne, la rupture avec un monde ordonné, la démythification sinon la dédivinisation de l'univers. »

Un mythe

Depuis l'énorme succès de sa publication, l'aventure du «Chevalier à la triste figure» n'a pas cessé, trois siècles durant, de bénéficier des faveurs des lecteurs de tous les pays. A en croire un dicton espagnol, *Don Quichotte* aurait été accueilli avec des rires au XVIIe siècle, des sourires au XVIIIe siècle et des larmes au XIXe siècle !

Ce succès grandissant a donné lieu à d'inépuisables commentaires et à la transformation du héros en modèle universel. C'est ainsi que le mythe « don quichottesque » a engendré de nombreuses figures modernes : de celle de madame Bovary, considérée par Ortega y Gasset comme une transfiguration féminine du chevalier errant de Cervantes jusqu'à celle de l'idiot de Dostoïevsky en passant par Mr Pickwik de Dickens.

Un siècle de terreur

Le siècle de Cervantes est un siècle riche et fastueux : l'Espagne est au faîte de sa splendeur. Quand, en 1580, Philippe II monte sur le trône, il est à la tête d'un Empire aux possessions démesurées. L'or et les métaux précieux ne cessent d'affluer de la fabuleuse Amérique et la Renaissance artistique, avec le Plateresque, est à son apogée. Mais la violence pourtant règne sur l'Empire : la religion qui domine la vie nationale inspire le fanatisme intransigeant de l'Inquisition et Philippe II, gouvernant la moitié du monde en maître absolu, impose aux masses le joug de son pouvoir despotique. Ce siècle de terreur ne laisse à la population qu'une seule échappatoire : celle de l'imaginaire créé par les romans chevaleresques qui deviennent bien vite une passion collective.

L'auteur

Miguel de Cervantes, que la plupart des biographes s'accordent à faire naître à Alcalà de Henares en octobre 1547, sillonna l'Espagne durant toute sa jeunesse au gré des pérégrinations de son père, médecin itinérant.

Après une brève carrière de camérier auprès du cardinal Aquaviva, il laisse bientôt éclater son envie de parcourir les mers infestées de flibustiers et s'engage dans le métier des armes. Il eut la main tranchée d'un coup d'arquebuse au cours de la célèbre bataille de Lépante, d'où son surnom de «**Manchot de Lépante**» qu'il arbora toute sa vie comme une cocarde.

Capturé par les Maures à Alger en 1575, il ne peut regagner Madrid qu'en 1580. Pour le combattant couvert d'honneurs par la Cour, s'ouvrait alors une période de paix et de bonheur pendant laquelle il épousa la jeune Catalina de Salazar y Palacios.

En 1585 commence pour Cervantes une longue traversée de misères et de souffrances qui durera trente ans. La mort de son père laisse une veuve et deux filles nubiles dans le besoin. Sa charge d'écrivain de Cour ne suffit plus à nourrir ces trois déshéritées et Miguel de Cervantes se voit obligé d'exercer une profession peu compatible avec sa personnalité et son talent : celle de percepteur-comptable.

Tandis que la première partie du *Don Quichotte* remporte un succès fracassant, le sort ne cesse de s'acharner contre son auteur : après avoir été jeté en prison à deux reprises, dont la première fois pour avoir cru en la parole d'un banquier, Miguel de Cervantes se voit confronté aux ruses d'un mystérieux confrère qui publie à son compte un deuxième tome du *Don Quichotte* ! Ceci contraignit l'infortuné Cervantes à achever son oeuvre à marches forcées. Un effort qui épuisa les dernières ressources d'un homme déjà accablé par la vie. Il meurt en avril 1616, soit un an après avoir donné le jour à son chef-d'oeuvre, dans l'ombre et la solitude d'une prison de Séville.

Auteur aussi de nouvelles réalistes comme les *Nouvelles exemplaires* et de petites pièces théâtrales ou poétiques, il est considéré avec Lope de Vega, Calderon et Gongora comme l'un des quatre «géants» du Siècle d'Or.

Faust

1773-1832

Johann Wolfgang von Goethe (1749-1832)

L'oeuvre

Premier Faust

Découragé par les limites de la science, le docteur Faust recourt à la magie afin de pouvoir connaître les ultimes secrets de l'univers. Méphistophélès fait signer à Faust le pacte par lequel il cède son âme en échange de la réalisation de tous ses désirs.

Ayant séduit Marguerite, une jeune et chaste jeune fille, Faust l'abandonne ensuite avec son enfant. Fille perdue, responsable de la mort de sa mère, de son frère Valentin qui a voulu venger son honneur, la jeune femme, condamnée aussi pour infanticide, refuse la liberté que lui propose Faust. Son amour est éternel, mais c'est par l'expiation et la mort que Marguerite est sauvée de la damnation.

Second Faust

La crise de Faust est terminée. Il renaît dans une vie sereine, auréolée par les grâces de la pensée et de la philosophie. Faust est plus que jamais disposé à «tendre à tout ce qui est le plus haut». Il subit les épreuves symboliques de la beauté, de la guerre et du pouvoir, et s'accomplit finalement en agissant comme créateur sur la réalité de la vie, la nature.

A la cour de l'Empereur, il affronte les problèmes de l'administration d'un Etat. Face à l'«Homonculus», l'être artificiel créé par son disciple, il constate que la science et l'esprit ne sont rien sans la nature et l'amour. Faust, ayant rencontré Hélène de Troie, est conscient enfin de posséder la beauté absolue. Mais c'est en donnant à des hommes un petit territoire fertile conquis sur la mer que Faust trouve une fin, un but à sa vie. Lorsque vient l'heure de sa mort, Faust échappe à Méphistophélès, emporté par les anges: «Celui qui s'efforce toujours et cherche dans la peine, nous pouvons le sauver».

Un chef-d'oeuvre

En chair et en os?

Si l'on en croit les témoignages — lettres, archives, registres d'université — le personnage de Faust aurait réellement existé à la fin du XVe siècle. Magicien, alchimiste, ce Georges Faust devint de son vivant déjà un mythe parmi les étudiants de Leipzig et Wittenberg. La légende se cristallisa sous la forme d'un ouvrage anonyme paru en 1587 à Francfort : ayant passé un pacte avec le diable, Faust accomplit les plus grands prodiges avant de disparaître dans la damnation des Enfers... L'ouvrage fut un succès de librairie pendant deux siècles !

Un mythe dans l'art

En 1590 déjà, Marlowe reprend le thème et en fait un drame qui sera adopté dans le répertoire des marionnettes. Goethe participa pour une grande part à la légende. Mais après lui, Faust a tenté quantités d'artistes ; des peintres comme Delacroix ; des musiciens comme Gounod, Beethoven, Berlioz, Brahms, Schubert, Liszt, Wagner ; des cinéastes : Méliès, Murnau, René Clair (*La beauté du diable*) ; des écrivains : Heine, Tourgueniev, Jarry, Ghelderode, Boulgakov, P. Valéry, T. Mann, Butor, Durrell...

L'oeuvre d'une vie

Le Faust de Goethe est l'oeuvre d'une vie entière : il compose les premiers textes à 24 ans et les retouchera tout au long de sa vie ; deux mois avant sa mort, il y apportait encore des modifications...

Tandis que naissent les premiers mouvements du *Sturm und Drang* vantant le culte du surhomme et la primauté des sentiments et de l'instinct, Goethe, emporté lui aussi par ce romantisme impétueux, rédige la première version de son Faust, connue sous le nom d'*Urfaust* (1773-1775). Par-delà le pacte de Faust avec le diable, le jeune Goethe y a transposé toutes ses expériences personnelles : son goût pour l'alchimie, sa révolte face aux limites

> « *Goethe concevait un homme... pour qui il n'y a plus rien de défendu, sauf du moins la faiblesse, qu'elle s'appelle vice ou vertu.* » Nietzsche

des connaissances humaines, son jeune mépris de l'université et son premier amour de quinze ans, Gretchen, dont il fera la célèbre Marguerite de Faust... Romantisme oblige, l'*Urfaust* débouche sur une fin tragique : la mort expiatoire de sa bien-aimée plonge Faust dans le plus grand désespoir.

Encouragé par son grand ami Schiller, Goethe reprend son manuscrit en 1797 : plus de vingt ans ont passé ! Il le retravaille, apportant à son oeuvre de jeunesse toute la maturité, tout l'équilibre qu'il a acquis dans sa nouvelle vie à Weimar. Ce *Premier Faust* (publié en 1808) représente la première partie de Faust telle que la connaissent les lecteurs actuels.

Mais Goethe n'en a pas pour autant terminé avec son oeuvre. Il rédige la dernière partie de sa tragédie, le *Second Faust*, dès 1825 (alors qu'il approche de ses 76 ans !) et ne la terminera qu'en 1831, quelques mois avant sa mort. Son héros cette fois échappe aux Enfers : «Celui qui toujours s'efforce et cherche dans la peine, nous pouvons le sauver». Suprême leçon de la sagesse : Faust, comme Goethe, lentement, a vu s'assagir les tumultueuses passions du romantisme pour aboutir à la réconciliation, à l'harmonie qui fit la force du classicisme allemand.

L'auteur

Johann Wolfgang von Goethe est né en 1749 à Francfort-sur-le-Main d'une famille de la haute bourgeoisie allemande. A Leipzig et à Strasbourg, où il étudie le droit, Goethe vit quelques idylles passionnées qui lui inspirent ses premiers poèmes et, en 1773, il publie à compte d'auteur *Götz von Berlichingen*, un drame épique qui met en scène un chevalier du Moyen Age et qui déjà annonce le romantisme allemand.

Mais c'est avec *Les Souffrances du Jeune Werther* (1774), qui lui fut inspiré par sa passion malheureuse pour Charlotte Buff, que Goethe devient un des chantres de l'Ecole du *Sturm und Drang*. L'oeuvre fut remarquée partout en Europe.

L'année suivante, Goethe, devenu célèbre, est invité à la cour de Weimar par le jeune duc Charles-Auguste. La vie mondaine,

---

Un auteur prolifique : dans l'édition complète de Weimar, l'oeuvre de Goethe ne compte pas moins de 143 volumes !

les folles équipées cèdent vite la place à une nouvelle maturité. Chargé de hautes fonctions administratives, Goethe est amoureux platonique d'une dame de la cour plus âgée que lui, Charlotte von Stein. Le révolté s'apaise, cherche à harmoniser sa vie, persuadé que l'équilibre est possible. Avec *Iphigénie* (1779-1789) et *Torquado Tasso* (1790) notamment, Goethe réalise des oeuvres classiques.

A 37 ans toutefois, il est pris d'un grand désir de liberté ; fuyant le cadre étouffant de Weimar, il s'installe à Rome jusqu'en 1788 ; il y passe quelque deux années d'un bonheur serein et retrouve les fondements de l'art classique.

Il revient à Weimar transformé, et scandalise la cour en s'affichant avec une jeune ouvrière, Christiane Vulpuis, qu'il épousera en 1806. Ses fonctions se limitent désormais à l'administration des arts et du théâtre. Il poursuit ses recherches scientifiques (anatomie, physique, sciences naturelles…). La Révolution française lui inspire quelques oeuvres dont *Le grand Cophte* (1791).

L'amitié de Schiller, en 1794, va redonner à Goethe un élan juvénile. Il écrit sans relâche (poèmes, essais…), termine *Les Années d'apprentissage de Wilhelm Meister* (commencé en 1777, l'ouvrage recevra une suite, *Les Années de voyage*, en 1829), retravaille son *Faust*.

Après la mort de Schiller (1805), celle de sa femme et de Mme Stein, Goethe s'enfonce dans une philosophie du renoncement, mais de nouvelles passions amoureuses lui inspirent encore des oeuvres importantes : *Les Affinités électives* (1809), *Divan occidental-oriental* (1819) et *Elégie de Marienbad* (1823) né de sa rencontre avec une jeune fille de 17 ans. Il passera les dernières années de sa vie à terminer son *Faust*.

Passant progressivement d'un romantisme échevelé à une éthique classique, devenant pendant un demi-siècle «L'arbitre des arts», Goethe a donné à l'Allemagne une des oeuvres les plus fécondes : poésies, théâtre, dessins (plus de 2.000 croquis), journaux intimes, correspondances (dont la très remarquable *Correspondance entre Schiller et Goethe*), conversations, écrits scientifiques… Une oeuvre multiple, au cours d'une longue vie (83 ans), une vie axée sur la pensée, celle d'un homme tenté par l'universel, toujours insatiable, toujours en quête d'une réponse.

Les Faux-Monnayeurs
1919-1925

André Gide (1867-1951)

L'oeuvre

Bernard Profitendieu, adolescent qui après la découverte de son
état de bâtard quitte la maison familiale, se disperse dans différentes amours et professions avant de parvenir à une crise qui le
révélera à lui-même.

Autour de lui, des couples se font et se défont dans un chassé-
croisé directement hérité de la tradition cornélienne des amours
contrariées. Parmi ceux-ci se trouve le couple formé par l'écrivain Edouard et son neveu Olivier, couple maudit en butte aux
«faux-monnayeurs» de la morale et des sentiments, ces dogmati-
ques qui dispensent les valeurs traditionnelles («la fausse monnaie») d'une société dépassée.

Quête de la pureté et de l'innocence perdues, roman d'initiation, *Les Faux-Monnayeurs* comprend aussi une intrigue policière
qui repose sur la découverte progressive d'indices qui permettront
de démasquer les membres d'un «gang» de faux-monnayeurs.

Un chef-d'oeuvre

Des récits subjectifs
Après les récits que sont *L'Immoraliste*, *La Porte étroite*, *Isabelle*,
La Symphonie pastorale et les soties que représentent *Paludes* et
Les Caves du Vatican, *Les Faux-Monnayeurs* est le premier et
l'unique roman d'André Gide. Dans cette oeuvre considérée
comme la somme de sa maturité, l'auteur s'est attaché à peindre

la complexité, le foisonnement de la réalité. Une entreprise extrêmement vaste, très différente des développements unilinéaires que représentaient ses ouvrages précédents.

Oeuvre synthétique parce qu'elle comporte des récits, une sotie, un journal et des fragments de traités, *Les Faux-Monnayeurs* est aussi une oeuvre «polyphonique» : la plupart des personnages assument en effet tour à tour le rôle de narrateur et, à travers ces «voix», la réalité est perçue de manière subjective.

Une mise en abyme

Dans cette oeuvre polymorphe, André Gide se devait d'introduire un des thèmes qui lui tenaient le plus à coeur : celui de l'écriture. C'est par le biais d'une technique empruntée à l'héraldique, la mise en abyme, consistant à reproduire dans un blason, un blason semblable mais plus petit, qu'il aborde cette réflexion théorique. Le journal d'Edouard, journal d'un écrivain qui ne parvient pas à écrire *Les Faux-Monnayeurs*, permet à André Gide d'exprimer ses propres préoccupations en évoquant ce qui constitue le sujet principal du livre : le conflit entre le réel et l'effort du romancier pour le styliser.

Deux phases

L'écriture des *Faux-Monnayeurs* s'est faite en deux phases, toutes deux marquées par l'influence de Roger Martin du Gard avec lequel l'auteur entretenait une correspondance suivie ; de 1919 à 1921, André Gide prépare son roman sans le rédiger, en se ménageant de longues périodes d'aération, et c'est de 1921 à 1925 que la rédaction proprement dite s'effectue, au fil des notes, sans régularité. Ce travail est parallèle à la rédaction de ses *Mémoires* et, comme pour la notation quotidienne de ses faits et pensées, c'est l'expérience même de Gide qui fournira la matière de son livre. Il expliquera d'ailleurs ce phénomène dans un passage très révélateur du *Journal des Faux-Monnayeurs* : «Tout ce que je vois, tout ce que j'apprends, tout ce qui m'advient depuis quelques mois, je voudrais le faire entrer dans ce roman et m'en servir pour l'enrichissement de sa touffe».

L'air du temps

Cet aspect autobiographique du roman va naturellement de pair avec la nécessité pour Gide de reproduire son époque. Et c'est ainsi que *Les Faux-Monnayeurs*, paraissant au moment où l'après-guerre voue un culte à l'adolescent, a pour héros ces enfants terribles des années 20 que des auteurs comme Radiguet ou Cocteau ont déjà mis en scène.

Une étape dans le roman moderne

Compté, vingt ans après sa parution, au nombre des douze meilleurs ouvrages du XXe siècle, *Les Faux-Monnayeurs* a fait franchir, après Proust et avant l'influence du roman américain, une étape décisive dans le renouvellement du roman moderne.

Cette oeuvre maîtresse de Gide annonce d'ailleurs quelques audaces auxquelles se prêteront les adeptes du Nouveau Roman par rapport au récit traditionnel : le refus du réalisme, la relativisation des points de vue qui rend le réel comme impossible à saisir, et également cette réflexion de l'oeuvre sur elle-même qui aboutit à un constat de mort pour la littérature.

L'auteur

Né à Paris en 1869 d'un père protestant d'Uzès, professeur de droit et d'une mère catholique et normande, André Gide a toujours été tiraillé entre le désir d'idéal incarné par ces saintes figures de son enfance et son homosexualité latente qui l'accablera durant toute sa vie d'une culpabilité écrasante. En épousant en 1895 sa cousine Madeleine Rondeaux envers laquelle il éprouvait un amour platonique, Gide croira trouver le salut et la paix. Hélas, de ce mariage non consommé ne resteront bientôt plus que des miettes car l'époux tourmenté ne parvient plus à maîtriser son homosexualité.

Avec la crise religieuse de 1915 vient donc la crise sentimentale et André Gide, entretenant une correspondance suivie avec les écrivains Louÿs et Valéry, se réfugie dans son oeuvre et dans les voyages : le Congo, le Tchad et l'URSS qui lui vaut une brève adhésion au Parti Communiste Soviétique. Il meurt à Paris le 19 février 1951 d'une congestion pulmonaire.

Guerre et Paix
1865-69

Léon Tolstoï (1828-1910)

L'oeuvre

L'armée russe en Autriche, Austerlitz, Borodino, les Français à Moscou et le passage de la Bérézina… Sur ces événements historiques de 1805 jusqu'à 1812, viennent se greffer les destins parallèles de deux familles de la noblesse russe, les Bolkonski et les Rostov, ainsi que l'histoire personnelle du comte Pierre Bezoukhov.

André Bolkonski, brillant, orgueilleux, fier de son titre de prince, est un homme tourmenté qui fuit son mariage avec une jeune femme futile en participant aux combats : aide de camp de Koutouzov, il est blessé à plusieurs reprises. Devenu veuf, désabusé, il s'éprend de la jeune et fougueuse Natacha Rostov qui a le don d'inspirer sa joie de vivre à ceux qui l'entourent. Mais Natacha va se laisser séduire par le fourbe Anatole Kouraguine… André sombre dans un désespoir qu'il ne résoudra qu'au seuil de la mort dans une foi très mystique.

Quant à Natacha Rostov, ayant compris son erreur et rompu avec Anatole Kouraguine, elle va se consacrer à sa mère marquée par la mort de son jeune fils. Plus tard, Natacha trouvera une nouvelle sérénité en épousant Pierre Bézoukhov.

Celui-ci, fils naturel du comte Bézoukhov, est un être corpu-

C'est à Proudhon, dont La Guerre et la paix, Recherches sur le principe et la constitution du droit des gens *fut édité en russe en 1864, que Tolstoï emprunta son titre, qui figura pour la première fois dans l'édition en volumes en 1867-68. En effet, lors de la première publication, par épisodes, dans* Le Messager russe, *en 1865, le titre en était* L'année 1805.

lent, maladroit, d'une simplicité et d'une bonhomie qui sied mal aux salons mondains où sa vie intérieure si riche le place en porte-à-faux. Devenu, à la mort de son père, l'héritier du titre et d'une immense fortune, il a d'abord épousé la belle et futile Hélène Kouraguine dont il se sépare très vite. Cherchant des réponses à ses incertitudes, il s'engage dans la franc-maçonnerie puis s'efforce d'émanciper ses paysans dans ses propriétés de la province de Kiev. A l'arrivée des Français à Moscou, il projette l'assassinat de Napoléon, mais il est arrêté et incarcéré. Sa captivité et sa rencontre avec Platon Karataïev, simple soldat, vont le transformer, lui faire découvrir une philosophie humaniste trouvant sa force dans l'amour du prochain.

D'autres événements lient les deux familles : ainsi Nicolas Rostov, le frère de Natacha, retour des champs de bataille, épousera la soeur d'André Bolkonski, soumise si longtemps à l'autorité de son père, le vieux prince.

Un chef-d'oeuvre

Une chronique familiale...

En 1862, Tolstoï a 34 ans. Ses premiers récits ont remporté un certain succès. Mais retiré dans son domaine familial de Iasnaïa Poliana, administrant ses biens, il vit un bonheur paisible en compagnie de la jeune Sonia qu'il vient d'épouser. L'agitation des dernières années, ses voyages en Europe, ses préoccupations pédagogiques, l'école qu'il a créée dans son district, tout cela s'efface bientôt devant un nouveau désir d'écriture.

Se sentant une âme d'historien militaire, Tolstoï s'intéresse d'abord à l'épopée tragique des Décembristes de 1825, lorsqu'une autre époque vient à le séduire : celle des victoires de 1812. Il finit par remonter jusqu'en 1805 et commence fébrilement à mener son enquête : il consulte des livres, des lettres, il récolte auprès de la famille de sa femme des souvenirs qui vont imprégner le roman. Peu à peu les personnages se développent sur des modèles réels : son grand-père paternel, ce sera Ilia Andréevitch Rostov, son père sera Nicolas Rostov. Quant à son grand-père maternel, Nicolas Volkonski, il incarnera bien sûr Nicolas Bolkonski. Sa jeune épouse elle-même va en partie inspirer la fougueuse Natacha Rostov.

Le roman sera donc avant tout une chronique des grandes familles aristocratiques car, écrit Tolstoï, «l'existence des fonctionnaires, marchands, séminaristes et moujiks m'indiffère et m'est à moitié incompréhensible».

> *Tolstoï s'inspira de l'Histoire, mais avec quelles libertés! Ainsi on critiqua beaucoup la scène de* Guerre et Paix *qui représente Alexandre jetant des biscuits à la foule, dressé sur son balcon! Avec vigueur, Tolstoï prétendit l'anecdote authentique! Sa mémoire lui avait joué des tours: en réalité, Alexandre, un jour, avait distribué des corbeilles de fruits...*

...historique...

Alors qu'au départ les guerres d'Alexandre et de Napoléon ne devaient servir que de décor, de toile de fond, Tolstoï, repris par sa grande passion, en vient progressivement à se plonger dans la grande Histoire. Dès la fin 1864, il cherche dans les ouvrages historiques, les correspondances et les essais, les matériaux qui vont lui permettre de mettre en scène les batailles, les généraux, les états-majors. Lisant avidement Bogdanovitch, Thiers, Jikharev, Joseph de Maistre entre autres, il s'en inspire pour tracer le portrait d'une kyrielle de personnages authentiques qui vont émailler son roman, et va même, pour ses théories militaires et sa philosophie de l'histoire, jusqu'à emprunter à ses sources: certaines phrases seront reproduites textuellement!

Mais lorsque Tolstoï affirme que «partout où dans mon roman parlent et agissent des personnages historiques, je n'ai pas inventé, j'ai utilisé des matériaux qui ont fini par constituer une bibliothèque», il n'en prend pas moins des libertés avec l'Histoire. Ainsi, rapportant une scène authentique montrant Napoléon faisant sa toilette à Sainte-Hélène, Tolstoï s'autorise à transposer l'anecdote à la veille de Borodino...

...et philosophique

Persuadé que l'Histoire est soumise à une «loi éternelle qui régit les événements», Tolstoï s'efforça de montrer que les grandes guerres ne reposaient pas sur la volonté de quelques hommes, ni sur celle des peuples. Aussi, en écrivant *Guerre et Paix*, s'attachait-il à démystifier les Grands de ce monde en les montrant par le petit bout de la lorgnette : derrière l'histoire officielle d'un empereur ou d'un général, il alla débusquer les détails de la vie quotidienne avec ce désir de montrer autour d'Alexandre et de Napoléon « toute la médiocrité, toute la phraséologie, toute la folie, toutes les contradictions des hommes qui les entourent, et d'eux-mêmes ». Une façon magistrale d'illustrer cette loi de la fatalité qui, pour Tolstoï, régissait l'Histoire.

Une genèse tourmentée. *Les considérations philosophiques de Tolstoï n'eurent pas l'heur de plaire aux éditeurs : dans la troisième édition, en 1873, ils parvinrent à imposer d'énormes coupures et des renvois en annexes ! Ce n'est qu'en 1886 (cinquième édition) que les textes furent restaurés, vaille que vaille, par l'épouse de Tolstoï, l'écrivain, grand seigneur oblige, se désintéressant complètement de la chose !*

L'auteur

Le comte Léon Nicolaévitch Tolstoï est né le 28 août 1828 dans le domaine de Iasnaïa Poliana (à quelque 200 km de Moscou) qui appartenait à sa mère, née princesse Volkonski. Il perd sa mère à 18 mois, et son père à 9 ans. Deux tantes deviendront successivement ses tutrices.

Supportant mal la discipline sévère de l'université, il interrompt ses études et, en 1847, s'installe à Iasnaïa Poliana (il possède au total 5 villages, soit « 300 âmes de sexe masculin »). Il s'engage ensuite dans l'armée et commence à écrire : *Enfance*, publié en 1852, lui vaut d'emblée l'estime de la critique. Se liant à Tourguéniev, il fréquente alors les salons littéraires et mène une vie assez dissipée, faisant de grosses pertes au jeu. En 1856, encouragé par le succès de ses ouvrages, *Récits de Sébastopol* et *Adolescence*, il renonce à sa carrière militaire pour se consacrer au métier d'écrivain.

Il voyage à l'étranger et se prend de passion pour la pédagogie : d'Europe, il ramène des théories sur l'enseignement populaire qu'il mettra en pratique dans l'école qu'il fonde à Iasnaïa Poliana. Tolstoï tombe éperdument amoureux d'une jeune fille de 18 ans, Sophie Beers, fille de propriétaires voisins, et le mariage (1862) va sceller une union turbulente de près d'un demi-siècle consacrée par la naissance de 13 enfants ! Les premières années, idylliques, verront la publication de *Cosaques* (1863) et surtout de *Guerre et Paix* (1865-69) qui remporte immédiatement un énorme succès.

La gloire pourtant ne l'empêche pas de sombrer dans une très grave crise personnelle ; période d'inactivité littéraire qui ne prendra fin qu'en 1872 avec *Anna Karénine* (1877), inspiré par le suicide d'une jeune voisine de Tolstoï qui se jeta sous les roues d'un train. Mais la crise morale de Tolstoï s'amplifie : reniant l'existance qui est la sienne, dégouté par le luxe, par la sensualité, il s'efforce de mener une vie d'ascète. Déçu par l'église orthodoxe, il veut pratiquer les vertus chrétiennes à sa manière : il répand des brochures destinées au peuple, s'habille en moujik, se voue aux activités paysannes, entreprend un pèlerinage à pied...

Remettant en question la propriété (*Que devons-nous faire ?* - 1884) autant que les autorités religieuses (*Quelle est ma foi ?* - 1884), il prône l'idéal de chasteté (*Sonate à Kreutzer* - 1890) et veut renoncer à sa fortune et à ses droits d'auteur, entamant ainsi avec sa famille un conflit qui envenimera ses relations avec sa femme.

En 1901, son excommunication provoque des manifestations publiques à Moscou et Saint-Pétersbourg. En prônant la liberté de pensée et l'abolition de la propriété foncière, il incarne bientôt l'idéal de la classe intellectuelle russe : devenu cette grande figure du sage, il attire, à plus de 70 ans, en sa retraite d'Iasnaïa Poliana, des cohortes d'admirateurs et de disciples.

Les conflits répétés avec son épouse le poussent à fuir sa famille. En novembre 1910, en pleine nuit, il prend le train en compagnie d'un disciple. Pris d'un malaise, il meurt le 20 novembre dans la petite gare d'Astopovo où des hordes de visiteurs sont venus le veiller.

Les incohérences de Guerre et Paix *ont fait couler beaucoup d'encre. Entre autres : c'est en février 1811 que Pierre Bezoukhov voit la « comète de 1812 » ; Férapontov, dont Tolstoï précisait qu'il tenait une auberge depuis 30 ans, se révèle plus tard être âgé de 40 ans ! Ce sont les paradoxes d'une oeuvre grande... et longue (plus de 1.600 pages dans l'édition française !).*

Les Illusions perdues

1836-1843

Honoré de Balzac (1799-1850)

L'oeuvre

A Angoulême, David Séchard a abandonné ses velléités de poète pour se consacrer à la petite affaire d'imprimerie que lui a laissé son père. Acculé à la ruine, mais épaulé par son épouse, la soeur de Lucien Chardon, il s'efforce de mettre au point un nouveau procédé de fabrication du papier. Son ami Lucien Chardon, qui se fera bientôt appeler de Rubempré, vit dans la misère mais entretient pourtant sa vocation de poète qui le fait pénétrer dans les salons de la bonne société de la ville. S'éprenant de Mme de Bargeton, il s'enfuit avec elle à Paris, décidé à y faire carrière.

Mais bien vite abandonné par sa «protectrice», Lucien de Rubempré connaît ses premiers déboires d'écrivain pauvre jusqu'à ce qu'il rencontre Daniel d'Arthez, un talentueux écrivain qui l'introduit dans le *Cénacle*, parmi de purs idéalistes. Mais Lucien, en quête de gloire et de succès plus mondains, se laisse entraîner par Lousteau, un feuilletonniste sans scrupules, dans les milieux du journalisme où, à coups de pratiques douteuses, il s'acquiert une réputation qui lui permet de publier son recueil de poésies. Devenant l'amant d'une jeune artiste, Coralie, Lucien de Rubempré mène un grand train de vie, et bien vite le besoin d'argent le pousse à renier ses amis libéraux pour s'allier aux monarchistes. Cette lâcheté lui vaut la haine de ses amis : un duel, couronnant une série de revers, le laisse blessé, pauvre et abandonné de tous. Lucien regagne Angoulême.

Entretemps, David Séchard est parvenu à fabriquer un nouveau type de papier, mais la trahison de ses concurrents ainsi que les maladresses de son beau-frère Lucien, qui a signé des traites en son nom, le conduisent à la prison pour dettes. Plus tard, David

Séchard vendra son brevet et pourra se retirer à la campagne. Lucien, lui, au moment où il essaye de se suicider, fait la rencontre d'un curieux prêtre espagnol, Carlos Herrera, qui prétend être en mission pour son gouvernement. L'ecclésiastique (qui n'est autre que le forçat Vautrin) lui promet la gloire et la fortune en échange d'une complète soumission. (Leurs aventures à Paris feront l'objet d'un autre roman : *Splendeurs et misères des courtisanes*.)

Un chef-d'oeuvre

La Comédie humaine

«Saluez-moi, je suis tout bonnement en train de devenir un génie» : c'était en 1833 et Balzac décidait de réunir tous ses ouvrages en une seule oeuvre, d'écrire toute l'histoire d'une société en conservant plus ou moins les mêmes personnages. Comme Dante et sa *Divine Comédie*, Balzac va non seulement peindre la capitale, mais aussi toutes les couches de la société du pays, épinglant les vices et les passions de son temps, dressant une entreprise titanesque comptant plus de 90 romans (en quelque vingt années de production littéraire, il écrira aussi des contes, des feuilletons, des pièces de théâtre).

Sous sa plume naissent ainsi les portraits de la noblesse ruinée, ceux des petits-bourgeois de province en passant par la grande bourgeoisie avide d'un nouveau pouvoir.

Cette *Comédie humaine* comporte

1 — les **Etudes de moeurs**, réparties en *Scènes de la vie privée* (avec notamment *Le Père Goriot*), *Scènes de la vie de province* (dont *Eugénie Grandet* et *Les Illusions perdues*), *Scènes de la vie parisienne* (dont l'*Histoire des Treize*, *Splendeurs et Misères des courtisanes*), *Scènes de la vie de campagne*.

2 — les **Etudes philosophiques** (dont *Louis Lambert*).

3 — les **Etudes analytiques**.

Le drame de l'ambition

L'or, la gloire et le plaisir : toute l'oeuvre de Balzac est imprégnée par ces trois leitmotivs, ces buts auxquels les hommes sont prêts à sacrifier beaucoup de choses. La vie ressemble à une course effrénée : toujours plus haut, toujours plus loin, et quels que soient les moyens... Lucien de Rubempré n'est pas en cela très différent du cousin d'Eugénie Grandet qui sacrifiait un amour véritable à sa soif de renommée. Lucien, le jeune écrivain de province qui monte à Paris pour connaître la gloire littéraire, désire, plus que tout, monter l'échelle sociale, et pour cela il est prêt à toutes les concessions. Cette ambition dévorante est bien le reflet exact de cette soif de pouvoir des nouveaux bourgeois de la Restauration, époque que vécut Balzac, et qui ont pour seul credo: l'argent. Les *Illusions perdues* sont devenues le miroir de cette société nouvelle, corrompue, de «cet océan de boue» comme dira Rastignac.

Genèse

Dès 1833, le personnage de Lucien de Rubempré se met à hanter Balzac: il sera le personnage principal d'un autre roman, *Splendeurs et misères des courtisanes*. L'idée mûrit lentement et, vers 1835, Balzac établit la liste des personnages. L'année suivante, en deux mois, il rédige la première partie, *Les deux Poètes,* publiée en 37, et à la fin de 1838, la deuxième partie (publiée en 39).

Pendant quatre ans, la suite reste en suspens: Balzac semble exploiter tout l'univers qui vient de surgir de ces deux romans pour en écrire d'autres: des personnages secondaires revivent, se déploient plus largement. Enfin, c'est en 1843 qu'il reprend les *Illusions perdues*, terminant la troisième partie (qui paraîtra en feuilleton dans les quotidiens, la même année).

En dépit de la partie centrale se déroulant à Paris, quand Balzac intègre le roman à sa *Comédie humaine*, ce sera dans *Les scènes de la vie de province*, comme si Paris en effet n'existait qu'en fonction d'un héros avant tout provincial.

Des illusions vécues

La vie de Balzac, si riche en péripéties, fut intimement liée à ses oeuvres. Ainsi les deux personnages principaux doivent-ils en grande partie à ses propres expériences. Pour David, Balzac s'inspira des fantasques projets de son père, mais aussi de ceux de son beau-frère Surville qui concocta d'inlassables projets sans avenir. Enfin, on retrouve aussi dans le roman les ambitions financières toujours déçues de Balzac lui-même: s'improvisant éditeur, en 1825, il avait englouti tous ses biens (et ceux de ses proches!) dans l'entreprise hasardeuse; il réitérait aussitôt en achetant un atelier de typographie! Toute sa vie durant, il accumulera les faillites désastreuses...

Les mésaventures de Lucien de Rubempré évoquent elles aussi les déceptions de l'auteur: autant les pitoyables débuts de Balzac dans la littérature que les liaisons amoureuses avec des aristocrates un peu légères telles la duchesse d'Abrantès ou la marquise de Castries. Lucien a décidément beaucoup de Balzac: comme lui, provincial, il est rongé par une vocation d'écrivain et par l'ambition de se faire une place dans le beau monde de la capitale; cette Mme de Bargeton, plus âgée que Lucien et qui va le guider au début dans les mondanités provinciales, n'est pas sans rappeler Mme de Berny, la douce maîtresse de Balzac, qui avait 23 ans de plus que lui quand il en fit sa *Dilecta*, son élue...

L'auteur

Honoré de Balzac, né à Tours le 20 mai 1799 dans une famille bourgeoise, souffre très tôt de l'isolement où l'enferment ses études: six ans d'internat dans le collège des Oratoriens de Vendôme puis la pension Lepître à Paris. Il suit également des cours à la Faculté de Droit et à la Sorbonne, tout en travaillant comme clerc chez un avoué. Mais dès 1819, il décide de devenir écrivain et s'installe, avec l'aide de sa famille, dans une mansarde, à Paris. Sa tragédie en vers, *Cromwell*, hélas, est mal accueillie. Balzac rejoint le foyer familial mais continue à écrire. C'est à cette époque — il a 22 ans — qu'il se lie à Mme de Berny, âgée de 45 ans, qui va encourager son jeune talent et soutenir les premières oeuvres encore immatures comme *Le Centenaire* ou *Le vicaire des Ardennes*, dans le goût des romans populaires. Mais le succès n'est décidément pas au rendez-vous. Balzac se lance alors avec son impulsivité toute coutumière dans des affaires qui le conduiront à la catastrophe: il s'associe à un libraire, achète une imprimerie... Pour régler ses dettes, Balzac revient à la littérature en une démarche qui fera tout l'itinéraire de sa vie: pour résoudre ses problèmes financiers, pour couvrir les dépenses d'un train de vie luxueux, au-dessus de ses moyens, et les frais occasionnés par ses entreprises, Balzac écrira sans relâche, jusqu'au dernier jour.

Ses premiers succès surviennent en 1829, avec *Les Chouans* et *La Physiologie du mariage*. Il commence à fréquenter les salons mondains où son extravagance, son côté à la fois dandy et rabe-laisien lui valent une grande notoriété. Il écrit dans divers journaux, publie sans arrêt jusqu'à ce que, en 1833, lui vienne l'idée de grouper ses écrits passés et à venir dans un vaste ensemble : *La Comédie humaine*.

Sa vie sentimentale, tout aussi dense que son oeuvre, est marquée en 1833 par sa liaison avec une comtesse polonaise, Eva Hanska, qu'il ne rencontrera qu'au cours de longs chassés-croisés, partout en Europe, et qui sera ponctuée par quantité d'autres aventures amoureuses. Epuisé par une vie trop frénétique, Balzac éprouve les premiers troubles circulatoires vers 1842 sans pour autant relâcher sa production littéraire. Il meurt à 51 ans, quelques mois après son mariage avec la comtesse Hanska.

Lolita
1958

Vladimir Nabokov (1899-1977)

L'oeuvre

De sa prison, Humbert écrit la confession des événements qui l'ont conduit au meurtre. Sur la Riviera, lorsqu'il était adolescent, il s'est épris d'Annabelle, une fillette de 14 ans, morte peu après. De cet amour déçu, il a conservé un goût prononcé pour les nymphettes «de jeunes vierges, entre les âges limites de neuf et quatorze ans, qui révèlent à certains voyageurs ensorcelés, qui comptent le double ou le quintuple de leur âge, leur nature véritable — non pas humaine, mais nymphique, c'est-à-dire démoniaque.»

Il cherche en vain à oublier son penchant dans des aventures, puis dans un mariage qui tourne court. Un jour, aux Etats-Unis, où l'appellent ses travaux de chercheur, il rencontre Dolorès, Lolita, la fille de sa logeuse. Il reconnaît en elle le prototype de la nymphette et sa vue seule suffit à lui donner du plaisir. Pour rester à proximité de son aimée, il épouse la mère. Celle-ci, à l'instant où elle découvre la vraie nature de son époux en lisant son journal intime, meurt sous les roues d'une voiture...

Libre enfin d'aimer sa Lolita, dont il est devenu le tuteur, Humbert découvre en réalité que sa petite protégée a depuis longtemps été initiée aux choses du sexe: c'est elle, provocante, perverse, qui le séduit. Commence alors pour l'étrange couple une longue errance à travers les Etats-Unis, de motels en quatre étoiles, et Humbert, soumis aux moindres désirs de sa capricieuse Lolita, devient le jouet de sa nymphette.

Mais brutalement, Lolita l'abandonne pour un libertin, Quilty, amateur de Sade et de «sexacapades». Après avoir pendant de

> *«Je ne suis ni auteur ni lecteur de littérature didactique (...)*
> *Lolita ne contient aucune leçon morale. A mes yeux un roman*
> *n'existe que dans la mesure où il suscite en moi ce que j'appel-*
> *lerai crûment une volupté esthétique...»* Nabokov

longs mois sillonné le pays à la recherche du couple, Humbert retrouve sa Lolita enceinte, fanée, mariée à un jeune mécanicien, et lui propose de repartir avec lui. En vain, l'ex-nymphette dont il reconnaît qu'elle fut le seul amour de sa vie, refuse de le suivre. Humbert rejoint alors la demeure de Quilty où, au terme d'une parade bouffonne, il exécute celui qui osa lui enlever Lolita.

Un chef-d'oeuvre

Une création postposée...
A Paris, fin 1939, Nabokov sentant «la première petite palpitation de *Lolita*», écrit en russe une nouvelle d'une trentaine de pages (retrouvée et publiée il y a peu sous le titre *L'Enchanteur*). Vers 1949, aux Etats-Unis, il reprend le thème, en anglais cette fois, délaisse plusieurs fois le roman qui mûrit («Il me fallait à présent inventer l'Amérique») puis l'achève enfin au printemps de 1954.

Quatre éditeurs américains refuseront le manuscrit avant que la publication de cette histoire d'amour entre un quadragénaire et une fillette ne provoque un énorme succès de scandale en 1958.

Le romancier de l'exil
L'art de Nabokov est profondément lié à son cosmopolitisme: né en Russie, il a vécu en Angleterre, a connu l'Allemagne et la France, s'est naturalisé américain pour vivre près de vingt ans aux Etats-Unis; enfin, il a passé la fin de sa vie en Suisse, installé dans un hôtel! comme si décidément aucune terre ne pouvait l'attacher à jamais.

Parlant couramment trois langues, écrivant ses grands romans en russe puis en anglais, Nabokov a engendré une oeuvre inclassable dont on peut tout au plus dire qu'elle se trouve au carrefour de trois littératures: s'y déploient à la fois, la sensibilité russe, le pouvoir de l'intrigue très anglo-saxon, le goût enfin de la forme et du jeu cher aux Français.

Le paradis perdu

Exilé trop tôt de sa Russie natale, Nabokov a été marqué par cette perte des racines. Mais «l'imagination, disait-il, est une forme de mémoire» et l'art deviendra ce refuge où recréer le paradis perdu. Ce rapport avec un monde disparu a fortement ébranlé chez Nabokov le sentiment de la réalité : le monde n'est plus qu'une apparence qu'il serait illusoire de récréer sous la forme d'un réalisme abâtardi. Enfin, de cette rupture avec le réel, qui laisse l'auteur pareil à «un fantôme sans os», est née une distance qui le pousse à nier autant le réalisme que l'écrit lui-même : son oeuvre semble n'être que cette longue négation du roman que représente la parodie.

Parodie...

Avec ces clins d'oeil au lecteur, avec cette position de démiurge qui se plaît à dénoncer sa présence au lecteur et à se jouer de ses personnages comme de marionnettes, avec enfin cet humour décapant et ce rire toujours présents au détour des phrases, toutes particularités propres à introduire une distance spécifique à la parodie, Nabokov est avant tout un joueur.

Dans ses parodies du roman policier (*La Vie de Sébastian Knight*), roman psychologique (*Lolita*) ou de la critique littéraire (*Feu pâle*), ce grand maître du jeu d'échecs que fut Nabokov a apporté tout un arsenal de jeux : jeux avec les mots (comme dans *Lolita* où le livre de Humbert s'appelle Rainbow, allusion à Rimbaud par exemple), rébus, allusions symboles codés, et jusqu'au jeu avec la forme, tel qu'il l'a pratiqué avec brio dans *La Défense Loujine*, où tout le roman est structuré selon une partie d'échecs.

Enfin, chez cet auteur qui affirmait que «la satire est une leçon, la parodie est un jeu», on ne trouve point ce didactisme moralisateur des oeuvres «à message». Simplement la «volupté esthétique» de la pure ré-création.

«*Le génie prématuré de Nabokov, c'est d'avoir parodié nos flirts les plus absurdes avec l'Histoire, les Utopies, la Psychologie, les Grands sentiments, les romans d'amour ou bien avec nos grands tabous.*» Barbedette

L'auteur

Vladimir Nabokov est né dans une famille aristocratique libérale à Saint- Pétersbourg le 23 avril 1899. Dès ses quinze ans, il s'intéresse aux papillons, dont il deviendra plus tard un spécialiste, et compose des poèmes; en 1916, il publie 67 poèmes à compte d'auteur. En 1919, il suit les membres de sa famille en exil et tandis qu'ils s'installent à Berlin, Vladimir entre à l'Université de Cambridge. Son père, responsable d'un journal russe émigré, est assassiné en 1922. C'est en 1924 que Vladimir Nabokov s'installe à Berlin avec sa famille; il s'y consacre à la traduction et donne des cours d'anglais, de français et de tennis. L'année suivante, il épouse Véra Evseevna Slonim.

C'est en 1926 qu'il publie son premier roman, *Machenka*, en russe. Et sa production littéraire, les années suivantes, ne se ralentit pas : *Roi, dame, valet*, *La Défense Loujine*, *L'Exploit*, *Chambre obscure*, *La Méprise*, *Invitation au supplice*. Sa femme étant juive, le couple se réfugie à Paris en 1937 et rejoint l'Amérique trois ans plus tard, où Nabokov enseignera la littérature russe d'abord, et la littérature européenne ensuite, à la Cornell University à Ithaca. Il se naturalise américain en 1945. Avec *La Vraie Vie de Sebastian Knight* (1941), il a commencé à écrire directement en anglais et poursuit avec *Lolita* (1958) qui crée un succès de scandale. Mais l'errance de Nabokov se poursuit : en 1960, il s'installe au Palace à Montreux, tandis que ses oeuvres commencent à être connues en Europe et que ses romans russes sont traduits en anglais et en français. En 1962, il fait la couverture de *Newsweek* à la sortie du film *Lolita* de Kubrick. Après *Feu pâle* (1962), il publie *Ada* (1969) qui est considéré comme son chef-d'oeuvre. Toute sa vie, il s'est consacré en même temps à la traduction (Pouchkine en anglais; Goethe, Shakespeare, Lewis Caroll, Musset en russe), à l'étude des papillons (chercheur, il découvrira même une espèce qui porte son nom), à la critique et à l'enseignement de la littérature.

Madame Bovary

1857

Gustave Flaubert (1821-1880)

L'oeuvre

Charles Bovary, jeune officier de santé, marié à une femme plus âgée que lui, rencontre au cours d'une visite médicale la fille d'un riche fermier, Emma Rouault. Elevée au couvent, elle a, par sa belle éducation, par ses lectures, cultivé de grands rêves romanesques. Charles Bovary — devenu veuf — épouse Emma, mais très vite la jeune femme est déçue par la monotonie de la vie que lui offre son mari.

Un dîner et un bal au château du marquis de Vaubyessard rendent son humble existence plus insupportable encore. Emma succombe à une maladie nerveuse. Charles Bovary comprend qu'il «faut la changer d'air» et décide d'aller s'établir à Yonville. Emma y rencontre un jeune clerc de notaire, Léon, qui, en dépit de sa timidité, lui fait une cour discrète. Emma est prête à succomber... Mais lassé par cet amour qui lui semble inaccessible, le jeune Léon quitte la ville. Et l'ennui revient hanter les longues journées d'Emma...

Elle se laisse bientôt séduire par Rodolphe, un homme peu scrupuleux qui connaît bien les femmes «Pauvre petite femme! pense-t-il, ça bâille après l'amour comme une carpe après l'eau sur une table de cuisine.» Devenue sa maîtresse, Emma Bovary semble renaître. «Elle allait donc posséder enfin ces joies de l'amour, cette fièvre du bonheur dont elle avait désespéré. Elle entrait dans quelque chose de merveilleux où tout serait passion, extase, délire...».

Effrayé par les projets d'Emma qui veut partir très loin avec lui, Rodolphe l'abandonne. Emma se réfugie dans le mysticisme. Plus tard, à Rouen, elle revoit Léon et devient sa maîtresse. Mais

Emma depuis longtemps a laissé libre cours à ses goûts de luxe et s'est endettée auprès d'un vieil usurier. Celui-ci la met bientôt au pied du mur et la menace d'une saisie. Désespérée par la lâcheté de Léon et de Rodolphe qui refusent de l'aider, Emma ne voit pas d'autre issue que le suicide : elle s'empoisonne avec de l'arsenic.

Charles Bovary, le brave homme, n'aura rien compris : « c'est la faute de la fatalité ! » dira-t-il avant de succomber de chagrin.

Un chef-d'oeuvre

Drame d'une femme qui rêve une vie qui n'existe pas et qui refuse de se soumettre à la monotonie, Madame Bovary est aussi un réquisitoire contre la bourgeoisie de province engoncée dans la médiocrité et les conventions. Le roman, reconnu comme le chef-d'oeuvre du réalisme de la littérature française, a pourtant une étrange genèse. Rien dans le tempérament fougueux de Flaubert ne le portait à écrire cette oeuvre classique, toute en rigueur et en sobriété.

En septembre 1849, Gustave Flaubert a 28 ans, il n'a encore rien publié, mais il vient de terminer sa première version de *La Tentation de saint Antoine*, un drame épique, d'une écriture baroque où il a laissé libre cours à son romantisme. Flaubert est fier de son travail. Pendant trois jours, il fait lecture de son manuscrit à Louis Bouilhet et Maxime Du Camp. Le verdict de ses amis est impitoyable : le roman est un fatras illisible, impubliable ! Flaubert est consterné. Ses amis lui conseillent d'écrire quelque chose de plus sobre, un roman où il éviterait tout lyrisme, un roman de province, par exemple, bien réaliste... Et ils vont même jusqu'à lui proposer le sujet, un fait divers : un médecin d'un bourg voisin, le docteur Delamare qui vient de perdre son épouse, une nymphomane qui s'est suicidée en prenant de l'arsenic... Madame Bovary était née.

Offense à la morale publique

Commencé en septembre 51 et terminé en avril 56, le roman soulève à sa parution un scandale qui restera célèbre dans les annales de la justice. Les directeurs de la Revue de Paris qui ont acheté les droits de la pré-publication exigent en effet d'emblée des suppressions, des modifications du texte. Flaubert fulmine. Mais quand le roman commence à paraître, les lecteurs protestent à leur tour contre certains passages «osés». Les pouvoirs publics s'en mêlent: Flaubert est inculpé «d'offense à la morale publique et à la religion». En février 57, il est acquitté, mais le procès aura valu à Madame Bovary un succès de scandale. Le jeune auteur est lancé...

> Madame Bovary *passe en justice: «Attendu qu'il y a des limites que la littérature, même la plus légère, ne doit pas dépasser...»*

Le maître du réalisme

C'est un des grands mystères de ce chef-d'oeuvre: comment Flaubert a-t-il pu brider son lyrisme, évacuer son goût du monumental et sa truculence rabelaisienne pour s'astreindre pendant cinq ans à une écriture linéaire, sans relief, et s'acharner sur un sujet si éloigné de sa nature? «Il faut que j'entre à toute minute dans des peaux qui me sont antipathiques... La vulgarité du sujet me donne des nausées... Dans Saint-Antoine, j'étais chez moi. Ici, sujet, personnages, effets, tout est hors de moi...»

Pourtant personne avant lui n'avait fait preuve d'une telle rigueur, autant dans le souci de l'objectivité que dans la forme. Le désir de ne rien livrer de lui-même d'abord — «L'émotion est une chose inférieure, écrit-il. Je ne veux pas considérer l'art comme un déversoir à passion...» — pour impossible qu'il fût, tendait à formuler les fameuses règles de «l'art pour l'art». Ainsi, Flaubert s'est-il mis en retrait, abandonnant sa plume fantasque pour le scalpel et disséquant sa Bovary avec une froideur toute chirurgicale.

Quant à la forme, elle fut, pour Flaubert, l'expression même de l'idée. Persuadé que, pour tel sentiment ou telle scène, il n'existait que tels mots bien précis, qu'un style particulier, il suait sang et eau à refaire brouillon sur brouillon. Ratures, doutes, ajouts, réécritures: rivé à sa table de travail, Flaubert a vécu son roman comme un forçat une condamnation. «J'ai exclusivement toute la semaine pioché ma Bovary ennuyé de ne pas avancer, écrit-il à Louise Colet. Je mène une vie âpre, déserte de toute joie extérieure, et où je n'ai rien pour me soutenir qu'une espèce de rage permanente qui pleure quelquefois d'impuissance, mais qui est continuelle. J'aime mon travail d'un amour frénétique et perverti comme un ascète».

«Prends un sujet terre à terre, et astreins-toi à le traiter sur un ton naturel, presque familier, en rejetant les divagations...»
C'est ainsi, sur le conseil d'un ami voulant brider son lyrisme échevelé, que Flaubert écrivit Madame Bovary.

Madame Bovary, c'est moi!

Une phrase célèbre qui ressemble à une boutade, mais qui a soulevé de si nombreuses interprétations qu'on éprouve bien des difficultés à trancher la question.

Pour certains exégètes, Flaubert avait ce don particulier «d'entrer» dans ses personnages. Imagination oblige! Il fut tout autant Emma que le poète Jules ou Henri le sensuel dans sa première *Education Sentimentale*, ou même Bouvard et Pécuchet, ses derniers héros. Flaubert fut littéralement possédé par son roman. Et au terme de ses cinq années de labeur, on ne s'étonne pas qu'il se soit identifié complètement à Bovary: «Quand j'écrivais l'empoisonnement d'Emma Bovary, j'avais le goût de l'arsenic dans la bouche.»

Alors? Flaubert aurait-il vécu cette simple identification aux personnages imaginaires, comme tout écrivain qui se respecte? Ce serait négliger ce qu'on a appelé le «bovarysme de Flaubert»! Cette Emma qui ne renonce pas à ses rêves, qui refuse de se laisser engluer dans la médiocrité environnante, n'est-ce pas l'auteur lui-même? Depuis longtemps — il écrit dès l'âge de 9 ans — Flaubert s'est réfugié dans l'imaginaire. L'art pour lui a remplacé la vie. «On me croit épris du réel, écrit-il, tandis que je l'exècre». Et si Emma a cherché un ailleurs inaccessible, que fait-il d'autre, Flaubert, avec ses voyages exotiques, ses Salammbô et ses voluptés orientales? Emma avait la foi des rêveurs, Flaubert la religion de l'art. A chacun sa fuite...

L'auteur

Né en 1821 d'une famille bourgeoise de Rouen — son père est médecin-chef à l'Hôtel-Dieu — Gustave Flaubert éprouve dès ses 9 ans un besoin d'écriture. A 16 ans, il est déjà l'auteur d'oeuvres originales, contes philosophiques ou fantastiques. Il écrit son premier roman, *Une Education sentimentale*, en 1843 en s'inspirant d'une passion enfantine pour Mme Schlesinger et d'une brève rencontre d'hôtel avec une femme plus âgée, Eulalie Foucaud de Langlade. Il se lie avec la poétesse, Louise Colet, avec qui il aura pendant des années une relation orageuse.

En 1849, il termine *La Tentation de saint Antoine* puis voyage jusqu'en juin 51, visitant l'Egypte, la Syrie, la Palestine, Constantinople, la Grèce et l'Italie. C'est au retour qu'il commence *Madame Bovary*. Il s'évade ensuite dans un roman épique, *Salammbô* (1862), puis publie la deuxième version de *L'Education sentimentale* (1869) et de *La tentation de saint Antoine* (1874). Il succombe à une hémorragie cérébrale le 8 mai 1880, laissant inachevée sa célèbre épopée de la bêtise, *Bouvard et Pécuchet*.

Succès littéraire mitigé de Madame Bovary *! Si Baudelaire rend hommage à l'auteur, si Sainte-Beuve compare l'ouvrage aux comédies de Dumas fils... d'autres en revanche ont la dent dure : Cassagnac compare Bovary à «un tas de fumier» et le critique Aubineau dans le journal l'Univers le trouve «envahi par l'ordure»...*

Les Misérables

1862

Victor Hugo (1802-1885)

L'oeuvre

L'évêque de Digne, Mgr Myriel, recueille un soir un forçat, Jean Valjean, qui a été envoyé au bagne pour avoir volé un pain pour ses neveux affamés. Rendu féroce par sa longue captivité, plein de haine pour la société, Jean Valjean quitte son hôte en lui dérobant son argenterie. Arrêté par des gendarmes, le voleur ne doit sa remise en liberté qu'à la miséricorde de l'évêque…

Fantine est une jeune mère abandonnée qui confie sa fillette Cosette à une aubergiste, la Thénardier, avant de rejoindre sa famille à Montreuil. Le maire, M. Madeleine, un mystérieux industriel qui cache sa grande bonté, sauve Fantine de l'arrestation ; l'inspecteur Javert voit ainsi ses soupçons confirmés : Madeleine et Valjean ne font qu'un ! Pour innocenter un homme que l'on prend pour Valjean le forçat, après une grave crise de conscience, Jean Valjean se fait reconnaître de tous.

Valjean, qui s'est évadé du bagne, délivre Cosette, traitée comme une servante par les sinistres Thénardier. Tous deux s'en vont vivre à Paris, mais traqués par Javert, ils trouvent refuge dans un couvent, le Petit Picpus, où Valjean se fait accepter comme jardinier.

Gavroche, le gamin de Paris, est un enfant abandonné par ses parents, les Jondrette. Ceux-ci accueillent bientôt dans leur masure le jeune Marius, petit-fils du grand bourgeois Gillenormand que des opinions politiques différentes ont séparés. Marius s'éprend d'une jeune fille dont il perd aussitôt la trace… Dans les bas-fonds de Paris, le couple Jondrette essaye d'attirer dans un guet-apens le philanthrope Leblanc, qui se révèle être Jean Valjean, ses agresseurs étant en réalité les sinistres Thénardier. Marius fait intervenir la police et Jean Valjean, craignant Javert, doit fuir à nouveau.

Marius retrouve sa bien-aimée (qui n'est autre que Cosette) mais ne parvient pas à obtenir le consentement de son grand-père qui refuse son mariage. Les Thénardier pendant ce temps, aidés par leur fils Gavroche, s'évadent de leur prison. Mais c'est le temps de l'insurrection : Gavroche, Valjean et Marius se retrouvent sur les barricades.

Tandis que Gavroche meurt, Jean Valjean libère Javert qui était prisonnier et entraîne Marius blessé à travers les égouts de Paris. Javert cette fois refuse d'arrêter Valjean et, rendu fou, se suicide dans la Seine... Marius cherche en vain son sauveteur anonyme ; mais entretemps son mariage avec Cosette est célébré. Jean Valjean, en lui révélant son passé de forçat, se sent bientôt indésirable chez sa fille adoptive et se retire en solitaire ; privé de l'affection de Cosette, il se meurt... Mais informé par hasard de la vie admirable de Jean Valjean à Montreuil et découvrant même qu'il fut son sauveur sur les barricades, Marius entraîne Cosette chez le vieillard qui meurt sereinement, réconcilié.

> *« Un livre de charité, un étourdissant rappel à l'ordre d'une société trop amoureuse d'elle-même et trop peu soucieuse de l'immortelle loi de fraternité... »* Baudelaire

Un chef-d'oeuvre

Genèse

Lorsque, en 1845, Victor Hugo écrit les premières pages des *Misérables* (qu'il appelle *Les Misères*), il est en France un personnage connu — pair de France, académicien, écrivain célèbre — mais cette gloire ne l'empêche pas de s'intéresser à la vie dans les prisons, à préparer une loi sur le travail des enfants. Pourtant, en 1848, la Révolution va interrompre ses activités littéraires : nommé maire provisoire de son arrondissement, il est bientôt élu député de droite ! Mais en 49, en dépit de sa position dans les rangs des conservateurs, il provoque un scandale en prononçant de violents discours sur la misère. Hugo a 50 ans mais conserve le courage de ses opinions : il rompt avec la droite. Devenu républicain, il tentera de résister au coup d'Etat de 1851, mais sera contraint à l'exil, en Belgique d'abord, puis à Jersey et Guernesey. C'est là, loin de la France, en 1860, qu'il reprend *Les Misérables* pour le terminer en 1861. Le roman sera publié par son éditeur en dix volumes en 1862.

Un réquisitoire social

«Tant qu'il existera, par le fait des lois et des moeurs, une damnation sociale créant artificiellement, en pleine civilisation, des enfers... tant qu'il y aura sur terre ignorance et misère, des livres de la nature de celui-ci pourront ne pas être inutiles». Avec cette phrase en guise de préface, Victor Hugo déclarait nettement son intention : améliorer le sort des classes déshéritées.

Les héros de son roman, ce sont ces êtres déchus, devenus misérables par le fait même des injustices sociales, par l'ignorance et la pauvreté. Avec un souci du réalisme qui le conduisit à consulter des ouvrages sur la prostitution, sur les prisons et les enfants des rues, Hugo fut d'abord porté par une générosité naturelle à montrer simplement cette misère qui l'affectait depuis plusieurs années ; mais bientôt, ses aspirations républicaines s'affirmant de façon plus claire le poussèrent finalement à écrire le roman du peuple et à faire le procès d'une société, en prônant la seule souveraineté du peuple.

Une oeuvre de rédemption

Mais autant que l'aspect social, c'est l'idée d'une certaine foi qui imprègne *Les Misérables*. Jean Valjean, Victor Hugo en a fait un symbole, l'incarnation d'une idée celle de l'ascension vers la générosité et la bonté.

Répondant d'abord par la haine à l'injustice sociale qui le frappe, Valjean apprendra l'amour par la charité de l'Evêque et, à son exemple, il répandra le bien autour de lui ; il aidera Fantine et Cosette, Marius, soulagera les pauvres et ira même jusqu'à pardonner à son ennemi Javert. En une lutte de chaque instant, le héros progresse ainsi vers le bien jusqu'à être finalement, au seuil de la mort, réconcilié avec ce monde qu'il avait si bien haï. Aspiration de Victor Hugo vers le pardon et l'amour que le projet de préface philosophique annonçait déjà : «Le livre qu'on va lire est un livre religieux».

Un roman populaire

Ce roman, à la fois pamphlet, épopée, récit lyrique, philosophique, réaliste même, a parfois été accusé de naïveté, de lourdeurs déclamatoires : risques auxquels s'expose sans doute toute oeuvre porteuse d'un «message» édifiant… Il est certain en effet que Victor Hugo cherchait à diffuser une intention sociale ; il choisit comme support le roman populaire tel que le pratiquaient Frédéric Soulié avec *Les Mémoires du diable* (1841) et Eugène Sue avec ses célèbres *Mystères de Paris* (1842). De ces romans feuilletons, Hugo emprunta la technique du suspens, instruisant en quelque sorte son public tout en l'amusant par l'action, distillant l'information au fil des rebondissements. Cette écriture qui est à la fois populaire et marquée du sceau de la littérature explique sans doute que *Les Misérables* ait connu un succès rarement égalé dans l'histoire du roman.

L'auteur

Victor Hugo est né le 26 février 1802 à Besançon. Il accompagne à plusieurs reprises son père, colonel puis général, dans divers pays ; entre-temps, il vit à Paris, près du couvent des Feuillantines. Sa vocation est précoce : sa poésie, dès ses 15 ans, lui vaut une mention de l'Académie ; à 17 ans, il remporte un concours aux Jeux floraux de Toulouse ; à 20 ans, après avoir créé un petit journal, il publie son premier livre, *Odes* (1922), et reçoit une pension de Louis XVIII.

Il épouse Adèle Fouchet et entame une rapide carrière littéraire avec notamment *Nouvelles Odes* et *Han d'Islande*. Mais c'est la préface de son drame *Cromwell* (1827), manifeste lyrique au ton révolutionnaire, qui le pose en chef de file du romantisme. Ses nouveaux poèmes comme *Les Orientales* (1829) autant que son théâtre comme *Hernani* (1830), *Lucrèce Borgia* (1833), *Ruy Blas* (1838) et ses romans dont le fameux *Notre-Dame de Paris* (1831) lui taillent une position essentielle dans la littérature française : à 40 ans à peine, Victor Hugo semble arrivé au sommet de sa carrière ; il est reçu académicien (1841). Sa vie privée entre-temps est marquée par sa liaison avec Juliette Drouet (qu'il rencontre en 1833) et qui durera près de 50 ans.

Mais Hugo se lance alors activement dans la vie politique : élu député conservateur à l'Assemblée constituante (1848), puis à la législative, il fonde un journal, *L'Evénement*. Mais en cherchant à améliorer le sort du peuple, il constate que le Parti de l'Ordre est seulement préoccupé par la sauvegarde des privilèges de la classe régnante. Il rompt avec son parti et devient républicain. Il essaie en vain de résister au coup d'Etat et se voit obligé de fuir la France. Son expulsion officielle est signée peu après. Pendant 18 ans, il vivra en exil à Jersey et Guernesey, y réalisant une oeuvre d'envergure que la souffrance a marquée de son empreinte : c'est le temps des *Châtiments* (1853), de *La Légende des siècles* (1859), *Des Misérables*, des *Travailleurs de la mer* (1866).

En 1870, avec l'avènement de la République, il rejoint Paris où il sera élu député, puis sénateur, et si les dernières années sont peu productives, elles verront toutefois la publication d'oeuvres écrites antérieurement comme *Quatre-Vingt-Treize* (1874) ou *L'Art d'être grand-père* (1877). Devenu pour les Français le symbole du républicain, Hugo meurt en pleine gloire et sa mort sera saluée par des funérailles nationales.

La Montagne magique
1913-1924

Thomas Mann (1875-1952)

L'oeuvre

Hans Castorp, un jeune bourgeois ingénieur de son état et originaire de Hambourg, se rend pour quelques jours auprès de son
cousin, Joachim, en traitement dans un sanatorium de Davos.
L'atmosphère envoûtante de ce lieu clos exerce une telle fascination sur le jeune Allemand que celui-ci va se persuader qu'il est
malade et demeurera là, sous les neiges éternelles, à quelque 2000
mètres d'altitude, pendant sept années.

À l'écart des frénésies et des préoccupations de la «plaine», Hans
Castorp, disposant de loisirs illimités, va se soucier de sa culture
et de sa formation. Si les lecteurs l'enrichissent d'un savoir ency-
clopédique allant de la météorologie à la psychanalyse en passant
par la biologie, ce sont les discussions entre deux intellectuels de
l'endroit qui inspireront au jeune autodidacte ses plus riches
réflexions. Placé entre deux doctrines opposées, celle de Settem-
brini, porte-parole des idées de 1789 et du rationalisme individualiste du XIXe siècle, et celle de Naphta, défenseur de la part
primitive de l'homme et partisan de formes de vie communisan-
tes, le jeune Castorp va tenter petit à petit d'élaborer une vision
cohérente des choses de son époque, celle de l'Allemagne de
Weimar.

À cet intense cheminement intellectuel va se joindre l'apprentissage de l'amour en la personne d'une jeune Russe, pensionnaire à Davos, la délicate Clawdia Cauchat, qui forme un couple
insolite avec un Hollandais tonitruant et porté sur la boisson,
Mynheer Peeperkorn. Cette passion charnelle exacerbée ne trouvera satisfaction que la veille du retour de la jeune malade vers
la «plaine».

C'est la déclaration de guerre de 14-18 qui va arracher Hans Castorp à l'envoûtement de la Montagne magique et le rendre à la vie normale. Conduit peu après sur les champs de bataille, il rencontrera la barbarie et la mort brutale.

Un chef-d'oeuvre

Genèse

L'inspiration première de *La Montagne magique* trouve son origine dans un événement ponctuel de la vie de Thomas Mann : la visite qu'il fit à son épouse en cure dans un sanatorium de Davos, en 1912. La rédaction de l'ouvrage commence un an après cette expérience et s'étend jusqu'en 1924. Elle sera en effet interrompue pendant une période de quatre ans, de 1915 à 1919, période durant laquelle Thomas Mann évoquera les problèmes urgents de la guerre et de l'identité allemande avec des ouvrages comme *Les Pensées de guerre* (1914) ou *Considérations d'un jeune homme étranger à la politique* (1915-1918).

La séduction de la maladie

Si, au fil de sa longue maturation, le roman de Thomas Mann s'est enrichi de très nombreuses réflexions sur les sujets les plus variés, il n'en reste pas moins que l'intention première de l'auteur était de composer «une sorte de contre-partie satirique de *La Mort à Venise*, dont le thème serait la séduction de la mort et de la maladie».

De fait, tout dans *La Montagne magique* semble contaminé par un érotisme morbide, depuis le style de l'auteur qui s'attache avec volupté et minutie à la description de déchéances physiques jusqu'au comportement des personnages qui s'abandonnent entièrement à la sensualité diffuse et malsaine qui règne à Davos. C'est ainsi qu'Hans Castorp, jeune homme neuf et sain d'esprit, devient bientôt, comme les autres malades qui cherchent moins à guérir qu'à assouvir leur lilibo, prisonnier de cette fièvre de jouissance, de cette quête éperdue d'un plaisir qui ne peut exister que par et dans la présence immanente de la mort et de la déchéance.

Une exploration de la réalité totale

Roman de la formation attaché à la grande tradition du «Bildungsroman», *La Montagne magique* retrace l'avancée d'un jeune homme dans sa connaissance de l'être humain par le biais d'investigations philosophiques et scientifiques. Outre la dimension ontologique et universelle de cette réflexion sur la condition humaine, le chef-d'oeuvre de Thomas Mann a aussi pour ambition d'embrasser la «totalité» d'une certaine époque. La station de Davos, hébergeant loin du monde et comme hors du temps des ressortissants de tous les pays, présente un microcosme idéal. Elle sera le miroir des débats politiques, philosophiques et religieux à l'époque de la jeune démocratie de Weimar mais aussi, et surtout, le reflet de la confusion où est plongée l'Europe, partagée entre les effondrements de la fin du siècle et les premiers espoirs du XXe siècle.

L'auteur

Thomas Mann est né en 1875, à Lubeck, sur la mer Baltique, d'une famille bourgeoise. Après la mort de son père, en 1893, la veuve s'installe à Munich. C'est dans cette capitale intellectuelle et artistique que le frère cadet d'Heinrich Mann complète ses connaissances au fil de ses lectures. Esprit curieux de tout à la manière d'un Goethe, nourri de musique avec Wagner, mais aussi de métaphysique avec Schopenhauer, le jeune homme s'ouvre bientôt aux domaines scientifiques tels que la médecine, la biologie et la paléontologie.

Thomas Mann conciliait en outre une réflexion intense sur l'être humain avec un constant engagement dans les débats politiques de son temps ; après un bref égarement nationaliste au début de la Première Guerre mondiale, l'écrivain s'attachera à démonter les mécanismes des régimes autoritaires, pour prendre enfin violemment position contre l'hitlérisme en 1933.

Si les aléas et les troubles de la guerre ont alimenté certaines des réflexions les plus essentielles de l'oeuvre de Thomas Mann, ils l'ont aussi conduit à l'exil dès 1933 : après quelques mois en France, il vécut 5 ans en Suisse, à Küssnacht, ensuite 14 ans aux Etats-Unis, dans le New Jersey puis en Californie avant de retourner en Suisse finir ses jours. Il mourut à Zurich en 1952, laissant une oeuvre immense, consacrée par le Prix Nobel en 1929, et qui reste un témoignage majeur sur la première moitié du XXe siècle.

Pour qui sonne le glas
1940

Ernest Hemingway (1898-1961)

L'oeuvre

Guerre d'Espagne. Robert Jourdan, un jeune Américain, professeur d'espagnol, engagé dans l'armée républicaine, a reçu pour mission de faire sauter un pont stratégique non loin de Madrid. Pendant trois jours, il va vivre dans le maquis en compagnie des guérilleros : Pablo et Pilar, son épouse, incarnation vigoureuse de l'Espagne libre, El Sordo, le Gitan, le vieil Anselmo...

Enfin, il y a Maria, une jeune Espagnole de 19 ans qui a subi les exactions des franquistes et dont Robert Jourdan s'éprend. Dans ces journées fièvreuses où la mort menace, les deux amoureux vont vivre un amour intense, exceptionnel.

Jordan accomplit sa mission, fait sauter le pont. Mais, la jambe cassée, il va couvrir la retraite de ses compagnons en restant seul, attendant l'ennemi, sachant qu'il se condamne ainsi à mort, mais que cette mort sera utile... « Le monde est beau, dit-il, et il vaut la peine qu'on se batte pour lui, et j'ai horreur de le quitter. »

« *La mort d'un homme, elle, me diminue parce que je suis lié à l'espèce humaine. Et par conséquent n'*envoie jamais savoir **pour qui sonne le glas**. *Il sonne pour toi.* » John Donne (*poète de la Renaissance anglaise*)

Un chef-d'oeuvre

Un livre-charnière

Désabusé par les horreurs de la guerre 14-18 à laquelle il participa très jeune, Hemingway rejoignait dans ses premières oeuvres tous les écrivains de la Génération perdue. Avec *Le Soleil se lèvre aussi* et *L'Adieu aux armes* notamment, il se faisait le chantre de l'individualisme à tout crin, préoccupé seulement par la condition tragique de l'homme. Nihilistes désespérés, buttant sans cesse sur le néant, ses héros étaient bien indifférents aux vicissitudes de l'Histoire.

Pourtant, en 1936, Hemingway prend parti contre le fascisme en Espagne... Un net revirement donc qui s'affirme déjà dans la bouche de son héros de *En avoir ou pas* (1937): Harry l'aventurier, qui a nié toute solidarité humaine, avoue au seuil de la mort que «un homme seul est foutu d'avance».

Correspondant de guerre en Espagne dès février 37, couvrant toute la guerre, Hemingway va aller jusqu'au bout de l'engagement politique. *Pour qui sonne le glas*, tiré de cette expérience, prône la communion humaine dans la lutte. La citation de John Donne, qui donna son titre à l'ouvrage, annonçait clairement la position d'Hemingway: «Chaque homme est fragment d'un continent, une partie du Tout; (...) la mort d'un homme, elle, me diminue, parce que je suis lié à l'espèce humaine. Et par conséquent n'envoie jamais savoir pour qui sonne le glas. Il sonne pour toi.»

Un style nouveau

Ecriture simple, directe, en phrases courtes et percutantes, directement héritées de l'expérience du journalisme: Hemingway, dès ses premiers romans, refusa toute concession à la sophistication, laissant se déployer sans artifices les sentiments et les émotions. Un style limpide qui permettait de recréer en somme la vision d'un témoin réel.

Une image

«Dans son comportement, écrivit Stephen Spender en parlant d'Hemingway, il semblait surtout jouer le rôle d'un héros d'Hemingway.» Rarement, en effet, la vie et l'oeuvre d'un auteur furent si intimement liées. Ce goût du risque, cette façon de vouloir frôler la mort pour éprouver les frissons d'une vie plus intense, le tragique de ses héros, Hemingway semble les avoir fréquentés dans sa vie réelle. Chasseur et pêcheur épris de solitude, voyageur, mais aussi baroudeur impénitent — il a vécu les grands événements historiques de son temps : les guerres de 14 et de 40, celle d'Espagne — Ernest Hemingway a su transposer dans ses livres toutes les expériences qu'il a vécues, au point qu'on a pu dire que son oeuvre était en quelque sorte une autobiographie romancée (ou rêvée). Cette vie en forme de roman a fortement contribué à la création du mythe Hemingway.

L'auteur

Né en 1899 d'un père médecin et d'une mère musicienne, Ernest Hemingway passe son enfance à Oak Park, une banlieue cossue de Chicago. Un milieu et un cadre puritains auxquels il échappe pendant les vacances lorsque, en compagnie de son père, il passe de longues journées à chasser et pêcher à Waloon Lake, une région sauvage non loin du Lac Michigan. C'est là que se développent son goût pour la nature, son individualisme et sa passion des grands espaces.

A la High School d'Oak Park, à 17 ans, Hemingway commence à écrire des nouvelles et des articles destinés au journal de l'école. Refusant l'université, il devient journaliste au Kansas City Star. En 1918, il s'engage comme ambulancier et rejoint le front austro-italien. En juillet, il est grièvement blessé par un obus de mortier et passe trois mois dans un hôpital à Milan.

De retour à Chicago, il se marie avant de repartir pour Paris, en 1921, comme correspondant du Toronto Star. Là, sous la houlette de Gertrude Stein et d'Ezra Pound, il commence sa carrière littéraire.

Mais c'est en 1926 qu'il atteint la célébrité avec *Le Soleil se lève aussi*, où il met en scène les errances désespérées dans Paris

---

Destin ? *A dix ans, le petit Hemingway reçoit son premier fusil (avec «allocation» de trois cartouches par jour)... Son père se suicide en se tirant une balle dans la tête. Hemingway mettra fin à ses jours de la même manière, en 1961...*

et Pampelune d'un groupe de jeunes désabusés par la guerre.

Installé en Floride, il écrit *L'Adieu aux armes* (1929) inspiré de ses mésaventures en Italie en 1918 et qui exprime une fois encore son profond désarroi face à l'absurdité de l'amour et de la guerre. Après un séjour en Espagne, il écrit *Mort dans l'après-midi* (1932) où il livre sa passion pour les courses de taureaux. Quant à ses chasses aux fauves, en Afrique, elles lui fourniront la matière pour *Les Vertes Collines d'Afrique* (1935).

Peu avant de participer à la guerre d'Espagne comme correspondant, il publie *En avoir ou pas* (1937) où s'incarne pour une dernière fois cet individualisme qu'il abandonne dans *Pour qui sonne le glas*, véritable livre-charnière à partir duquel il devient un auteur engagé.

A la Seconde Guerre mondiale, il va pendant deux ans patrouiller à bord du Pilar, pour détecter des sous-marins allemands au large de Cuba où il s'est installé en 1938.

Après un long silence, en 1950, son roman *Par-delà la rivière et parmi les arbres* (récit de l'aventure amoureuse d'un colonel meurtri par la guerre rencontrant une jeune comtesse) est mal accueilli par la critique et le public. Mais en 52, on salue *Le Vieil Homme et la mer* : dans la sérénité de Santiago, le pêcheur, il n'y a plus de place pour la rébellion ; c'est dans l'union avec la nature qu'Hemingway se réconciliait avec le monde...

Il recevait le prix Pulizer, puis le prix Nobel en 1954. Souffrant d'artériosclérose et d'hypertension, refusant la déchéance physique, il met fin à ses jours, le 2 juillet 1961, d'un coup de fusil dans la tête.

Hemingway reçut le Prix Nobel de littérature en 1954.

Le Procès
1924

Franz Kafka (1883-1924)

L'oeuvre

Le matin de son trentième anniversaire, Joseph K, fondé de pouvoir dans un établissement bancaire, est interpellé par deux brigadiers qui se disent mandatés par un tribunal. Ils lui notifient qu'il est en état d'arrestation, mais qu'il reste libre de vaquer à ses occupations.

Un dimanche, K est convoqué par téléphone à un premier interrogatoire. Il se rend à l'adresse prescrite, dans une maison située dans un faubourg éloigné. Après avoir frappé à de multiples portes, il est introduit dans une salle bondée, à l'atmosphère irrespirable. Conduit sur une estrade, K entreprend de dénoncer la parodie de justice dont il est victime. Ensuite, après quelques remarques insultantes adressées à l'assistance dissipée, il quitte la salle tandis que le juge d'instruction l'avertit qu'il s'est lui-même frustré de «l'avantage qu'un interrogatoire représente toujours pour un accusé».

Pendant une semaine, K attend vainement une nouvelle convocation. Il se rend néanmoins dans la maison du faubourg où siègent les magistrats. Une jeune femme lui apprend qu'il n'y a pas de séance et l'accompagne dans la salle déserte. L'entretien prend bientôt un tour sentimental et elle lui promet son appui. Un huissier du tribunal l'emmène ensuite visiter les greffes. Les deux hommes traversent un long couloir où attendent les inculpés. K, pris de malaise dans cette atmosphère confinée, veut rebrousser chemin, mais le greffier l'oblige à continuer. Le préposé aux renseignements et une jeune employée de bureau l'aident à regagner la sortie après l'avoir initié à quelques secrets de la vie de fonctionnaire.

Un jour, tandis que K attend un client italien qui lui a fixé un rendez-vous dans une cathédrale, un abbé l'interpelle du haut d'une chaire. Il exhorte le jeune homme à ne pas se méprendre sur la justice et illustre ses propos par une parabole qui figure parmi les textes qui précèdent la Loi.

La veille de son trente-et-unième anniversaire, deux hommes portant redingote et haut-de-forme se présentent chez K. Ils lui enserrent les bras et l'emmènent, parfaitement soumis, dans une carrière désaffectée. Ils choisissent l'endroit propice et l'égorgent avec un couteau de cuisine.

Un chef-d'oeuvre

La logique de l'insolite

Le matin de son trentième anniversaire, Joseph K aborde le monde étrange de la bureaucratie et d'une justice administrée par on ne sait qui, un monde dont le petit employé ignore les lois de fonctionnement. Mais Joseph K n'en pénètre pas pour autant dans un univers fantastique ; ce dédale de portes et de couloirs, de bureaux et de règles qui semblent n'avoir d'autre fonction que celle de contraindre, est le prolongement direct et naturel de sa réalité quotidienne, de sa tâche routinière à la banque, de ses préoccupations et interrogations.

Joseph K n'est pas non plus l'acteur principal de son propre rêve ou de sa propre hallucination : il reste de bout en bout un sujet lucide et raisonneur qui assume l'étonnement et les doutes du lecteur.

C'est ainsi que *Le Procès* rejoint la tradition du fantastique mise en écriture entre autre dans les contes d'Hoffmann : le personnage principal, loin d'être victime d'un traumatisme soudain, assiste à la modification insidieuse et de plus en plus complète des conditions de son existence jusqu'à se laisser entraîner par cette logique de l'insolite, se soumettant à ses règles, qui en l'occurrence le conduiront à la mort.

La voix du narrateur

Cette intrusion parfaitement «naturelle» de l'insolite dans le quotidien est renforcée par la voix du narrateur qui s'attache à décrire les moindres mots et gestes de Joseph K dans le style dépouillé d'un procès-verbal. C'est ainsi que, sous le regard impartial et pointilleux du narrateur, l'histoire du petit employé gagne en crédibilité. Par le dépouillement de ses descriptions, par la rareté des adjectifs et des images, l'ensemble du récit trouve une unité de style qui permet un passage du naturel à l'insolite sans rupture de ton.

Impuissance et fascination

Dès ses premiers contacts avec la mystérieuse et gigantesque machine administrative, Joseph K est fasciné par cette organisation occulte gérée par des gardiens de la Loi qui interrogent et instruisent sans révéler leurs motifs. A l'origine de cette fascination se trouve l'obsession de la hiérarchie, obsession à laquelle K était prédisposé puisqu'il n'était lui-même rien d'autre qu'un des rouages d'un appareil fort semblable : la banque. C'est ainsi que K croit ne pas pouvoir échapper à ces règles compliquées et fixées dans un rituel immuable. Il va se préoccuper de manière quasiment obsessionnelle de son procès et, ce faisant, s'enfermer lui-même dans le système de la justice, tout en tentant vainement d'en dénoncer les vices.

Autobiographie ?

Pourvu d'un prénom et d'une initiale, le héros du *Procès* se distingue par son anonymat : sans visage, le personnage de K est une silhouette sans épaisseur qui évolue dans une ville elle aussi anonyme.

Malgré cette impersonnalité qui favorise la dimension universelle, il est tentant cependant de mettre un nom derrière ce visage aux contours imprécis : celui de Kafka lui-même. En effet, le *Journal* que tient l'auteur de 1910 à 1923 trahit quelques concordances entre le roman et l'existence tourmentée de Kafka. On sait en effet qu'il se sentait écartelé entre sa tâche quotidienne et ses aspirations personnelles, et que par ailleurs son célibat mal vécu engendrait une solitude malheureuse.

Mais ce pouvoir arbitraire, absolu, que détiennent les magistrats dans *Le Procès*, n'est pas sans évoquer la figure du père tyrannique de Kafka, ce père auquel il s'adressait en ces termes : « Tu as pris à mes yeux le caractère énigmatique qu'ont les tyrans dont le droit ne se fonde pas sur la réflexion, mais sur leur propre personne. »

L'auteur

Né à Prague le 3 juillet 1883 dans une famille aisée de commerçants israélites, Franz Kafka se laisse très tôt emporter par le flot
des cultures — slave, allemande et juive — qui viennent baigner
le vieil Empire d'Autriche. Sioniste ardent, Kafka partage avec
les autres écrivains de l'Ecole de Prague cette aptitude particulière à la métaphysique qui apparaît déjà dans sa première nouvelle, parue en partie dans la revue *Hyperion* en 1919. Cette
publication tardive passa d'ailleurs inaperçue, tout comme les
autres livres de Kafka qui, en dehors d'un cercle restreint d'admirateurs et même de fanatiques, n'eurent guère de succès du vivant
de leur auteur.

En 1914, des fiançailles malheureuses, rompues, renouées, puis
une nouvelle et dernière fois rompues, plongèrent le jeune homme
dans le désespoir, tandis que les premiers symptômes de sa tuberculose ajoutaient encore à son malheur.

Ebranlé profondément par la guerre mondiale et tourmenté par
les incertitudes de sa vie professionnelle (il était employé dans
une compagnie d'assurances), Kafka trouva néanmoins la force
d'écrire, fébrilement et presque coup sur coup, quelques-uns de
ses meilleurs romans dont *Le Procès*, *La Colonie pénitentiaire*
et *La Métamorphose*.

En 1920, Kafka quitte son emploi et cherche la guérison dans
un sanatorium. Après un bref séjour chez sa soeur, il fait la connaissance du grand amour de sa vie, Dora Dymant, avec laquelle
il vit la dernière et sans doute la seule année presque heureuse
de sa vie. Il s'éteint en juin 1924 dans un sanatorium de Kierling,
près de Vienne.

La Promenade au phare
1927

Virginia Woolf (1882-1941)

L'oeuvre

Lorsque Mrs Ramsay promet à James, le cadet de ses huit enfants, de l'emmener le lendemain en promenade vers le phare qui se dresse sur une île proche de leur résidence d'été, Mr Ramsay, son époux, trahit une fois de plus son caractère grognon en prétendant que le mauvais temps empêchera sûrement leur expédition. Cette question, qui crée une petite querelle entre les deux époux, reste suspendue tout au long du jour, tandis qu'apparaissent l'un après l'autre les invités : Minta Doyle et Paul Rayley, Charles Tansley, William Bankes, Lily Briscoe... Le récit progresse ainsi, passant d'un personnage à l'autre, chacun déroulant le fil secret de ses pensées, de son humeur.

Mrs Ramsay est au coeur de ce petit monde ; intuitive, chaleureuse, elle sait par-dessus tout rassurer son époux, un professeur de philosophie, brillant mais orgueilleux, «maigre comme un couteau, étroit comme une lame», capricieux comme un enfant.

Lily Briscoe, émue par cette femme, a commencé à la peindre, elle et son fils James. Mais assaillie par des doutes qui l'empêchent de créer, elle ne parviendra pas à transmettre sur sa toile l'impression de bonheur, d'équilibre, que lui procure la scène.

Au terme du repas où la conversation du groupe coexiste avec le flux interrompu des monologues intérieurs, les époux Ramsay sont réconciliés et Minta Doyle et Paul Rayley fiancés.

Le temps passe. La maison près de la plage est abandonnée pendant de longues années... Lorsque la famille Ramsay y revient, c'est sans Mrs Ramsay, qui est morte entre-temps. Ce sera l'occasion enfin de faire la promenade au phare projetée jadis. Mais James a grandi, et c'est sans plaisir qu'il suit son père et sa soeur vers le phare. Lily Briscoe, elle, a repris sa toile, mais elle reste toujours aussi figée dans son incapacité à communiquer et Mrs Ramsay enfin lui manque beaucoup. Elle évoque son souvenir. Et tandis que la barque accoste sur le rocher du phare, dans un instant de clarté, Lily Briscoe ajoute un trait à son tableau. « Oui, songea-t-elle, reposant son pinceau avec une lassitude extrême, j'ai eu ma vision ».

Un chef-d'oeuvre

La vie, la mort...
La Promenade au phare représente, dans l'oeuvre de Virginia Woolf, le premier aboutissement des recherches menées avec persévérance dans *La Chambre de Jacob* et *Mrs Dalloway*. Et cette fois, comme rassurée par la forme, Virginia Woolf va emprunter la matière de son roman à sa propre vie. « Ce sera assez court, dit-elle dans son *Journal*. Rien ne manquera au caractère de Père. Il y aura aussi Mère, Saint-Yves, l'enfance et toutes les choses habituelles que j'essaie d'inclure, la vie, la mort, etc. » Et c'est un fait que Mr Ramsay, avec ses colères soudaines, évoque beaucoup le père de Virginia Woolf, brillant écrivain, réputé, qu'elle adorait mais dont elle redoutait l'autorité et la forte personnalité, au point de comprendre que sa mort seule lui avait permis de devenir romancière. « Sa vie, écrivit-elle, eût entièrement mis fin à la mienne. Que serait-il arrivé ? Pas d'écriture. Pas de livres. Inconcevable. »

Mais le personnage qui, comme un phare, éclaire tout le roman, n'est autre que Mrs Ramsay, figure d'une mère que Virginia Woolf perdit trop tôt et dont la mort fut ressentie si douloureusement qu'elle sombra dans la dépression et tenta de se suicider. Alors, en Mrs Ramsay, c'est toute la tendresse maternelle qu'on retrouve : rassurante, épouse et mère modèle, elle sait aplanir les conflits, réconcilier les contraires, faire régner enfin sur le monde qui l'entoure une harmonie qui confine à l'oeuvre d'art.

> *« Pourquoi est-elle si tragique la vie ? Un trottoir étroit, par-dessus un abîme. Je regarde en bas ; j'ai le vertige ; je me demande comment je parviendrai à marcher jusqu'au bout. »*
> Journal

Une vision

Virginia Woolf était curieuse de la vie, de l'âme humaine, de la nature, toujours émerveillée par des choses aussi simples que l'entrée d'un papillon dans une pièce ou la lumière du jour qui s'éteint sur la mer. Cette passion de la vie, qu'elle a insufflée dans tous ses romans, à travers ses nombreux personnages, traduisait en fait un besoin, un désir viscéral, de communier avec le monde, «d'embrasser l'univers dans un seul acte de compréhension».

Aussi le monde n'était-il pour Virginia Woolf qu'un maëlstrom d'impressions venant sans relâche s'accrocher à la conscience; et c'est là que la vie trouvait son sens car, comme le précise Lily Briscoe dans *La Promenade au phare*: «La grande révélation ne vient peut-être jamais. Elle est remplacée par de petits miracles quotidiens, des révélations, des allumettes inopinément frottées dans le noir». Peu importe le reste, il suffit d'avoir eu sa «vision».

Une révolution dans le roman

Avec une telle perception du monde, avec une telle sensibilité, il est évident que Virginia Woolf ne pouvait pas se satisfaire des méthodes classiques des écrivains édouardiens qui avaient donné «une importance énorme à la matière des choses». Pendant des années, elle chercha donc une nouvelle forme de roman capable d'exprimer la vie, de refléter l'esprit qui en réalité, chaque jour, «reçoit une myriade d'impressions, banales, fantasques, évanescentes ou gravées avec la netteté de l'acier». Ce monde transitoire, changeant, il lui paraissait absurde de le peindre comme durable, de façon objective. La tâche du romancier consistait donc à mettre en lumière cette fluidité de la vie, ce «stream of consciousness» (le flux de la conscience).

C'est tout un art du monologue intérieur et des points de vue différents que Virginia Woolf mit alors au point. Vision subjective qui impliquait bien sûr de renoncer au «caractère» du héros classique, bien défini, typé, catalogué une fois pour toutes. La seule façon pour Woolf de saisir un être dans sa complexité, c'était de restituer le flux constant des images et des idées qui l'animent.

Enfin, fragmentés, éthérés, libérés des aspects moraux ou sociologiques, les personnages de Virgina Woolf ont fini par déboucher sur une sorte de vision «universelle» de l'homme qui influença considérablement la littérature moderne.

L'auteur

Virginia Stephen, née le 25 janvier 1882 à Londres, perd sa mère lorsqu'elle a treize ans. C'est son père, sir Leslie Stephen, essayiste et historien, issu d'une des grandes familles d'Angleterre, qui prend en main son éducation et lui fait découvrir la philosophie et la littérature. A la mort de son père (1904), elle participe activement aux fréquentes réunions qui se tiennent dans leur maison de Bloomsbury : artistes, écrivains, économistes, historiens, tous sont unis, dans le groupe dit de *Bloomsbury*, par un remarquable dynamisme intellectuel.

En 1912, Virginia épouse Léonard Woolf et cinq ans plus tard fonde avec lui une maison d'édition, la *Hogarth Press* qui, d'artisanale au début, deviendra vite une des grandes maisons du pays. En parallèle, elle publie son premier roman, *La Traversée des apparences* (1915), écrit des articles de critique dans des journaux londoniens, et s'engage, par des conférences (publiées en 1929 dans *Une Chambre à soi*), dans la lutte pour la libération de la femme. Activités auxquelles s'ajoute l'écriture régulière de son *Journal*.

Après *Night and Day* (1919) qui reste encore attaché aux conventions littéraires, elle met progressivement au point (*La Chambre de Jacob — Mrs Dalloway*) un nouveau type de littérature qu'on a apparenté à Proust et Joyce, et qui est consacré par le Prix Fémina-Vie Heureuse, en 1927, accordé à *La Promenade au phare*. *Orlando* (1928), roman mettant en scène un personnage à la fois homme et femme au cours de trois siècles d'histoire et dédié à Vita Sackville-West, est aussi une tentative pour cerner l'idéal d'un être bisexué, total.

Mais c'est avec *Les Vagues*, où se poursuivent, comme hors du temps et de l'espace, les longs monologues de six personnages, que Virginia Woolf atteint le sommet de son art, à la recherche du flux de la conscience. Intrigue absente, importance de la durée et du temps, exploration de l'invisible, autant de thèmes que l'on retrouvera aussi dans son dernier roman, *Entre les actes*.

Affectée dès son jeune âge par de graves dépressions débouchant sur des tentatives de suicide, Virginia Woolf se sentait toujours menacée par ses crises de folie... Elle mit fin à ses jours, le 28 mars 1941, en se noyant dans une rivière du Sussex.

A la Recherche du temps perdu
1913-1922

Marcel Proust (1871-1922)

L'oeuvre

Du côté de chez Swann

Le narrateur se souvient du rituel du baiser maternel, le soir, quand il était enfant. Puis un jour, en mangeant une madeleine avec une gorgée de thé, il retrouve tout le passé de son enfance : Combray, l'église, la maison de sa tante Léonie... Autour de Combray, il y a deux directions pour les promenades : en allant vers Méséglise, on rencontre la demeure de M. Swann, un homme cultivé, amateur d'art, qui a épousé Odette, une femme aux moeurs légères. De l'autre côté, il y a le château des Guermantes, dont il rêve sans jamais y pénétrer. Le narrateur tombe amoureux de la fille de Swann, Gilberte.

A l'Ombre des jeunes filles en fleurs

Le narrateur voit souvent Gilberte chez les Swann, mais les deux adolescents se disputent et se séparent. Il se rend à Balbec, sur la côte normande, où il se lie avec une bande de jeunes filles joyeuses qui s'ébattent sur la plage. Il s'éprend de l'une d'elles : Albertine.

Le côté de Guermantes

Sa grand-mère tombe malade et meurt. Il revoit Albertine. A Paris, il s'efforce d'entrer dans le grand monde. Enfin reçu par la duchesse de Guermantes, il est déçu par la frivolité de ce milieu aristocratique.

Sodome et Gomorrhe

Le narrateur se penche sur le cas du baron de Charlus, homo-

sexuel, esthète et bavard impénitent, membre de cette étrange confrérie des «hommes-femmes». Le narrateur fréquente le salon des
Guermantes où l'on parle beaucoup de l'affaire Dreyfus. Albertine lui échappe; c'est à Balbec qu'il la soupçonne d'être homo-
sexuelle; il l'invite à vivre avec lui à Paris.

La Prisonnière

Eprouvant pour Albertine une passion dévorante, il est rongé par
la jalousie. Le grand écrivain Bergotte meurt cette année-là... Chez
les Verdurin, le narrateur éprouve un grand bonheur musical...
Un jour, Albertine disparaît.

Albertine disparue

Il apprend qu'Albertine s'est tuée à l'occasion d'une chute de cheval. Il enquête sur sa vie passée et souffre de ses nombreuses tra-
hisons. Il ne retrouve le calme qu'après de longs mois. A Venise,
il apprend le mariage de Gilberte et de son ami Saint-Loup, lequel
se révèle lui aussi un «homme-femme».

Le Temps retrouvé

Le temps a passé depuis l'enfance. La guerre est là qui perturbe
autant Combray que Paris. Les Verdurin cependant tiennent encore
leur salon; le baron de Charlus, transformé en théoricien de la
guerre, n'en participe pas moins à d'étranges rituels masochistes
dans un hôtel très spécial; Robert de Saint-Loup meurt glorieu-
sement sur le front.

   Après la guerre, convié à une matinée chez le prince de Guermantes, le narrateur sent affluer les souvenirs, comprend qu'il peut
ainsi goûter «un peu de temps à l'état pur». Au terme d'une longue réflexion sur la vie et l'oeuvre d'art, le narrateur conclut que
l'art peut seul lui permettre de retrouver le temps perdu. Chez
les Guermantes, les invités ne sont plus que des fantômes, des
vieillards méconnaissables. Conscient de la vanité des plaisirs mondains, le narrateur décide d'écrire *A la Recherche du temps perdu*.

---

*Le temps perdu: non seulement le paradis de l'enfance, mais
aussi le temps «perdu» à vivre parmi la faune des salons mondains, un temps que Proust reconquiert, «retrouve» en déci-
dant d'utiliser ses observations dans une oeuvre d'art.*

Un chef-d'oeuvre

«L'édifice immense du souvenir»

«Il dépend de nous, écrivit Proust, de rompre l'enchantement qui rend les choses prisonnières, de les hisser jusqu'à nous, de les empêcher de retomber pour jamais au néant.» Si l'amour et l'amitié, la société parisienne, les moeurs du début du siècle, l'enfance et la mort constituent quelques clés majeures de l'oeuvre de Proust, le thème essentiel n'est autre que le temps, ce temps passé que la mémoire peut restaurer.

Le passé pour Proust ne meurt pas à jamais; il est enfoui très loin dans les replis de la mémoire, sous forme d'impressions qui peuvent ressurgir à tout instant. Il suffit d'une émotion, d'une sensation gustative, auditive ou olfactive qui restent «comme des âmes, à se rappeler, à attendre, à espérer sur la ruine de tout le reste, à porter sans fléchir, sur leur gouttelette presque impalpable, l'édifice immense du souvenir». Le plaisir éprouvé à manger une madeleine avec une gorgée de thé va lui rappeler cette même sensation ressentie autrefois, et aussitôt réapparaîtront les décors, les lumières de jadis, la maison, la ville, la place, les rues et les chemins…

Et lorsque le bruit d'une cuiller sur une assiette ou la raideur empesée d'une serviette font de même ressurgir des pans entiers du passé, cette résurrection devient «un peu de temps à l'état pur»; elle donne à voir «l'essence des choses».

La mémoire affective

Ce goût d'éternité qui surgit d'une tasse de thé ne fait pas appel à l'intelligence, mais bien à la sensation telle qu'elle se déploie dans une mémoire involontaire, affective. Un clocher, une certaine lumière dans un sentier parmi les aubépines, une petite musique, sont autant de signes, autant de vérités de la sensation que l'artiste seul peut percevoir pour ensuite les déchiffrer et les recréer par l'expression. Sous quelle forme? La mission du poète est de «dégager l'essence de nos sensations en les réunissant, pour les soustraire, aux contingences du Temps, dans une métaphore».

La métaphore proustienne

Par son écriture, Proust va sans cesse basculer d'un monde dans un autre monde ; une sensation du monde concret va le transférer dans un monde éthéré, celui du passé, celui des mirages, un univers qui, fouillé par la phrase et la raison, va revêtir autant de réalité, sinon plus, que le présent. De là cette phrase proustienne, sinueuse, foisonnante, toute chargée d'analogies et de correspondances, fil d'Ariane, fragile, arachnéen, lentement dévidé dans le labyrinthe des souvenirs.

Mélopée incantatoire qui hypnotise comme hypnotise toute descente dans les profondeurs de l'inconscient, l'oeuvre de Proust n'en est pas moins, en son entier, une symphonie orchestrée avec rigueur, telle une cathédrale dont toutes les parties, porche ou vitraux, concourent à l'unité.

Célèbre entre toutes, l'anecdote de la publication du premier volume de A la Recherche du temps perdu : *refusé par Gide, chez Gallimard, ainsi que par d'autres éditeurs, Proust publia son livre à ses frais (chez Grasset), à compte d'auteur !*

L'auteur

Né le 10 juillet 1871 à Paris, Marcel Proust a une double ascendance : juive par sa mère, Jeanne Weil, et catholique par son père, un médecin originaire de la ville d'Illiers (qui deviendra Combray dans le roman de Proust), non loin de Chartres.

Dès l'âge de neuf ans, Marcel Proust est atteint de crises d'asthme dont il souffrira toute sa vie. Après des études au Lycée Condorcet, des cours à la Sorbonne et à l'Ecole de Sciences Politiques, il décide de se consacrer à la littérature et fonde avec des amis, en 1892, la revue *Le Banquet*.

Très jeune, il se lance dans la vie mondaine, fréquentant les salons de la princesse Mathilde, de Mme Straus et de Mme de Caillavet, se liant notamment avec le comte de Montesquiou et Bertrand de Fénelon. Toute une société aristocratique qu'il peindra dans son grand roman.

En 1896, il publie *Les Plaisirs et les Jours*, un luxueux recueil de contes, qui passe inaperçu, et jusqu'en 1906, écrit sans vraiment trouver sa voie ; il travaille à un roman autobiographique, *Jean Santeuil*, dont il reste insatisfait (et qui ne sera publié que

30 ans après sa mort); puis abandonne pour un temps tout projet romanesque et traduit des ouvrages de Ruskin.

Deux circonstances se conjuguent qui vont faire de lui un reclus, un solitaire, se consacrant exclusivement à son oeuvre. La mort de sa mère d'abord, en 1905, qui le marque si profondément qu'il fera un séjour dans une maison de santé; l'asthme ensuite, qui s'aggrave et l'oblige à vivre enfermé dans sa chambre matelassée de liège.

Après son essai *Contre Saint-Beuve*, il conçoit le projet de *A la Recherche du temps perdu* vers 1906 et y travaillera jusqu'à sa mort. La première partie est publiée en 1913, chez Grasset, à compte d'auteur, les éditeurs ayant refusé son manuscrit. L'ouvrage passe inaperçu.

En dépit de sa maladie, Proust continue à écrire dans une solitude de plus en plus grande. Le volume suivant, *A l'Ombre des jeunes filles en fleurs* (1918) est publié chez Gallimard et reçoit le Prix Goncourt (1919). Suivront *Le côté de Guermantes* en 1920-21 et *Sodome et Gomorrhe* en 1921-22. Proust, dit-on, est mort de son art... A la veille de sa mort, en 1922, il retouchait encore le célèbre passage de l'agonie de Bergotte, y introduisant les observations que lui apportait l'approche de sa propre mort. Les derniers volumes de *La Recherche* seront publiés en 1923, 25, 27.

Le Tour d'écrou
1898

Henry James (1843-1916)

L'oeuvre

Une jeune fille pauvre est engagée comme préceptrice de deux enfants dans un manoir retiré de Bly (Angleterre). Elle raconte une étrange histoire : avant elle, une autre jeune fille a été la préceptrice de Flora et de Miles, les enfants «pleins de douceur», et elle est morte, mystérieusement. Son souvenir plane sur le manoir ainsi que celui d'un personnage également disparu — mais semble-t-il toujours présent et combien plus inquiétant : Peter Quint, le trop séduisant et pervers valet de chambre dont le rôle obscur dans la maisonnée, ses relations scandaleuses avec la gouvernante et les enfants ont déclenché une malédiction pesant à présent sur ces derniers.

La préceptrice, au fil de son récit, faussement décalé, évoque les apparitions fantômatiques des véritables protagonistes du conte : Quint et la première gouvernante des enfants. Ces morts, omniprésents et obsédants, sont les symboles d'une damnation que la narratrice tente en vain d'exorciser. Le très pur récit d'Henry James nous conduit jusqu'au bout de l'irréel et de la peur avec une absolue maestria.

«*Il semble que tous les personnages de Henry James aient quelque chose de spectral. (...) Ce sont des projections de l'esprit sur d'autres projections de l'esprit, et il y a dans leurs passions, même les plus ardentes, quelque chose de glacé et d'étrange, parfois même d'inhumain, qui tout d'un coup nous fait souvenir que Henry James, après tout, a été le compatriote d'Edgar Poe.*» Jaloux

Un chef-d'oeuvre

Le fantastique sublimé

Le 12 janvier 1895, Henry James consigne dans son journal intime : «Noter d'écrire une histoire de revenants racontée pendant la soirée du 10 à Addington, par l'Archevêque de Canterbury : celle de jeunes enfants — nombre et âge indéterminé — confiés à des domestiques dans un vieux château, sans doute après la mort de leurs parents. Les domestiques sont hostiles et dépravés, ils corrompent ces enfants. Les domestiques meurent et leurs fantômes viennent hanter le château.»

En ces quelques lignes, le romancier américain Henry James venait de tracer le schéma d'une des plus belles (pourquoi pas la plus belle ?) histoires fantastiques jamais produites. Dans l'apothéose de la sulfureuse et morbide ère victorienne dont cet exilé avait voulu se faire le témoin privilégié, James repoussait les limites d'une écriture romanesque des plus subtiles, pour donner l'un des sommets de son oeuvre abondante.

> «*Les fantômes d'Henry James ressemblent beaucoup plus aux esprits espérés de la religion spirite qu'aux spectres redoutés de la littérature d'imagination (…) Ils ne hantent pas les lieux, mais les êtres.*» Lacassin

Un art ambigu

Longue nouvelle ou court roman (les Anglo-saxons disent «novella»), *Le Tour d'écrou* a, depuis sa parution en 1898 dans le *Collier's Weekly*, fait couler beaucoup d'encre. L'opacité même du mystère évoqué par James, l'extrême sophistication de son intrigue font de ce texte unique le symbole même de l'art ambigu d'Henry James. Cette histoire distille avec une malice et une émotion très grande un effroi très différent de celui provoqué par les récits gothiques ou les contes d'épouvante classiques : moins technicien qu'Edgar Poe, moins impliqué dans la folie de son thème qu'un Maupassant, James est à la fois l'ancêtre de Virginia Woolf et de l'Argentin Borges, auteur de *Fictions*.

Son approche d'une psychologie hantée par les effets d'une perception trop vive du monde se mêle au désir de repousser jusqu'au vertige le rôle de l'auteur-démiurge. Sa réussite est indéniable et parachève celle des romans comme *Ce que savait Maisie*, *Les Dépouilles de Poynton* et de nouvelles comme *Le Point de vue*, *L'Auteur de Beltraffio*, *Le Dernier des Valerii* ou *L'Image dans le tapis*.

L'auteur

Henry James est né en 1843, à New York. Il est le fils d'un éminent théologien, Henry James sr (fasciné par les phénomènes surnaturels), et le frère du psychologue William James. Dès son plus jeune âge, il subit l'attrait de «l'ancien monde» dont il se sentira toute sa vie l'authentique locataire et le fervent admirateur. Adolescent, il visite l'Angleterre, la France et l'Italie. Puis, il s'installe à Boston dont la mentalité lui sied mieux que celle de New York, et commence à publier. Ses premiers romans (qui paraissent dans *La Revue des deux mondes*) sont très influencés par les best-sellers psychologiques féminins de Mrs Humphrey Ward, Charlotte Yonge ou la Baronne Tautpheüs, dont il transcende la matière indigeste par un art de la fiction qui fera très rapidement de lui l'ancêtre direct de Virginia Woolf.

La modernité de James éclate bien davantage dans sa notion très originale du point de vue romanesque que dans l'utilisation de thèmes (l'exil, la chasse au mari, la contemplation esthétique, la vie mondaine, etc.) qui appartiennent au XIXe siècle. Mais aussi sa fascination pour de jeunes écrivains français comme Paul Bourget le porte à ne jamais cesser d'explorer de nouvelles facettes de la conscience humaine. En cela, il est aussi l'ancêtre direct de Proust aux côtés duquel il a sans doute atteint les sommets de la fiction introspective moderne.

> *« Si j'avais à résumer en deux mots l'essence du génie de Henry James, je dirais qu'il y a chez lui un mélange unique de l'esprit d'aventure américaine et de la pudeur puritaine. »* Jaloux

Un Tramway nommé Désir

1947

Tennessee Williams (1911-1983)

L'oeuvre

Complètement démunie, Blanche du Bois vient chercher refuge chez sa soeur Stella, qui vit avec son mari Stanley Kowalski, dans un deux-pièces minable de la Nouvelle-Orléans. Blanche est restée attachée aux souvenirs fastueux de leur enfance, dans la riche propriété de Belle-Rêve, vendue après la ruine de la famille. Aussi ne peut-elle comprendre la vie rude que mène Stella auprès de Kowalski, le «Polak» autoritaire et brutal, tout en pulsions et en instincts, et qui bat sa femme les soirs de beuveries après les parties de poker.

Blanche joue à la grande dame, se berce d'illusions, s'invente des amis richissimes qu'elle n'a plus ou n'a peut-être jamais eus, mais ses fourrures sont mitées et ses bijoux de pacotille... Egarée, elle se raccroche à Mitch, un jeune homme aussi frustre que son ami Kowalski, et se laisse rassurer par son affection et sa simplicité, si éloignée toutefois de sa vision poétique du monde. Elle prétend être institutrice d'école, se montre farouche et «peu à la page», comme pour mieux coller à un idéal de jeune fille pure dont elle n'a pourtant plus l'âge.

Mais Kowalski, qui d'emblée a mal pris l'intrusion de sa belle-soeur si dédaigneuse, s'acharne à détruire le personnage que Blanche cherche à imposer aux autres : des témoins l'ont vue dans des hôtels louches, elle y menait une vie légère, collectionnant les amants de passage au point qu'elle a été chassée de sa ville. Son travail, elle l'a perdu pour avoir séduit un élève... Mais sous cette apparence de superficialité, il y a chez Blanche une profondeur, une sensibilité blessée par un événement tragique : à seize ans, elle a épousé un garçon qu'elle aimait passionnément. Ayant découvert qu'il était depuis toujours homosexuel, elle l'a rejeté avec dégoût un soir, en dansant une valse : elle a peut-être ainsi provoqué son suicide... Depuis lors, la musique de Varsouviana vient parfois la hanter, lancinante. Blanche, qui a cherché refuge dans les bras des inconnus, rêve encore d'être «séduisante et féérique», s'efforce de cacher la marque du temps sur son visage en voilant les ampoules nues par des lanternes de papier.

A présent disparaît l'ultime espoir que représentait le mariage avec un être bon et affectueux : Mitch la rejette ; il ne peut lui pardonner ce lourd passé, lui qui avait cru découvrir en elle l'incarnation de la pureté. Stanley Kowalski, en la violant, consacre l'ultime déchirure : bientôt, Blanche n'entend plus que la musique de la Varsouviana et celle de ses rêves de beauté. C'est, enfermée dans l'imaginaire, triomphante comme elle le serait au bras d'un nouveau flirt, qu'elle part avec le médecin qui l'emmène à l'asile.

Un chef-d'oeuvre

Des contradictions

Ce n'est pas un hasard si Tennessee Williams est originaire du «Sud profond» des Etats-Unis auquel il a emprunté la première partie de son nom. On retrouve tout au long de son oeuvre le poids des impératifs d'une morale puritaine trop contraignante dont il n'est pas parvenu à se libérer en dépit de tous ses efforts. Tennessee Williams est marqué par la quête d'une réconciliation difficile, qui n'est pas sans rappeler l'opposition du Sud — où les valeurs sont essentiellement basées sur les sentiments et la dignité humaine — et le Nord industriel, plus matérialiste.

Le goût du péché

C'est probablement dans ses personnages féminins que Tennessee Williams a transposé avec le plus d'acuité son propre drame face à la sexualité. Lorsque Maggy dans *La Chatte sur un toit brûlant* accable son époux par sa sensualité, le sexe qui pourrait être le ferment de leur union finit par devenir le facteur de leurs inlassables déchirements. De même dans *Un Tramway nommé Désir,* c'est par la sexualité débridée, dans les bras de trop nombreux inconnus, que Blanche du Bois s'efforce d'oublier les tragédies du passé. Mais sa grande soif de pureté ne peut s'accommoder de cette vie. Oscillant entre la réalité physique des choses et le rêve d'une vie toute spirituelle, elle sombre dans la folie, seul refuge dirait-on lorsque la violence des pulsions s'oppose au puritanisme.

Le désir sexuel, qui ressemble chez Tennessee Williams à la quête frénétique d'une appartenance, ne parvient pas à s'harmoniser avec l'amour : l'un semble exclure l'autre, comme si par la chair, il ne pouvait que renier les sentiments. L'obsession de la faute se fait alors lancinante et l'auteur semble basculer sans arrêt entre la déchéance complète et l'expiation.

Chasteté ou châtiment

Confrontés à ce conflit, certains personnages de Tennessee Williams cherchent refuge dans une chasteté malsaine d'où la perversité n'est pas exclue, telle cette jeune Baby Doll qui, dans un désir d'impossible innocence, se refuse à son mari tout en se parant et en se maquillant comme un objet sexuel.

C'est aussi vers le châtiment que Tennessee Williams conduit ses personnages lorsqu'ils donnent libre cours à leurs pulsions : le héros de *Doux Oiseau de ma jeunesse* subira la castration par la syphilis pour avoir séduit une jeune fille pure. Mais c'est peut-être *Soudain l'été dernier* qui éclaire le mieux le drame de Tennessee Williams. Dans cette tragédie où une mère accaparante, «dévoreuse», reconstruit de toutes pièces l'image de son fils disparu, celui-ci marqué par son homosexualité a été en réalité dévoré par des jeunes gens sur une plage d'Espagne, comme s'il avait délibérément cherché sa fin dans la rédemption et l'expiation.

L'auteur

Tennessee Williams est né le 26 mars 1911 à Colombus, dans le Mississippi, d'un père commis-voyageur. A 20 ans, il doit arrêter ses études et est contraint de travailler dans un magasin de chaussures pour aider sa famille. Il accomplira d'autres basses besognes qui le conduiront à la dépression nerveuse, avant de reprendre des études à l'Université.

Sa première pièce, *Bataille des Anges,* jouée en 1940 à New York, est un échec mais il remporte un énorme succès à Broadway, en 1944, avec la *Ménagerie de verre* où s'affirment déjà ses thèmes de prédilection : on y voit une mère et sa fille infirme échapper à la peur du monde par les souvenirs et les rêves. En 1947, il triomphe à nouveau avec *Un Tramway nommé Désir* qui lui vaut le Prix Pulitzer. Tennessee Williams développe alors le thème de la sexualité et des refoulements dans plusieurs pièces comme *Eté et fumées* (1948), *La Rose tatouée* (1951), *La Chatte sur un toit brûlant* (1955), *La Nuit de l'iguane* (1961). Parallèlement à ses nombreuses pièces, il écrit aussi un recueil de poèmes (*Dans l'hiver des villes*), et un roman, *Le Printemps de Mrs Stone* (1950), qui traite également de la frustration sexuelle.

Le naturalisme assez violent de ses pièces, mêlé au lyrisme et parfois à une forme de symbolisme poétique, a été apprécié par de grands réalisateurs qui en ont fait de grands films : d'Elia Kazan (qui a adapté *Un Tramway nommé Désir*) à Richard Brooks et Mankiewicz, la plupart de ses oeuvres ont été adaptées au cinéma. T. Williams a également écrit tout spécialement pour le cinéma le scénario de *Baby Doll* (1956).

Ulysse
1922

James Joyce (1882-1941)

L'oeuvre

Dublin, 16 juin 1904. A 8 h, Stephen décide de quitter la Tour de Sandymount où il habite en compagnie de son ami Mulligan. Il donne son cours dans un collège, affronte le directeur, puis revient en méditant vers la ville.

A 8 h, Léopold Bloom rêve à ses ancêtres en préparant le petit déjeuner de son épouse, qu'il lui sert au lit. Celle-ci se réjouit secrètement en pensant à la visite prochaine de son amant. Après s'être soulagé aux cabinets en lisant les journaux, Bloom flâne dans les rues, rencontre plusieurs amis, puis se rend dans un établissement de bains. Il traverse toute la ville pour aller assister à l'enterrement de Paddy Dignam, en compagnie de quelques amis. A midi, il se rend dans les bureaux d'un grand quotidien, s'arrête dans un restaurant, puis va consulter les petites annonces à la bibliothèque où il surprend Stephen pérorant sur Hamlet.

De nouveau contemplant longuement la faune des rues de Dublin, Bloom atterrit à l'Osmond Bar où il déjeune. Puis dans une taverne : accablé par les propos d'un Irlandais très chauvin, il se fait expulser brutalement. Sur la plage, il se console en jouissant du spectacle d'une jeune fille qui dévoile ses dessous. Bientôt, à la maternité où il rend visite à une amie enceinte, Bloom spécule sur la médecine. En compagnie de Stephen et de quelques carabins, il se rend ensuite au bordel où, dans l'orgie et le sabbat, vont s'affronter les visions les plus délirantes.

Ivre mort, Léopold Bloom reprend ses esprits dans un estaminet en devisant avec Stephen. Tous deux rejoignent la maison de Bloom où celui-ci, sous la forme d'un catéchisme, fait le point sur ses aventures. Enfin, Bloom retrouve son épouse Molly qui, en pensée, se souvient de leurs premières étreintes.

Un chef-d'oeuvre

Une oeuvre totale

Roman qui tient autant du pamphlet que de l'épopée, du drame que de la farce, *Ulysse* est un essai, un roman ésotérique, allégorique, philosophique... Sur base de cette seule journée d'un petit juif irlandais, Joyce a construit une oeuvre aux résonnances multiples visant à atteindre l'ensemble des connaissances humaines : c'est la ville de Dublin, devenue image d'autres villes, qui se déroule en son entier, avec ses habitants, épiciers, serveuses, journalistes, un microcosme aux ambitions universelles... mais aussi les souvenirs du héros, ses réflexions, ses désirs, ses sarcasmes, ses rencontres. L'ensemble étant couvert par une écriture qui se veut tout aussi protéiforme : «Cent styles s'y mêlent, s'y répondent, écrit Jean Paris, de l'élégiaque à l'argotique, du juridique au pastoral, du religieux à l'érotique, du scientifique au démentiel.»

Une version moderne de l'Odyssée

Ouvrage allégorique, *Ulysse* pourrait être interprété à l'infini, sans qu'on puisse jamais en épuiser le sens et les symboles : il peut s'apparenter à la Bible, au Talmud, à une messe, et de façon très classique désormais, à l'*Odyssée* d'Homère. Ici, la transposition est fidèle autant dans les personnages que dans les événements ou la structure : les trois premiers chapitres correspondent à la *Télémachie,* Stéphen évoquant Télémaque parti en quête de nouvelles de son père ; la suite constitue les aventures de Bloom alias Ulysse, et la fin, se calquant sur le *Nostos,* raconte le retour de Bloom auprès de son épouse Molly (Pénélope).

Par exemple, le chapitre IV, où Bloom prépare le petit déjeuner qu'il apporte à sa femme, recoupe l'épisode du roi d'Ithaque

---

Le scandale. *Joyce, en décrivant en termes cliniques les fonctions naturelles de l'être humain (Bloom se soulageant aux cabinets ou jouissant d'une scène lubrique ; souvenirs érotiques de Molly, etc.), s'est attiré les foudres de la censure anglo-saxonne qui déclara Ulysse «obscène» : 500 exemplaires furent brûlés en 1922 par les autorités de New York et plus tard d'autres furent saisis par la douane anglaise !*

entrant chez la nymphe Calypso. De même, le chapitre XII et l'affrontement avec l'Irlandais nationaliste rappellent l'épisode du Cyclope, transposition qui ne va pas sans ironie et fantaisie : ici, Joyce remplace le pieu rougi au feu, qui traverse l'oeil du monstre, par le cigare que fume Bloom et le roc que brandit le cyclope par une caisse de biscuits ! Parodie oblige !

Dix-huit romans en un

L'*Ulysse* de Joyce est soutenu par une telle structure qu'il a de quoi fasciner les exégètes pendant des siècles. Ainsi Stuart Gilbert a-t-il décrypté l'oeuvre et découvert que chaque chapitre est construit autour d'un lieu, d'un symbole récurrent, d'une couleur, d'un organe du corps, d'une discipline (théologie, arts, sciences...) et d'une technique d'écriture chaque fois différente.

Un exemple : le chapitre XI (calqué sur l'épisode homérique des sirènes) se déroule exclusivement dans un bar, avec ses barmaids symboles. Sur la dominante de la couleur bronze et or, le texte se développe autour du thème de l'oreille et de la musique. Enfin, toute l'écriture est un décalque, par les vocables et les sons, de la technique musicale de la fugue «per canonem» avec ses staccato, ses trilles, pizzicati, etc.

Ainsi, l'ouvrage entier, qui de prime abord, dans son style brut, peut donner une impression de liberté, est-il en fait maîtrisé et pensé dans ses moindres nuances.

Une révolution littéraire

L'écriture de Joyce, qui représente sans doute le plus grand apport littéraire du XXe siècle, est révolutionnaire par la déstructuration de la langue qui, brisée, émiettée, est ensuite reconstruite en fonction d'un monologue intérieur qui imite le parcours informel de la pensée, s'adaptant aussi à chaque type de personnage.

Se réduisant parfois à de simples borborygmes pour refléter une pensée inarticulée, les phrases de Joyce peuvent s'étendre sur plusieurs pages sans aucune ponctuation, ou rester suspendues, inachevées.

Ulysse, *une oeuvre vaste aussi par la richesse de son vocabulaire : près de 30.000 mots différents ; on note aussi 148 personnages et 131 thèmes, sans compter la profusion des interprétations...*

Cet expressionnisme hallucinatoire, cette écriture basée sur la libre association des idées et qui colle aux mouvements de l'âme non seulement par le sens mais aussi par la forme et le rythme, fait de Joyce autant un héritier de Freud et de Jung que de la littérature. Ses recherches, poussées plus loin encore avec *Finnegans Wake* — œuvre rébus où il utilisa quelque 60 langues différentes, où la plupart des mots, recréés de toutes pièces, sont porteurs de plusieurs sens — ont influencé toute la littérature moderne, de Faulkner à Woolf en passant par le nouveau roman.

> *Parlant de son* Ulysse *(divisé en 18 chapitres), Joyce disait* «*J'ai écrit 18 livres en 18 langages*».

L'auteur

James Joyce est né en 1882 à Dublin dans une vieille famille bourgeoise. Son père, qui par sa truculence et sa verve d'Irlandais marquera son fils, est un buveur et laissera souvent sa famille dans l'indigence. Joyce indifférent à la politique et à l'agitation nationaliste qui trouble le pays, poursuit des études à Dublin et, très tôt, il apprend plusieurs langues, s'intéresse tout particulièrement aux grammaires et commence à écrire quelques nouvelles.

Après un court séjour à Paris (1902) où il entame des études de médecine, il rentre à Dublin, le temps de voir mourir sa mère, d'épouser Nora Barnacle (1904) et de commencer *Gens de Dublin*. Dès cette époque commence un véritable exil qui le fera passer de Trieste à Rome et puis à Paris, villes où il vivra toujours très modestement en donnant des leçons d'anglais ou de grammaire.

Joyce publie un recueil de poèmes, *Musique de chambre* (1907), mais essuie un refus des éditeurs pour son manuscrit *Gens de Dublin*, nouvelles évoquant son enfance et son adolescence où passe déjà sa vision sarcastique et amère. Plus tard, une première édition avortera, une seconde sera mise au pilon avant d'être diffusée! Pendant neuf ans, il devra lutter pour imposer l'ouvrage qui sera enfin publié en 1914. Mais ces mésaventures ne font rien pour améliorer le caractère déjà peu accommodant de Joyce qui quittera définitivement Dublin.

Sur base d'une ébauche (*Portrait of the artist*) écrite en 1904, Joyce travaille à *Stephen le héros* où il évoque ses années d'université : le manuscrit, dont la moitié disparaîtra, sera repris de façon plus aboutie pour devenir *Dedalus* (1914).

Ses ouvrages attirent l'attention d'écrivains comme Pound et Elliot, mais sa situation reste celle d'un homme errant, vivant dans la misère ; sa vue en outre baisse et bientôt une cataracte l'obligera à subir de fréquentes opérations en Suisse. En 1920, il s'installe à Paris où il va jouir de l'estime et de l'appui d'un petit cercle d'amis : c'est Sylvia Beach, de la librairie Shakespeare and C°, qui publiera *Ulysse* en 1922. Joyce passe les dernières années de sa vie à écrire *Finnegans Wake* (1939), oeuvre hermétique qui fascine encore les spécialistes, avant de mourir en janvier 41.

> *Le chapitre XIV d'Ulysse racontant la visite de Bloom à la maternité colle au thème de la croissance du foetus humain en pastichant toute l'évolution de la langue anglaise, du bas-saxon au slang américain ! Y passent des allusions à Chaucer, Pepys, Milton, Quincey, Dickens, Pater, Ruskin...*

Voyage au bout de la nuit
1932

Louis-Ferdinand Céline (1894-1961)

L'oeuvre

Après une conversation avec un ami, Bardamu s'engage sur un coup de tête dans un régiment de cuirassiers. C'est la guerre, avec ses boucheries, la haine et ses peurs. Bardamu rencontre un autre soldat, Robinson, et les deux hommes essayent de se constituer prisonniers. En vain.

A Paris, Bardamu blessé découvre les embusqués et la folie dans les hôpitaux. Il se lie avec une Américaine, Lola, puis une violoniste, Musyne. Réformé, il part pour l'Afrique et débarque à Bambola-Fort-Gono où il est engagé par une compagnie coloniale. En rejoignant son poste dans la brousse, il revoit Robinson, son prédécesseur qui s'enfuit après avoir tout volé. Bardamu est pris par les fièvres et sombre dans le délire.

C'est à bord d'une galère qu'il rejoint New York. Il y revoit Lola qui le chasse sans ménagement, s'engage dans les usines Ford de Détroit, puis se lie avec Molly, une petite prostituée qu'il abandonne bientôt pour retourner en France.

Le temps a passé et Bardamu, après avoir achevé ses études de médecine, a ouvert un cabinet de consultation en banlieue, à La Garenne-Rancy. Plongé dans la misère de ses patients, découvrant aussi leurs mesquineries et leurs lâchetés, Bardamu se prend d'affection pour un gosse, Bébert, qui succombera à la maladie. Il découvre que les Henrouille en veulent à la vie de leur vieille mère dont ils voudraient hériter du pavillon. C'est Robinson, de retour en France, qui est chargé de l'assassiner. Rendu presque aveugle par la décharge de chevrotine de la vieille Henrouille, Robinson part pour Toulouse en convalescence.

Bardamu, lui, abandonne brutalement ses activités de médecin, devient figurant au Tarapont, fréquente des filles du music-hall, sombre dans le délire... A Toulouse, il retrouve Robinson fiancé à Madelon, ainsi que Mme Henrouille. Celle-ci, en tombant dans un escalier, se tue. Bardamu rejoint alors Paris où il va travailler dans l'asile psychiatrique du Dr Baryton : il observe les fous, se lie aux infirmières, à Sophie en particulier.

Il est bientôt rejoint par Robinson fuyant sa fiancée Madelon qui veut se faire épouser. A la fête des Batignolles, Madelon essaye à nouveau de convaincre Robinson. Mais comme celui-ci refuse l'amour et les beaux sentiments, Madelon le tue de trois balles dans le ventre.

Bardamu est revenu de tout. «J'avais beau essayer de me perdre pour ne plus me retrouver devant ma vie, je la retrouvais partout simplement. Je revenais sur moi-même. Mon trimbalage à moi, il était bien fini. A d'autres !...».

> «*Le voyage, c'est la recherche de ce rien du tout, de ce petit vertige pour couillons...*» Bardamu dans Voyage

Un chef-d'oeuvre

Le verbe violent

«J'ai écrit comme je parle», disait Céline. Si le style du voyage, cette éructation, cette longue diatribe contre la misère et la mort, est bien la transposition d'un langage populaire, elle n'en est pas moins le fruit d'un labeur acharné. Du *Voyage au bout de la nuit*, Denoël a rappelé qu'il fut écrit une dizaine de fois. C'est là que réside le génie de Céline : une langue issue de la rue, mais redigérée, enrichie à coups d'artifices littéraires et d'invention verbale, ne gardant du «naturel» que l'apparence.

Vociféroce

«Moi d'abord, la campagne, faut que je le dise tout de suite, j'ai jamais pu la sentir (...)» Mené par un flux verbal intarissable, scandant ses phrases comme un compositeur ponctue une musique, Céline a fait fi de la grammaire : onomatopées, redondances, rappels, néologismes, simplifications, le tout truffé de mots d'argot, ce langage révolutionnaire qui met à mal la langue classique, et dont Céline disait qu'il «ne se fait pas avec un glossaire mais avec des images nées de la haine. C'est la haine qui fait l'argot… L'argot est fait pour permettre à l'ouvrier de dire à son patron qu'il déteste : tu vis bien et moi mal, tu m'exploites et roules dans une grosse voiture, je vais te crever…»

En adoptant cette langue populaire, Céline s'installait dans le camp du peuple, parmi les petits salariés, les boutiquiers, cette petite bourgeoisie en somme dont il était issu.

Enfin, lorsqu'il introduisit le langage parlé dans son *Voyage*, Céline lui apportait une vitalité inconnue jusqu'alors : l'émotion. Une émotion prise sur le vif, comme extraite directement de la rue, de la vie, des foules… Il a mis en musique ce style qui interpelle le lecteur, le prend à la gorge ; un style qui viole à coups de paroles brutales et de délires rageurs.

> L'invention verbale de Céline : «Niagaresque, voyoucratie, crassouillant, vociféroce, miragination…»

L'auteur

Céline, de son vrai nom Louis-Ferdinand Destouches, est né à Courbevoie (Seine) en 1894. Son père était employé dans une compagnie d'assurances et sa mère tenait une boutique de dentelles. Vers 12 ans, il est envoyé en Allemagne, puis en Angleterre pour apprendre les langues. Il suit un apprentissage chez différents commerçants. En 1912, il s'engage pour 3 ans au 12e Cuirassier.

En 1914, près d'Ypres, il est blessé au bras, reçoit la Médaille militaire et passe 3 mois de convalescence à Paris. Il est muté à Londres, puis réformé.

Louis-Ferdinand travaille pour une société forestière au Cameroun (1916), s'installe à Rennes pour continuer ses études secondaires. Il participe pour la Fondation Rockfeller à des campagnes d'information contre la tuberculose.

En 1919, il obtient son baccalauréat, épouse Edith Follet, fille du directeur de l'Ecole de Médecine de Rennes. Etudes de méde-

cine en 1920. Quatre ans plus tard, il est nommé docteur en méde-
cine et installe son cabinet à Rennes. Il quitte sa femme et sa fille
Colette quelques mois plus tard et entre comme médecin à la
Société des Nations. Plusieurs missions dans le monde.

En 1926, séjour aux Etats-Unis où il rencontre une danseuse,
Elisabeth Craig. Il entreprend son premier roman, *L'Eglise*. De
retour en France (1928), il vit avec E. Craig et ouvre un cabinet
à Clichy. Il y renonce 3 ans plus tard pour travailler dans un dispensaire.

En 1932, *Voyage au bout de la nuit,* publié chez Denoël et
Steele, manque de peu le prix Goncourt mais obtient le prix Renau-
dot. Nombreux voyages. Rencontre en 1935 de Lucette Alman-
zor, danseuse à l'opéra comique (qu'il épousera en 43). Publication
de *Mort à crédit* (1937) et séjour de 2 mois en URSS dont il tire
un pamphlet *Mea Culpa* (1937).

En 1937, *Bagatelles pour un massacre,* son premier pamphlet
anti-sémite, fait scandale. Céline est contraint de démissionner du
dispensaire de Clichy. Nombreux voyages à nouveau. *L'Ecole des
cadavres* qui paraît en 1938 est interdit : Céline y vante les Etats
fascistes.

Médecin à bord d'un paquebot armé en 39, puis au dispensaire
de Sartrouville. Exode. Il est nommé médecin-chef au dispensaire
de Bezons ; il y reste jusqu'en 44. Entretemps, il a publié *Les Beaux
Draps* en 41, suite de son pamphlet anti-juifs, et visité des hôpitaux de Berlin (1942).

En 44, après la publication de *Guignol's Band* (la vie à Londres pendant la Grande Guerre), Céline doit fuir la France, risquant d'être arrêté par les Résistants. Séjour à Sigmaringen, puis
à Copenhague.

En 1945, la justice française délivre un mandat d'arrêt contre
lui et, le 20 décembre, Céline et sa femme sont arrêtés par les

---

Quand on demandait à Céline pourquoi il avait écrit Voyage
au bout de la nuit, *il prétendait vouloir gagner autant d'argent
qu'Eugène Dabit qui avec* Hôtel du Nord *(1929) avait remporté un énorme succès populaire. «J'ai écrit pour me payer
un appartement, disait-il. C'est simple : je suis né à une époque où on avait peur du terme. »*

autorités danoises. Céline n'en sortira que 14 mois plus tard. Vie misérable dans un grenier de Copenhague puis le couple s'installe en 48 au bord de la Baltique.

Publication de *Casse-pipe* (1948), de *Foudres et Flèches* (1949) et de *Scandales aux Abysses* (1950). Bénéficiant de l'amnistie, Céline rentre en France en 1951 et s'installe avec sa femme à Meudon où il reprend ses consultations et écrit ses derniers livres dont notamment *D'un château l'autre* (1957 — récit d'apocalypse au sein de l'enclave française de Sigmaringen), *Nord* (1960) et *Rigodon* (1961) qui mettent en scène l'exil de Céline dans les décombres du Reich. Il meurt d'une congestion cérébrale le 1er juillet 61.

«*La vérité, c'est une agonie qui n'en finit pas. La vérité de ce monde, c'est la mort.*» Céline

Les chefs-d'oeuvre

du

théâtre

L'Avare
1668

Molière (1622-1673)

L'oeuvre

Le jeune Valère qui est amoureux d'Elise, la fille d'Harpagon,
a trouvé un subterfuge pour convaincre le père de ses bonnes intentions : il est entré au service d'Harpagon, comme simple majordome. C'est que le vieil avare a déjà programmé le mariage de
sa fille Elise avec Anselme, un homme déjà âgé, mais possédant
une bonne fortune...

Cléante, lui, le fils d'Harpagon, s'est épris d'une jeune fille pauvre, Marianne, qui vit seule en compagnie de sa mère dans une
maison voisine. Hélas, c'est précisément sur Marianne que le vieil
avare a jeté son dévolu : par l'intermédiaire de Frosine, une entremetteuse, il s'efforce de convaincre et la fille et la mère.

Tandis que Valère, déguisé en majordome, flatte et applaudit
à toutes les décisions d'Harpagon, La Flèche, le valet de Cléante,
ne peut réfréner, lui, son caractère effronté, et met en alerte Harpagon qui craint pour sa précieuse cassette de dix mille écus d'or.

Ayant invité Marianne à dîner, Harpagon découvre bientôt que
son fils Cléante est amoureux d'elle. Rendu fou par le vol de sa
cassette dérobée par La Flèche, il découvre en plus que Valère
veut épouser sa fille ! C'en est trop pour un seul homme : «On
m'assassine dans le bien, on m'assassine dans l'honneur».

C'est alors qu'Anselme, le vieux gentilhomme, découvre que
Valère n'est autre que ce fils dont il fut séparé jadis. A ce récit,
Marianne peut à son tour comprendre qu'elle est la fille
d'Anselme... Heureux de retrouver sa cassette, Harpagon ne peut
que consentir aux deux mariages, d'autant plus que ses beaux-
enfants sont devenus entre-temps de riches héritiers et qu'Anselme
promet de prendre à sa charge tous les frais des noces.

Un chef-d'oeuvre

Un thème renouvelé

Le thème de l'avare a depuis toujours inspiré des auteurs en quête d'intrigues comiques. Ainsi, Molière s'est-il largement inspiré de Plaute et de sa *Comédie de la marmite,* pièce à laquelle il emprunta notamment l'idée du vieil homme et de la «marmite» d'or (devenue cassette) et celle du jeune homme amoureux de la fille de l'avare. On a aussi relevé d'autres influences si nombreuses (de la comédie française de la Renaissance jusqu'à la Commedia dell'Arte) que Riccoboni osera dire, cyniquement, que seules quatre scènes sont entièrement de Molière...

Pourtant en mêlant la tradition littéraire des amours contrariées à la comédie, en alternant avec brio les scènes galantes et le comique, Molière a fait preuve dans le traitement de ce vieux thème d'une originalité sans précédent.

Contre l'usage...

Le public de l'époque accueillit assez froidement cette nouvelle pièce de Molière qui était en prose familière, alors que la comédie comme la tragédie exigeaient l'usage de l'alexandrin. Jouée par la Troupe du Roi le 9 septembre 1668 au Palais-Royal, elle ne tint qu'un seul mois et ne fut jouée qu'une quarantaine de fois du vivant de l'auteur. Ce n'est qu'après la mort de Molière que l'*Avare* allait devenir un grand classique : la pièce fut représentée près de 3.000 fois à la Comédie-Française !

Un credo : la vie

En face d'Harpagon, on retrouve ici, une fois de plus, les couples d'amoureux chers à Molière : irrigués par la vie, porteurs d'espoirs et de projets, ils incarnent si bien l'optimisme de Molière, sa foi en la nature humaine. Avec un tel credo, Molière ne pouvait que condamner Harpagon : il est comme Tartuffe ou Jourdain, celui que les extravagances du vice écartent de la vie, celui qui menace l'équilibre des choses.

Un drame

On aurait tort de ne voir dans la pièce que le seul aspect comique. L'avare et sa cassette, ses rêves sonnants et trébuchants, ont facilement caché, par le grotesque, tout le tragique de la situation d'Harpagon. Qui est-il au fond, sinon un homme d'affaires, un vieillard aigri, cherchant une jeune épouse qu'il pourrait acheter? Lui qui voudrait comme le dit si bien Planchon «se débarrasser de ses grands enfants, balayer sa maison et refaire sa vie», le voilà tourné en dérision par les jeunes, le voilà devenu le rival de son propre fils, le voilà manipulé par ceux qui envahissent sa demeure et lui volent son bien.

L'Avare, c'est aussi l'histoire d'une impuissance, l'échec d'un vieil homme dont le vice et l'aridité ont ruiné la vie familiale et sentimentale. Les aberrations de son avarice, ridiculisées, mises à l'avant-plan par le grotesque, ont si bien caché la tragédie qu'on a fini par oublier le drame et la pitié.

Un innovateur

Au XVIIe siècle, la comédie en France était une cavalcade de péripéties dont le seul ressort était le comique. Au contraire de la tragédie qui trouvait son dénouement à partir d'une subtile analyse des sentiments humains, la comédie, elle, était encore une suite de saynètes enlisées dans les stéréotypes-clichés: la psychologie lui était étrangère!

Ce fut le génie de Molière de créer une nouvelle comédie où le rire n'excluait pas la vérité des personnages. S'inspirant de la vie et des moeurs de son temps, trouvant dans l'observation attentive des hommes la substance de ses pièces, Molière mit en scène des personnages qui sont plus que des symboles: Harpagon, Tartuffe ou Alceste, autant d'êtres faits de chair et de sang, évoluant dans un milieu précis, aux caractères éclairés par les événements et les relations avec les autres: ils ont une épaisseur jamais atteinte auparavant dans la comédie.

Certains ont oublié que la célèbre Comédie-Française a été fondée en 1680, sept ans après la mort de Molière, par Armande Béjart, sa veuve, et La Grange, pour éviter que se disperse la compagnie de Molière. Depuis lors, près de 30.000 représentations de ses pièces y ont été données.

L'auteur

Fils d'un bourgeois tapissier du Roi, Jean-Baptiste Poquelin, né à Paris le 15 janvier 1622, perd sa mère à l'âge de dix ans. Après des études de droit qui devaient le conduire à reprendre la fonction paternelle, il se lie intimement avec Madeleine Béjart, qui anime une petite troupe de théâtre, et en 1643, il fonde avec les comédiens la compagnie de *L'Illustre Théâtre*. Mais les échecs se multiplient au point que certains déboires financiers conduiront Molière à la prison pour dettes. C'est en province, au cours d'une longue errance de treize ans, que Molière en compagnie de sa troupe va forger son talent d'acteur, de directeur de troupe et même d'auteur, avec *L'Etourdi* (1655) et *Le Dépit amoureux* (1656).

Il perd brutalement l'appui du prince de Conti qui lui était acquis depuis plusieurs années, mais retrouve aussitôt, à sa rentrée à Paris, la «protection» du frère du Roi, Monsieur le duc d'Anjou. C'est en 1658 que la troupe donne sa première représentation au Louvre : *Nicodème,* une tragédie, n'a pas l'heur de plaire à Louis XIV, mais une farce, *Le Docteur amoureux,* lui vaut d'emblée la sympathie du Roi. La troupe de Molière s'installe dans la salle du Petit-Bourbon, près du Louvre.

Molière a enfin compris qu'il peut difficilement se mesurer, par le genre tragique, aux professionnels que sont les acteurs officiels : la Compagnie de l'Hôtel de Bourgogne. Avec *Les Précieuses ridicules* (1659), *Le Cocu imaginaire* (1660), *L'Ecole des maris* (1661) et *L'Ecole des femmes* (1662), son succès se confirme, sou-

Pourquoi Jean-Baptiste Poquelin prit-il le nom de Molière ? Des diverses hypothèses avancées, aucune n'a été formellement reconnue. Pour certains, Molière aurait pris ce nom en hommage au vin Molières ; pour d'autres, ce serait le nom d'une famille noble, les de Molière, que Jean-Baptiste aurait connus et aimés lors d'un séjour à Tarascon pendant sa jeunesse ; enfin d'autres prétendent que le nom aurait été inspiré par un écrivain, Molière d'Essertine, auteur du Polyzène, *roman à succès que le jeune auteur aurait apprécié avant de lui-même se lancer dans le théâtre…*

tenu par l'amitié du Roi. Cela lui vaut d'emblée les attaques répétées de ses rivaux de l'Hôtel de Bourgogne qui trouveront encore dans le mariage de Molière avec la prétendue demi-soeur de Madeleine, la jeune Armande, un peu «légère», matière à alimenter le scandale.

La cabale atteindra son comble, encore soutenue par les dévots de Paris, avec *Tartuffe* (1664), qui sera interdite pendant cinq ans. L'agressivité de Molière n'en sera que décuplée et ses oeuvres, comme *Dom Juan* (1665) ou *Le Misanthrope* (1666), se feront l'écho de ces affrontements.

Malade dès 1667, Molière continue à monter sur les planches, en dépit des conseils de ses amis. «Vous n'y songez pas, disait-il... Il y a un honneur pour moi à ne pas quitter.» Il continue à écrire des oeuvres magistrales comme *Les Fourberies de Scapin* (1671) et *Les Femmes savantes* (1672). C'est au cours d'une des premières représentations du *Malade imaginaire,* en 1673, où il épuise ses dernières forces en jouant, que Molière est pris d'un malaise sur scène. Il meurt quelques heures plus tard.

La Cerisaie
1904

Anton Tchékhov (1860-1904)

> «*Premier acte: la Cerisaie risque d'être vendue. Second acte: la Cerisaie va être vendue. Troisième acte: la Cerisaie est vendue. Quatrième acte: la Cerisaie a été vendue. Quant au reste: la vie.*» J. L. Barrault

L'oeuvre

Lorsque Lioubov Andréevna revient de son long séjour à l'étranger où son amant l'a complètement ruinée, elle apprend que sa Cerisaie, vaste jardin toujours en fleurs, va être vendue. Dans cette grande demeure qui appartient à la même famille depuis des générations, tous les personnages sont en effervescence, mais ne réagissent pas pour autant devant la menace: Gaëv, le rêveur, frère de Lioubov, pleure en caressant les vieux meubles de la famille. Ania, la cadette de Lioubov Andréevna, écoute, béate, les discours de Trofimov, l'éternel étudiant qui vante les vertus du travail sans lui-même avoir jamais levé le petit doigt. Quant à Varia, adoptée par Lioubov, c'est une jeune fille dynamique, travailleuse, qui tient d'une main ferme l'organisation de la maison; elle est amoureuse de Lopakhine. Celui-ci, marchand de son état, semble ne trouver ni le temps ni le courage de la demander en mariage.

Autour de ces maîtres rôde une cohorte de serviteurs dont Firs, le vieux valet de chambre, qui mourra sur les lieux abandonnés. Régulièrement aussi apparaît Pichtchik, propriétaire foncier lui aussi accablé par les dettes, toujours en quête d'un «petit prêt».

Pour éviter la vente de la Cerisaie, Lopakhine, le marchand, conseille de partager la propriété et d'en louer les lots aux estivants ; il faudrait en ce cas abattre la vieille Cerisaie… Mais la famille ne l'écoute pas, les habitants ne peuvent concevoir de détruire ce verger qui a abrité leurs ancêtres et bercé leur enfance.

Aussi la Cerisaie est-elle vendue aux enchères quelques semaines plus tard. C'est Lopakhine lui-même qui achète le domaine. Et tandis que la famille de Lioubov Andréevna quitte les lieux, alors que Trofimov et Ania, confiants dans un avenir meilleur, partent dans la joie, au loin retentit le bruit assourdi de la hache frappant un arbre.

Un chef-d'oeuvre

Non sans souffrance

La Cerisaie est la dernière pièce de Tchékhov, écrite peu avant sa mort. Atteint depuis longtemps par la tuberculose, souffrant, épuisé, il dut fournir des efforts immenses pour mener sa pièce à son terme.

L'idée lui en vient dès la fin de l'année 1901 mais, pendant plus d'un an, il renâcle au travail. Enfin en mars 1903, harcelé par sa femme, Olga Knipper, qui était comédienne, ainsi que par Stanislavski, le metteur en scène de ses pièces au Théâtre d'Art, il reprend son manuscrit sans grand entrain, troublé par le doute et la peur de ne plus rien avoir à dire en littérature : « Je traîne, je traîne, dit-il, ma pièce me paraît à présent quelque chose d'incommensurable, de colossal, elle me fait peur et j'ai perdu tout appétit pour elle ». Mais après avoir lutté contre l'épuisement physique, c'est dans la joie qu'il y met le point final, en octobre 1903.

Un malentendu

Cloué chez lui par la maladie, il s'inquiète de l'accueil qui sera fait à sa pièce, à Moscou. Et loin d'être rassuré par les louanges de Stanislavski, lequel lui confie dans un télégramme « Ai été bouleversé, ne parviens pas à retrouver mon calme, transporté d'admiration. Considère votre pièce comme la meilleure de toutes… », Tchékhov se rend à Moscou en dépit de son état de santé. C'est là qu'éclate le différend concernant l'interprétation à donner à sa pièce : alors que le pauvre Tchékhov la considère comme comédie gaie, Stanislavski n'en démord pas, il en fera un drame social !

Sans doute, le metteur en scène avait-il raison, mais Tchékhov n'a jamais accepté cette version des choses : «Je suis prêt à parier que ni l'un ni l'autre n'a lu, ne fût-ce qu'une seule fois, ma pièce avec attention», disait-il de ses collaborateurs.

Déçu par le sort fait à *La Cerisaie,* il décide même de ne pas se rendre à la première représentation, le 17 janvier 1904, jour de son anniversaire ; mais réclamé à cor et à cri dès le second acte par le public, il accourt et reçoit des hommages enthousiastes. Sa pièce sera un succès pendant des années...

Deux façons d'être

On reconnaît dans *La Cerisaie* les personnages chers à Tchékhov, ces rêveurs impénitents qui imaginent leur avenir sans rien faire pour y parvenir. Bourgeois enlisés dans leur oisiveté et l'ennui provincial, les héros de *La Cerisaie* se soumettent passivement à la fatalité : la Cerisaie risque d'être vendue, mais ni Lioubov Andréevna, la propriétaire, ni Gaëv, son frère, ne cherchent vraiment la solution à leurs dettes. Impuissants, faibles, ils attendent : on se lamente, on joue au billard, on fait la fête...

Mais cette classe d'anciens privilégiés incapables de s'adapter au monde moderne est confrontée à une autre classe sociale, symbolisée ici par Lopakhine, le marchand, petit-fils de moujik, travailleur, réaliste, qui achètera finalement la Cerisaie.

Dans cette confrontation de deux univers, que l'on retrouve dans la plupart des pièces de Tchékhov, certains ont voulu voir la préfiguration de la révolution russe, avec l'avènement du prolétariat.

Une histoire sans histoire

Comme toutes les pièces de Tchékhov, *La Cerisaie* est une pièce sans véritable intrigue, un théâtre sans coups de théâtre. Rien d'important n'est dit. On y parle du printemps, du thé à servir, du voisin ou de la chambre d'enfants. L'essentiel reste imprononcé : on a pu dire du théâtre de Tchékhov qu'il était «impressionniste».

«Comme vous vivez mal»

En mettant en scène ces personnages faibles, sentimentaux, qui finissent à vrai dire par être sympathiques tant leur âme est enfantine et préservée, dirait-on, du monde réel, Tchékhov cherchait

> «*Pour vivre dans le présent, il faut d'abord liquider notre passé, le racheter, et ce n'est possible que par la souffrance, par un travail extraordinaire, incessant.*» Trofimov, dans *La Cerisaie*.

en réalité à dénoncer un mode de vie. Certes, il le faisait sans cynisme ; il peignait ses personnages avec beaucoup de tendresse, mais quand il s'acharnait à appeler ses pièces des «comédies», c'était aussi parce qu'il imaginait que leurs petits caprices, leurs coquetteries d'enfants gâtés provoqueraient le rire ! Il y avait décidément un goût pour l'apostolat chez Tchékhov qui, en parlant de ses pièces, déclarait : «Je voulais seulement dire aux gens, honnêtement : «Regardez-vous, regardez comme vous vivez mal», et lorsqu'ils l'auront compris, ils vont sûrement se créer pour eux-mêmes une vie tout autre, meilleure».

L'auteur

Anton Pavlovitch Tchékhov est né à Taganrog (Crimée) en 1860, un an avant l'émancipation des serfs de Russie. Son père, épicier, fils d'un ancien serf, est un homme brutal et confit en dévotion ; par son inconséquence, il fait faillite en 1876 et, risquant la prison, il fuit vers Moscou avec sa nombreuse famille. Anton reste à Taganrog pour terminer ses études et subvient seul à ses besoins, mais à seize ans, il est déjà cet être responsable, travailleur, dont le premier souci est de «sortir de la misère».

Un programme qui oriente toute sa vie : dès son arrivée à Moscou, en 1879, il s'inscrit à la Faculté de Médecine et entretient sa famille en collaborant à des revues humoristiques comme *Le Spectateur* et *Les Eclats*. Tout en visitant ses malades, Tchékhov débute bientôt dans un grand quotidien de Saint-Petersbourg, *Temps nouveau,* dont le directeur l'encourage à écrire des textes plus sérieux. Il écrit un drame, *Ivanov,* qui connaît le succès, ainsi que quelques comédies ; il publie des récits comme *La Steppe.*

Toute sa vie, Tchékhov, en dépit de sa tuberculose, entreprendra des actions humanitaires : il mène une enquête à l'île de Sakhaline afin de révéler les tristes conditions de vie des forçats ; l'ouvrage qu'il en tire, *L'Ile de Sakhaline* (1893), suscitera quelques réformes. Il participe au secours sanitaire contre la famine

> *« Tchékhov essayait de donner à tout ce qui est représenté sur la scène deux significations : l'une directe, réelle, l'autre poétique et généralisante. Il créait un nouveau style de dramaturgie. »* Ermilov

de 1892 et, à Mélikhovo, non loin de Moscou, il soigne gratuitement les paysans, comme à Yalta plus tard, il soulagera les tuberculeux.

Cela ne l'empêche pas de voyager à l'étranger (Venise, Vienne, Paris...) ni de continuer à écrire des récits et des nouvelles comme *La Salle 6*, *Le Moine noir*, *Le Duel*, *Ma Vie*, qui lui gagnent un public toujours plus nombreux.

Mais c'est le Théâtre d'Art, fondé par Stanislavski à Moscou en 1898, qui va permettre à son théâtre, qui avait jusque là essuyé quelques échecs, de prendre véritablement son envol. *La Mouette* triomphe en 1898 ; l'année suivante, c'est le succès d'*Oncle Vania*, suivi notamment par celui des *Trois Soeurs* (1901) et de *La Cerisaie* (1904), dont la première eut lieu quelques mois avant sa mort à Bedenweiler.

> *« Regardez-vous, regardez comme vous vivez mal. »* Tchékhov

En attendant Godot

1953

Samuel Beckett (1906-1976)

L'oeuvre

Deux clochards se traînent sur une route de campagne isolée où ne pousse qu'un seul arbre. Ils sont dans l'attente d'un certain Godot qu'ils n'ont jamais vu, mais qui leur a promis de venir. Au lieu de celui-ci, arrive un couple grotesque composé de Pozzo, prospère et bien habillé, et de son serviteur, un vieillard couvert de haillons qu'il tient en laisse au moyen d'une corde, Lucky.

Pozzo, à la manière d'un grand seigneur qui haranguerait les foules, fait tous les frais de la conversation. A la fin de celle-ci, Lucky reçoit l'ordre de danser et de penser à haute voix. Le pauvre hère se livre alors à un étrange monologue, ponctué de phrases obscures. Puis les deux étrangers plient bagages, et Gogo et Didi, les deux clochards, continuent à attendre tandis que la nuit tombe. Un enfant apparaît qui annonce que Godot ne viendra pas ce soir mais qu'il viendra sûrement demain.

Le jour suivant, quand Pozzo et Lucky réapparaissent, leurs rôles sont en partie inversés: Pozzo est devenu aveugle et c'est Lucky qui le guide. Un autre messager arrive, portant un message identique à celui de la veille. Les deux hommes tentent alors, sans beaucoup d'enthousiasme, de se suicider et échouent. Le rideau tombe sur le spectacle des clochards qui s'encouragent mutuellement à poursuivre leur route, mais restent figés là où ils sont.

> *« Que faisons-nous ici, voilà ce qu'il faut se demander. Nous avons la chance de le savoir. Oui, dans cette immense confusion, une seule chose est claire: nous attendons que Godot vienne. »* En attendant **Godot**

Un chef-d'oeuvre

Une tragi-comédie moderne

En attendant Godot est bien, à l'instar des pièces de Pirandello et autres «tragédies grotesques», le modèle de la tragi-comédie moderne qui mêle indissolublement le tragique qui émane de la condition humaine et le grotesque de la situation des personnages. Point de séparation ici entre les larmes et le rire, entre l'effroi et l'ironie. C'est d'ailleurs ce qui distingue le genre de celui de la tragi-comédie classique, toujours conçue selon une alternance de situations comiques et de situations tragiques.

Le grand cirque du monde

Beckett utilise le modèle du cirque comme représentation existentielle. Si les personnages sont tous, d'une certaine manière, des «clowns tristes», dont les comportements caricaturaux et bouffons ne sont que l'expression d'un désespoir fondamental, c'est surtout par le couple Pozzo-Lucky que tout un imaginaire du cirque est évoqué: Pozzo est l'auguste, le maître tyrannique et grandiloquent, et Lucky le clown muet et pauvrement vêtu qui ne dispose que d'une gestuelle outrancière pour s'exprimer.

C'est ainsi que ces deux êtres, aussi différents l'un de l'autre que s'ils s'apparentaient à des espèces zoologiques distinctes, nous donnent en spectacle la représentation simplifiée d'un rapport complexe: celui de l'homme et de son prochain.

Des symboles inassignables

L'irlandais Beckett et le tchèque Kafka n'ont pas comme seul point commun leur faculté redoutable de décrire l'absurdité du monde: ils marquent tous deux leur préférence pour ce que Tyndall appelle des «symboles inassignables» qui déroutent bien des exégètes mais font aussi toute la richesse d'une oeuvre. Nul en effet ne peut cerner de façon tangible, claire, ce que représente ce Godot que les deux clochards attendent. Godot n'est ni Dieu ni le diable, il n'est ni le salut ni la damnation, mais seulement peut-être la réponse à une question sans réponse, le symbole fluctuant de toutes les espérances humaines.

Le temps

En attendant Godot ne traite pas uniquement du motif de l'attente éternelle : s'y greffe bien sûr celui du temps, ce «monstre bicéphale de la damnation et du salut», comme l'appelle Beckett dans son essai sur Proust. Les deux clochards essaient de s'en jouer, ils se racontent des histoires, ils font des plaisanteries. Dans cette façon de s'absorber dans le jeu, le temps est devenu «passe-temps» et l'attente semble figée dans une sorte de «présent mythologique» éloigné de toute réalité.

Le comportement de Pozzo vis-à-vis du temps est situé, lui, aux antipodes du jeu. Comme tout tyran qui vit exclusivement pour le pouvoir, Pozzo est l'homme qui a décidé d'agir comme si les réponses étaient connues. Il ne peut donc supporter cette absence de temps ou plutôt cette immobilisation du temps où le plonge l'attente éternelle de Godot. De ce refus va lui naître une obsession du temps qui passe, une obsession qui devient aliénation, maladie, et qui se manifeste par un attachement maniaque de Pozzo à ces «indicateurs de temps» que sont les montres.

> «*Ce qui est certain, c'est que le temps est long, dans ces conditions, et nous pousse à le meubler d'agissements qui, comment dire, qui peuvent à première vue paraître raisonnables, mais dont nous avons l'habitude.*» En attendant Godot

L'auteur

Samuel Beckett a toujours été un cas pour les biographes, le cas extrême d'une existence discrète, éloignée au possible de toute vie publique et tout entière dissimulée derrière l'oeuvre. Car c'est bien l'oeuvre, théâtrale et romanesque, qui forme la pierre d'angle de la vie de Beckett. Une oeuvre qui est le produit d'un incessant travail sur la matière même des mots : «Des mots, des mots, disait-il, la mienne ne fut jamais que ça, pêle-mêle le babil des silences et des mots, la mienne de vie, que je dis finie, ou à venir, ou toujours en cours, selon les mots, selon les heures pourvu que ça dure encore, de cette étrange façon.»

La carrière de ce jeune Dublinois, né en 1906 d'une modeste famille protestante, commence en 1928 avec une nomination comme lecteur d'anglais à l'Ecole normale supérieure de Paris. Cette brève expérience lui permet de s'intéresser à un petit cercle privé où il se fait un nom comme interprète des poètes surréalistes français.

C'est ainsi que, de retour à Dublin, Samuel Beckett se voit chargé de présenter la littérature française à la jeune coterie de Trinity College. Mais l'académisme ne convient pas à Beckett et après quelques mois, il s'envole, dans une rumeur de scandale : les mauvaises langues du Collège murmurent qu'il a signé sa démission... sur un rouleau de papier hygiénique !

Après avoir sillonné l'Europe pendant près de six ans, Beckett s'installe définitivement à Paris où il consacre le plus clair de son temps aux travaux qui lui sont commandés par l'Unesco, avant de s'engager dans la Résistance en 1941. Réfugié dans le Vaucluse pour échapper à la Gestapo, il mène de 1942 à 1944 une existence paisible d'ouvrier agricole.

En 1944, il rentre à Paris lors de la Libération et adopte définitivement la langue française comme moyen d'expression littéraire. Les seuls repères sont désormais ceux de la publication de ses oeuvres romanesques : *Molloy* (1950), *Watt* (1959), et théâtrales : *En attendant Godot* (1953), *Fin de partie* (1957), *Oh ! les beaux jours* (1963). Il reçoit, en 1969, le Prix Nobel de littérature.

Macbeth

1606

William Shakespeare (1564-1616)

L'oeuvre

Macbeth et Banquo, généraux de Duncan, roi d'Ecosse, rencontrent trois sorcières qui prédisent à Macbeth qu'il sera thane (baron) de Cawdor, puis roi d'Ecosse, et à Banquo que ses fils régneront un jour sur le pays. Aussitôt après, Macbeth apprend que le roi vient de le nommer thane de Cawdor. Troublé par cette nouvelle qui confirme la première partie de la prophétie, rongé par les scrupules, mais encouragé par son épouse, Lady Macbeth, il assassine le roi Duncan venu passer la nuit dans leur château.

Macbeth, proclamé roi d'Ecosse, n'a pas oublié la prophétie qui promet le trône à la descendance de Banquo : il fait assassiner Banquo, mais son fils parvient à s'échapper. Torturé par le remords, Macbeth voit apparaître au cours d'un banquet le spectre de Banquo. Mais une nouvelle visite chez les sorcières le rassure : aucun homme, né d'une femme, ne pourra lui porter atteinte ; personne ne pourra le vaincre «tant que le grand bois de Birnam n'aura pas marché contre lui sur les hauteurs de Dunsinane. » Les sorcières lui ont enjoint aussi de se méfier de Macduff, le thane de Fife. Celui-ci, précisément, prépare une armée contre le roi. Macbeth en représailles fait assassiner la famille de Macduff…

Pendant ce temps, Lady Macbeth, obsédée par le sang qu'elle croit voir sur ses mains, sombre dans la folie et se suicide. Bientôt l'armée de Macduff et Malcolm cerne la forteresse de Dunsinane ; chaque soldat s'est couvert le corps de branches du bois de Birnam : c'est une forêt en marche… Macduff, né avant terme et retiré du sein de sa mère, tuera Macbeth. Malcolm deviendra roi d'Ecosse.

> «*La vie n'est qu'une ombre qui passe, un pauvre acteur*
> *Qui, son heure durant, se pavane et s'agite*
> *Et puis qu'on n'entend plus : une histoire contée*
> *Par un idiot, pleine de bruit et de fureur*
> *Et qui ne veut rien dire.*» Macbeth

Un chef-d'oeuvre

Edité à la diable
Rarement une oeuvre aura connu telle forfaiture ! Shakespeare ne laissant à sa mort que peu de manuscrits, ce fut dans le plus grand irrespect qu'on recomposa son oeuvre, vaille que vaille. Certains textes furent établis à partir de notes prises pendant les représentations ! D'autres furent reconstitués de mémoire par des éditeurs peu scrupuleux. Il faut attendre 1623 pour une première édition plus ou moins digne de foi, qu'on a appelée le *First Folio.* Macbeth y occupe 21 pages, truffées de fautes d'impression, de corrections, retouches ou ajouts écrits par un autre auteur. Pratiques auxquelles on impute d'ailleurs certaines invraisemblances de la pièce… En observant que le texte de *Macbeth* est deux fois plus court que celui d'*Hamlet,* on peut en tout cas affirmer qu'il y a eu coupures dans le texte original : les éditeurs en sont-ils seuls responsables ? Il se peut que Shakespeare ait lui-même refondu sa pièce pour la jouer devant la Cour où les représentations étaient souvent plus courtes.

L'inspiration du passé
Macbeth n'est surgi qu'en partie de l'imagination de Shakespeare : au coeur du XIe siècle, on retrouve en effet la trace d'un certain Makbeth, puissant chef de clan qui, grâce à l'aide du roi de Norvège, s'empara du trône de son cousin Duncanne. Ce personnage historique, Shakespeare le découvrit par le biais des *Chroniques écossaises* de Ralph Holinshed, qui avait lui-même hérité ses informations d'autres auteurs. Shakespeare s'inspira largement de cette version légendaire, enrobée de hauts faits d'armes et de superstitions. Il emprunta aux chroniques notamment : les prédictions des sorcières, les encouragements de Lady Macbeth et son suicide, l'assassinat de Duncan et de Banquo, la révolte des seigneurs, le

meurtre de la famille Macduff et jusqu'à la fameuse séquence de la forêt en marche sur Dunsinane ! Comme quoi un chef-d'oeuvre ne tient pas seulement aux faits rapportés… De cette banale histoire de tyran, Shakespeare a fait un drame, à la fois métaphysique et psychologique, le drame d'un homme aux prises avec son destin.

Obsession…

Macbeth est sans doute la pièce la plus tragique, la plus noire de Shakespeare : le meurtre, pensé, projeté, commis enfin, suivi de son long calvaire de remords, revient, inlassablement, obsédant comme un mauvais songe. Un assassinat en entraîne un autre et puis un autre encore, toujours plus sanglant et, telle une fatalité, la mort violente prend au piège les personnages et le monde qui les entoure. Crépusculaire, toujours plongée dans une nuit d'effroi où rôdent des créatures d'épouvante — sorcières, spectres ou chauve-souris — l'Ecosse de *Macbeth,* avec ses landes sauvages, ses orages et ses éclairs, n'est plus que le théâtre d'un cauchemar rougi par le sang des victimes. Car, au contraire de Lady Macbeth dont la volonté de meurtre aboutira à la folie et au suicide, Macbeth, lui, s'il ne commet son premier crime qu'avec peur et dégoût, se soumettra ensuite à son infernal destin, sans réel repentir, comme pour noyer le remords dans un énorme bain de sang.

L'auteur

Avec pour seules sources de bien maigres informations comme les actes d'état civil et quelques légendes accumulées au fil des années, la biographie de Shakespeare est une des plus controversées qui soient. Comme on n'a jamais retrouvé un manuscrit de la main de Shakespeare, certains historiens ont toujours douté que cet homme, né à la campagne et qui, comme le souligne Ben Jonson, ne savait que «peu de latin et moins de grec», ait pu créer une oeuvre de valeur aussi universellement reconnue. On a donc remis en question la paternité de ses pièces et on les a attribuées notamment à Francis Bacon, à Edward de Vere, au comte d'Oxford ou à William Hanley, et même à Christopher Marlowe.

Quoi qu'il en soit, William Shakespeare, baptisé le 26 avril 1564 à Stratford-on-Avon, était le fils d'un marchand de laine qui devint échevin (alderman) puis bailli. William aurait suivi les cours de la grammar school de Stratford avant de devenir, pendant quelques années, maître d'école. Les archives attestent de son mariage en 1582 — il a 18 ans! — et de la naissance d'un premier enfant l'année suivante. Son père affrontant de graves déboires financiers, William Shakespeare serait parti à Londres (peut-être vers 1587). Nulle trace de ses activités avant 1592, année où Robert Greene, auteur dramatique célèbre, fait une allusion voilée à un jeune concurrent qu'il traite d'ambitieux et dont il affirme qu'il se prend pour «le seul branle-scène (Shake-scene) du pays».

A cette époque, Shakespeare aurait déjà écrit *Henri VI,* un drame encore maladroit, et son *Titus Andronicus* (1592) ainsi que des comédies telle que *La Comédie des erreurs.* Il publie également plusieurs sonnets, *Venus et Adonis* (1593) et *Le Viol de Lucrèce* (1594), dédiés au jeune comte de Southampton avec qui, on ignore de quelle façon, il s'est lié d'amitié. Peut-être à cause de cette «protection», Shakespeare entre, dès 1594, dans la compagnie théâtrale du Lord Chambellan. C'est avec ces *Lord Chamberlain's Men* qui, sous Jacques Ier, deviendront les *King's Men,* et qui ont leurs entrées à la Cour, que Shakespeare écrit ses pièces qui lui valent une réputation grandissante: des tragédies comme *Richard II* et *Richard III,* mais aussi des comédies comme *Les deux gentilhommes de Venise* et *La Mégère apprivoisée.*

L'installation de la troupe au théâtre du Globe, en 1599, sera couronnée cette année-là par la plus nationaliste de ses pièces, *Henri V.* Et les succès se suivent avec, pour points d'orgue, des oeuvres comme *Hamlet, Othello, Le Roi Lear, Antoine et Cléopâtre.* En 1609, les comédiens se partagent également un nouveau lieu, le théâtre des Blackfriars, et dès 1611, date de *La Tempête,* Shakespeare s'en retourne définitivement à Stratford où sa prospérité financière lui a permis d'acquérir de nombreux biens. Il y terminera ses jours en 1616 des suites, dit-on, d'une beuverie avec Ben Jonson.

«*Shakespeare est au nombre des cinq ou six écrivains qui ont suffi aux besoins et à l'aliment de la pensée; ces génies-mères semblent avoir enfanté et allaité tous les autres…*»

Chateaubriand

Six personnages
en quête d'auteur
1921

Luigi Pirandello (1867-1936)

L'oeuvre

Sur un plateau de théâtre dénudé, des acteurs se préparent à répéter une pièce en compagnie de leur metteur en scène, quand apparaissent six personnages : le Père, âgé d'une cinquantaine d'années, impatient d'expliquer sa souffrance ; la Mère, pauvre femme accablée par le malheur ; le Fils légitime, rongé par le mépris ; la Fille, belle et arrogante ; enfin deux autres Enfants.

Et le Père d'expliquer qu'ils sont des personnages de théâtre engendrés par l'imagination d'un auteur qui n'a pas su leur donner l'immortalité. Ils cherchent un auteur capable de dénouer leur histoire et de les faire naître définitivement à la vie et à l'art.

Devant le metteur en scène et les comédiens professionnels, les six personnages se mettent à revivre leur histoire, se contredisant, se querellant, chacun cherchant à imposer sa propre vision des événements. Une histoire qui reste fragmentaire : le Père, homme riche et de bonne volonté, a épousé une femme de modeste condition qui lui a donné un fils. Craignant pour sa santé, le Père lui a arraché l'enfant pour le faire élever à la campagne, faisant ainsi le malheur de sa femme. Voulant réparer ses torts, le Père est parvenu à unir la Mère à son propre secrétaire. Le nouveau couple, fuyant la ville, a eu trois enfants.

Vingt ans plus tard, à la mort de son amant, la Mère est revenue s'établir dans la ville... C'est dans une maison de tolérance que le père retrouve sa belle-fille. La Mère, survenant à temps, les informe de leur lien. Honteux, rongé par le remords, le Père décide d'accueillir sa famille chez lui.

Mais le drame s'amplifie : le Fils légitime rejette ces intrus ; la Fille, sans relâche, harcèle son Père et lui rappelle son acte quasi incestueux. Quant à la Mère, éplorée, elle ne parvient pas à apaiser les esprits... C'est pendant ces querelles que meurent les deux cadets : la fillette se noie accidentellement et le garçonnet se tue d'un coup de pistolet.

Un chef-d'oeuvre

Le pirandellisme

Peut-être en raison de la jalousie maladive de sa femme, Pirandello fut hanté par la complexité de l'être humain, par son caractère changeant : l'homme est multiple, irréductible à une seule image, prétend l'auteur ; les autres pourtant nous obligent à nous modeler selon l'idée qu'ils se font de nous ; nous ne sommes que le reflet de la conscience d'autrui.

Le Père de *Six personnages en quête d'auteur* refuse pourtant d'être jugé par sa Fille sur un seul acte. Elle l'a rencontré dans une maison de tolérance et elle veut, dit-il « m'attribuer cette personnalité qui a été la mienne dans une minute fugace, honteuse, de mon existence ».

Aussi la tragédie naît-elle de cette obligation que nous avons de jouer la comédie, de porter un masque.

Par ce que l'on a ensuite appelé le pirandellisme, l'auteur avait ainsi mis en évidence le conflit de l'Etre et du Paraître, l'aliénation de l'homme, victime de l'illusion et du jeu de rôles. Ce malentendu de l'identité s'exacerbe avec l'impossibilité d'une vraie communication entre les êtres : les mots sont faussés, leur valeur est différente selon les individus et « on croit se comprendre, dit le Père, et on ne se comprend jamais ».

Une quête tragique

Mais les personnages de Pirandello se révoltent, poursuivent leur quête acharnée d'une vraie identité, plongeant dans d'inlassables « raisonnements à vide », s'égarant dans des délires d'interprétation qui ne sont pas sans rappeler la folie omniprésente dans le théâtre de Pirandello.

La véritable tragédie pirandélienne, c'est en effet l'état de conscience, ces conflits internes de la pensée cherchant à appréhender son moi véritable. Quête qui ne débouche que sur l'impasse, car chercher à se connaître, pense Pirandello, c'est cesser de vivre. Le miroir fige notre image, la raison enferme l'homme dans des carcans et des formes ; or la forme est un piège qui «tend à pétrifier la vie».

Le théâtre dans le théâtre

L'histoire de *Six personnages en quête d'auteur* ne fut pour Pirandello qu'un prétexte. Son but était avant tout de montrer les affrontements des personnages, chacun ayant sa propre vérité, sa propre interprétation des événements. Remettant en question la cohérence du héros telle qu'elle existait dans le théâtre classique, Pirandello s'est refusé à peindre des «caractères» (au point que certains critiques ont jugé que ses personnages manquaient de consistance !).

Dénonçant la crise du réalisme dans le théâtre et niant la vérité du héros traditionnel, Pirandello créait un théâtre révolutionnaire, résolument moderne dont la dramaturgie annonçait le Nouveau Théâtre.

Ces six personnages qui surgissent en pleine répétition d'une pièce, dont le titre est *Jeu de rôles,* s'acharnent à vouloir jouer eux-mêmes leur histoire, considérant que les acteurs professionnels ne sont pas aptes à restituer leur réalité : une façon pour Pirandello de dénoncer la vanité de la comédie, un art qui cherche à rendre crédible ce qui n'est qu'un jeu de rôles…

Pourtant, le théâtre, pour Pirandello, l'emporte sur la vie, les personnages de théâtre «plus vivants que bien des êtres qui respirent et figurent sur les registres de l'état civil», devenaient sinon plus vrais, du moins «plus réels» que les êtres vivants. A eux s'offre encore la multiplicité ; ils échappent au moule réducteur de la vie.

Le scandale

C'est surtout à l'étranger que Pirandello remporta ses premiers succès. Sa pièce *Six personnages en quête d'auteur* tint l'affiche pendant seize mois à New York, et la France se montra beaucoup plus séduite que l'Italie. A Rome en effet, le 10 mai 1921, la première représentation de la pièce fut interrompue par des coups de sifflets et des insultes («A l'asile !» criait-on à l'auteur). Les

spectateurs, divisés, en vinrent aux mains et l'émeute se poursuivit hors du théâtre.

L'auteur

Né en Sicile, à Agrigente, en 1867, Luigi Pirandello publie son
premier recueil de vers en 1889, après avoir suivi des études de
lettres à Palerme et à Rome. Au cours d'un séjour de trois ans
à Bonn, il passe son doctorat, découvre Schopenhauer et le pessimisme.

En 1894, il épouse la fille d'un associé de son père (dont il aura
trois enfants) et devient professeur de littérature à Rome. Influencé
par le naturalisme, il écrit plusieurs nouvelles inspirées par les
moeurs et la vie siciliennes, ainsi que des romans dont *Feu Mathias
Pascal* (un homme apprend au retour d'une fugue qu'on le croit
disparu), roman publié en 1904 qui amorce un revirement dans
l'oeuvre.

Cette même année, sa femme sombre dans la folie, un événement qui fera de sa vie privée un calvaire que Pirandello exorci-
sera par l'écriture dans des thèmes liés à l'angoisse de vivre : le
suicide, le morcellement de la personnalité, la folie, l'absurde...

Outre ses quelque 200 nouvelles et ses 7 romans, Pirandello
produisit une quarantaine de pièces qui lui valurent la célébrité
internationale : *A Chacun sa vérité* (1917), *Six personnages en
quête d'auteur* (1921), *Henri IV* (1922), *Comme ci ou comme ça*
(1924), *Ce soir on improvise* (1930).

En 1934, deux ans avant sa mort, l'oeuvre de Pirandello était
couronnée par le Prix Nobel de littérature.

*Dans le drame que représenta pour Pirandello la folie de sa
femme, on a vu la source de son oeuvre. Soumis pendant quinze
ans à ses crises de jalousie maladive, il écrivait d'elle « si elle
me voit comme cela, si je ne réussis pas à lui ôter cette image
qu'elle se fait de moi, si elle nie l'évidence des faits... alors ?
Alors pour elle, ce n'est plus moi qui suis moi (...) Moi, je
suis pour moi-même et un autre pour ma femme ».*

Le Soulier de satin

1928-29

Paul Claudel (1868-1955)

L'oeuvre

Conquistador envoyé par le roi d'Espagne vers l'Amérique, mais naufragé à Mogador, Rodrigue s'est pris de passion pour Prouhèze, l'épouse du gouverneur et juge, Don Pélage. Prouhèze se prépare à rejoindre Rodrigue qu'elle n'a vu qu'une seule fois, mais les prières qu'elle adresse à la Vierge, à qui elle donne en gage son soulier de satin, l'empêcheront de céder à sa passion.

Rodrigue, gravement blessé au cours d'un combat, est soigné dans le château de sa mère, mais Prouhèze qui le retrouve ne pourra le voir, car Don Pélage, survenu entre-temps, confie à son épouse une mission: elle devra prendre le commandement de la forteresse de Mogador en compagnie de Don Camille, qu'on soupçonne de traîtrise et qui a déjà déclaré sa flamme à Prouhèze. Déjà la voilà séparée de Rodrigue: celui-ci part pour l'Amérique... Elle refuse de le recevoir: «Je reste, dit-elle, partez».

Les années passent. Don Pélage est mort et Prouhèze a épousé Don Camille, devenu musulman, afin de l'empêcher de trahir leur cause. Rodrigue reçoit une lettre de Prouhèze, écrite dix années plus tôt, qui l'appelait à l'aide. Abandonnant l'Amérique, il mouille au large de Mogador assiégé par les Maures et Prouhèze est envoyée en délégation sur son bateau. Elle lui recommande de se dépouiller de tout, de tout donner afin de tout recevoir; elle lui laisse sa fille aussi, Dona Sept-Epées, qui ressemble beaucoup à Rodrigue. Enfin, elle lui enjoint de repartir seul, tandis qu'elle retournera mourir dans la forteresse minée par son mari.

Des années plus tard, Rodrigue, qui a perdu une jambe dans un combat contre les Japonais dont il est resté longtemps le prisonnier, vit comme un pauvre hère sur un vieux bateau, dans la mer des Baléares. Accusé de trahison par le roi, vendu comme esclave à des soldats, il est «donné» à une Carmélite, une sœur chiffonnière du couvent de Mère Thérèse...

> *Claudel, à propos du* Soulier de satin *: «Tous les éléments de mon théâtre sont ici rassemblés. Je fais surtout un alliage de* Tête d'Or, *de* Partage de midi *et de* Protée. *On assiste en quelque sorte à leur dénouement inattendu, qui est la libération totale de l'âme humaine.»*

Un chef-d'oeuvre

Une genèse tourmentée

Claudel commença *Le Soulier de satin* lorsqu'il était à Paris, en 1919, et le termina au Japon, en décembre 1924. La troisième partie avait été détruite pendant le tremblement de terre de Tokyo en 1921, et il dut la réécrire entièrement.

Il fallut attendre 1928-29 pour que l'oeuvre fût publiée. Elle serait restée pourtant méconnue de longues années encore. Si la critique en effet avait célébré le génie de la pièce (à l'exception de Gide qui la commentait dans son journal intime en écrivant «consternant!»), ce n'est qu'en 1943, après le succès sur la scène de *L'Annonce faite à Marie,* que Jean-Louis Barrault se proposa de monter *Le Soulier de satin.*

Comme le texte d'origine aurait exigé neuf heures de représentation, Claudel accepta de remanier sa pièce afin d'obtenir un spectacle réduit à cinq heures. Et dès novembre 1943, en dépit de la guerre *Le Soulier de satin* fut applaudi à la Comédie Française, pendant toute une saison!

Une passion réelle

La vie a souvent fourni les événements déclencheurs des oeuvres d'art: ce fut le cas pour Claudel. On connaît en effet, malgré sa discrétion, la crise passionnelle qu'a vécue l'auteur en 1901: dans le bateau qui le ramenait en Extrême-Orient, il rencontra une femme mariée, d'origine polonaise, Rosalie Vetch, dont il s'éprit sur le champ. Pendant cinq années, avant de la quitter pour fonder un foyer, il lutta contre cette passion dont il écrivit : «Il y a une telle force de paralysie dans la main d'une femme! Moi-même, qui savais ce que je savais, la vue même de l'enfer sous mes pas ne m'aurait pas séparé de cette ennemie.»

Cette passion dévorante, autant que le portrait de la femme aimée, on les retrouverait plus tard, autant dans *Le Partage de midi* que dans *Le Soulier de satin*, et, cette dernière fois, sublimés dans le renoncement.

La foi et le sacrifice

Comme dans *Le Partage de midi,* c'est l'histoire d'un grand amour impossible, d'une passion sublimée par la foi, que nous conte Paul Claudel. Toute son oeuvre, imprégnée par la religion chrétienne, est une quête inlassable de la grâce obtenue au prix d'un renoncement total : il faut surmonter le conflit douloureux entre le désir et la foi, il faut souffrir pour rejoindre la vérité.

Rodrigue — qui reflète si bien le drame de l'Espagne des conquistadores, partagée entre la gloire et la religion, entre l'or et l'évangélisation — est d'abord un homme soumis à l'amour d'une femme, mais il se refuse au désir et c'est en Dieu qu'il trouvera le couronnement de sa vie. Quant à Dona Prouhèze, elle sublime elle aussi sa passion pour atteindre au dépassement de soi, s'offrant même à la foi chrétienne par une mort violente.

De ce théâtre claudélien si particulier où les êtres rejettent la chair et le péché pour préserver en eux l'image de Dieu, on a pu dire qu'il représentait le «drame du désir» insatisfait. Thème récurrent chez cet auteur qui affirmait que «l'essentiel est de n'être jamais heureux».

Une oeuvre baroque

En transportant ses personnages du désert de Castille jusqu'à une forêt en Sicile, en passant par la côte de Mogador, la Bohême ou Panama, en suivant leur destin mouvementé à travers près d'un demi-siècle d'histoire, Claudel a décidément rompu avec les fameuses règles d'unité dramatique. «La scène de ce drame est le monde»: en ces quelques mots qui annonçaient la pièce, l'auteur dévoilait déjà son intention : créer comme un système de monde, un ensemble cosmique cohérent. Cette vaste organisation du *Sou-*

lier de satin qui se noue dans le chaos pour s'apaiser ensuite dans le rythme lent d'une paix souveraine, n'est pas sans évoquer la conception très chrétienne de Claudel : celle d'un univers régi, dans l'harmonie, par un Dieu doué d'ubiquité.

Avec cette ambition qui vise à confondre temps et espace dans une vision universelle, avec ce lyrisme aux versets pareils à des prières, mais aussi avec ce souffle épique et symboliste à la fois, *Le Soulier de satin* est, entre toutes, une oeuvre baroque, dont la luxuriance est encore renforcée par la durée de la pièce, par la profusion des personnages et des décors, par la variété des approches mêlant le tragique au grotesque, le passionnel au spirituel.

L'auteur

C'est dans une famille catholique, à Villeneuve-sur-Fère en Tardenois (Aisne) que naît Paul Claudel, le 6 août 1868. Après des études à la Faculté de droit et à l'Ecole des sciences politiques, il est reçu au concours des Affaires étrangères en 1890. Mais déjà il écrit : *Tête d'Or, La Ville*.

Ses fonctions diplomatiques entraîneront des séjours nombreux à l'étranger, aux Etats-Unis (1893-94), en Chine surtout, où il sera consul de France de 1900 à 1909. Après une liaison tourmentée avec une femme mariée, il fonde un foyer en épousant Reine Sainte-Marie-Perrin. Consul à Prague, à Francfort et Hambourg, ministre plénipotentiaire au Brésil, ambassadeur à Tokyo, à Washington, à Bruxelles, Claudel écrit sans relâche, produisant une oeuvre vaste, allant de l'essai philosophique en passant par la poésie et jusqu'aux commentaires bibliques comme *L'Epée et le Miroir*, *Le Livre de Job* ou *Emmaüs*.

Mais il est surtout connu pour son théâtre qui commença à pénétrer le public en 1912-14, avec les premières représentations de

« J'étais debout dans la foule, près du second pilier, à l'entrée du choeur, à droite, à côté de la sacristie... En un instant, mon coeur fut touché et je crus. » C'était jour de Noël en 1886, à Notre-Dame, et Claudel retrouvait la foi, pour toujours.

L'Annonce faite à Marie, L'Echange, et *L'Otage.* Son oeuvre dramatique compte aussi, entre autres, *Le Partage de midi, L'Endormie, Protée, L'Ours et la lune, Le Livre de Christophe Colomb, Jeanne d'Arc au bûcher.*

Mettant fin à sa carrière diplomatique en 1935, Claudel se retire au château de Brangues. Il est élu à l'Académie Française en 1946.

Les chefs-d'oeuvre
de la
peinture

L'Agneau mystique

1432

Hubert et Jean Van Eyck
(?-1426 et 1390-1441)

L'oeuvre

Huile sur panneau, polyptyque ouvert 350 × 461 cm, Eglise Saint-Bavon, Gand.

Nous sommes au XVe siècle, au début des années vingt. A Gand, qui est, après Paris, la plus grande ville au nord des Alpes, la prospérité règne. Une prospérité dont bénéficie l'église Saint-Jean, en voie d'achèvement, qui deviendra, après 1540, la cathédrale Saint-Bavon. Son conseil de fabrique compte en effet parmi ses membres plusieurs bourgeois fortunés, dont Joos Vijd et son épouse Elisabeth Borluut, qui ont fourni les fonds nécessaires à la construction de la première chapelle du déambulatoire. N'ayant pas d'héritier, le couple investit sans compter dans cet oratoire dont la clef de voûte est frappée de son blason. Ils veillent à son aménagement, le dotent de vitraux somptueux, y font dire une messe quotidienne pour eux-mêmes et leurs ancêtres. Et, pour parachever leur tâche, ils commandent à Hubert Van Eyck un retable qui doit résumer l'essentiel de la doctrine chrétienne.

Le polyptyque, composé de vingt panneaux de chêne agencés de façon symétrique, a pour thèmes principaux la rédemption du genre humain et la béatitude éternelle, l'interprétation des différentes scènes étant facilitée par des inscriptions latines. Quand le retable est fermé, le spectateur peut faire connaissance avec les donateurs eux-mêmes, Joos Vijd et Elisabeth Borluut, agenouillés dans le bas, à gauche et à droite, au-dessous de l'*Annonciation*.

Lorsqu'il est ouvert, c'est sur les cinq panneaux du registre inférieur que le regard se porte d'abord : ils composent en effet, ensemble, la célèbre *Adoration de l'Agneau,* qui réunit l'Eglise tout entière, des fidèles aux bienheureux, autour de la Fontaine de Vie. Les panneaux latéraux représentent, à gauche, les chevaliers du Christ et les juges intègres et, à droite, les humbles, les ermites et les pèlerins. Depuis le XVIe siècle, on s'accorde à voir dans le premier des juges Hubert Van Eyck, tandis que Jean serait celui qui tourne la tête et porte un chapelet autour du cou.

L'*Adoration de l'Agneau* est surmontée de trois panneaux à l'image de Dieu le Père, de la Vierge et de saint Jean-Baptiste. Sur les panneaux latéraux larges : deux groupes d'anges musiciens ; sur les panneaux latéraux étroits : Adam et Eve. Au-dessus, enfin, le sacrifice d'Abel et son assassinat par son frère Caïn symbolisent à la fois la chute par le péché et l'attente de la rédemption.

Un maçon et un tailleur de pierres ayant mis en place l'autel et le baldaquin en pierre sculptée dont il restera encore des vestiges au XIXe siècle, le retable est inauguré le 6 mai 1432.

> *Heureuse époque que ce XVe siècle où les artistes pouvaient compter sur les bourgeois et où un couple sans enfant, au lieu de gaspiller sa fortune, l'employait à doter son église favorite d'une oeuvre considérée comme «unique au monde»!*

Un chef-d'oeuvre

Hubert le mystérieux

A qui attribuer le polyptyque de l'*Agneau mystique* ? Sur la bordure inférieure du retable fermé, une inscription en latin précise : «Le peintre Hubert Van Eyck, à qui nul n'est réputé supérieur, a commencé cet ouvrage, que Jean son frère, par l'art le second, a terminé aux frais de Joos Vijd». Mais cette inscription a suscité d'interminables discussions, le mot «frater» étant illisible par suite d'une dégradation. Dans les archives gantoises, les allusions à Hubert Van Eyck sont aussi rares qu'ambiguës et, en outre, on n'a pas retrouvé trace de la tombe du peintre qui, selon la tradition, se trouvait au pied même de l'oeuvre, dans la chapelle Vijd.

Faut-il pour autant en conclure, comme l'ont fait certains, qu'Hubert ne serait qu'une fiction, inventée après coup dans le but d'attribuer à un peintre travaillant à Gand (Jean, lui, s'était fixé à Bruges) l'essentiel d'une oeuvre qui faisait la gloire de la cité ? Probablement pas. Dès 1517, en effet, Antonio de Beatis, le secrétaire du cardinal Louis d'Aragon, faisait mention de la collaboration des deux frères, Jean ayant repris le travail d'Hubert après le décès de celui-ci, le 18 septembre 1426. Mais les experts les plus subtils seraient bien en peine de déterminer la part que chacun a prise dans l'exécution du retable.

Heurs et malheurs

Que le retable soit arrivé jusqu'à nous presque intact est d'autant plus étonnant qu'il a connu une existence mouvementée. Il échappa de justesse à Philippe II, qui se contenta finalement d'une copie, puis aux iconoclastes. En 1794, la partie centrale fut transportée à Paris par les occupants français et, en 1821, elle se retrouva dans les collections du roi de Prusse. Gand ne la récupéra qu'en 1920, grâce au traité de Versailles. Pendant la Seconde Guerre mondiale, le retable, moins les panneaux des juges intègres et de saint Jean-Baptiste qui avaient été volés en 1934, fut confisqué par les Allemands. L'armée américaine le rapatria et, après une longue cure de jouvence à l'Institut Royal du Patrimoine Artistique, il réintégra la chapelle Vijd, aussi fascinant qu'au XVe siècle.

La maîtrise du monde

Ce qui impressionne d'abord, dans l'*Agneau mystique,* c'est la complexité d'une composition qui nous fait voir la terre de haut et de loin, comme si nous-mêmes avions déjà part à la vision divine de l'univers, mais qui, en même temps, ne néglige pas l'infiniment petit. Il est manifeste que les Van Eyck dominaient la perspective comme personne avant eux : les arrière-plans se succèdent presque à l'infini, créant tout un monde de cités et de montagnes, de champs et de forêts.

Mais ces deux amateurs de grands espaces étaient aussi des réalistes minutieux, qui s'attachaient à rendre le moindre détail avec vérité. Les visages et les étoffes, la laine de l'Agneau et les plumes des anges, et jusqu'aux fleurs qui parsèment la pelouse — un botaniste a réussi à cataloguer cette flore, qui comprend des fleurs et des plantes de différentes régions, poussant à diverses saisons —, tout est rendu avec une perfection qui évoque l'art du miniaturiste. René Huyghe y a vu l'«hommage de l'art à la réalité des sens».

> *Le retable de la cathédrale de Gand, que le cardinal Louis d'Aragon vantait comme «la plus belle oeuvre de la chrétienté», attira d'emblée tant de croyants et de curieux que, très vite, la visite s'organisa. Les «entrées» étaient collectées dans un tronc spécial, et les sommes ainsi réunies gérées par le receveur de la fabrique d'église.*

A l'huile

Mais cette perfection est aussi le fruit d'une technique. Lorsque le peintre italien Giorgio Vasari parlait de «Jean de Bruges», au XVIe siècle, comme de l'inventeur de la peinture à l'huile, il se trompait. En fait, il y avait déjà longtemps que les peintres utilisaient l'huile, mais en la mélangeant à d'autres ingrédients, notamment pour en faire un vernis de protection. Jean Van Eyck, lui, a mis au point un nouveau liant, sur la nature duquel on n'a pas fini de discuter et qui lui a permis de tirer de la translucidité de l'huile des effets de superposition exceptionnels. Après l'*Agneau mystique,* les peintres préféreront l'huile à toutes les autres techniques.

Adam et Eve

Mais le plus remarquable, dans ce tableau à la gloire de Dieu, c'est peut-être qu'il est aussi à la gloire de l'homme. Les figures d'Adam et Eve sont, à cet égard, d'une originalité et d'un modernisme presque provocants. Leurs corps ne rejoignent pas un canon de beauté idéal mais, tout en masquant leur nudité, ils conservent une dignité et une assurance jusqu'alors inconnues. Pour la première fois depuis le péché originel, l'homme se tient debout devant Dieu. Une seule énigme reste à résoudre : le fruit que tient Eve est-il un citron, une courge, une grenade ou une coloquinte ? En tout cas, ce n'est pas une pomme !

Les auteurs

De la vie d'Hubert Van Eyck, on ne connaît presque rien que sa mort … et sa participation au polyptyque de l'*Agneau mystique*. Sans doute était-il, comme son frère, dont il devait être l'aîné, originaire de Maaseik. Les archives de la ville de Gand, où il s'était établi, gardent la trace de plusieurs commandes que lui auraient passées le magistrat urbain et de gros commerçants locaux, mais tous ses tableaux doivent s'être perdus, ou avoir été attribués à d'autres artistes.

Si la vie de Jean nous est mieux connue, c'est sans doute parce que, contrairement à son frère, il n'était pas un artiste indépendant. Vers 1422, il entra au service de Jean de Bavière, comte de Hollande, et, à la mort de celui-ci, il réussit à se faire engager comme peintre par le duc de Bourgogne, Philippe le Bon. Bizarrement, on n'a rien conservé de ses travaux pour ces deux princes, mais on sait qu'il servit aussi le duc en tant que diplomate; il faisait notamment partie de l'ambassade que Philippe envoya au Portugal, vers 1428, pour demander à Jean Ier la main de sa fille Isabelle, et il peignit deux portraits de la princesse (aujourd'hui perdus), qui furent envoyés au futur époux. En 1432, il acheta une maison à Bruges, où il se maria; un fils lui naquit en 1434.

En dehors du polyptyque, nous avons surtout gardé de lui des portraits et des représentations de la Vierge. La *Vierge au chancelier Rolin,* par exemple, qui ouvre sur un paysage d'une profondeur fabuleuse, tout inondé de lumière; la *Madone au chanoine Van der Paele,* où la richesse des étoffes et l'éclat des métaux contrastent avec le visage jauni du vieux chanoine, ses cheveux rares et ses lourdes bajoues; ou encore le *Portrait des Arnolfini,* exemple unique d'un double portrait en pied dans un intérieur, où Van Eyck s'est peut-être représenté lui-même dans le miroir placé au fond de la pièce, comme semble l'indiquer une inscription figurant sur le même mur: «Johannes de Eyck fuit hic» — «Jean Van Eyck fut ici».

Il mourut en 1441, à la fin du mois de juin, sans avoir jamais failli à sa devise: «ALS IXH XAN» — «Du mieux que je peux».

La Chute d'Icare

Pieter Bruegel (env. 1525-1569)

L'oeuvre

Huile sur toile, 73,5 × 112 cm, Musées Royaux des Beaux-Arts de Belgique, Bruxelles.

S'inspirant de la mythologie, Bruegel restitue l'épisode si célèbre de la chute d'Icare, décrit par Ovide. L'architecte Dédale, soupçonné d'avoir aidé Thésée à s'enfuir du labyrinthe qu'il avait lui-même construit, fut à son tour enfermé. Pour s'en évader avec son fils Icare, il se fabriqua des ailes de cire et de plumes qui devaient lui permettre de s'élever au-dessus du labyrinthe.

Survint alors l'épisode fatal : le jeune Icare, exalté par la beauté du vol, s'approche dangereusement du soleil dont la chaleur fait fondre la cire des ailes…

« Un pêcheur qui amorce les poissons au bout de son roseau flexible, raconte Ovide dans ses *Métamorphoses,* un berger appuyé sur son bâton, un laboureur au mancheron de sa charrue les voient passer tous deux. Stupéfaits, ils prennent pour des dieux ces hommes capables de tenir l'air. Déjà sur leur gauche avait fui Samos, chère à Junon ; ils avaient dépassé Délos et Paros ; sur la droite étaient Lébinthos et Calymné, connu pour son miel, lorsque l'enfant, prenant plaisir à l'audace du vol, abandonne son guide. Cédant à l'attrait du ciel, il gagne de l'altitude. C'est là qu'à l'approche du vif soleil, la cire odorante qui retenait les plumes ramollit. Elle fond. Icare agite ses bras nus : dépouillé de ses ailes, il ne se soutient plus dans l'espace. Il appelle son père, il s'engloutit dans les flots d'azur qu'on nomme depuis mer Icarienne. Et son malheureux père s'écrie : « Icare, Icare, où es-tu ? Où te chercher ? » « Icare ! » criait-il encore, quand il aperçut des plumes sur les eaux. »

Un chef-d'oeuvre

Une interprétation du mythe

Si Bruegel a repris plusieurs éléments à Ovide, il ne faut toute-fois pas voir dans son tableau une simple illustration du récit anti-que. Ainsi a-t-il exclu Dédale, le père d'Icare, de son tableau, et peint un soleil déjà couchant. Position bien sûr paradoxale pour un récit qui tient étroitement à la force du soleil faisant fondre la cire. Ces éléments ont soulevé bien des questions et fait douter certains de l'authenticité du tableau. Mais ne peut-on pas voir dans l'absence de Dédale un refus de l'anecdote et penser, avec Gibson, que «le soleil n'est pas au zénith, comme on pourrait s'y atten-dre, mais se cache déjà à l'horizon, comme si la chute d'Icare avait commencé à midi pour ne s'achever qu'au coucher du soleil»?

Fable antique, parabole, expression de la sagesse populaire, vision poétique, *La Chute d'Icare* reste ouverte à toutes les inter-prétations, et c'est cela aussi qui fait sa richesse.

Une allégorie

Bruegel a toujours sublimé le réel ainsi que l'illustre bien *La Chute d'Icare* (à laquelle il serait d'ailleurs plus exact de donner le titre de *Paysage avec la chute d'Icare*).

La terre, le ciel et la mer y créent un extraordinaire espace pano-ramique, immensité dans laquelle se joue le drame de la mort, dans l'indifférence de la nature et des hommes. Le laboureur a les yeux rivés au soc de sa charrue et le berger semble perdu dans ses rêveries et la contemplation du ciel : pas plus que le pêcheur ou les marins s'affairant à la manoeuvre sur le quatre-mâts, ils ne prêtent attention à Icare que la mer engloutit. Icare dont seuls une main et deux jambes émergent des flots tandis que quelques plumes continuent de voleter... Sa disparition ne semble pas trou-bler l'ordre du monde.

> «*Avec une liberté d'esprit qui a l'apparence d'un masque, le peintre a exalté la force de la nature qui détruit le héros sans haine ni pitié au moment où, dans sa présomption, il ose agir contre ses lois, et il a rendu le mouvement régulier de la vie terrestre que l'aventure n'interrompt point.*» Friedländer

Au-delà de l'anecdote

Dans ses premières oeuvres, Bruegel se montre influencé par Jérome Bosch : diableries, monstres, figures hybrides peuplent ses compositions animées, grouillantes de personnages. Si *La Chute des anges rebelles* (1562), *Le Triomphe de la mort* (1562-65), *Dulle Griet* (1562-64) comportent sans doute des allusions aux événements tragiques qui secouaient alors le pays (Réforme, révolte iconoclaste, pouvoir espagnol…), le sens de ces oeuvres, comme toujours chez Bruegel, est au-delà des apparences et de l'anecdote.

De même quand il dépeint la vie populaire et paysanne, c'est toujours avec une intention satirique et moralisatrice (*Proverbes*). Il en est de même des tableaux à thèmes religieux (*La Tour de Babel, La Crucifixion, L'Adoration des mages, Le Dénombrement de Bethléem, Le Massacre des innocents*) : l'importance accordée au cadre familier ne les réduit jamais au pittoresque. Quant aux paysages, qu'ils évoquent les *Saisons* ou que s'y joue le destin tantôt tragique tantôt dérisoire de l'homme (*La Parabole des aveugles, Le Misanthrope*), ils donnent du monde une vision véritablement cosmique.

> «*Je vois dans ses peintures non des oeuvres d'art mais des oeuvres de nature et je le nomme non le meilleur des peintres, mais la Nature parmi les peintres ; c'est pourquoi je le juge digne d'être imité par tous les autres (…) Dans toutes ses oeuvres, il donne souvent à comprendre au-delà de ce qu'il peint.*»
> Ortelius

L'auteur

On sait relativement peu de choses de la vie de Peter Bruegel. Né entre 1520 et 1530, il est ensuite, selon Carel Van Mander, élève de Pieter Coecke van Aelst et, en 1551, son nom apparaît dans les registres de la gilde de Saint-Luc à Anvers : il y est reçu franc-maître. Il entreprend alors un voyage en Italie (1552-53) qui le mène jusqu'à Naples et Messine, d'où il ramène de nombreux dessins. En 1553, il séjourne à Rome.

Fixé à Anvers en 1555, Bruegel travaille avec le graveur Jérome Cock. La série des *Grands Paysages* (1555-56), *Les Péchés capitaux* (1558) et les *Vertus* (1559) sont le fruit de cette collaboration.

En 1563, il épouse la fille de son ancien maître, Pieter Coecke, et s'installe à Bruxelles. De cette union naissent deux fils qui deviendront également peintres : Jean, dit Bruegel de Velours, et Pieter dit Bruegel le Jeune ou d'Enfer.

Bruegel meurt à Bruxelles le 5 septembre 1569, «dans la fleur de l'âge» à en croire son ami le géographe Abraham Ortelius, et est enterré dans l'église Notre-Dame de la Chapelle.

Composition rouge, jaune, bleu
1928

Piet Mondrian (1872-1944)

L'oeuvre

Huile sur toile, 42 × 50 cm, Stedelijk Museum, Amsterdam.

Paris 1928, c'est l'époque de la pleine maturité pour Piet Mondrian. Après un long cheminement qui a abouti, deux ans après Kandinski, et à l'abstraction pure, et à la rédaction de son manifeste néoplastique, et à sa collaboration aussi à la revue *De Stijl,* inlassablement, avec une obstination, une rigueur et une discrète assurance, Mondrian développe mille variations sur le thème suivant : les lignes horizontale et verticale, noires (synthèses de toutes les lignes) ; leur rencontre à angle droit ; les surfaces qu'elles délimitent, des carrés ou des rectangles blancs ou gris, jaunes, rouges, bleus (soit les trois couleurs fondamentales et les non-couleurs).

Avec ces huit éléments — les plus simples qui soient — Mondrian cherche les meilleurs rapports qui mèneront la composition à un équilibre parfait.

> **Un fanatique de l'épuration !** *L'atelier de Piet Mondrian était toujours net, impeccablement propre. Pas la moindre poussière, pas l'ombre d'une trace de vie qui ne soit consciemment voulue. Un terrain vierge où ne pouvait naître que l'essentiel, et qui chassait le faux, l'inauthentique, la supercherie et le naturel. Mais paradoxe : dans une pièce voisine se concentrait le désordre...*

Un chef-d'oeuvre

Si, à ses débuts, Mondrian s'attache surtout aux paysages, aux natures mortes, aux arbres, qu'il traite pendant un temps à la manière de Van Gogh, le cubisme et la théosophie font entretemps voir au peintre une voie nouvelle : l'art est pur esprit, il peut dès lors être purement abstrait, sans aucune référence à la réalité ! Nous sommes en 1912-13.

Bientôt les arbres ne sont plus que des lignes noires cernant des tonalités très subtiles. Puis ces lignes s'amenuisent pour n'être que des signes + et −, sur un fond blanc. Ensuite les signes + et − grossissent en petits carrés et rectangles, combinés à des carrés de couleurs...

Le néo-plasticisme

Enfin, Piet Mondrian radicalise sa démarche et l'énonce dans son manifeste néo-plastique en 1919. Le néo-plasticisme se révèle être un art fondé sur les huit éléments simples, un art qui, au moyen de l'abstraction, «a intériorisé la forme et la couleur et porté la ligne courbe à sa tension maximale : la ligne droite». Toujours en quête d'un équilibre, dont les lois puissent être démontrées de façon directe, Mondrian ne le trouva que dans l'art... Ses conceptions marqueront, dès 1920, Le Corbusier et les architectes du Bauhaus.

«*Nous voulons une esthétique nouvelle, basée sur les rapports purs de lignes et de couleurs pures, parce que seuls les rapports purs d'éléments constructifs purs peuvent aboutir à la beauté pure.*» Mondrian

L'auteur

La vie de Mondrian s'est déroulée de façon implacable et superbe, avec la continuité et la concentration d'une ascension mystique. On y décèle quatre étapes : sa volonté de devenir peintre, le choc du cubisme, sa passion pour la théosophie, la découverte enfin de New York.

> «*Mondrian vit en union avec son thème, un thème qui est le moins doté, le plus ingrat des thèmes, sans avenir, cela paraît évident, sans ressource, épuisé en deux toiles sinon en une seule. Mais la ressource est dans l'esprit de l'homme et le thème devient inépuisable, devient le monde entier.*» Seuphor

Piet Mondrian est né le 11 février 1872 à Amersfoort (Pays-Bas), d'un père calviniste sévère qui le destine comme lui au métier d'instituteur. Mais Piet Mondrian, comme son oncle, aspire à être peintre. Compromis oblige, Piet embrasse la carrière de professeur de dessin, mais pour bien peu de temps. En 1892, il s'inscrit à l'Académie des Beaux-Arts d'Amsterdam.

Vingt ans plus tard, établi à Paris, il découvre le cubisme qui lui fait entrevoir une révolution picturale. Ayant étudié la théologie et passionné par la religion, Mondrian approfondit ses connaissances en théosophie pendant la Première Guerre mondiale. Ceci, combiné à la lecture de Schoenmaekers, lui permettra d'élaborer son concept de néo-plasticisme.

En 1915, il fait aussi la connaissance de Van Doesburg, critique et artiste multidisciplinaire et, en compagnie de Van der Leck, ils fondent la revue *De Stijl* dans laquelle Mondrian publiera ses manifestes néo-plastiques. C'est Van Doesburg qui jouera, après leur rupture, le rôle capital de diffuseur des idées de Mondrian, aussi bien en France qu'en Allemagne, d'où les architectes du Bauhaus transmettront ses théories aux Etats-Unis.

C'est à New York précisément que Mondrian se réfugie en 1940. Cette ville, à l'image de sa peinture, le stimule et une dernière étape, fort courte, s'amorce dans son oeuvre : ses toiles délaissent le noir pour se faire plus rythmées, plus dansantes et plus colorées au son du boogie-woogie.

Il meurt le 1er février 1944. La métropole américaine lui consacre l'année suivante une grande rétrospective au Museum of Modern Art.

La Danse
1910

Henri Matisse (1869-1954)

L'oeuvre

Huile sur toile, 260 × 391 cm, Musée de l'Ermitage, Leningrad.

Parlant de son projet sur *La Danse,* qui allait orner la maison, à Moscou, de Chtchoukine, Matisse disait: «J'ai à décorer un escalier. Il a trois étages. J'imagine le visiteur qui vient du dehors. Le premier étage s'offre à lui. Il faut obtenir un effort, donner un sentiment d'allégement. Mon premier panneau représente la danse, cette ronde envolée au-dessus de la colline... J'obtiendrai cela par les moyens les plus simples et les moins nombreux, ceux qui permettent pertinemment au peintre d'exprimer sa vision intérieure.»

   Le deuxième étage de l'escalier sera décoré par un panneau représentant la musique, et le troisième par une scène de repos.

> «*Ce que je rêve, c'est un art d'équilibre, de pureté, de tranquillité, sans sujet inquiétant ou préoccupant, qui soit pour tout travailleur cérébral, pour l'homme d'affaires aussi bien que pour l'artiste des lettres par exemple, un lénifiant, un calmant...*» Matisse

Un chef-d'oeuvre

La commande du Russe fou
Parmi ses premiers collectionneurs, outre les Américains, Matisse comptait aussi des grands amateurs russes: Morossov et Chtchoukine. Ce dernier, importateur de tissus orientaux à Moscou, pas-

sait quatre mois de l'année en Europe, adorait les antiquités égyptiennes, Cézanne et Matisse... Ce végétarien de petite taille, d'une extrême sobriété, aimant les plaisirs profonds et sereins, les Parisiens l'appelaient le «Russe fou»!

En visite chez les Stein, Chtchoukine fut séduit par deux tableaux de Matisse, *La Joie de Vivre* et *La Musique*. D'emblée, il lui passa commande de grands panneaux destinés à sa maison de Moscou, un ancien palais des princes Troubetskoy construit sous Catherine II.

Une farandole

Pour se mettre dans le rythme de la danse, Matisse se rendit au «Moulin de la Galette» en bord de Seine, où les gens dansaient tous les dimanches après-midi. En fin de séance ou au milieu, une farandole très gaie entraînait tout le monde. On se donnait la main, et la longue chaîne traversait la salle, «entortillant» ceux qui ne pouvaient suivre, au son de «Et prions Dieu pour ceux qui n'en ont guère! Et prions Dieu pour ceux qui n'en ont pas!»

De retour chez lui, Matisse composa sa danse sur un panneau de quatre mètres, fredonnant l'air de la farandole. L'importance des couleurs préside à sa composition: «J'étais décidé à mettre des couleurs en surface et sans nuances. Je savais que mon accord musical était représenté par un vert et un bleu (représentant le rapport des pins verts sur le ciel bleu de la Côte d'Azur), et pour compléter un ton pour les chairs des figures. Ce qui me paraissait essentiel était la quantité en surface des couleurs.»

Ils étaient nus...

En voyant les panneaux terminés, Chtchoukine hésita: il pensait aux réflexions de ses invités venant chez lui au concert, et se trouvant face à cette ronde de cinq personnages nus! Enfin, il se résolut à acquérir l'oeuvre. Il demanda à Matisse de venir la placer chez lui à Moscou.

Avec la révolution d'octobre, les oeuvres de Matisse à Moscou souffrirent de la censure soviétique: elles furent confisquées par l'Etat jusqu'en 1923!

Entrez dans la danse!

La Danse de Moscou eut un prolongement qui devait permettre à Matisse de mener ce thème plus loin encore. Le Dr Barnes demanda à Matisse, en 1930, vingt ans plus tard donc, de décorer le mur formé de trois grandes arches, surmontant la porte du musée abritant sa collection, la Barnes Foundation, à Méerion, en Pennsylvanie. Matisse choisit d'y faire figurer une énorme danse, et ce, en simplifiant encore les formes et l'expression de celle de Moscou.

Fauvisme ?

Matisse, qui disait «Je sens par la couleur», pensait son art d'abord en termes de surfaces colorées, rythmées par des arabesques. Cette forme d'expression par la couleur lui valut la qualification de «fauve» (selon l'expression de Vauxcelles), et il fut même considéré comme le chef de file du fauvisme. Cette qualification, il s'en défendra, non tant parce qu'il niait et rejetait l'idée de libération de l'expression par la couleur, mais parce que, chez lui, elle était toujours maîtrisée par son esprit rationnel et par une utilisation calculée plutôt qu'instinctive.

La simplification

Outre les cours de l'atelier Moreau, Matisse avait suivi une formation des plus classiques, et longuement imité les grands maîtres du passé dont il copiait les oeuvres au Louvre. Pourtant, il décida de tout reprendre à zéro. Il avait une profonde admiration pour Cézanne, «notre maître à tous», disait-il, ainsi que pour l'art roman et les arts des peuples primitifs d'Afrique et d'Océanie, parce que chez eux il retrouvait une règle qu'il allait adopter et développer: une grande simplicité de moyens.

Couleurs et aplats

La première simplification à laquelle il s'attela fut d'abandonner la perspective: si la toile est une surface, pourquoi le cacher et vouloir lui donner l'apparence de la troisième dimension?

Deuxième simplification, l'emploi de couleurs pures appliquées en aplats. Enfin, troisième simplification, la parfaite maîtrise de la ligne. «Une grande conquête moderne, dira Matisse, est d'avoir trouvé le secret de l'expression par la couleur, à quoi s'est ajouté, avec ce que l'on appelle le fauvisme et les mouvements qui sont venus par la suite, l'expression par le dessin, le contour, les lignes et leur direction.» C'est en ce sens que Gustave Moreau déclara que Matisse «était né pour simplifier la peinture.»

L'auteur

Henri Matisse est né à Cateau-Cambrésis (Picardie), le 31 décembre 1869. Aucun antécédent familial ne le prédestine aux arts, et pour satisfaire aux souhaits de ses parents, il étudie le droit à Paris pendant un an. Ensuite il travaille comme clerc à Saint-Quentin. En 1890, une appendicite lui fait curieusement découvrir sa vocation de peintre.

Il retourne dès lors à Paris s'inscrire à l'Académie Julian, et suivre les cours de G. Moreau où il rencontre Marquet et Rouault. Il voyage beaucoup en Bretagne sur les traces de l'Ecole de Pont-Aven, et peint des natures-mortes et des paysages à la Corot et à la Chardin. Cette époque de formation se solde par un succès à l'exposition du Salon de la Société Nationale des Beaux-Arts, en 1896.

Deux ans plus tard, il épouse Amélie Parayre et, pour nourrir sa famille de bientôt 3 enfants, il fait des travaux de décoration à Paris où il a élu domicile. A ce moment, il s'intéresse au pointillisme, rencontre G. Signac qui reniera la dernière oeuvre de Matisse réalisée avec cette technique, *La Joie de Vivre* (1906).

En 1904 a lieu sa première exposition personnelle chez le marchand de tableaux, Ambroise Vollard, auquel il avait acheté 5 ans auparavant un Cézanne, un Robin, un Van Gogh et un Gauguin. Et l'année suivante, ses amis, Derain, Vlaminck, Marquet, Rouault, ... et lui, se voient qualifiés de «fauves» au Salon d'Automne. Les collectionneurs américains commencent d'ailleurs à s'intéresser à son oeuvre : Gertrude, Léo, Sarah Stein — cette dernière le poussera à fonder une école — Etta Cone aussi qui lèguera son importante collection au Musée de Baltimore, USA, en 1949.

Matisse rencontre alors Picasso chez les Stein et lui fait découvrir l'art nègre. Il voyage en Algérie. Apollinaire s'intéresse à son travail et, un an avant sa première exposition à New York à la Galerie Stieglitz, lui consacre un article.

1910 correspond à l'année de la *Danse de Moscou,* mais c'est aussi la période des amateurs russes. En voyage à Moscou, il étudie les icônes : 10 ans plus tard, il créera les décors et costumes pour le *Chant du rossignol* de Stravinski joué par les Ballets russes de Diaghilev.

La fin de la Première Guerre mondiale le voit s'installer sur la Côte d'Azur (Nice, 1916) pour au moins une partie de l'année. Il commence aussi alors ses odalisques, sujet qu'il n'abandonnera plus et qui aboutira au *Nu rose* (1935). C'est l'époque aussi de sa reconnaissance internationale. Il est considéré, avec Picasso, comme le peintre le plus important de ce début du XXe siècle. En 1924, il a sa première rétrospective à Copenhague; en 1927, il reçoit le Prix Carnegie.

Dans les années de l'entre-deux-guerres, il voyage aux Etats-Unis, où le Dr Barnes lui passe commande et où son fils a ouvert une galerie, à Tahiti aussi, qu'il n'aimera pas. Les éditions Skira lui demandent d'illustrer les poèmes de Mallarmé, Baudelaire, Ronsard, …

L'opération qu'il doit subir pendant la Seconde Guerre mondiale et les séquelles qu'il en conservera lui font découvrir les ressources de la technique du papier découpé, avec laquelle il publiera un livre: *Jazz*. C'est au cours de cette deuxième guerre mondiale qu'il s'établit à Vence (1943), où il réalise la décoration de la Chapelle du Rosaire inaugurée en 1951. L'année suivante, sa ville natale, Catteau-Cambrésis, ouvre les portes d'un musée qui lui est consacré.

Henri Matisse meurt le 3 novembre 1954 à Vence.

«*Pour le moment, en fermant les yeux, je me représente son oeuvre comme un fabuleux arc-en-ciel enjambant, de très haut, ce côté-ci de la terre et qui provoque en moi cette effusion de joie que la vue de l'arc-en-ciel vrai, après l'orage, faisait naître en mon coeur d'enfant parce que l'on m'avait dit que l'apercevoir portait bonheur.*» Reverdy

L'Empire des lumières
1954

René Magritte (1898-1967)

L'oeuvre

Huile sur toile, 146 × 114 cm, Musées Royaux des Beaux-Arts de Belgique, Bruxelles.

Sous un ciel clair de plein jour, quelques maisons provinciales se perdent dans la nuit à l'ombre d'un réverbère…

On retrouve dans cette toile de Magritte, outre la surprise qu'elle provoque, une série d'éléments récurrents à son oeuvre : l'arbre qui peut devenir quille ou feuille ; le rocher à l'avant-plan qui est parfois aigle, table ou même homme ; la maison et la fenêtre ; et ultime leitmotiv, le ciel bleu traversé de nuages.

Magritte devait écrire à propos de ce tableau dont il fit plusieurs versions (en 1948, 1949, et 1962) : «Ce qui est représenté dans le tableau *L'Empire des lumières,* ce sont les choses dont j'ai eu l'idée, c'est-à-dire exactement un paysage nocturne et un ciel tel que nous le voyons en plein jour. Le paysage évoque la nuit et le ciel évoque le jour. Cette évocation de la nuit et du jour me semble douée du pouvoir de nous surprendre et de nous enchanter. J'appelle ce pouvoir : la poésie.»

Un chef-d'oeuvre

Clairvoyance ou trahison des images
Si Magritte prétendait que «l'art de peindre permet de représenter des images poétiques visibles», il faudrait encore savoir ce qu'il entendait par «poésie». Serait-ce une pensée inspirée ? Une pensée qui évoque le mystère ? Il s'agirait plutôt d'une idée ! Une idée efficace qui consiste à mettre en scène des objets quotidiens et des décors de manière telle qu'ils produiront sur le spectateur un effet de panique.

Chaque jour donc, René Magritte, cet homme ni grand ni petit, trapu, en complet gris, s'installe dans le salon bourgeois de sa maison bruxelloise, où près du poêle il a placé son chevalet, ses tubes et ses pinceaux. Pas d'atelier, donc pas de cérémonial. Seule la poursuite d'une solution pour laquelle il a trois données : un objet, la chose attachée à celui-ci dans l'ombre de sa conscience et la lumière où cette chose doit parvenir. La solution du problème débouche sur une «image poétique visible».

A chaque jour, son problème ! Chaque jour pour le théâtre de sa toile, Magritte compose une pièce dont le rideau s'ouvre sur un ciel, une montagne, la mer, une femme, une fenêtre, une toile, un oeil,... dont il bouleverse les rôles.

Derrière les images...

Depuis la Renaissance, les peintres ont usé des lois de la perspective pour donner à la surface d'un tableau toute la profondeur de la réalité, et dans l'illusion de cet espace savamment construit, ils ont placé des objets et des personnages, comme sur la scène d'un théâtre. De surcroît, ils y projetaient des éclairages de manière à mieux piéger la réalité dans le champ de leur illusion.

Magritte, lui, tout en usant des mêmes lois et des mêmes illusions, parvient à les confondre elles-mêmes. Dans *L'Empire des lumières,* le jour n'éclaire pas la nuit. Et la nuit n'obscurcit pas le jour. Chaque chose ainsi révèle sa nature profonde et mystérieuse.

Il en va de même dans *La Condition humaine* (1933) : devant une fenêtre donnant sur un paysage, un chevalet supporte un tableau représentant la partie du paysage qu'il cache, pense-t-on. Mais ce tableau dans le tableau ne cache-t-il pas autre chose ? Et le premier tableau que nous cache-t-il ? Les objets cachent-ils les mots ? Et les mots ne fixent-ils pas des bornes imaginaires à l'imagination ? Magritte a beaucoup «joué» sur le sens des mots et des choses : dans *La Trahison des images* (1929), l'image d'une pipe, comme le dit le texte, n'est pas une pipe.

Cette image, qui fait immédiatement penser à une pipe, démontre bien, grâce aux mots qui l'accompagnent, que c'est un obstiné abus de langage qui ferait dire : « C'est une pipe ».

Magritte

«Jouer» avec la place et le sens des objets, mais aussi «déjouer» leur rôle! Dans *Les Vacances de Hegel* (1958), pourquoi y a-t-il un verre d'eau sur le parapluie ouvert?

L'auteur

René Magritte est né le 21 novembre 1898 à Lessines. Son père était tailleur. De son enfance, il garde quelques souvenirs pleins de mystère : le ballon mou et informe tombé sur le toit de la boutique où il vit, et que des hommes en uniforme transportent d'un air entendu ; le suicide de sa mère en 1912, retrouvée noyée dans la Sambre ; la découverte d'un cimetière où un peintre venait croquer des scènes pittoresques.

A la fin de la guerre (14-18), il s'inscrit à l'Académie des Beaux-Arts de Bruxelles. Dans la capitale, il fréquente les artistes des avant-gardes cubistes et futuristes. C'est dans ces styles d'ailleurs qu'il réalise ses premières oeuvres. Après son service militaire, il épouse, en 1922, Georgette Berger, qu'il avait rencontrée à la foire de Charleroi à 15 ans. Pour vivre, il travaille pour une usine de papiers peints, dessine des projets publicitaires et des couvertures de partitions musicales.

En 1925 commence la grande aventure de sa peinture. Ses amis surréalistes belges (le mouvement surréaliste est né à Paris en 1924), lui font découvrir *Le Chant d'amour* de Giorgio De Chirico. C'est le choc déclencheur : *Le Jockey perdu* (1926) est le premier tableau surréaliste réussi que Magritte expose à sa première exposition personnelle, un an plus tard, à la Galerie Le Centaure à Bruxelles.

De 1927 à 1930, vivant avec Georgette à Perreux-sur-Marne dans la banlieue parisienne, il participe aux nombreuses activités du groupe surréaliste de Paris qui comprend P. Eluard, A. Breton, J. Miro, H. Arp, C. Goemans, S. Dali, ... C'est l'époque des peintures-mots de Magritte (*La Trahison des images*). C'est aussi l'époque de son adhésion au Parti Communiste qu'il délaissera en 1945 pour divergence d'opinion en matière artistique.

Suite à sa première exposition à New York en 1936, ses toiles circulent partout dans monde : Japon, Etats-Unis, Londres, Paris, Rome. Lui-même voyage peu : l'Europe, et deux ans avant sa mort, New York à l'occasion d'une rétrospective de son oeuvre.

Surréaliste jusqu'au bout des ongles

René Magritte, ce grand prestidigitateur des images, adorait les coups de théâtre qui mettent en déroute les moindres faits de la vie de tous les jours.

Ainsi, un jour qu'il est seul chez lui, un homme sonne. Il se présente: il est le mari de l'amie avec laquelle Georgette (Magritte) est sortie pour l'après-midi. C'est un monsieur correct, qui fréquente les salles de jeux. Magritte lui propose d'attendre, et lui indique la direction du salon. Au moment d'y entrer, il lui décoche un fantastique coup de pied au … derrière! Le monsieur, tout confus, ne sait comment réagir face à l'empressement avec lequel le peintre lui offre, comme si de rien n'était, une chaise, sur laquelle, comme si de rien n'était, le monsieur prend place.

C'est ce qu'on appelle un acte surréaliste!!!

Pendant la Deuxième Guerre mondiale, il crée une série de toiles dans un style lumineux, coloré et charmeur, appelé «Renoir», pour égayer le marasme et la détresse dans lesquels l'Europe est plongée. En 1948, il remet cela! Pour une exposition à Paris, il envoie des tableaux «fauves» et provocants: c'est sa période «vache». Heureusement courte! Ce goût de la provocation, il l'exerce aussi avec son ami M. Mariën: ensemble ils publient une série de tracts scatologiques et subversifs dont deux sont saisis par la police.

Dans les années 50, outre son oeuvre qui se développe infailliblement depuis 1926, il peint aussi plusieurs fresques: le plafond du Théâtre Royal des Galeries, à Bruxelles (1951); le mur de la grande salle de jeu du Casino Kursaal de Knokke (1953); un mur du Palais des Beaux-Arts de Charleroi (1957); un mur de la salle des Congrès de l'Albertine de Bruxelles (1961). Il réalise aussi une série de sculptures en bronze qui seront coulées après sa mort survenue le 15 août 1967.

L'Enlèvement des filles de Leucippe

vers 1618

Pierre-Paul Rubens (1577-1640)

L'oeuvre

Huile sur toile, 222 × 209 cm, l'Ancienne Pinacothèque, Munich.

Pour les amateurs d'art du XVIIe siècle, familiarisés dès l'enfance avec l'Antiquité classique, le titre de ce tableau valait un long récit. Mais pour nous, qui ne gardons de la mythologie grecque que de vagues souvenirs scolaires, un mode d'emploi est nécessaire. Leucippe, roi de Messénie, et ses deux filles Phébé et Hilaire, ne jouent en effet, dans cette sombre histoire de rapt, qu'un rôle secondaire. Les véritables héros, ce sont les ravisseurs, Castor et Pollux. Fils de la même mère — la reine de Sparte Léda — mais de pères différents — Castor, né de l'époux légitime de Léda, Tyndare, n'est qu'un simple mortel, tandis que Pollux, engendré par Zeus, qui a pris pour l'occasion l'apparence d'un cygne, est immortel —, les deux frères sont inséparables, dans le bien comme dans le mal. Ensemble, ils ont participé à la conquête de la Toison d'Or, aidé le roi de Calydon à se débarrasser du terrible sanglier qui ravageait son pays et arraché des mains de Thésée leur petite soeur Hélène, la future «belle» de la guerre de Troie.

Mais, cette fois, c'est dans un but moins noble qu'ils ont uni leurs forces : furieux d'avoir été repoussés par les filles de Leucippe, qui leur ont préféré leurs cousins, ils ont décidé de les enlever au beau milieu du festin des noces. Les fiancés, cependant, ne se laisseront pas dépouiller sans réagir et, au cours de combat, Castor sera tué. Mais tout finira bien puisque Zeus, touché du désespoir de Pollux, l'autorisera à partager son immortalité avec son frère bien-aimé.

Le tableau de Rubens est un instantané de l'enlèvement. Cas-

tor tente d'asseoir Hilaire sur son cheval, aidé par Pollux qui, en
même temps, tient sous l'aisselle Phébé agenouillée. Seule infi-
délité à la légende : le peintre a transporté la scène à l'extérieur,
afin de s'assurer un arrière-plan valorisant, tout en bleus profonds
et en gris.

Un chef-d'oeuvre

Peint par Rubens ?

La question s'impose car Rubens, qui était surchargé de commandes et se définissait lui-même comme «l'homme le plus occupé
et le plus oppressé au monde», s'entourait de nombreux collaborateurs, dont le plus célèbre fut Antoine Van Dyck, et certaines
compositions qui lui sont attribuées ont été presque entièrement
exécutées par son atelier, à partir de ses esquisses. En outre, ce
touche-à-tout infatigable, qui était à l'aise dans tous les genres
et maîtrisait toutes les techniques, confiait parfois à des confrères
plus spécialisés le soin d'ajouter à ses tableaux des animaux, une
nature morte ou un paysage. Mais, pour *L'Enlèvement des filles
de Leucippe,* le doute n'est pas permis : il s'agit bel et bien d'une
oeuvre personnelle de Rubens, conçue et réalisée par lui seul, sur
un sujet rarement traité qui témoigne de sa vaste culture classique.

Un Flamand en Italie

C'est pendant les huit ans qu'il a passés en Italie, sous la protection du fastueux Vincent Gonzague, duc de Mantoue, que Rubens
a acquis, sur l'Antiquité, des connaissances que l'humaniste français Peiresc jugeait «les plus universelles et les plus éminentes
que j'aie jamais rencontrées». Mais, pour le jeune peintre anversois, nourri du classicisme un peu froid de son maître hollandais
Otto van Veen, ce séjour en Italie a d'abord été l'occasion d'une
rencontre avec le baroque et son dynamisme exubérant. Oublié,
le statisme de tableaux de jeunesse comme *Adam et Eve au paradis : L'Enlèvement des filles de Leucippe* est saturé d'une énergie
irrésistible, qui met les corps en mouvement sous l'impulsion des
passions.

> «*Rubens est, depuis Homère, le plus grand conteur que l'huma-
nité ait connu.* » Burckhardt

Le produit des extrêmes

L'oeuvre de Rubens, toutefois, est bipolaire comme son caractère, et la vitalité y est sauvée de l'excès par une discipline de fer. Ainsi, dans *L'Enlèvement des filles de Leucippe,* la lutte, qui fait se tordre et onduler les personnages, est ramassée en une composition rigoureuse, dans un hexagone qui la contient sans l'enfermer. Cette opposition fondamentale entre la violence de l'action et la maîtrise sereine de l'artiste est répercutée par les contrastes de tons — chairs blondes contre torses bruns —, et la douceur bucolique de l'arrière-plan souligne, en l'accentuant, la brutale détermination des ravisseurs. Chez Rubens, c'est du choc des contraires que jaillit l'harmonie.

Les femmes de Rubens

De la Vierge aux prostituées en passant par les paysannes, les danseuses et les déesses, Rubens a peint toutes les femmes en une : nue et charnue, gonflée de sève, et d'une sensualité si spontanée qu'elle en oublie d'être impudique. Sous son pinceau, les filles de Leucippe deviennent plus que soeurs : l'envers et l'endroit de la même femme. Et, si leurs rondeurs débordantes n'excitent plus les mêmes désirs qu'à l'époque de leur créateur, leur peau a gardé un éclat et une transparence encore inégalés. Par un jeu subtil de teintes insolites, où le rose et l'argent se mêlent au rouge flamme, à l'ocre et au vert, Rubens est parvenu à capturer toutes les nuances d'une chair bien nourrie et puissamment irriguée : plus que le chantre de la femme, il est celui de l'épiderme.

Guerre et paix

Bien que la violence soit omniprésente dans l'oeuvre de Rubens, elle ne correspond pas chez lui à une disposition naturelle. «Je souhaiterais que le monde entier fût en paix, a-t-il écrit un jour, et que le siècle où nous vivons fût d'or et non de fer». C'est d'ailleurs cette haine de tous les conflits, exprimée sans ambages dans une de ses oeuvres les plus célèbres, *Les Horreurs de la guerre,* qui le poussera à accepter, à partir de la quarantaine, des missions diplomatiques toujours plus délicates. Mais sa passion de la vie est telle que, même à travers une scène de rapt, le message qu'il adresse aux générations futures parle d'optimisme, de chaleur humaine et de vitalité. Dans ses tableaux, le vieux rêve de l'âge d'or est déjà réalité.

L'auteur

Né en 1577 à Siegen, en Westphalie, où sa famille, suspecte de sympathies luthériennes, a dû s'exiler, Pierre-Paul Rubens ne découvre Anvers qu'à l'âge de dix ans, après la mort de son père. Il suit les cours de l'Ecole latine de Rumoldus Verdonck avant de devenir, à treize ans, page chez la comtesse de Lalaing. Mais bientôt, incapable de résister à la vocation qu'il entretient depuis des années en copiant des estampes, il entre chez Tobias Verhaecht pour apprendre l'art de peindre.

Après avoir été successivement l'élève d'Adam van Noort et d'Otto van Veen, il est inscrit comme maître à la corporation des artistes d'Anvers à l'âge de vingt-et-un ans. En mai 1600, il part pour l'Italie, où il est engagé comme peintre de cour chez le duc Vincent de Gonzague, à Mantoue. Il y réalise ses premiers grands tableaux d'autel, avant de rejoindre, à Rome, son frère aîné Philippe, bibliothécaire du cardinal Colonna. Il entreprend, pour l'église des Oratoriens, le triptyque de *La Vierge adorée par des Saints* et, à ses moments de loisir, il fait des croquis de statues gréco-romaines, dont il s'inspirera souvent, par la suite, lorsqu'il aura besoin d'un personnage antique approprié.

Rentré à Anvers en 1608, à la mort de sa mère, il devient, en 1609, «peintre de la maison de Leurs Altesses», l'archiduc Albert et l'infante Isabelle. La même année, il épouse Isabelle Brant, dont il aura trois enfants, et il s'offre une demeure bourgeoise, l'actuelle Maison de Rubens, qu'il agrandit d'un atelier. Menant une vie

---

«Toujours prêt à poursuivre le Bien, «tellement doux de manières que l'on ne pouvait trouver d'homme plus aimable», «né pour plaire et délecter dans tout ce qu'il fait ou dit», «naturellement éloquent et persuasif» et «très adroit à traiter des affaires»: c'est ainsi que ses contemporains décrivaient Rubens, en qui l'érudit bavarois Gaspard Schoppe ne savait «quoi louer le plus, ou son savoir faire en tant que peintre, ou ce jugement délicat qu'il allie à un charme spécial dans la conversation, ou ses connaissances de lettres». Heureux Rubens! Il a réussi là où tant d'artistes ont échoué: il s'est fait aimer en tant qu'homme.

d'une régularité exemplaire, il consacre les douze années suivantes à la peinture, réalisant des oeuvres comme *La Descente de Croix, La Chute des damnés* et *Le Combat des amazones*.

Mais, arrivé au sommet de la gloire, il se laisse tenter par la diplomatie secrète, dans laquelle il remporte de brillants succès, notamment lors du règlement de la paix entre l'Angleterre et l'Espagne. Devenu veuf en 1626, il se remarie, en 1630, avec Hélène Fourment, âgée de dix-sept ans à peine, dont la beauté lui inspirera des portraits pleins de sensibilité. Elle lui donnera dix années de parfait bonheur, et cinq enfants dont le dernier ne naîtra qu'après la mort du peintre, le 30 mai 1640.

Guernica

1937

Pablo Picasso (1885-1973)

L'oeuvre

Huile sur toile, 349,5 × 777,6 cm.
Musée du Prado, conservé dans El Cason del Retiro, Madrid.

Une toile gigantesque de 8 mètres sur 3,5 travaillée en noir, blanc
et gris comme une gravure ; un fait historique érigé en symbole :
telle est *Guernica*.

Au centre de la toile, un lampadaire éclaire une scène qui surgit du noir ; une femme à sa fenêtre brandit un flambeau ; un cheval convulsé hurle, et le bras sectionné d'un soldat gît serrant une
épée brisée dont émerge une fleur. A gauche, un taureau tourne
un regard hébété vers le spectateur ; une femme hurle la mort de
son enfant qui pend inerte dans ses bras ; au sol, la tête coupée
du même soldat. A droite, une femme court comme une folle vers
le cheval ; une autre, les bras au ciel, périt dans les flammes.

Tels sont les protagonistes de *Guernica*. Picasso y a placé ses
personnages habituels : taureau, cheval éventré, femmes-filles à
la bougie. Il n'a décidément pas oublié sa dernière grande gravure de 1935, *Minotauromachie*. Mais dans *Guernica*, dit-il, «au
lieu du rêve, s'y ajoutaient les flammes glacées de l'absurde».

---

*«Les guerres m'inspirent des toiles symboliques où l'on voit
des crânes nus ou des animaux cruels. On massacre et on
pleure ; on enlève les femmes ou on les viole.»* Picasso

Un chef-d'oeuvre

La commande

1937. Cela fait un an que la guerre civile ravage l'Espagne et, depuis janvier, Picasso est obsédé par son pays. Il grave, avec la rage d'un Goya, une série de 18 gravures *Songes et mensonges de Franco,* qui sont autant de pamphlets contre le dictateur. Au printemps, les Républicains lui commandent une oeuvre pour le pavillon espagnol de l'Exposition universelle de Paris. Picasso n'a aucune idée sur le projet...

Le fait historique

Et puis, c'est le déclic! L'attaque de la petite ville basque de Guernica, le 26 avril 1937, bombardée pendant trois heures par une escadrille d'avions allemands, le bouleverse profondément. «A l'annonce du bombardement de Guernica, écrit-il, j'ai réagi avec la plus grande violence. En quelques secondes, Franco et Hitler venaient de m'apprendre le vrai dégoût, nauséeux, et la vraie haine.» Il se met au travail quelques jours plus tard; jusque juin, les projets se succèdent et la toile évolue jusqu'à son achèvement.

Un certain malaise

A l'Exposition universelle, *Guernica* soulève un certain malaise. Picasso lui-même a émis des avis contradictoires sur cette oeuvre pour laquelle il estimait que, en un seul mois, il n'avait pu obtenir un tableau aussi original et achevé que *Les Demoiselles d'Avignon.* Il lui aurait fallu une année entière au moins... Alors, après son *Guernica,* il a continué à peindre sur le même thème, et sont nés *Le Charnier, Le Massacre en Corée,* et les têtes de cheval à la gueule ouverte et à la langue en forme de dague, et les têtes de femmes en pleurs, comme si le trop plein d'émotions n'avait pu s'exorciser complètement dans une oeuvre unique.

> «*Toujours la vieille conception de Matisse du tableau-bonheur. Moi, j'ai envie que ça dérange et que ça fasse crier. Mon désir, ce n'est pas de produire au cours de ma vie quelques dizaines de chefs-d'oeuvre bien léchés. Je n'aime pas achever un tableau. J'arrête dès que j'ai obtenu la tension que je voulais.*» Picasso

Une profession de foi contre le fascisme

Il suffit de se référer aux déclarations de Picasso reprises par la presse pour saisir que *Guernica* représente une position politique catégorique. «La guerre d'Espagne, déclara Picasso, est la bataille de la réaction contre le peuple, contre la liberté. Dans le panneau auquel je travaille et que j'appellerai *Guernica* et dans toutes mes oeuvres récentes, j'exprime clairement mon horreur de la caste militaire qui a fait sombrer l'Espagne dans un océan de douleur et de mort.»

C'est vous qui avez fait ça?

Picasso racontait que sous l'occupation, Guernica *étant devenu un symbole qui dénonçait la barbarie nazie, il lui fallait se méfier des Allemands. La meilleure conduite à adopter, se dit Picasso, c'est la politesse. A l'Allemand qui rentre chez lui et tombe sur une reproduction de* Guernica *et qui demande: «C'est vous qui avez fait ça?», Picasso répond: «Non, c'est vous!»*

Le symbolisme de Picasso

La symbolique de *Guernica* est profondément enracinée dans la mythologie personnelle du peintre espagnol; le sentiment d'horreur qu'il y a peint est filtré par ses propres obsessions, par des thèmes récurrents à toute son oeuvre, qui ne sont pas sans évoquer sa nature méditerranéenne: le taureau, la femme, le cheval, la lumière.

Le **taureau,** qui représente pour Picasso la force virile et brutale, la fureur et sa propre tristesse face au massacre, est épargné par la mort. Il règne en quelque sorte sur ce monde sanguinaire, obscur et ténébreux. Le taureau, c'est à travers Picasso le peuple espagnol lui-même.

A l'opposé, le **cheval** est, comme partout dans l'oeuvre du peintre, un symbole féminin de clarté, d'innocence et de faiblesse, particulièrement dans les scènes de corrida et de tauromachie. Dans *Guernica,* il dépasse ce sens pour incarner la raison et la justice massacrée par la guerre.

La **femme au flambeau** — flambeau qui est précisément au centre de la composition — est elle aussi rescapée du massacre. Eclairant la scène, elle pourrait signifier la civilisation et l'histoire. On sait par ailleurs qu'elle trouve sa source dans cette image de la petite fille au bouquet et à la bougie qui, dans la gravure *Minotauromachie,* figurait la pureté de l'âme créatrice et son invulnérabilité.

Enfin, la **lumière,** comme un leitmotiv, revient dans toute la composition. Curieusement, Picasso a décidé en cours de réalisation de peindre le bombardement en pleine nuit, alors qu'il avait eu lieu pendant la journée : il voulait précisément renforcer la présence de cette lumière symbolique. «*Guernica,* dit-il, sera seulement ombre et soleil. La lumière c'est moi : je vais éclairer la nuit abjecte de l'homme et la mienne».

D'autres interprétations de *Guernica* ont été faites, d'autres encore sont à imaginer...

Le refus de l'abstraction

Depuis sa période cubiste (1908), Picasso avait «flirté» sans cesse avec les formes abstraites. La première des 50 études préparatoires à *Guernica* était totalement fidèle à cette orientation, seuls y figurent les grands axes de la compositon. Ensuite, les éléments se sont structurés autour du flambeau, le centre de la toile et le sommet du triange où se déroule le massacre. «Le fond de mes tableaux devient une grille, disait-il où j'accroche des signes de plus en plus abstraits...»

L'auteur

Pablo Ruiz Picasso naît à Malaga le 25 octobre 1881. Sa famille s'établit à Barcelone en 1885, où son père, peintre et dessinateur, est nommé professeur à l'Ecole des Beaux-Arts. C'est dans la capitale catalane que Picasso fait ses débuts et se lie avec l'avant-garde littéraire et artistique espagnole, *Els Quatre Gats,* en 1899.

Après de nombreux séjours à Paris, il s'installe définitivement à Montmartre, en 1904, où il rencontre Max Jacob, Apollinaire, Gertrude Stein, Matisse ainsi que la première de ses nombreuses femmes, Fernande Olivier. Ce sont les périodes bleue et rose.

«Guernica, *j'y reviens toujours. Je m'y suis jeté de toutes mes forces et ils n'ont pas compris.*» Picasso

De 1907 à 1913, après la découverte de l'art africain et son tableau *Les Demoiselles d'Avignon,* Picasso se lance dans l'aventure cubiste. Après la Première Guerre mondiale qui l'a vu se lier avec Cocteau et les ballets russes, il entame sa période classique qui durera le temps de son idylle avec Olga Kokhlova. Dès 1925, sa peinture se fait plus agressive, les formes sont déstructurées, déformées.

Paris le consacre en 1932 avec une première exposition rétrospective de son oeuvre. Sept ans plus tard, c'est le Museum of Modern Art de New York qui célèbre son génie. Mort à Mougins, le 8 avril 1973, son corps repose à Vauvenargues. Picasso, qui selon ses propres termes était «le plus grand collectionneur de Picasso du monde», a légué sa collection à l'Etat français qui l'a ouverte au public en 1985, à Paris, dans l'hôtel Salé.

Après la guerre, Guernica *a été exposé au Museum of Modern Art de New York. Selon les voeux même de Picasso, la toile n'est rentrée en Espagne qu'avec la fin du régime franquiste, en 1976.*

Le Jardin des délices

vers 1500

Jérôme Bosch (vers 1450-1516)

L'oeuvre

Huile sur bois, 220 × 195 cm, volets : 220 × 97 cm, Madrid, Musée du Prado.

Lorsque le triptyque du *Jardin des délices* est fermé, les panneaux extérieurs donnent à voir la création du monde : la terre émerge du déluge dans une représentation qui constitue le premier vrai paysage (désert) de la peinture européenne.

Une fois ouvert, le triptyque offre à gauche le Paradis terrestre (où c'est le Christ et non Dieu qui présente Eve à Adam), à droite l'Enfer et au centre le Jardin des délices proprement dit : des couples d'hommes et de femmes nus s'ébattent en toute innocence dans une végétation qui évoque les fruits de la création ; d'autres s'enlacent dans les eaux d'un lac où domine une fontaine ; d'autres encore chevauchent des animaux hybrides, chats bleus, sangliers pâles ou chiens à tête d'aigle.

Quant à l'Enfer, sur des lointains embrasés, il est plongé dans les ténèbres : les hommes soumis aux supplices les plus terribles, la chair percée de flèches, ou dévorés par des chiens, sont entourés de créatures en pleine métamorphose, mi-hommes, mi-bêtes. Au loin, une machine, étrange canon dont les roues sont des oreilles géantes, découpe de sa lame acérée des cohortes d'hommes criant grâce… et, contemplant ces plus viles tortures, un visage d'homme — le diable ? — qui jette sur ce monde des Enfers un regard indifférent, ironique même. Son corps n'est qu'un tronc d'arbre séché, un oeuf géant éclaté au sein duquel on distingue une auberge. Sur la tête du monstre, autour d'une cornemuse qui se gonfle comme un coeur gorgé de sang, se joue une dernière danse macabre.

Un chef-d'oeuvre

Le péché originel

Faut-il comme certains voir dans le tableau de Bosch une incitation à la débauche sexuelle, une démonstration de la beauté des corps livrés aux ébats innocents ? C'est un fait que l'univers central du *Jardin des délices* est enchanteur. Et c'est en cela peut-être que l'interprétation de Bosch est originale. Y avait-il thème plus délicat à représenter concrètement que celui du péché originel ? En le faisant figurer sous la forme de rêves délicieux, Bosch spéculait habilement sur le dualisme du bien et du mal : si Dieu est bon, c'est Satan qui a fait le monde mauvais en détournant les hommes du droit chemin ; le prince des ténèbres a su les tenter en leur offrant la luxure. Emerveillés, les hommes ont été incapables d'y reconnaître le péché : c'est alors en toute innocence qu'ils savourent les fruits de ce jardin qui les conduira vers l'Enfer.

Des temps mystiques

L'époque de Bosch, traversée par des visions d'apocalypse, par les sermons de prédicateurs hallucinés, était obsédée par l'enfer et le péché ; la Flandre de ce Moyen Age finissant qu'hantaient les sociétés et les sectes religieuses avait de quoi inspirer les rêveries du peintre. Son imagination délirante s'est nourrie à une quantité de sources et ses tableaux sont truffés de symboles ressortissant à la théologie (de la Bible jusqu'aux commentaires de saint Augustin ou de saint Grégoire) autant qu'à la sorcellerie, à l'alchimie et aux tarots. Mais Bosch était-il pour autant hérétique ? On a parfois invoqué son appartenance à une secte telle que les Frères du Libre Esprit qui prêchaient l'amour charnel ou même aux Frères de la Vie Commune dont le credo était basé sur les écrits du théologien van Ruysbroek... Nul n'a pu conclure.

Oeuvre d'initiation

Mais pour comprendre Bosch, ne faut-il pas dépasser l'anecdote et aller plus loin que la simple narration ? Semblable à ces philosophies mystiques ou ésotériques cherchant le chemin de l'éveil et de la conscience intérieure, l'oeuvre de Bosch ressemble dans son itinéraire à une oeuvre d'initiation, à une longue méditation sur l'homme et son devenir dont le moine Siguenza, vers 1600 déjà, avait pressenti toute l'originalité : « Les autres, dit-il, cherchent à peindre le plus souvent les hommes tels qu'ils apparaissent de l'extérieur, mais celui-ci seul a l'audace de les peindre tels qu'ils sont à l'intérieur ».

Aimé des rois

Très tôt, de son vivant encore, Jérôme Bosch connut la gloire et ses tableaux furent tous imités ou copiés à de nombreux exemplaires. Son oeuvre extravagante fascinait les princes comme le clergé et il reçut commandes de plusieurs cours d'Europe. Parmi ses fervents admirateurs, on comptait notamment le cardinal Grimari de Venise et plus tard Philippe II qui faisait trôner *Les Sept Péchés capitaux* dans sa chambre à coucher !

Mais vint le temps de l'oubli. Pour quelques siècles, ses tableaux restèrent connus d'un petit cénacle d'amateurs curieux de fantaisies. C'est le XXe siècle qui s'est emparé de l'oeuvre pour l'ausculter sous tous les angles, cherchant à déchiffrer les symboles, sans que l'hermétisme de Bosch en soit éclairé pour autant. Les surréalistes et la psychanalyse enfin l'ont remis au goût du jour, trouvant dans ses délires matière à les rapprocher du rêve qui leur est si cher.

Un précurseur

Si les premières oeuvres de Bosch, encore primitives, se rattachent à l'enluminure des miniaturistes par le goût des détails qui couvrent tout l'espace du tableau, et si elles rappellent les ancêtres de la peinture flamande, comme le Maître de Flémalle, son projet d'intégrer dans la grande peinture les thèmes populaires et les proverbes fait de Bosch le précurseur d'artistes aussi fameux que Bruegel. Enfin par sa volonté, manifeste à la fin de sa carrière, de sublimer la simple anecdote en représentation plus vaste, élevée au plan cosmique, par cette ambition philosophique qui imprègne la pensée religieuse d'un aspect didactique tout nouveau à l'époque, Jérôme Bosch peut être considéré, au même titre que Léonard de Vinci, son contemporain, comme un des premiers artistes à avoir exploré les sphères d'une spéculation tout intellectuelle.

L'auteur

La biographie de Jérôme Bosch — faute d'éléments et de documents — est difficile à élaborer. Jean van Aeken, de son vrai nom, serait né vers 1450 à s'Hertogenbosch (Bois-le-Duc) en Hollande. C'est à sa ville natale qu'il a emprunté son pseudonyme, en latinisant son prénom en Hiéronymus. Né semble-t-il d'une famille de peintres, il épouse vers 1478 Aleyd van de Meervenne, fille d'un riche bourgeois et devient ainsi un notable de la ville. Bosch sera marqué par son appartenance à la confrérie de Notre-Dame, influencée peut-être par les Frères de la Vie Commune qui participent au grand mouvement mystique des Flandres.

De nombreux tableaux de Bosch ont disparu et, si ses oeuvres furent copiées, seules une quarantaine nous sont parvenues, dont aucune du reste n'est datée et cinq seulement signées. Son oeuvre a donné lieu à de nombreuses études et hypothèses tendant à reconstituer l'évolution et la chronologie. On relève ainsi une unité dans ce qui constituerait les premières oeuvres, *L'Excision de la pierre de folie, Les Sept Péchés capitaux, L'Escamoteur, Ecce Homo,* qui trahissent encore une certaine naïveté.

Mais ces récits quelque peu anecdotiques seront vite dépassés dans des tableaux comme *Le Jugement dernier* et le célèbre *Chariot de foin,* allégorie qui, à travers un proverbe flamand (Le monde est un chariot de foin et chacun en arrache ce qu'il peut), atteint à la beauté et à l'universalité. *Le Jardin des délices* appartiendrait à la même époque.

Les oeuvres ultérieures, dites de la maturité, semblent influencées par un séjour vénitien au cours duquel Bosch aurait abandonné la multiplicité des personnages : *Sainte Julie* et *Saint Jérôme, Le Couronnement d'épines* ou *Le Portement de croix* accordent aux personnages une place plus importante dans le décor tout en leur attribuant une plus grande profondeur de sentiments. *Le Portement de croix* représente pour Bosch une véritable transition, car ce sont des visages exclusivement qui entourent le Christ. La férocité des expressions, l'effet de «grouillement» sont renforcés par ce traitement révolutionnaire du «plan rapproché» pour une scène religieuse si souvent montrée dans un «plan d'ensemble» éloigné. Enfin, nombre de ses tableaux de l'époque inaugurent une conception du paysage que retiendront des artistes tels que Bruegel.

La Joconde
1503-1507

Léonard de Vinci (1452-1519)

L'oeuvre

Huile sur toile, 97 × 53 cm, Louvre, Paris.

Mona Lisa est une des rares oeuvres dont on puisse sans conteste attribuer la paternité à Léonard de Vinci. A une époque où les peintres travaillaient presque exclusivement sur commande, il est remarquable que Vinci ait réalisé ce portrait pour son propre plaisir. Il le commença en 1503, à Florence, et il le poursuivit en dépit d'une importante commande de la ville qui désirait décorer le Palazzo Vecchio : la vaste fresque de la *Bataille d'Anghiari* l'occupera pendant plusieurs années mais Léonard terminera sa *Joconde* vers 1507.

> *«Toutes les pensées et toute l'expérience du monde ont gravé et modelé ces traits... l'animalisme de la Grèce, la luxure de Rome, le mysticisme du Moyen Age,... le retour au monde païen, les crimes des Borgia. Elle vient d'un âge plus ancien que les rochers qui l'entourent, comme le vampire, elle est morte bien des fois, et elle a appris le secret de la tombe...»*
> Walter Pater

Un chef-d'oeuvre

Qui est la Joconde?
Ce tableau qui, par son envoûtement, par le génie de son créateur, est devenu le plus célèbre du monde, pose aujourd'hui encore une énigme : qui en fut le modèle? On a longtemps affirmé qu'il s'agissait de Lisa Gherardini, née en 1479, et mariée à un Florentin, Francesco di Bartolomeo del Giocondo. Jeune fille sans

dot ayant épousé un homme riche et connu, de vingt ans plus âgé qu'elle, Lisa del Giocondo avait 24 ans quand Léonard commença son tableau. Pourtant, on s'étonne de n'avoir pas trouvé la moindre trace d'un paiement, ni d'allusion au tableau dans les manuscrits de Vinci, ou dans ses lettres. La question restant ouverte, on a fait assaut d'hypothèses jusqu'à prétendre qu'il s'agissait d'un éphèbe travesti. Depuis peu, à l'aide d'appareils sophistiqués et de techniques modernes, d'aucuns affirment que le modèle ne serait autre que Léonard lui-même.

Le fameux sourire

Contrastant avec l'attitude assez digne du corps, le sourire si fameux de Mona Lisa, comme posé au bord des lèvres, a fait couler beaucoup d'encre. On l'a trouvé cruel, ambigu, ou bien froid, déconcertant ; plus souvent on le dit fait de soumission, gracieux, mystérieux. Quel qu'en soit le sens, il confère au visage un étonnant équilibre, une harmonie indéniable. N'aurait-il pas été suggéré par l'artiste lui-même ? Vasari rapporte en effet que c'est par le luth ou par la lecture de belles oeuvres que Léonard aurait créé chez son modèle cet air rayonnant de grâce : «Léonard veillait, écrit Vasari, à ce que pendant la pose, quelqu'un fut toujours présent, musicien ou chanteur, afin de la distraire. C'est ainsi qu'elle conserva toujours sa belle humeur et qu'elle n'offrit pas un regard triste et fatigué.» Mais Vasari n'a pas vécu le temps de Léonard et ce ne sont là qu'hypothèses encore… Ne faut-il pas tout simplement voir, dans ce sourire, le reflet d'un instant privilégié, d'un état d'âme fugace que la sensibilité de l'artiste déjà mûr à l'époque (il avait plus de 50 ans) a pu miraculeusement percevoir ?

Esotérisme ?

Léonard, qui toute sa vie, chercha les lois secrètes, les principes d'équilibre dont il était persuadé qu'ils réglaient l'unité du monde, semble avoir déposé, dans ce tableau, toute son expérience et son génie, sa science d'artiste universel, au carrefour de plusieurs mondes. Et sans doute, faut-il comprendre *La Joconde* avec Walter Pater comme «une forme née de l'imagination antique et un symbole de l'idée moderne». Comme toutes les oeuvres de Léonard, *La Joconde* laisse entrevoir, dirait-on, d'autres choses que ce qu'elle montre : derrière l'apparence percent des secrets imprononçables.

Aimée des rois et des voleurs

Léonard, emportant son tableau avec lui en France, le vendit au roi François Ier pour 4.000 écus d'or et on installa *La Joconde* à Fontainebleau. Plus tard, Louis XIV en fait une des pièces-clés à Versailles. En 1800, Bonaparte s'en empara pour en décorer les Tuileries, puis en 1804, il l'offrit au Louvre où elle fit les délices du public. Mais en 1911, le tableau devint l'objet d'un scandale qui allait défrayer la chronique internationale : *La Joconde* disparut ! Son signalement fit la une des journaux et le public, se prenant pour Sherlock Holmes, proposa des pistes, assaillit la police de ses hypothèses, tandis que le Louvre, plongé dans le désespoir et la honte, fermait ses portes pendant huit jours...

Le scandale s'amplifiant, il fallut des victimes, et l'on accusa Picasso et Apollinaire d'être les receleurs du tableau volé. Ils furent incarcérés pendant dix jours avant que le malentendu ne prenne fin.

C'est deux ans plus tard que la Joconde fut retrouvée à Florence. Le coupable n'était autre qu'un certain Vincenzo Peruggia, un jeune Italien chargé de mettre des tableaux sous verre au musée : il avait décidé de restituer *La Joconde* à son pays natal. Décrochant simplement le tableau du mur, il l'avait enfoui sous sa blouse de travail pour le sortir incognito du musée. Il le conserva dans sa chambre... C'est en cherchant plus tard à l'offrir à un marchand d'art de Florence qu'il fut arrêté. Il en fut quitte pour sept mois de prison.

C'est en grande pompe que *La Joconde* rejoignit la France : sous escorte, elle fut menée jusqu'à Rome, applaudie par la foule et le Roi en personne vint lui rendre hommage. *Mona Lisa* franchit la frontière de nuit, sous les ovations, encadrée de hautes personnalités françaises et italiennes.

De la copie à l'idolâtrie

La Joconde inspira dès le XVIe siècle de très nombreux peintres, Léonard ayant de son vivant déjà, un prestige sans égal parmi les artistes. Copies plus ou moins fidèles, imitations parfois considérées comme des originaux, répliques inspirées par l'hypothèse d'une étude du modèle nu par Vinci : on a dénombré une soixantaine de *Joconde* !

Mais dès le XIXe siècle, cette admiration pour l'oeuvre se mue en idolâtrie, le vol ayant encore renforcé le vedettariat de *La Joconde*. Devenu le tableau le plus célèbre du monde, il fut mesuré en tous sens ; on essaya de reconstituer la taille du modèle (env. 1,70 m), on calcula l'espace occupé par le visage et celui du paysage, le rapport entre les masses ; certains examinèrent la possibilité qui veut que *Mona Lisa* ait été enceinte ! Des vedettes, de Mistinguett à Fernandel, eurent droit à leur reproduction en *Mona Lisa,* tout comme Staline et le Kaiser. A la suite de Dali qui affubla *La Joconde* d'une moustache, les surréalistes en guise de protestation contre l'« art établi » mirent le chef-d'oeuvre à toutes les sauces. Du pop-art jusqu'au court métrage d'avant-garde, *Mona Lisa* reçut une pipe dans la bouche, chevaucha une moto, fut déguisée en ange de la mort, en chien ou en sirène... La rançon de la gloire !

L'auteur

Léonard de Vinci est né le 15 avril 1452, à Vinci. Fils naturel du notaire Ser Piero et d'une paysanne Caterina, il est, à cinq ans, admis dans la famille de son père où il vit jusqu'en 1469, date à laquelle son père, ayant noté ses dons certains pour le dessin, le place comme apprenti dans l'atelier de Verrocchio, à Florence. Son jeune talent lui permet d'entrer à la Guilde des peintres dès l'âge de vingt ans. De cette période datent des oeuvres déjà remarquables comme *La Vierge à l'oeillet, L'Annonciation* et le *Portrait de Ginevra Benci* où Léonard porte la technique du sfumato, l'impression de brume, à un stade de raffinement jamais atteint avant lui. C'est en 1476 qu'une accusation d'homosexualité est portée contre lui. Aucune preuve ne sera jamais donnée que Léonard ait pratiqué l'amour socratique : certains ont relevé toutefois la profonde affection qui le lia à Salaï, un garçon de dix ans qu'il prit à son service en 1490 et qui resta son compagnon jusqu'en 1516.

Toujours à Florence, Léonardo reçoit, en 1481, la commande d'une oeuvre importante, *L'Adoration des mages,* pour les moines de San Donato. Cette oeuvre, qui renouvelle un thème usé par une approche à la fois plus profonde et plus dynamique, ne sera jamais terminée... Vexé de ne pas figurer sur la liste des quatre plus grands Florentins proposés pour la décoration de la Sixtine, Léonard quitte Florence en 1482 pour rejoindre la Cour des Sforza, à Milan. C'est là qu'il réalise *La Vierge aux rochers* pour la chapelle San Francesco Grande et la *Statue équestre* du fondateur de la dynastie Sforza qui, une fois achevée, lui vaut une gloire dans le pays entier. En 1495, il commence *La Cène* pour les Dominicains de Sainte-Marie-des-Grâces et trois ans plus tard, il entreprend la peinture des plafonds du palais Sforza. Ses nombreux travaux sont récompensés par le Duc de Milan qui lui fait don en 1499 d'un vignoble. Mais peu après, Léonard doit fuir la région, les Français ayant pris la ville. Après de brefs séjours à Mantoue et à Venise où il participe à divers travaux défensifs, il entre comme ingénieur militaire au service de César Borgia. De cette époque datent *La Joconde* et *La Bataille d'Anghiari* pour le palazzo Vecchio de Florence, oeuvre tourmentée qui s'est complètement détériorée et qui, comme beaucoup d'autres oeuvres de Léonard de Vinci, ne nous est connue que par les copies qui en furent faites.

Léonard multiplie les études et les notes sur la zoologie, la botanique, l'anatomie, la géologie, projetant sur le papier des inventions, machines et appareils qui ne verront jamais le jour, et ambitionne même de prendre son envol en créant la première machine volante.

En 1506, il est appelé par le gouverneur français, Charles d'Ambroise, à Milan, où il participe à la construction de canaux, et, après un séjour de plusieurs années à Rome, il rejoint la cour de François Ier (1516) où il concevra des plans d'urbanisme. La maladie l'emporte le 2 mai 1519. Celui qu'on aurait pu appeler «l'homme des chimères», concevant des machines qui n'existeraient jamais que sur le papier, artiste universel s'il en est, laissait 7.000 pages de notes et de dessins, et à peine quarante oeuvres attestées dont huit ont disparu. Ce n'est pas la moindre des énigmes qu'une si petite production ait pu lui valoir la gloire de son vivant et marquer autant de générations de peintres et de sculpteurs.

Ce grand théoricien de l'art et inventeur de génie, qui laissa près de 7.000 pages de notes et dessins, écrivait curieusement de droite à gauche et en inversant les lettres de sorte qu'il faut un miroir pour décrypter ses notes ! Léonard voulait-il protéger ses inventions ou craignait-il qu'on découvre ses opinions hérétiques ? D'aucuns expliquent cette pratique simplement par le fait qu'il était gaucher.

La Madone de saint Sixte

1513-1514

Raphaël (1483-1520)

L'oeuvre

Huile sur toile, 265 × 196, Dresde, Gemäldegalerie.

La Vierge tenant l'Enfant dans ses bras avec un geste d'offrande
semble descendre d'un nuage. Accoudés à la balustrade de ce qui
ressemble bien à une scène, deux chérubins contemplent le spectacle avec le naturel de jeunes enfants intrigués mais admiratifs.
A gauche, saint Sixte, d'un geste respectueux, invite la Vierge
à aller vers les fidèles. Sainte Barbe, à droite, le regard soumis,
est à la fois tournée vers la Madone et vers ceux qui l'attendent.

Un chef-d'oeuvre

Une Vierge médiatrice
Fidèle à son idéal humaniste, Raphaël a su insuffler à son tableau
une dimension à la fois humaine et profondément religieuse, la
conformité aux normes de l'Eglise n'excluant pas chez lui l'amour
de la beauté antique. Humaine encore — elle ne porte pas
d'auréole, est vêtue sans apparat, pieds nus —, la Vierge prend
l'image du divin par la composition qui la place sur des nuées,
telle une apparition, et par la position des saints qui reflète leur
adoration. Le geste de saint Sixte et le visage de sainte Barbe conduisent la Vierge vers les fidèles à qui elle se dispose à offrir celui
qui deviendra le sauveur.

Grâce à une construction harmonieuse, encadrée par des rideaux
qui veulent révéler le ciel à la terre, grâce aussi au jeu des regards
et des mouvements, la scène est intimement liée au spectateur,
impression encore renforcée par les yeux et le geste de la Madone
s'adressant directement à nous.

Pour Jules II?

Une date imprécise, une destination sur laquelle il a été impossible de conclure : le célèbre tableau de Raphaël soulève encore bien des questions. S'agit-il comme l'affirme Vasari d'une toile commandée par les Moines noirs de San Sisto à la Plaisance ? Plus sûre paraît l'hypothèse qui veut que la toile ait été destinée à décorer le tombeau de Jules II. D'autant plus que sainte Barbe est bien connue comme protectrice des mourants, et que certains prétendent reconnaître en saint Sixte les traits de Jules II. Les Moines de Plaisance auraient alors acquis la toile lors des ventes de la collection du pape.

Quant aux pérégrinations du tableau par la suite, elles nous sont connues : cédé en 1754 à Auguste III de Saxe, il voyagea jusqu'à Moscou après la Seconde Guerre mondiale, puis réintégra sa place au musée de Dresde où il est aujourd'hui exposé.

Reste à savoir qui a inspiré la Madone. On s'est contenté de signaler sa ressemblance avec Margherita Luti, fille d'un boulanger de Rome (ce qui lui valut le nom de Fornarina) : elle était la maîtresse de Raphaël.

La grâce des Madones

Il suffit de penser à une Madone pour qu'aussitôt elle prenne le visage que lui a donné Raphaël. On ne compte plus en effet les tableaux qu'il a consacrés à l'image de la Vierge et qui ont en grande partie participé à sa réputation de grand peintre : de la *Madone du Grand-Duc* qui porte encore l'influence de Léonard de Vinci, en passant par la *Madone du Belvédère* jusqu'à la célèbre *Madone au Chardonneret* et celle de l'*Impanata,* les Vierges de Raphaël ont toutes en commun cette grâce si particulière faite d'une beauté réelle, d'une présence concrète, humaine, mais où la dévotion distille le calme et la sérénité. Nulle passion chez les Vierges de Raphaël : tant la composition que les visages expriment ce profond équilibre moral, cette harmonie qui ignore les tourments.

> « C'est une élégance dont le modèle n'est nulle part ; une verve pudique, si l'on peut dire, une manifestation terrestre d'une âme qui converse avec les dieux. » E. Delacroix

Un art serein

Raphaël eut ce don étonnant d'assimiler les influences de ses aînés et de les transcender tout en conservant sa personnalité propre. S'il tira en effet de grands enseignements techniques de Léonard de Vinci, il s'en démarqua en excluant de ses toiles le côté douloureux du grand inventeur ; tout comme de Michel-Ange il apprit la vigueur et négligea l'aspect révolutionnaire. Sa grande faculté d'idéalisation alliée à une foi très simple le poussa à créer des oeuvres où comme dit Vasari «l'ombre et l'obscurité des vices» est exclue et dont «la raison illumine clairement toutes les rares vertus de l'âme guidées par tant de grâce».

L'auteur

Raphaël, dont la vie fut si brève et si exemplaire tant elle fut dédiée à l'art, est né le 6 avril 1483 à Urbino. Il était le fils d'un peintre, Giovanni de Sante di Pietro, nom qui explique le patronyme latinisé en Sanzio dont Raphaël signa parfois des toiles. Dans cette petite ville d'Italie centrale, Raphaël passe une jeunesse marquée par l'idéal humaniste que les princes locaux ont su instaurer dans la vie culturelle. Entré comme apprenti vers 1494 dans l'atelier du Pérugin à Pérouse, il participe activement aux travaux de son maître et, dès 1498, on peut relever sa marque dans plusieurs ouvrages de l'atelier, comme la figure de *La Force* de la fresque du collegio del Cambio à Pérouse. Avec *Le Couronnement de la Vierge,* terminé en 1503, il s'affirme en pleine possession de ses moyens et, par *Le Mariage de la Vierge* (1504), dont l'espace architectural, grâce à un rythme circulaire, est traité de façon très originale, Raphaël se libère de l'influence de son maître.

Avec son installation à Florence en 1504 à une époque où l'art se déploie sous l'impact de Léonard et de Michel-Ange, il va étudier scrupuleusement la manière de ses aînés. Avec ses Vierges à l'enfant et ses portraits, il entreprend de mettre en oeuvre leur enseignement, tout en conservant cette fraîcheur qui lui est toute personnelle. Toutefois avec *La Mise au tombeau* (1507), où perce l'influence de Michel-Ange, on sent s'essouffler son jeune talent, et la maîtrise technique tourne à la virtuosité.

En quittant Florence pour Rome en 1508, Raphaël va renouveler son inspiration, trouver le terrain idéal où dévoiler enfin sa précoce maturité. Sous Jules II puis sous Léon X, il va décorer les appartements du Vatican, imposant parmi d'autres artistes très célèbres son style humaniste.

Dans la Chambre de la Signature, il réalise *La Dispute du Saint-Sacrement*, *L'Ecole d'Athènes* et le *Parnasse,* passant avec aisance des thèmes classiques aux thèmes mythologiques. A cela s'ajouteront la décoration de la Chambre d'Héliodore et celle de l'Incendie du Bourg. S'entourant de très nombreux collaborateurs, il peut en parallèle se consacrer à d'autres fresques et à des retables d'autel. Sa *Sainte Cécile* (1514), sa *Madone de saint Sixte* et sa *Transfiguration* représentent par leur audace l'aboutissement d'une oeuvre qui trouve sa grâce dans l'harmonisation du sentiment religieux et d'une vision humaniste.

Les Ménines

1656

Velásquez (1599-1660)

L'oeuvre

Huile sur toile, 318 × 276 cm, Musée du Prado, Madrid.

Les Ménines (c'est-à-dire *Les Suivantes*) fut appelé jusqu'en 1843 *Le Tableau de la famille royale*. Velásquez le peint en 1656 — il a 57 ans. Le sujet en est pour le moins remarquable : le roi et la reine posent devant le peintre, mais le chevalet nous est montré de dos ! Etonnante ellipse du sujet principal pour nous montrer en quelque sorte les coulisses de la peinture.

La scène se passe dans la pièce principale du grand appartement du Palais Royal qu'occupait Velásquez, une sorte d'atelier-bureau décoré sur le mur du fond par deux toiles de Mazo, des scènes mythologiques, copies de Rubens et Jordaens. Velásquez s'est représenté lui-même, en train de peindre, derrière son chevalet ; la croix de l'Ordre de Saint-Jacques qu'il porte fièrement sur la poitrine a été ajoutée au tableau, et pour cause : sa nomination fut postérieure de trois ans.

Le regard toutefois se dirige d'emblée sur l'infante Marguerite qui se tient debout, au centre ; elle est entourée de deux demoiselles d'honneur (ses *Meninas*), de la naine Mari-Barbola et du nain Nicolasito de Pertusato qui taquine le mâtin couché par terre. Derrière eux, on distingue dona Marcela de Ulloa, responsable du service des dames d'honneur de la reine, tandis que le maréchal du palais de la reine se découpe au loin dans l'embrasure de la porte.

Mais au fond de la scène, un élément essentiel de la composition réclame l'attention : un miroir qui reflète les visages du roi Felipe IV et de la reine Mariana.

Un chef-d'oeuvre

Le tableau dans le tableau

Personne n'a pu, mieux que Velásquez, au coeur du XVIIe siècle espagnol, nous convier si intimement à l'intérieur d'une toile. Par une mise en scène remarquable pour l'époque, le peintre a placé son sujet — le couple royal — hors du cadre et n'en montre que le reflet dans un miroir, au fond du tableau. Ce miroir, placé exactement au centre de la composition, suggère fortement la présence du roi et de la reine dans l'atelier, présence qui est encore renforcée par les regards de l'infante, de la naine et du peintre lui-même, qui convergent vers le couple.

Curieusement, le spectateur qui contemple l'oeuvre est en quelque sorte placé entre le peintre et le couple royal… Une étonnante façon d'intégrer le spectateur dans la composition! En revanche si l'on se place assez loin du tableau, on se trouve à la place exacte occupée par le roi et la reine lorsque Velásquez imagina faire leur portrait : une façon aussi de nous transformer en souverains!

Une source?

Velásquez se serait-il inspiré pour ses *Ménines* de Van Eyck? On sait en effet que le portrait de *Giovanni Arnolfini et son épouse* (1434), où des personnages sont reflétés dans un miroir, était dans les collections royales de Madrid et que Velásquez en eut connaissance. Mais *Les Ménines* va beaucoup plus loin dans l'originalité : comme Michel Foucault l'a signalé, ici le sujet a été «élidé», a fait l'objet d'une ellipse au point que *Les Ménines* — et cela expliquerait la fascination que le tableau continue d'exercer depuis des siècles — serait un magistral exercice de style où «la représentation peut se donner comme pure représentation».

Une solide charpente

Velásquez, qui avait un sens remarquable de l'espace, est parvenu dans *Les Ménines* à créer une grande profondeur de champ qui appelle le regard curieux à explorer différents plans de la scène. La composition est orchestrée autant par les lignes de lumière diagonales qui se croisent sur le visage de l'infante et font communiquer l'avant du tableau avec le fond, que par l'agencement du décor : plafond, embrasures des fenêtres et dos du chevalet structurent l'espace. Tout est agencé de façon à conduire enfin le regard vers le miroir représentant le couple royal au fond de la pièce, reflet d'une réalité que Velásquez ne nous montre pas, ni sur le tableau ni sur le chevalet.

Impression, sur le vif

Par le choix d'une scène qui représente un moment fugitif, comme saisi sur le vif — une scène non figée par les normes, à une époque qui aimait la «pose» — par l'importance de la lumière aussi qui semble modeler les visages tout en les laissant imprécis, on a vu dans *Les Ménines* un tableau impressionniste avant l'heure. Cette technique «tachiste», cette «indécision des contours» qui tend à créer «l'effet aérien» dont parle Ortega Y Gasset et qui s'illustre merveilleusement dans le visage de l'infante, est poussée très loin avec l'étonnant procédé utilisé pour peindre la main du nain, qu'on a dit inachevée, et qui fut peut-être un moyen ingénieux pour suggérer le mouvement.

Une longue maturation

Velásquez, qui affirmait dans ses premiers tableaux un réalisme puissant, incarné, où se mêlaient les influences d'un naturalisme espagnol à la Ribera et celle de Rubens, évolua progressivement vers un style moins sculptural, en partie grâce à ses voyages en Italie où il découvrit la manière vénitienne.

Tout en s'intéressant à l'anatomie humaine, Velásquez en vint à utiliser des couleurs plus somptueuses, s'illustrant notamment dans la série des portraits de bouffons de la Cour ou dans son *Portrait du Pape Innocent X* (1650). Lente évolution que couronnent des oeuvres majeures telles que *Vues de la villa Médicis*, *Les Ménines* et *Les Fileuses* qu'on a si bien rapprochées du mouvement impressionniste.

L'auteur

Velásquez est né à Séville en 1599. Fils de Juan Rodriguez de Silva et de Jeronima Velásquez, il est le descendant d'une famille noble d'origine portugaise et, conformément à la tradition espagnole, il prend officiellement les noms de ses deux parents tout en signant ses oeuvres du seul nom de sa mère. A onze ans, Velás-quez entre dans l'atelier du peintre Francisco Pacheco dont il épou-sera la fille (1618) après avoir été reçu dans la Corporation des peintres (1617). Déjà s'affirme son talent de peintre réaliste avec des oeuvres comme *La Vieille Femme faisant cuire des oeufs* (1618).

Se rendant à Madrid et appuyé par les relations de son beau-père, Velásquez exécute un portrait du roi (1623), dont la techni-que séduit à ce point la Cour qu'il obtient le titre de «peintre du roi». Dès lors commence son irrésistible ascension dans les fonc-tions de la Cour : après avoir été nommé «huissier de chambre» (1627), Velásquez devient «valet de la garde-robe» (1634), fonc-tion qui le rend responsable de la décoration des appartements royaux (meubles, tapisseries, objets d'art), puis «valet de cham-bre du roi», titre honorifique très envié. Dès 1643, Velásquez jouera un rôle essentiel dans les aménagements de l'Alcazar de Madrid. Afin d'enrichir les collections royales, il entreprendra plusieurs voyages en Italie qui influenceront son style pictural. Le titre de «grand Maréchal du palais» obtenu en 1652 et celui de Chevalier de Santiago, qui en 1659 lui redonnait un titre de noblesse, représentent le couronnement de sa carrière sociale.

Velásquez, autant qu'un peintre — métier bien peu estimé à l'époque — fut un homme de Cour. Proche du roi, devenu son confident, il se montrera pourtant toujours discret, neutre, se mêlant peu aux intrigues de la Cour, ignorant les frasques du roi Felipe IV, peignant avec soumission les portraits du couple royal, de leurs ministres et de leurs enfants, des bouffons et des nains, conservant en dépit de ses responsabilités la liberté de peindre d'autres choses : des oeuvres d'inspiration mythologique comme *La Forge de Vulcain* (1630) ou religieuse comme *La Crucifixion* (1630), militaire comme *La Reddition de Breda* (1634-35) ou encore allégorique telles ces *Fileuses* (1657), tableau qui repré-sente l'aboutissement d'une maîtrise technique et qui anticipe sur l'impressionnisme.

L'Olympia
1863

Edouard Manet (1832-1883)

L'oeuvre

Huile sur toile, 130,5 × 190 cm, Paris, Musée d'Orsay.

Qui est l'Olympia ? C'est une petite prostituée, un peu courtaude, d'aucuns la disent carrément laide. Allongée sur son peignoir de soie, elle regarde le spectateur droit dans les yeux, sans l'ombre de la moindre pudeur. Une «négresse» habillée de rose lui tend le superbe bouquet d'un client, et à ses pieds s'étire un petit chat noir.

> « *On a dit que Manet ne savait pas peindre un centimètre de peau, et que l'Olympia était dessinée en fil de fer : on oubliait seulement qu'avant de vouloir «dessiner» l'Olympia, ou de peindre de la chair, il voulait peindre des tableaux.* » Malraux

Un chef-d'oeuvre

Une technique audacieuse
Manet vient d'achever *Le Déjeuner sur l'herbe* quand il entame *l'Olympia* en 1863. Il a en tête des nus couchés célèbres : la *Vénus d'Urbin* du Titien, la *Maya desnuda* de Goya et, plus proche, l'*Odalisque* d'Ingres, sans compter tous les nus des peintres pompiers de son temps.

Mais tout en s'inscrivant dans la lignée des grands classiques, Manet, avec *l'Olympia,* s'en distingue résolument : il traite le sujet par grands plans contrastés de couleurs sombres (noirs, bruns, gris) et claires (blancs, roses); par ailleurs, en accordant moins d'importance au modelé et à la perspective, il annonçait déjà la peinture moderne.

Son langage est nouveau et audacieux : les formes sont très simples, cernées de noir. Il travaille par plans de couleurs (les estampes japonaises l'ont marqué). Quant aux couleurs, elles lui permettent tout autant de s'éloigner d'une représentation conforme au réel. Malraux dira «Le peignoir rose de l'*Olympia,* l'étoffe bleue du *Déjeuner sur l'herbe,* de toute évidence sont des taches de couleurs, et dont la matière est une matière picturale, non une matière représentée.»

Le scandale!

Pour présenter *L'Olympia* au salon, se souvenant du scandale qu'y avait créé son *Déjeuner sur l'herbe,* Manet se sent obligé d'attendre 1865. Mais à nouveau la presse accable durement son oeuvre. C'est le tollé! La technique audacieuse de Manet fut décrite par les journalistes comme maladroite; on reproche au peintre une absence totale de maîtrise du métier! Désespéré, rongé de doutes quant à la valeur de son oeuvre, Manet est rassuré par des amis comme Baudelaire ou Zola qui, prenant sa vigoureuse plume, défendra l'oeuvre dont il affichera la reproduction dans son bureau…

Le public, lui, ne comprend pas la nouveauté que représente *L'Olympia,* ce «premier chef-d'oeuvre dont la foule ait ri d'un rire immense» écrit Bataille. «Jamais avant Manet le divorce du goût public et de la beauté changeante, que l'art renouvelle à travers le temps, n'avait été aussi parfait. Manet ouvre la série noire; c'est à partir de lui que la colère et les rires publics ont aussi sûrement désigné le rajeunissement de la beauté.»

Le naturalisme

C'est non seulement à la technique mais aussi au choix du sujet que s'en prit le public. Or, pour Manet, le sujet importait moins que le tableau lui-même, dès lors tout sujet devenait prétexte à peindre! Pour le public qui sans doute ne pouvait saisir qu'il fallait regarder comment le sujet était peint, bien plus que le sujet lui-même, *L'Olympia* choquait par son naturalisme. Comment comprendre qu'un artiste puisse s'intéresser à une prostituée aussi «laide» et de toute évidence sans complexe? Enfin, comment se pouvait-il que l'artiste n'ait même pas essayé de l'idéaliser?... Depuis lors, *L'Olympia* a suscité suffisamment d'interprétations sociologiques, psychanalytiques, historiques, poétiques ou politiques, pour que soient prouvées sa richesse et son importance dans l'histoire de l'art...

Manet et l'impressionnisme

Contrairement à ce que l'on croit, Manet est devenu un peu malgré lui la figure de proue de l'impressionnisme. Mais c'est bien Manet qui a ouvert les portes qui ont permis au mouvement impressionniste de voir le jour: non seulement il provoqua la première rupture avec la peinture académique de son temps, mais il traçait la voie en traitant ses couleurs d'une façon particulière et en s'attachant à capturer de la manière la plus immédiate ses impressions visuelles.

Monet, Pissaro, Sisley, Renoir, Morisot, Bazille, les futurs impressionnistes regroupés pour la première fois cette année-là, précisément en 1863, au Salon des Refusés, avaient donc élu leur chef de file! Si Manet n'a jamais voulu participer à leurs expositions, il a certes pris une part capitale dans les réunions et les discussions que ces artistes tenaient dans les cafés de Montmartre.

Scandaleux pour longtemps!

Manet conservera son tableau *l'Olympia* jusqu'à sa mort. Mais en 1889, un collectionneur américain s'y intéresse et veut l'emmener aux Etats-Unis. La France se laissera-t-elle faire? Claude Monet, fiévreusement, lance une souscription à laquelle participeront tous les grands noms de l'art et de la littérature de l'époque, pour offrir l'oeuvre à l'Etat. On l'expose au Louvre, aux côtés de l'*Odalisque* d'Ingres à partir de 1907: mais une fois de plus, le tableau provoque la colère et le scandale dans l'opinion publique!

> «*Il n'y a qu'une chose vraie, faire du premier coup ce qu'on voit. Quand ça y est, ça y est. Quand ça n'y est pas, on recommence. Tout est là, le reste est de la blague.*» Manet

L'auteur

L'esprit vif, le verbe mordant, l'élégance toujours raffinée, bref l'apparence mondaine de Manet ne laissait en rien présager le peintre révolutionnaire qu'il allait devenir.

Né à Paris le 23 janvier 1832, il était le fils aîné d'un fonctionnaire du Ministère de la Justice. Son oncle maternel le pousse au dessin, lui fait suivre des cours et l'initie à l'art par des visites dans les musées. Aussi après deux échecs à l'examen d'entrée à l'Ecole Navale, il voyage comme pilotin jusque Rio de Janeiro et s'inscrit au cours de l'atelier Couture (1850-1856), peintre avec lequel il aura de fréquents désaccords. Il parcourt toute l'Europe et copie les oeuvres des musées. En 1863, il épouse Suzanne Leenhoff, une Hollandaise qui, depuis 1849, donnait des cours de piano aux enfants Manet.

Si, dans un premier temps, ses oeuvres, inspirées par les peintres espagnols (Velásquez, Zurbaran, Goya,...) et par Courbet, sont acceptées au Salon, à partir de 1863, elles sont systématiquement refusées. Essentiellement peintre de la vie urbaine, ce n'est que progressivement et au contact des impressionnistes, au début des années 1870, que Manet éclaircit sa palette et s'intéresse aux scènes de la vie en plein air. Très attaché à la reconnaissance officielle du Salon, Manet y est enfin accepté et honoré en 1881 et 82 avec *Un Bar aux Folies-Bergère* et *Le Printemps* qui y remportent un grand succès. Il meurt en 1883 des suites d'une gangrène. Une exposition posthume lui est consacrée l'année suivante à l'Ecole des Beaux-Arts de Paris avec notamment 116 huiles et 20 aquarelles et dessins.

One. Number 31

1950

Jackson Pollock (1912-1956)

L'oeuvre

Huile sur toile, 269 × 530 cm, Museum of Modern Art, New York.

One. Number 31 est une énorme toile, composée d'un entremêlement de fils et de coulées de peintures noire, blanche, argentée, beige, bleue et rose. Le rythme y est vif, mais les coulées et les entrelacs dégagent une superbe impression de maîtrise et de lumineuse sérénité.

> **Un prix astronomique.** *En 1955, le tableau* One. Number 31 *fut acheté pour la somme de 8.000 dollars par Ben Heller. Onze ans après la mort de Pollock, il revendait la toile à Sydney Janis, le propriétaire d'une galerie d'art de New York, pour la somme fabuleuse de 350.000 dollars ! Plus tard, sera léguée l'oeuvre au Museum of Modern Art de New York où elle se trouve actuellement.*

Un chef-d'oeuvre

Une année faste

One. Number 31 a été peint en 1950, une année fastueuse puisque Pollock réalise 32 toiles dont 4 sont parmi les plus belles qu'il ait jamais peintes. Cela fait alors deux ans qu'il a cessé de boire et, grâce à Peggy Guggenheim, une exposition de ses oeuvres se prépare à Venise. Enfin, cette année-là, Namuth tourne un film sur lui et sa façon de travailler : il sera bientôt une star.

Sans chevalet

La femme de Pollock, Lee Krasner, raconte que, dans ses toiles abstraites, Pollock commençait par un dessin figuratif que petit à petit il recouvrait de coulées de peinture jusqu'à ce qu'il soit complètement voilé. Jackson Pollock ne travaillait pas sur un chevalet. Non, il posait sa toile à même le sol et, trempant ses pinceaux dans les pots d'émail, avec l'assurance d'un danseur, tout en tournant autour de sa toile, il lançait les couleurs avec des gestes plus ou moins violents. L'oeuvre se construisait progressivement et finissait par créer une sorte d'espace illimité.

Une synthèse magistrale

One. Number 31 est l'aboutissement abstrait d'une longue évolution de l'oeuvre de Pollock qui, par la suite, devait à nouveau explorer le figuratif. Si, dans sa jeunesse, il a admiré l'art des Indiens de la côte ouest, l'intensité expressionniste de sa sensibilité avait été, elle, nourrie par les artistes mexicains tels que Rivera, Orozco et Siqueiros, dans un premier temps, et ensuite par le *Guernica* de Picasso et par Miro, dont il avait progressivement assimilé l'art.

Une nouvelle technique

Amené à la psychanalyse par ses problèmes d'alcoolisme et admirant par ailleurs les surréalistes, Pollock découvrit ainsi les richesses de l'inconscient. Aussi, dès 1947, s'efforça-t-il de trouver une technique très personnelle qui puisse l'exprimer, une technique qui serait une synthèse entre l'impressionnisme, le cubisme et l'automatisme surréaliste. Il en vint superbement à bout avec *One. Number 31,* en mettant au point son «dripping». Ce dripping, qui consistait à faire jaillir un flux continu de coulées de peinture couvrant la totalité de la toile, se révéla être le moyen idéal pour libérer l'inconscient de la façon la plus spontanée parce qu'il permettait d'éviter les stades du dessin, du contour et des formes.

Par le dripping, Pollock parvint à réaliser des oeuvres étonnamment fortes, exprimant avec violence ses sentiments et ses conflits personnels.

Pollock et la peinture américaine

Avec *One. Number 31, Automn Rhythm* et *Lavender Mist,* Pollock a, comme le disait De Kooning, «brisé la glace» de l'art américain : il a permis en fait à la peinture américaine de rivaliser avec le modernisme européen par l'application d'une logique moderniste à des problèmes nouveaux.

Enfin, son oeuvre est devenue, malgré lui, le symbole même de ce que le critique d'art new yorkais Rosenberg a appelé «action painting», l'équivalent américain de l'expressionnisme abstrait européen.

L'auteur

Le caractère tourmenté et la mort tragique de Pollock ont contribué à faire de lui un personnage mythique. Né le 28 janvier 1912 à Cody, dans le Wyoming, Paul Jackson Pollock était le cadet de cinq fils d'une forte femme amoureuse des arts et d'un maçon qui se lança aussi dans le fermage. Sa scolarité est tourmentée, non seulement par les déménagements incessants de la famille mais aussi par les renvois continuels. A seize ans, il s'inscrit dans une école supérieure d'art manuel à Los Angeles dont il est expulsé à plusieurs reprises et, en 1930, il rejoint son frère aîné à la *Art Students League* de New York, où il suit des cours de peinture murale, de dessin et de sculpture jusqu'en 1932. Il s'intéresse aussi à la musique.

Tout en faisant de menus travaux pour gagner sa vie, Pollock présente pour la première fois ses oeuvres dans des expositions collectives, en 1934 et 35. L'année suivante, comme plusieurs artistes privilégiés en cette période de crise, il est admis dans un projet gouvernemental des arts, aide dont il bénéficiera jusqu'en 1943. Par ailleurs il travaille alors avec Siqueiros et rencontre la peintre Lee Krasner qu'il épousera en 45.

Pollock reste dans l'ombre jusqu'en 1943, année où il rencontre Peggy Guggenheim qui va le soutenir par ses commandes et par un contrat avec sa galerie, ainsi qu'en lui organisant une expo-

---

Un accident… *A onze ans, Jackson perd un doigt. Les enfants jouent dans la cour de la ferme. L'un d'eux lance un défi : qui ose se faire couper un doigt à la hache ? Jackson se propose. La hache s'abat, le doigt tombe. Et aussitôt une poule se présente et l'avale tel un ver.*

sition personnelle au *Art of this Century* à New York. C'est le début d'une réputation grandissante. Des musées s'intéressent à lui, il expose dans plusieurs galeries et représente bientôt les Etats-Unis à la biennale de Venise. Mais c'est avec le film de Hans Namuth, en 1950, qui fait découvrir sa technique personnelle de travail, qu'il devient une véritable star. Paris le découvre dans une exposition personnelle au studio *Facchetti* en 52. Mais depuis ses études déjà, Pollock affronte de graves problèmes de boisson : il consultera tout au long de sa vie des psychiatres et psychanalystes et fera même une cure en milieu hospitalier. S'il arrête de boire en 1948, deux ans plus tard c'est à nouveau le calvaire… Il meurt le 11 août 1956 dans un accident de voiture à Springs.

Les affres de l'artiste. *Peggy Guggenheim, grand amateur d'art et amie de Pollock, lui commanda en 1943 une peinture pour orner son hall d'entrée de 7 × 1,80 m. M. Duchamp conseilla à Pollock de la réaliser sur toile afin de pouvoir la déménager. Ce qui fut fait. A coups d'abattage de murs dans l'atelier de Pollock ! Et à coups de colères au moment du placement ! La toile, appelée* Mural, *était trop grande pour le mur qu'elle devait couvrir. Pollock entra alors dans une grande crise d'hystérie : il entama toutes les bouteilles qu'il put trouver (elles étaient cachées intentionnellement vu son penchant pour l'alcool) ; il téléphona fiévreusement pour trouver sa bienfaitrice et, comble du comble, tout à fait ivre, il se déshabilla et, nu comme un ver, il entra tel un ouragan dans une réception donnée par Jean Connolly qui habitait alors chez Peggy Guggenheim !*

La Peseuse de perles
entre 1662 et 1665

Jean Vermeer de Delft (1632-1675)

L'oeuvre

Huile sur toile, 42,5 × 38 cm, National Gallery, Washington.

Que Vermeer n'ait rien inventé, c'est certain. Cet alchimiste de
la peinture, qui travaillait lentement, minutieusement, dans la solitude et le secret, n'avait pas l'âme d'un pionnier. Loin de chercher à imposer des conceptions nouvelles, il a placé docilement
ses pas dans ceux de ses prédécesseurs, auxquels il a emprunté
tant leur style que leurs thèmes. Le seul souci de Vermeer était
de s'épargner tout effort inutile afin de pouvoir se concentrer sur
ce travail apparemment simple mais, pour lui, capital qu'est la
représentation du modèle vivant dans son cadre familier.

Réaliste, il s'est servi du réel pour accéder à la poésie et, tout
en reprenant les données limitées de la peinture hollandaise de
son temps, il a réussi, par le jeu de la lumière, de l'espace et des
couleurs, à leur conférer l'universalité. Pour s'en convaincre, il
suffit de comparer sa *Peseuse de perles,* qui est un des sommets
de sa production, au même titre que la *Femme à l'aiguière* ou
la *Liseuse en bleu,* avec la *Peseuse d'or* de son contemporain Pieter
de Hooch. A première vue, on ne peut qu'être frappé par la simi-
litude des deux oeuvres : même cadre, même activité. Mais Pieter de Hooch, qui n'a pas la somptueuse simplicité de Vermeer,
a encombré son tableau d'une foule de détails superflus, et sa
peseuse n'est qu'une marchande pas très fine mais âpre au gain,
à qui manque le détachement silencieux des femmes-sphinx de
Vermeer. Qui plus est, Vermeer a peint ici un tableau dans le
tableau, la femme se détachant sur le fond d'un Jugement dernier. Allégorie ? Volonté d'opposer à la vie, symbolisée par la
jeune femme enceinte, la perspective de la fin des temps ? Quoi
qu'il en soit, sa *Peseuse de perles* a tout d'une peseuse d'âmes.

Un chef-d'oeuvre

Le vrai et le faux

Si Vermeer a dû être, de son vivant, un artiste apprécié, son nom est ensuite tombé dans l'oubli jusqu'à ce que, en 1842, le Français Théophile Thoré découvre la *Vue de Delft* au musée de La Haye. «… cette peinture étrange me surprit … Ne sachant à qui l'attribuer, je consultai le catalogue : «Vue de la Ville de Delft, du côté du canal, par Jan van der Meer de Delft». Tiens : en voilà un que nous ne connaissons pas en France, et qui mériterait bien d'être connu.» Plus tard, exilé en Hollande à cause de son rôle dans la révolution de 1848, Thoré entreprit sur la vie et l'oeuvre de Vermeer des recherches dont il publia les résultats dans la Gazette des Beaux-Arts en 1866, sous le pseudonyme de William Bürger. Une telle réhabilitation faisait de Vermeer une valeur sûre. Tenté par sa gloire, un autre Hollandais, Hans Van Meegeren, vendit au Musée Boymans de Rotterdam, en 1937, un faux Vermeer que tout le monde crut vrai, *Les Pèlerins d'Emmaüs*. Mais la supercherie finit par être dévoilée et, dans cette affaire où, des experts au faussaire lui-même, tout le monde était perdant, Vermeer seul resta intact.

> *Contrairement à beaucoup de ses contemporains, Vermeer n'était pas atteint de logorrhée picturale. D'après les documents établis de son vivant et après sa mort, il n'aurait peint qu'une trentaine de tableaux. Mais il est probable que, si le faussaire Hans Van Meegeren n'avait pas été démasqué, on lui en attribuerait beaucoup plus.*

La fenêtre à gauche

Les tableaux de genre de Vermeer sont à contempler isolément ; accolés les uns aux autres, ils donnent une étrange impression d'uniformité, tant leur décor est immuable. Le modèle est inévitablement placé dans une chambre réelle, typiquement hollandaise par l'étroitesse de ses proportions ; le peintre travaille face au mur du fond, avec la fenêtre à sa gauche.

Au début de sa carrière, dans la *Liseuse à la fenêtre,* par exemple, Vermeer créait, à l'intérieur même du tableau, un encadrement au moyen de nappes et de tentures. Mais, peu à peu, il en est venu à un dépouillement presque total. Désormais, la paroi, unie et d'un gris froid, n'est plus garnie que d'un miroir, d'une carte évocatrice de pays lointains ou, comme dans la *Peseuse de perles,* d'un tableau. Dans ce monde clos, coupé de tout contact avec l'extérieur, la femme s'absorbe, tranquille, dans une activité dont nous sommes les témoins mais à laquelle nous n'avons aucune part.

La lumière qui coule

Si le faussaire Van Meegeren a eu un si grand succès auprès des amateurs d'art, c'est parce qu'il a eu l'idée de fabriquer, avec les *Pèlerins d'Emmaüs,* un Vermeer qui confirmait la théorie, chère aux spécialistes, d'une formation caravagiste de l'artiste par l'intermédiaire de l'école d'Utrecht. Le traitement de la lumière chez Vermeer est pourtant à l'opposé de l'agressivité de Caravage. La luminosité, le peintre de Delft la distille en douceur, goutte à goutte, comme une matière rare et précieuse. Et même lorsque, comme ici, elle tombe parcimonieusement d'une fenêtre à demi voilée, elle se répand dans tout le tableau comme un fluide.

Peinture perlée

Rare et précieuse aussi, la perle, qui est comme une larme de lumière solidifiée. Elle orne l'oreille de la *Dame au luth* et le cou de la *Dame à l'épinette,* et elle unit dans le même charme mystérieux, plus intense que la beauté, la *Jeune Fille* du Mauritshuis et la *Jeune Femme au chapeau rouge* de la National Gallery de Washington. Dans la *Peseuse de perles,* où le peintre les a répandues sur la table dans un ruissellement lumineux, elles font plus que jamais penser à la définition de Claudel, qui a vu dans la perle «une espèce d'âme qui arrive à la sonorité, une espèce d'aurore», et qui a vanté la «tendresse intime» qui en émane.

Une femme en jaune et bleu

C'est dans leur intimité, en effet, que nous invitent les femmes de Vermeer. Des femmes toutes semblables, avec le même front lisse et bombé, le même teint mat, le même regard absorbé. Des femmes mystérieusement impersonnelles, qu'on ne rencontre que chez Vermeer et qui sont, comme les perles, autant de fragments d'une seule et unique beauté. Pour mettre en valeur cette beauté de contemplative, sans éclat mais pure et sereine, Vermeer a proscrit les tons trop brutaux ou trop chaleureux : ses préférences vont à l'harmonie du bleu et du jaune, couleurs expressives du ciel et de la lumière.

Dans la *Peseuse de perles,* ce dialogue du bleu et du jaune se poursuit et, de même que Proust a célébré le «tout petit pan de mur jaune» de la *Vue de Delft,* on pourrait exalter ici le petit pan de tissu jaune qui masque et dévoile à la fois la proche maternité de la dame aux balances.

L'auteur

De la vie de Vermeer, on ne sait que peu de choses. Fils d'un tisserand en étoffes de soie qui était aussi aubergiste, il appartenait à la petite bourgeoisie d'affaires de la ville de Delft. Fut-il formé par Carel Fabritius, le plus brillant disciple de Rembrandt, qui mourut prématurément en 1654, dans l'explosion de la poudrière de Delft, ou par Leonaert Bramer, un des peintres les plus appréciés de la ville jusqu'au début des années 1650 ? En tout cas, il dut faire son apprentissage pendant plusieurs années chez un maître reconnu puisque, dès 1653, il fut admis dans la guilde des peintres de la ville. La même année, il épousa Catharina Bolnes, dont il eut au moins quatorze enfants, qui n'apparaissent jamais dans ses tableaux. Sa peinture n'était probablement pas le seul moyen de subsistance de sa nombreuse famille, mais on ignore s'il faisait le commerce de tableaux — ceux des autres — ou s'il avait repris l'auberge paternelle.

Lorsque l'aristocrate et collectionneur français Balthazar de Monconys fit un détour par Delft, en 1663, dans l'espoir de rencontrer Vermeer, celui-ci l'éconduisit poliment, sous prétexte qu'il «n'avait point de ses ouvrages». L'amateur d'art en fut réduit à se rendre chez un boulanger voisin, auquel Vermeer avait vendu une de ses toiles. Par dépit, sans doute, il la trouva d'ailleurs médiocre, et il blâma le boulanger de l'avoir payée «six cents livres, quoiqu'il n'y eust qu'une figure, que j'aurois trop payé de six pistoles».

Il avait débuté dans la peinture par le tableau d'histoire et, avec l'*Entremetteuse,* en 1656, il s'était même risqué à la scène galante. C'est seulement avec la *Jeune Femme assoupie,* en 1657, qu'il se lança dans le pur tableau de genre. Dès lors, de la *Laitière* à l'*Atelier* en passant par la *Dentellière,* les chefs-d'oeuvre s'accumulèrent. Il en allait malheureusement de même pour les dettes de Vermeer, dont la situation financière devint franchement catastrophique au début des années '70 par suite de la crise économique due à l'invasion des Pays-Bas par Louis XIV. Vermeer se vit contraint de louer sa maison et de s'installer avec sa famille chez sa belle-mère. Vers cette époque, il peignit la *Joueuse de guitare,* étrange tableau plein de vide, dont l'héroïne faussement animée semble l'exact opposé des pures jeunes femmes d'autrefois.

Vermeer mourut le 15 décembre 1675, laissant huit enfants mineurs, et sa femme dut, pour rembourser ses créanciers, vendre tous ses biens, y compris les rares tableaux qui lui restaient.

La Ronde de nuit

1642

Rembrandt van Rijn (1606-1669)

L'oeuvre

Huile sur toile, 359 × 438 cm, Rijksmuseum, Amsterdam.

Si, en contemplant *La Ronde de nuit,* nous nous étonnons qu'une lumière nocturne puisse être si chaude et dorée, croyons-en le témoignage de nos sens plutôt qu'un titre trompeur : ce tableau n'est en fait qu'un portrait de groupe, le plus grand jamais exécuté par Rembrandt, à la demande d'une compagnie d'arquebusiers, commandée par le capitaine Frans Banningh Cocq, seigneur de Purmerland, et le lieutenant Willem Van Ruytenburg. Au lieu de les disposer sur des gradins ou de les peindre en train de festoyer autour d'une table surchargée, comme l'aurait fait Frans Hals, il les a montrés en mouvement, progressant d'un arrière-plan sombre vers la lumière ... du jour ! C'est plus tard que des amateurs d'art plus ou moins éclairés, trompés par la pénombre et confondant le rayonnement solaire avec l'éclat de la lune, ont rebaptisé le tableau *La Ronde de nuit.*

Le sujet, en fait, est des plus banals : la Hollande de l'époque regorgeait de corporations, sociétés de tireurs et autres associations de libres citoyens, toutes très appréciées des peintres auxquels elles fournissaient, dans un pays voué à la représentation de la vie quotidienne dans des intérieurs réduits, la matière d'oeuvres monumentales.

Mais l'originalité de Rembrandt est d'avoir saisi les arquebusiers en pleine vie, entourés d'enfants curieux et harcelés par un petit chien. Ce mépris des conventions du genre lui a d'ailleurs valu des critiques acerbes et l'oeuvre, bien qu'acceptée par les commanditaires, n'a pas fait l'unanimité. Toutefois, comme l'a écrit le peintre Samuel van Hoogstraten, un des disciples de Rembrandt, «cette oeuvre même, quelque répréhensible qu'elle soit, va à mon sens survivre à tous ses émules, étant si pittoresque d'idées, d'un élan si enlevé et si vigoureuse que, au sentiment de certains, toutes les autres oeuvres font figure de cartes à jouer comparées avec elle».

Un chef-d'oeuvre

A la charnière

Dans l'oeuvre de Rembrandt comme dans sa vie, 1642 est un tournant. Jusqu'alors, cet homme comblé, à qui tout a réussi, le travail et l'amour, a peint dans l'enthousiasme du baroque, prêtant à l'homme, qu'il étudiait surtout dans ses manifestations apparentes, des expressions un peu théâtrales. *La Ronde de nuit,* oeuvre tumultueuse et asymétrique, où le sujet semble, sous nos yeux, sortir de la toile, est la dernière création de ce Rembrandt expansif, extraverti, qui n'a jamais connu le malheur.

Mais, après la mort de son épouse Saskia, dans le courant de cette même année 1642, le peintre, accablé par des difficultés financières croissantes, va peu à peu rentrer en lui-même, et son oeuvre, au lieu d'exprimer la psychologie de ses personnages par le geste et les transformations du visage, comme dans sa célèbre *Leçon d'anatomie* (1632), ne sera plus action mais suggestion. Une suggestion obtenue avant tout par des effets de lumière.

De lumière et d'ombre

Jusqu'à la fin du XVIe siècle, la lumière n'a été pour les peintres qu'un moyen de rendre les choses visibles ; c'est Caravage qui lui a donné une réalité et même une personnalité propres. A ce jeu du clair-obscur, Rembrandt est vite devenu très fort : dans *La Ronde de nuit,* la lutte entre les jets de lumière dorée et les masses d'ombre confère à ce qui pourrait n'être qu'un banal portrait de groupe une puissance dramatique inégalée. Par la suite, cependant, lorsque Rembrandt cherchera à retrouver le sens du mystère et du surnaturel, la lumière, au lieu de surgir de l'extérieur, deviendra comme une émanation des personnages eux-mêmes, l'expression de leur richesse intérieure.

Au fil des costumes

L'évolution de Rembrandt apparaît aussi à travers le costume. Dans la première partie de sa vie, Rembrandt a eu la passion des étoffes somptueuses, des dentelles et des plumes, de l'or, de l'argent et du métal, capteurs de lumière qui prolongent et compliquent le clair-obscur. Et, si *La Ronde de nuit* frappe par la splendeur et le rendu des costumes, les autoportraits du Rembrandt extraverti de la première période étonnent davantage encore, tant le jeune peintre semble y trouver de plaisir à se parer richement et même à se déguiser : en oriental ou en officier, en souverain exotique couvert d'hermine et de chaînes d'or ou en soudard, l'épée au côté, le verre à la main, avec Saskia sur ses genoux comme une fille de taverne. Mais, dans la deuxième période de sa vie, cette tendance disparaîtra et, dans ses derniers autoportraits, il se représentera vêtu d'habits sombres et ternes, voire de bure.

Réalisme et poésie

Les peintres hollandais sont souvent catalogués parmi les réalistes mais, chez les plus grands, ce réalisme apparent ouvre sur l'immatériel. De la Hollande, Claudel a dit : «La nature ne lui a pas fourni un horizon précis, mais seulement cette soudure entre un ciel toujours changeant et une terre qui, par toutes les nuances, va à la rencontre du vide». Cela l'oblige à dépasser sans cesse la banalité du quotidien, comme dans cette *Ronde de nuit* campée dans un décor indéfini et éclairée par une étrange lumière venue d'ailleurs. De loin, l'oeuvre semble n'être qu'une joyeuse réunion de fanfarons sur le sentier de la guerre mais, quand on se rapproche et qu'on scrute les visages, on y découvre le reflet d'une intériorité qui surprend chez ce peuple de bourgeois et de commerçants pratiques. C'est un premier pas vers cette poésie de l'invisible que Rembrandt atteindra plus tard, à travers les chairs meurtries d'Hendrickje Stoffels ou les bouffissures de son propre visage vieillissant.

Peintre de l'homme

Le but premier de Rembrandt, en effet, a toujours été d'exprimer les sentiments de l'être humain. Pour y arriver, il renoncera au clinquant du baroque pour se consacrer à des sujets que ses détracteurs qualifieront de «bas» : vieillards burinés et servantes sans grâce. Mais, de *La Ronde de nuit* à l'*Homère aveugle* de ses dernières années, il a encore une longue route à parcourir, en quête de ce qui deviendra à ses yeux la seule véritable beauté : la vérité.

L'auteur

Né à Leyde le 15 juillet 1606, Rembrandt est l'avant-dernier d'une famille de neuf enfants. Son père, un meunier aisé, le trouvant plus doué que ses frères, l'envoie d'abord à l'école latine puis, à 14 ans, à l'université. Mais il abandonne bientôt les cours pour entrer comme apprenti chez le peintre Jacob van Swanenburgh puis, à Amsterdam, chez Pieter Lastman. De retour à Leyde, il s'installe à son compte en 1625 et débute par un tableau provocant, d'un anti-académisme juvénile, *La Lapidation de saint Étienne.* Le succès ne tarde pas et, dès 1631, le jeune peintre s'établit à Amsterdam, chez le négociant d'art Hendrik Van Uylenburgh, dont il épouse la nièce, Saskia, le 22 juin 1634. Très vite, il devient le portraitiste mondain le mieux payé de la ville.

Mais cet homme curieux et sensuel, capable d'aimer et de haïr avec passion, est aussi le peintre érotique de *Danaé* et celui, violent jusqu'à l'horreur, de *L'Aveuglement de Samsom.* Entouré d'élèves au talent prometteur, dont il lui arrive de retoucher les oeuvres pour les vendre à son profit — c'est le cas du *Sacrifice d'Isaac,* en 1636 —, il est riche, célèbre, aimé.

Titus, le seul de ses enfants qui vivra jusqu'à l'âge adulte, naît en 1641 mais, l'année suivante, Saskia meurt. Rembrandt, désemparé, cherche à se consoler auprès de la nourrice de son fils, Geertje Dircks, dont il s'éprendra au point de lui offrir la propre bague de Saskia ; elle le quittera en 1649, en lui intentant un procès pour rupture de promesse de mariage, qu'elle perdra d'ailleurs. Entre-temps, une autre jeune servante a pris sa place dans le coeur de Rembrandt : Hendrickje Stoffels qui, en 1854, lui donnera une fille, Cornelia. Elle pourrait encore le rendre heureux si les problèmes financiers ne s'accumulaient pas. Rembrandt a moins de commandes, ses portraits, baignés dans une lumière diffuse, séduisent moins les bourgeois que ceux de ses concurrents. En 1657, c'est la faillite.

Pour permettre à Rembrandt de continuer à travailler, Hendrickje et Titus fondent, devant notaire, un commerce d'art dont

Rembrandt s'est fait un nom de son prénom : il s'appelait en réalité Rembrandt Harmenszoon, c'est-à-dire «fils d'Harmen», ce qui explique la signature «RH» qu'il utilise souvent. Quant à «van Rijn», c'est une addition faite par son père, le meunier Harmen Gerritszoon, dont le moulin et la maison se dressaient, à Leyde, au bord du Vieux Rhin ou Oude Rijn.

il sera l'employé. La famille habite désormais une modeste maison du Rozengracht, un quartier populaire où Rembrandt, ayant perdu Hendrickje en 1663 et Titus en 1668, mourra lui-même en 1669, tout seul comme les personnages de ses derniers tableaux, qu'entoure une pénombre de plus en plus épaisse et qui ne trouvent plus de lumière qu'en eux-mêmes.

Les Tournesols
1888

Vincent Van Gogh (1853-1890)

L'oeuvre

Huile sur toile, 97 × 73 cm, National Gallery, Londres.

Sur un fond jaune, coupé horizontalement par une fine ligne bleue, d'un vase, jaune lui aussi, et coupé par une courbe bleue, surgissent quatorze fleurs de tournesol.

Ce tableau, comme d'autres sur le même thème et de cette même époque, Van Gogh le peint en août 1888, pour orner la *Maison jaune* qu'il vient de louer et qu'il voudrait voir se transformer en maison communautaire pour artistes. C'est le temps des moissons et Vincent écrit à son frère à Paris : «Les tournesols avancent, il y a un nouveau bouquet de quatorze fleurs sur fond jaune vert. C'est donc exactement le même effet — mais en plus grand format, toile de 30 — qu'une nature morte de coings et de citrons que tu as déjà, mais dans les tournesols, la peinture est bien plus simple».

> *Les **Tournesols** a été vendu chez Christie's en avril 87 pour vingt quatre millions sept cent cinquante mille livres sterling, le prix le plus élevé jamais atteint par une oeuvre d'art !*

Un chef-d'oeuvre

Un précurseur
En 1888, époque des *Tournesols,* Van Gogh revient de Paris où il a rencontré les peintres impressionnistes et néo-impressionnistes. Lui-même s'est essayé à cette manière de travailler, par petites touches de couleurs. Mais en août 1888, il cherche tout autre chose

encore, «un travail de la brosse sans pointillé ou autre chose, rien que la touche variée». Enfin, il pressent l'importance de la couleur quand il écrit à Théo: «La peinture comme elle est maintenant promet de devenir plus subtile — plus musique et moins sculpture — enfin, elle promet la couleur. Pourvu qu'elle tienne promesse.» Ce pouvoir expressif de la couleur, Van Gogh va l'exploiter, le mettre au service de sa personnalité entière et tourmentée, et ce bien des années avant les fauves et les expressionnistes.

Voulant abandonner la représentation du réel et les lois de la perspective, cherchant une expression directe des sentiments, Van Gogh n'a pas oublié non plus la leçon magistrale des estampes japonaises qu'il collectionnait depuis son séjour à Anvers.

L'éternel tourment

Toute sa vie, Van Gogh a été hanté autant par l'idée de son éventuel succès que par celle de son échec. Homme fragile nerveusement, doutant de lui, il se sentait si peu à la hauteur de ses aspirations, qu'il manifesta de fortes tendances à l'autodestruction. Il était par-dessus tout poursuivi par la peur d'usurper la place d'un autre — celle de son ami Gauguin, celle de Monticelli, peintre aujourd'hui oublié. «Je pense moi ici énormément à Monticelli, écrit-il à sa soeur. Il était un homme fort — un peu toqué et même beaucoup — rêvant de soleil et amour et gaîté… Eh bien moi, je suis sûr que je continue ici comme si j'étais son fils ou son frère… Monticelli est un peintre qui a fait le Midi en plein jaune, en plein orangé, en plein soufre… Aussi moi j'ai déjà prêt exprès un tableau en plein jaune de tournesols…»

Son bouquet de tournesols exprime certes, par ses couleurs, tout le soleil, tout l'amour, toute la gaieté du midi, mais les formes tentaculaires et menaçantes de ses fleurs évoquent aussi son éternel tourment, ses violentes crises nerveuses.

> «*Ces formes se multiplient, s'échevèlent, se tordent, et (…) jusque dans le surgissement de ces fantastiques fleurs qui se dressent et se crêtent semblables à des oiseaux déments, Van Gogh garde toujours ses admirables qualités de peintre, et une noblesse qui émeut et une grandeur tragique qui épouvante.*»
> Mirbeau

L'auteur

Le père de Vincent Van Gogh, Theodorus, était pasteur et sa mère Anna, la fille d'un relieur de la cour. Vincent est né le 30 mars 1853 au presbytère de Groot Zundert dans des circonstances qui l'ont sans doute marqué pour toute la vie : il venait un an, jour pour jour, après la naissance d'un frère mort-né et qui était lui aussi nommé Vincent... Cet enfant mort-né était en outre omniprésent dans la famille qui allait régulièrement se recueillir sur sa tombe...

Quant à Théo, qui deviendra son protecteur, il est né quatre ans après Vincent. Tous deux avaient aussi un troisième frère et trois soeurs.

A seize ans, Vincent commence à travailler dans une galerie d'art, Goupil et Cie, fonctions qui le conduisent à La Haye, Londres et Paris, et qui lui permettent d'enrichir ses connaissances en histoire de l'art. Pendant cette activité, jusqu'en 1876, Vincent se met sérieusement au dessin. Théo, son frère, continuera, jusqu'à la fin de sa vie, à travailler pour la même maison Goupil, à Paris.

Le séjour de Vincent Van Gogh à Londres ainsi qu'une déception amoureuse le mènent sur la voie de la religion. Prédicateur adjoint à Isleworth, près de Londres, il échoue aux examens de la faculté de théologie d'Amsterdam et devient évangélisateur en Belgique. Mais sa frénésie et son comportement extrémiste lui valent finalement une catégorique expulsion des ordres.

Inlassablement, Van Gogh continue à dessiner... Et en 1880, il renonce à sa vocation religieuse pour embrasser celle du peintre. Il a 27 ans. Il suit, jusqu'en 1886, des cours tantôt à Bruxelles, tantôt à Anvers, Amsterdam ou La Haye, villes dans lesquelles il se lie à des peintres comme Van Rappard et Mauve.

Van Gogh se débat à l'époque, et de plus en plus violemment, avec des problèmes sentimentaux. C'est en mars 1886, sur un coup de tête, qu'il quitte Anvers pour venir rejoindre son frère Théo

---

Plusieurs maladies ont été évoquées pour expliquer les crises de Van Gogh : schizophrénie, épilepsie, alcoolisme, syphilis... Aucune n'a été définitivement confirmée.

à Paris. Théo, qui avait déjà beaucoup aidé son frère, le prend alors tout à fait à sa charge. Il lui achètera ses toiles, lesquelles seront rarement exposées du vivant de Vincent. Désormais, leur destin est inextricablement lié. A Paris, Vincent rencontre Gauguin, Lautrec, Signac, Bernard… et produit pendant les deux ans que dureront son séjour plus de 200 toiles !

En 1888, il part s'installer à Arles, dans le Midi, où se manifestent pour la première fois ses crises suicidaires. En dépit de cela, il continue à travailler avec acharnement tout en exposant quelques toiles à Paris, au Salon des Indépendants, et à Bruxelles, avec les XX. Le mariage de son frère et la naissance de son neveu ne font qu'aggraver son état et, en 1890, il s'installe à Auvers-sur-Oise, près de Paris. Le 27 juillet, à 37 ans, au cours d'une sortie dans la campagne, il se tire une balle de révolver dans le corps. Il meurt deux jours plus tard.

Théo mourra, lui aussi, d'une maladie nerveuse, six mois plus tard…

Dans l'oeuvre vaste de Van Gogh, on citera *Les Mangeurs de pomme de terre* (1885), le célèbre *Portrait de l'artiste par lui-même* (1888), *La Nuit étoilée* (1889) ou encore *Les Champs de blé aux corbeaux* (1890).

L'oreille coupée. *A la fin de l'année 1888, Van Gogh et Gauguin vivent et travaillent ensemble et, le soir, discutent longuement de peinture, fiévreusement, avec une «électricité excessive». Ils en sortent parfois «la tête fatiguée comme une batterie électrique après la décharge», comme l'écrit Van Gogh à son frère Théo. La nuit du 23 décembre, il menace son ami d'un rasoir. Celui-ci, épouvanté, se réfugie à l'hôtel. Dans une crise de folie, Vincent, avec le même rasoir, se coupe l'oreille gauche, l'enveloppe dans un journal et la porte à Rachel, de la maison de tolérance n° 1, avec ce mot «Gardez cet objet précieusement». Le lendemain matin, Van Gogh est découvert presque exsangue dans son lit, et porté d'urgence à l'hospice où on le sauve.*

Les chefs-d'oeuvre

de la

sculpture

Le Chariot
1950

Alberto Giacometti (1901-1966)

L'oeuvre

Bronze, haut. 163 cm, New York, Museum of Modern Art

Le *Chariot* représente un char à deux roues (qui ne roulent pas), sur l'axe desquelles est posé un socle où se dresse une femme effilée, aux longues jambes serrées l'une contre l'autre, aux bras écartés, la tête engoncée dans les épaules. On la sent très fragile, vulnérable : une somnambule cherchant à maintenir l'équilibre précaire de sa vie.

Un chef-d'oeuvre

La genèse

La genèse du *Chariot* remonte à deux souvenirs. Celui d'une charrette d'hôpital qui avait impressionné le sculpteur lors de son séjour en clinique en 1938, suite à l'accident dont il avait été la victime après une rupture sentimentale. Celui, aussi, plus déterminant pour toute son oeuvre, de sa séparation avec une amie. «Je l'ai compris après coup. C'est que la sculpture que je voulais faire de cette femme, c'était bel et bien la vision que j'avais eue d'elle au moment où je l'avais aperçue dans la rue, à une certaine distance. Je voyais l'immense noir au-dessus d'elle, des maisons.» Depuis 1947, Giacometti avait en tête la représentation très précise de sa sculpture, et c'est en 1950 qu'il s'est senti «obligé» de la réaliser.

La vie précaire

Ces figures longilignes de Giacometti, ces visages et ces corps effilés, les surfaces lacérées aussi de la matière dont elles sont faites, tout cela concourt à donner le sentiment de la précarité de l'existence, de la menace toujours présente de la disparition, de la mort. Les personnages de Giacometti semblent toujours saisis dans l'instant, telles des apparitions soudaines, s'imposant brutalement et pour toujours à la vue, comme une «manifestation subite, dit Francis Ponge, dans le champ de la conscience». L'homme chez Giacometti est un être pétrifié dans sa course, tandis que la femme, elle, est figée dans l'immobilité de sa station fixe.

Un espace relatif

Avec ses personnages, Giacometti a donné à la sculpture du XXe siècle une toute nouvelle conception de l'espace. Il avait en effet constaté que la totalité d'une chose ne pouvait être appréhendée par le regard que si elle était à une échelle réduite. Il notait aussi que, dès que l'on se rapproche des choses, la vision d'ensemble est perturbée, «il se produit dans la perspective des exagérations et des gonflements qui détruisent l'impression d'ensemble. Or, en sculpture, tout est précisément là : l'impression d'ensemble.»

Le problème était posé : il fallait trouver le moyen d'intégrer un personnage dans l'espace relatif. Dans un premier temps, pour arriver à cette impression d'ensemble, Giacometti réduisit la taille de ses sculptures : les figurines furent alors littéralement mangées par l'espace au point de ressembler à de minuscules amulettes de quelques centimètres : le regard pouvait les appréhender dans leur ensemble. Ensuite, pour leur donner la grandeur normale d'une statue, tout en conservant les notions de distance, Giacometti en vint à les allonger démesurément !

L'être et le néant

Dans la mesure où les personnages de Giacometti sont érodés par la lumière et l'espace, et que celui-ci modèle profondément l'humain jusqu'à son comportement même, dans la mesure où Giacometti a été obsédé jusqu'au désespoir par des questions de perception de la réalité, on comprendra pourquoi il devait trouver tant d'amis parmi les écrivains existentialistes que la dialectique de l'être et du néant fascinait, F. Ponge, J.P. Sartre, M. Merleau-Ponty, S. de Beauvoir,… et Camus qui allait d'ailleurs écrire :

«...la sculpture s'acharne à fixer dans les trois dimensions la figure fuyante de l'homme, à ramener le désordre des gestes à l'unité du grand style. La sculpture ne rejette pas la ressemblance dont au contraire, elle a besoin. Mais elle ne la recherche pas d'abord. Ce qu'elle cherche, dans ces grandes époques, c'est le geste, la mine, ou le regard vide qui résumeront tous les gestes et tous les regards du monde. Son propos n'est pas d'imiter, mais de styliser, et d'emprisonner dans une expression significative la fureur passagère des corps ou le tournoiement infini des attitudes.»

Projet

Giacometti fit avec Aragon quelques projets de monument à partir du *Chariot,* mais aucun ne devait aboutir. Il s'agissait de commémorer, par cette frêle femme symbolisant la permanence et la totalité de la vie, les années d'occupation allemande que la France avait connues pendant la Deuxième Guerre mondiale.

> *«Dans l'espace, dit Giacometti, il y a trop... La plupart des sculpteurs s'y sont laissés prendre; ils ont mis du trop dans leurs oeuvres. Giacometti sait qu'il n'y a rien de trop dans l'homme vivant, parce que tout y est fonction; il sait que l'espace est un cancer de l'être, qui ronge tout; sculpter pour lui, c'est dégraisser l'espace, c'est le comprimer pour lui faire égoutter toute extériorité. Cette tentative peut sembler désespérée; et Giacometti, je crois, à deux ou trois reprises, a cotoyé le désespoir.»* Sartre

L'auteur

Alberto Giacometti est né à Stampa (Grisons) en Suisse en 1901. Son père était un peintre impressionniste très connu et son oncle, un artiste dadaïste. Alberto témoigne bientôt d'un don artistique précoce et copie, comme il le fera toute sa vie, les reproductions des oeuvres des grands maîtres. Après un séjour d'un an, à 18 ans, à l'Ecole des Arts et Métiers à Genève, il voyage en Italie où la révélation conflictuelle de Giotto et Véronèse le plonge dans une totale remise en question. A partir de 1922, il s'établit à Paris, où il peint, sculpte et dessine.

Alors qu'il étudie dans l'atelier de Bourdelle à la Grande Chaumière, sa sculpture évolue vers un style inspiré de Laurens, Brancusi et Lipchitz, ainsi que de l'art africain et cycladique. Son frère Diego, un ornemaniste qui consacrera sa vie à l'art d'Alberto, le rejoint en 1927. C'est l'époque où Giacometti se fait des amis dans le groupe surréaliste, avec lequel il expose, Cocteau, Masson, Bataille, Leiris, Desnos, Char, Queneau. Ses oeuvres, des «objets à fonctionnement symbolique», posent la question d'un espace ambigu et mouvant où s'expriment désirs et angoisses.

En 1935, une nouvelle crise s'amorce. A. Breton reproche au sculpteur de vouloir reprendre l'étude de la figure humaine, prétendant la démarche simpliste. Les deux frères, pour survivre, sont obligés de réaliser des objets utilitaires pour un décorateur. La Deuxième Guerre mondiale les chasse en Suisse.

Giacometti connaîtra un grand succès à partir de 1950, et dès 1955, les pays anglo-saxons lui consacrent de grandes expositions. La Tate Gallery de Londres, comme le Museum of Modern Art de New York, couronnent son oeuvre par deux grandes rétrospectives en 1965.

Souffrant d'un ulcère de l'estomac depuis de nombreuses années Giacometti meurt du cancer à Coïre en 1966.

«En 1940, à ma grande terreur, mes statues ont commencé à diminuer. Toutes mes statues inexorablement finissaient par atteindre un centimètre. Un coup de pouce et hop! Plus de statue.» Giacometti

David

1501-1504

Michel-Ange Buonarroti (1475-1564)

L'oeuvre

Marbre, Musée de l'Académie, Florence.

Un marbre géant

Août 1501. Michel-Ange, après un long séjour à Rome, est de
retour à Florence. Dans l'ombre du Dôme, un énorme bloc de
marbre — 5,6 mètres de haut, plusieurs tonnes et du plus pur blanc
de Carrare — attend depuis 35 ans la venue du sculpteur qui
l'affrontera. Ce bloc de marbre, les Florentins l'appellent le
«Géant». Duccio y avait esquissé une ébauche puis l'avait abandonné. Le nouveau gonfalonnier de la ville parle de le confier
à Léonard de Vinci. Mais les dirigeants de l'«Opéra del Duomo»
(les autorités de la cathédrale) ne se satisfont d'aucun projet.

Un jour, Michel-Ange leur propose d'en faire un David, ce
même David si cher à la ville libre renaissante qui y voit son
symbole (et dont Donatello et Verrocchio avaient déjà fait le portrait). Les autorités de la cathédrale acceptent le projet de Michel-
Ange. Le 13 septembre, le sculpteur attaque le «Géant».

L'inauguration

Trois ans plus tard, le 25 janvier 1504, une commission formée
des artistes les plus célèbres se réunit pour décider de l'emplacement du David. Certains, dont de Vinci, songent aux arcades de
la Loggia dei Lanzi ; d'autres, dont Botticelli, soutiennent le désir
de Michel-Ange : ériger le *David* d'un blanc éclatant, sur la place
de la Seigneurie, devant la façade ocre du Palazzo Vecchio. Cette
décision l'emporte enfin, et il faudra 4 jours à quarante hommes
et 14 rouleaux pour transporter le monument de l'atelier où il avait
été sculpté jusqu'à la Piazza della Signoria. La nuit, des gardes

font la veille : les vandales rôdent.

Le 8 septembre, jour de l'inauguration du *David,* Michel-Ange devient officiellement le plus grand sculpteur d'Italie : le héros de la Renaissance.

Depuis 1873, le *David* est à l'abri des intempéries dans la Galerie de l'Académie. Une copie en marbre se dresse à son emplacement original, et une autre, en bronze, domine la ville du haut de la Piazza Michelangelo.

Un chef-d'oeuvre

David et Goliath

«David avec la fronde et moi avec l'arc…» Cette phrase écrite par Michel-Ange aux côtés d'un dessin du bras du *David* soulève toujours beaucoup de questions. A 29 ans lorsqu'il l'écrit, Michel-Ange aborde la maturité et la célébrité. Tout est dit dans ce «et moi» : le sculpteur s'identifie littéralement au héros de la Bible, au David affrontant Goliath, à ce jeune berger hébreux, qui armé de sa seule fronde et de cinq pierres osa affronter le géant des philistins cuirassé jusqu'aux dents et redouté de tous. Ce jeune héros, c'est Michel-Ange lui-même prêt à imposer son art en dépit de tous les obstacles. Et la foi inébranlable que David avait en Dieu, le sculpteur l'a placée dans l'idéal de son art.

David, c'est le portrait moral d'un Michel-Ange, jeune encore et victorieux, hautain et sûr de sa force, que la mort et la souffrance n'obsèdent pas encore.

Un idéal de beauté

L'éphèbe *David* n'est que grâce et beauté : c'est que Michel-Ange avait appris à connaître et à aimer, dans l'entourage du Médicis, Laurent le Magnifique, l'idéal de la beauté grecque. Pour lui, le corps est le temple de l'âme, l'anatomie masculine idéalisée est l'image de la noblesse intérieure de l'homme.

A Rome, il devait assister à la redécouverte de statues antiques ; et enfin avec les adolescents des Médicis, il avait lu Platon, et comme les intellectuels de Florence, il ne cachait pas sa fervente adhésion aux conceptions socratiques et platoniques de l'amour homosexuel, seul susceptible d'atteindre la spiritualité.

Au service de la foi chrétienne

Mais chez ce génie, l'intériorité de l'être, ses tourments, ses doutes viennent palpiter sous la peau et rompre l'équilibre du corps antique.

Chez *David* la musculature saille, les veines gonflent. La sérénité cède le pas à la souffrance et à la tension de l'âme. Michel-Ange est «le dernier gothique» disait A. Rodin mais aussi et surtout, le premier des baroques.

Le héros de marbre blanc, maître de sa force, fort de sa croyance, sut plaire à la ville qu'était Florence en ce début du XVIe siècle. Elle qui avait connu les premières heures de la Renaissance, elle qui s'était toujours battue pour son indépendance, au moment même où elle amorçait son déclin, elle fit du *David* le symbole de la ville, le symbole du civisme républicain.

L'auteur

Peintre, poète, architecte, mais avant tout, d'après ses propres dires, sculpteur, Michel-Ange Buonarroti est né à Caprese dans le Casentin, le 6 mars 1475. Il est le contemporain de Léonard de Vinci, de Raphaël, de Bramante … Sa famille — son père est podestat de Caprese et de Chuisi — l'envoie en nourrice à Carrare, où il boit «le lait d'un tailleur de pierre». Il perd sa mère lorsqu'il a six ans.

Il entre à 13 ans en apprentissage dans l'atelier de Ghirlandajo. Laurent de Médicis, dit Le Magnifique, le prend sous sa protection, le loge dans son palais et lui fait suivre aussi bien les cours de sculpture que de philosophie. Hélas, ce protecteur providentiel meurt en 1492. Vu la situation politique et religieuse de Florence divisée en partisans (dont Michel-Ange) et opposants de Savonarole, le sculpteur décide de fuir la ville. Il parcourt l'Italie, séjourne à Bologne où il réalise plusieurs oeuvres et aussi à Rome où il sculpte, pour Saint-Pierre, une *Piéta* et un *Bacchus*. Après un nouveau séjour à Florence où, pendant quatre ans, il travaille avec ardeur (le *David*, le *Saint-Mathieu*, la *Sainte-Famille*, la *Vierge de Bruges*…), Michel-Ange retourne à Rome où il s'établit définitivement.

Commence alors la **longue série de** commandes pontificales. Jules II, d'abord, ce pape soldat aussi intraitable et colérique que

L'Agneau mystique — Hubert et Jean Van Eyck

Eglise Saint-Bavon, Gand

Le Jardin des délices — Jérôme Bosch

Madrid, Musée du Prado

La Chute d'Icare — Pieter Bruegel

Musées Royaux des Beaux-Arts de Belgique, Bruxelles

*L'Enlèvement
des filles
de Leucippe*

Pierre-Paul Rubens

La Ronde de nuit— Rembrandt van Rijn

Ryksmuseum, Amsterdam

*Les
Ménines*

Vélasquez

Musée du Prado
Madrid

La Peseuse de perles

Jean Vermeer de Delft

National Gallery Washington

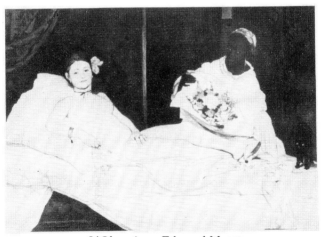

L'Olympia — Edouard Manet

Musée d'Orsay, Paris

Les Tournesols — Vincent Van Gogh

National Gallery, Londres

La Danse — Henri Matisse

Musée de l'Ermitage, Léningrad

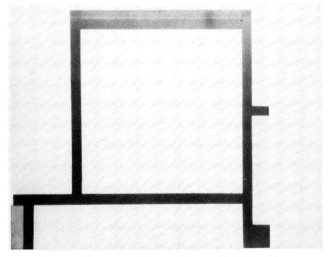

Composition rouge, jaune, bleu — Piet Mondrian

Stedelijk Museum, Amsterdam

Guernica — Pablo Picasso

Musée du Prado, Madrid

L'Empire des lumières

René Magritte

Musées Royaux des Beaux-Arts de Belgique, Bruxelles

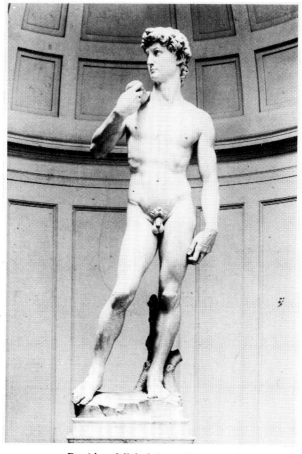

David — Michel-Ange Buonarroti

Musée de l'Académie, Florence

Le Penseur — Auguste Rodin

Musée Auguste Rodin, Paris

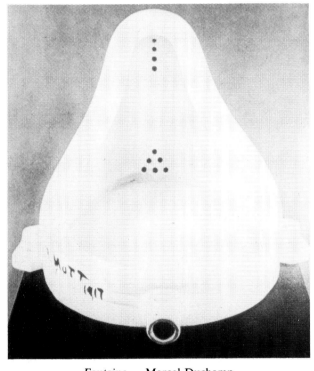

Fontaine — Marcel Duchamp

Original perdu, copie galerie Schwarz, Milan

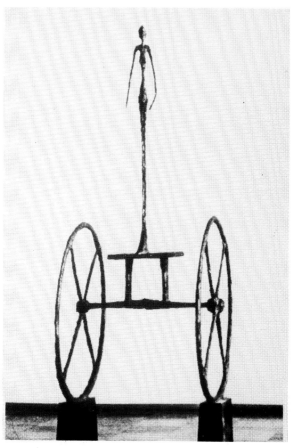

Le Chariot — Alberto Giacometti

New York, Museum of Modern Art

Les Pyramides

Le Parthénon — Phidias

La cathédrale Notre-Dame de Paris

Le dôme de Florence
Filippo Brunelleschi

La basilique Saint-Pierre de Rome

La villa Rotonda
Andrea Palladio

La maison Horta

Victor Horta

La tour Eiffel
Gustave Eiffel

Michel-Ange, lui demande de peindre la voûte de la Chapelle Sixtine. Il y travaille de 1508 à 1512. Ensuite, c'est la reconstruction de la façade de l'église *San Lorenzo* à Florence, et aussi pour
Léon X, un «Médicis», la transformation de la sacristie de cette
église en *chapelle funéraire des Médicis* et à ses côtés une bibliothèque, la *bibliothèque Laurentienne*.

Lorsque la ville de Florence se révolte contre la tyrannie des
Médicis, Michel-Ange se voit engagé dans une oeuvre de défense
militaire et ce n'est qu'en 1530 qu'il reprend son projet de tombeau, mille fois interrompu, du Pape Jules II.

La vie de ce génie est faite de fuites, de colères, de hantises.
Se sentant constamment persécuté par ses concurrents. Michel-
Ange est un solitaire, n'a ni élèves, ni école. Un tourmenté que
Raphaël un jour traite de bourreau...

Pourtant, deux êtres dans sa vie pourront l'aimer et l'estimer
comme il le souhaite. Tommaso Cavalieri, un jeune Romain, rencontré en 1532, aristocrate d'une grande beauté, d'une grâce et
d'une intelligence exceptionnelles, dont Michel-Ange ne pourra
plus se passer, il lui voue un amour platonique, et lui dédie de
nombreux sonnets. Et puis il y a Vittoria Colonna, amie qui, par
sa foi, saura l'apaiser et le réconcilier avec la religion.

De 1536 à 1541, il peint la grande fresque du *Jugement dernier* dans la Chapelle Sixtine, avec en tête les images terribles
de Dante. On y reconnaît son portrait, ainsi que celui de Cavalieri dans la figure centrale de l'ange. A la fin de sa vie, il se
consacre surtout à l'architecture : le *Capitole*, le *Palais Farnèse*.
Nommé préfet et architecte de Saint-Pierre, il dirige les travaux
du *Belvédère* et de la *Basilique vaticane*, dont il achève la maquette
de la coupole mais qu'il ne verra jamais terminée. Jusqu'au der-
nir jour de sa vie, Michel-Ange sculpte et c'est la *Piéta Ronda-
nini*. Il meurt le 18 février 1564, à près de 90 ans. Rome et
Florence se disputent son corps. Il sera emmené en cachette et
enterré dans la ville du David.

«*Davide colla fromba io coll'arca*».
«*David avec la fronde et moi avec l'arc.* » Michel-Ange, 1501

Le Discobole

env. 450 av. J.C.

Myron (env. 500-450 av. J.C.)

L'oeuvre

Copie romaine en marbre, Rome, Museo Nationale.

Dans la Grèce antique, le lancer du disque ne se pratiquait pas de la même manière qu'aujourd'hui. Le disque (en métal, en bronze ou en pierre, de 17 à 34 cm de diamètre, et de 1,25 à 5,7 kg) était lancé sans élan et sans rotation sur soi-même. On élevait le disque au-dessus de la tête en le faisant passer de la main gauche à la main droite, puis le bras droit tendu basculait d'avant en arrière et en même temps, le corps se fléchissait. Ceci pour qu'il puisse l'instant d'après se tendre comme un ressort ; tandis que le bras continuait son mouvement d'arrière en avant, les jambes et le torse s'étiraient et le poids du corps basculait de droite à gauche.

Myron a saisi le mouvement juste avant sa phase de détente et de lancement à proprement parler du disque. Néanmoins, il ne reproduit pas exactement la réalité : son *Discobole* est dans une attitude, sinon impossible, du moins très difficile à reproduire par un sportif. Il a en fait synthétisé différentes phases du mouvement d'un lanceur.

Le bronze original du Ve siècle av. J.C. du Discobole *de Myron ne nous est malheureusement pas parvenu. Oeuvre unique et parfaite — aucun artiste grec ne s'est hasardé à reprendre ce thème, contrairement à l'usage — elle a été copiée en marbre et en bronze du IIe siècle av. J.C. au IIe siècle ap. J.C.*

Un chef-d'oeuvre

Le Pentathlon

Le *Discobole* célébrait une des cinq épreuves du Pentathlon, un ensemble de cinq sports qui comprenait, outre le lancement du disque, celui du javelot, les sauts, la lutte et la course à pied.

Reflet d'une mythologie, le *Discobole* représenterait en outre le dieu Hyacinthos, un des «bien-aimés» d'Apollon, qui, au cours d'un exercice de lancer, fut tué par le dieu du vent Zéphir. Celui-ci, jaloux de l'amour que lui vouait Apollon, fit dévier le disque pour le diriger sur la tête du jeune et bel athlète.

Equilibrer le rythme

Avec Myron, le sculpteur du *Discobole,* et avec Polyclète, Phidias et Praxitèle, la sculpture grecque entre dans sa grande période d'apogée: la période dite classique qui se caractérise par une recherche de la vérité, par un génie du rythme et une harmonie où est absent tout effet d'imprévu. Enfin le classicisme montre un intérêt tout neuf pour le mouvement et la «dimension» humaine.

A cette époque de l'Athènes de Périclès, l'être humain, encore empreint du naturisme archaïque, bien qu'idéalisé, est encore traité comme un animal de race dont le corps, dans l'échelle des êtres vivants, représente le parfait aboutissement.

Le goût du mouvement

Dans ce contexte, Myron s'est surtout attaché à comprendre et à restituer les mouvements du corps humain. Ainsi, paradoxalement, le *Discobole* ne représente pas l'instantané d'une action, mais bien la combinaison harmonieuse de mouvements successifs! Une oeuvre qui n'a été possible que grâce à une parfaite connaissance du lancer du disque et à une maîtrise exercée du dessin. En effet, une comparaison entre le mouvement réel du lanceur et celui de Myron révèle un léger décalage qui, lorsqu'on suit la silhouette de l'athlète, donne l'impression de voir se dérouler le mouvement.

La géométrie

Comme tout artiste grec, Myron base son art sur les lois de la géométrie. Le *Discobole,* en effet, est plus conçu comme un relief que comme une oeuvre à trois dimensions. Il est construit autour d'un axe vertical, celui du tibia droit, et d'un cemi-cercle, celui formé par le corps courbé, du genou à la tête.

De part et d'autre de cet axe et de ce demi-cercle (tous deux des formes pleines) s'articulent quatre triangles (des espaces vides) de grandeur croissante : celui compris entre les tibias croisés, le second compris dans l'angle de la jambe gauche fléchie, le troisième compris entre le bras gauche, la cuisse droite et le torse, le quatrième enfin compris entre le bras droit et le dos.

De cette manière, Myron réalise une représentation abstraite du mouvement, par un rythme basé sur une progression géométrique ! Toutefois, cette forme d'abstraction ne dépasse pas l'apparence extérieure du corps, ne touche pas le monde intérieur de l'être humain.

L'auteur

Dans l'Antiquité, l'artiste ne bénéficiait pas de ce culte de la personnalité tel que nous aimons le pratiquer aujourd'hui. Myron, le premier des sculpteurs grecs qui nous soit connu par des textes, est né à Eleuthères, village à la frontière de l'Attique et de la Béotie, dans une région montagnarde et bucolique, vers 500 av. J.C.

De ce contemporain des grands sculpteurs classiques, nous ne connaissons avec certitude, par des textes et des copies, que trois oeuvres : le groupe de *Marsyas et Athéna,* le *Discobole* et une *Génisse.*

Fontaine
1917

Marcel Duchamp (1887-1968)

L'oeuvre

Ready-made, urinoir en porcelaine. Original perdu, copie galerie Schwarz, Milan, 1964.

L'oeuvre de Duchamp est une réelle provocation dont il dira : «Ma fontaine-pissotière partait de l'idée de jouer un exercice sur la question du goût : choisir l'objet qui ait le moins de chance d'être aimé. Une pissotière, il y a très peu de gens qui trouvent cela merveilleux. Car le danger, c'est la délectation artistique. Mais on peut faire avaler n'importe quoi aux gens ; c'est ce qui est arrivé.»

Un chef-d'oeuvre

Ready-made

En transformant un urinoir en *Fontaine,* Marcel Duchamp réalisait une fois de plus un ready-made, cet objet «tout fait» érigé en oeuvre d'art. Un concept qu'il avait mis en pratique dès 1913 avec une roue de bicyclette posée sur tabouret. Il avait poursuivi avec le *Porte-bouteilles ou Hérisson,* la pelle à neige appelée *In advance of the Broken Arm.*

Urinoir, objet d'art ?

Marcel Duchamp qui, en 1917, habite New York, dans un atelier parsemé d'objets ready-made, vient d'être nommé président du Comité de placement de l'exposition de la Society of Independent Artists dont plusieurs de ses amis new yorkais sont les directeurs... Tous sont plongés dans la fièvre des jours qui précèdent le vernissage. Duchamp en compagnie de W. Arensberg (un des grands collectionneurs de son oeuvre) et J. Stella (un peintre d'origine italienne) se rend aux établissements Mott pour y choisir un urinoir, qu'il signe R. Mutt et qu'il pose à plat pour le transformer en fontaine. Enfin il paie les six dollars réglementaires pour participer à l'exposition.

Le scandale

Lorsque la *Fontaine* passe devant le comité de placement (constitué entre autres de Duchamp, Stella et Arensberg ...), celui-ci se scinde en deux clans violemment opposés. Effroi des uns à la pensée de voir atterrir dans l'exposition une nuée d'incongruités : « Et si un artiste trouvait une beauté quelconque à du fumier de cheval, vous l'exposeriez ? ». « C'est un article que l'on voit tous les jours dans les vitrines des plombiers ». D'autres répliquent que M. Mutt a payé ses six dollars réglementaires ou que « les seules oeuvres d'art que l'Amérique nous ait données sont ses installations sanitaires et ses ponts. » Conclusion : l'urinoir n'obtint pas sa place d'oeuvre d'art et les trois amis, Duchamp, Arensberg et Stella quittèrent leur place au comité de placement.

Cela a-t-il un sens ?

Duchamp a souvent accompagné ses ready-made de mots d'esprit pour lesquels il se montrait fort doué. Il est passé maître dans l'art de la contrepèterie. Cet humour a déjoué de même les fonctions initiales des objets qu'il destinait à l'art. Ces objets sélectionnés ont permis en fait de mettre en évidence l'aspect intellectuel de toute démarche artistique, de ramener, comme il l'a dit lui-même, « l'idée de la considération esthétique à un choix mental et non pas à l'intelligence de la main contre quoi je m'élevais chez tant de peintres de ma génération ».

Ebranler les traditions

Comme les dadaïstes, Duchamp, par son art et sa vie, a anéanti un ensemble de traditions esthétiques centenaires et participé à la fondation de l'art du XXe siècle, dont une des voies consiste en la totale liberté créatrice de l'artiste. Les ready-made de Duchamp trouveront des échos à travers tout l'art du XXe siècle : chez les surréalistes et leurs objets trouvés ; chez les artistes pop,

Rauschenberg et Kienholz ; chez les nouveaux réalistes avec leurs accumulations et compressions d'objets (Arman, César...).

De plus, son attitude révolutionnaire, ses actes provocateurs et sa conception de l'art auront une influence directe sur les «happenings» des années soixante et sur l'art conceptuel des années soixante-dix.

A coups trop tirés — A couteaux tirés. *Au moment d'ouvrir leur exposition au salon de la Galerie Montaigne en 1921, les dadaïstes parisiens songent tout naturellement à Marcel Duchamp, alors déjà à New York. Celui-ci répond à leur invitation par un câble : «Pode Bal», en d'autres termes : allez-vous faire fiche ! Le câble sera exposé comme oeuvre...*

L'auteur

Marcel Duchamp est né à Blainville le 28 juillet 1887. Sa mère est la fille de l'aquafortiste Nicolle et son père, un notaire, qui avait toujours encouragé les goûts artistiques de ses enfants, allouera une petite pension à Marcel et à ses deux frères qui embrasseront tous trois des carrières artistiques.

Duchamp fréquente à partir de 1904 l'Académie Julian à Paris et, refusé à l'Ecole des Beaux-Arts, il vit de ses dessins humoristiques. Au cours de ces années de formation, il oeuvre en autodidacte. Il expose plusieurs fois au salon des Indépendants jusqu'au refus de son oeuvre *Nu descendant un escalier.*

Il rencontre le monde artistique international de Paris, fréquente les *Dimanches de Puteaux,* où l'on discute du nombre d'or, de la géométrie euclidienne ou de la quatrième dimension, en compagnie d'Apollinaire, Kupka, Léger... Plus tard, Duchamp est marqué par les cubistes et les futuristes italiens, par la pièce de Roussel, *Impressions d'Afrique* et par le *Sacre du printemps* de Stravinski. Duchamp commence à travailler à son oeuvre la plus connue, *La Mariée mise à nu par ses célibataires, même (le Grand Verre)* tout en étant bibliothécaire à Sainte-Geneviève, à Paris, fonction qu'il occupe aussi à New York où il se réfugie dès 1915. Il y est accueilli par les Arensberg qui se mettent à collectionner

son oeuvre et l'introduisent dans les milieux artistiques new yorkais où Duchamp remporte un succès fou. Pour une de ses admi-
ratrices, Béatrice Wood, il réalise sa dernière peinture sur toile,
Tu m'...

Dès 1919, il voyage beaucoup entre l'Europe et les Etats-Unis
et s'investit dans une nouvelle passion, les jeux d'échecs, qui ira
croissant puisque, en 1923, ayant terminé *le Grand Verre* et cessé
toute activité artistique, il commencera une carrière internationale
de champion d'échecs. Par ailleurs, il prend part à l'organisation
de nombreuses expositions, par jeu, notamment avec Miss Dreier
et Man Ray à New York pour la Société anonyme Inc. qu'ils ont
fondée, ou encore avec le groupe surréaliste dirigé par Breton à
Paris. Dans l'esprit ludique qui le caractérise, il collabore à de
nombreuses revues, à des films... Il prend un pseudonyme aussi,
Rose Selavy, en référence à la célèbre phrase de l'écrivain américaine, Gertrude Stein, «une rose est une rose, est une rose...»
et aux expressions françaises, «c'est la vie» et «la vie en rose».

Marié une première fois en 27, pour un an seulement, une
deuxième et dernière fois, à 67 ans, avec l'ex-femme de Matisse,
il se remet à l'art en 1934, et rassemble ses notes pour la *Boîte
verte,* une version miniature et explicative de son célèbre *Grand
Verre.* Il meurt à Paris d'une embolie le 2 octobre 1968. Ses cendres reposent au Père Lachaise où, sur sa pierre tombale, il a voulu
qu'on inscrive «D'ailleurs, c'est toujours les autres qui meurent.»

Le Penseur

1880

Auguste Rodin (1840-1917)

L'oeuvre

Bronze, Musée Auguste Rodin, Paris.

Les Portes de l'Enfer
Le Penseur est né à l'occasion d'une commande faite par le sous-secrétaire d'Etat aux Beaux-Arts, désireux de créer pour un futur musée des arts décoratifs une grande porte, majestueuse...

Un chef-d'oeuvre

Les passions de l'humanité...
Le sous-secrétaire d'Etat aux Beaux-Arts, E. Turquet, est une des rares personnes à avoir apprécié *L'Age d'Airain,* la dernière sculpture de Rodin exposée au salon de 1878. Il vient donc trouver le sculpteur avec Gambetta, pour lui passer la commande d'une grande porte. Oui une porte ! La porte d'entrée d'un futur musée des arts décoratifs — qui ne sera d'ailleurs jamais construit.

Les trois hommes évoquent *La Porte du Paradis* du Baptistère de Florence, réalisée au XVe s. par Ghiberti. Ensuite ils songent à la *Divine Comédie* de Dante, et le paradis devient un enfer. Enfin Rodin s'emballe à l'idée. Il a vu le *Jugement dernier* de Michel-Ange à la Chapelle Sixtine, il vient de lire les *Fleurs du mal* de Baudelaire et petit à petit il se fait une image précise de la porte : elle doit représenter l'humanité aux prises avec ses passions, avec ses amours et le poids de sa propre vie ; elle doit représenter le siècle qu'il connaît.

Au coeur de la porte : le Penseur

Surmontant les deux battants, sur lesquels des centaines de figures s'enlisent dans leurs émotions, leurs péchés, leurs folies, un homme, seul, assis, le coude sur un genou, la tête dans la main, courbé, pense. Le *Penseur* est né. «L'image du penseur, de l'homme qui voit toute la grandeur et toutes les horreurs de ce spectacle parce qu'il pense. Il est assis, perdu et muet, lourd d'images et de pensées, et de toute sa force (qui est la force de quelqu'un qui agit), pense. Son corps entier s'est fait crâne, et tout le sang de ses veines, cerveau. Il est le centre de la porte.» écrit R.M. Rilke.

Il aura deux mètres...

Rodin fait les premières esquisses de la porte en 1880. A sa mort en 1917, elle est toujours inachevée. Un mécène américain la fait pourtant couler en bronze 10 ans plus tard.

Mais de cette porte animée de centaines de figures, Rodin a tiré toute son oeuvre. Isolées, et agrandies, ces petites figures, pas plus grandes que la main, deviendront, de plus grandes statues : *l'Enfant prodigue, La Belle Heaulmière, Ugolin, Eve, Fugit Amor...* et *Le Penseur*. Ce dernier a plus de 2 mètres, et Rodin à sa mort a exigé qu'on le place sur sa tombe.

Une force de la nature

Rodin est un homme plutôt petit, taillé à même le roc. Sa grande barbe carrée cache de fortes mâchoires. Et son visage, grossièrement équarri, s'éclaire d'un regard bleu à la fois perçant et tendre. Toute sa physionomie exprime une lente et indétournable volonté. Avec ce corps que la nature lui a donné, il peut travailler des journées entières sans s'arrêter. Et les journées s'allongent souvent de la nuit. La sculpture ne le quitte jamais. Ses grandes mains, d'une extrême agilité et d'une forte sensualité, s'activent sur toutes les matières : argile, marbre, bronze, plâtre,... toutes s'y soumettent.

«*Rodin lui-même a dit un jour qu'il devrait parler pendant une année pour répéter en paroles une de ses oeuvres.*»
Rilke

«L'art c'est la contemplation»

«C'est le plaisir de l'esprit qui pénètre la nature et qui y devine l'esprit dont elle est elle-même animée. C'est la joie de l'intelligence qui voit clair dans l'univers et qui le recrée en l'illuminant de conscience. L'art, c'est la plus sublime mission de l'homme puisque c'est l'exercice de la pensée qui cherche à comprendre le monde et à le faire comprendre» disait Rodin.

Pour lui, le symbole de la vie, c'est le mouvement, et le symbole du monde, c'est le corps. Toute son existence durant il l'observe. Contrairement à ses contemporains, il ne fait jamais poser ses modèles. Il les laisse se mouvoir, libres et nus dans l'atelier et, un carnet de croquis à la main, il les dessine inlassablement, croquant des mouvements d'une puissance d'expression remarquable.

L'élément fondamental : la surface

Tout comme le geste et le mouvement sont des facteurs essentiels de l'expressivité d'une oeuvre, de même le modelé, la manière dont la surface de la sculpture est travaillée, est chargé d'émotivité. C'est cette surface qui sculpte l'espace, c'est elle aussi qui capte ou réfléchit la lumière. Rodin y accorde un soin maniaque.

Lorsque P. Gsell vint recueillir ses propos sur l'art, A. Rodin lui fit voir une petite Vénus antique en marbre. Il lui montra la statuette d'abord à la lumière du jour, et ensuite, il prit une lampe et éclaira son ventre avec une lumière rasante. «Voilà ce que m'a appris la sculpture grecque», dit-il.

C'est là que réside tout l'art : mille coups de ciseaux ont pourvu la surface des sculptures de petites facettes qui, chacune, réfléchissent la lumière et donnent aux oeuvres un modelé très doux, d'une grande luminosité.

> «*Songez comment dut travailler celui qui voulait se rendre maître de toutes les surfaces, puisqu'aucune chose n'est semblable à l'autre. Celui pour qui il ne s'agissait pas de connaître le corps en général, le visage, la main (tout cela d'ailleurs n'existe pas); mais tous les corps, tous les visages, toutes les mains. Quelle tâche se dresse là! Et combien simple et grave est-elle : sans séduction ni promesse, comme sans phrase.*»
> Rilke

L'auteur

Auguste Rodin naît à Paris le 12 novembre 1840. Son père, coursier à la préfecture de police, se désole : Auguste veut dessiner. Heureusement, Marie, sa soeur se dévoue et lui paie ses études de dessinateur à l'école de H. Lecoq. Lorsqu'il découvre la terre glaise, c'est la révélation : il sait qu'il veut être sculpteur. Son premier portrait sera celui de son père. Adolescent, il court les rues de Paris et dessine tout ce qu'il voit : églises, arbres, animaux, avec pour toute nourriture, un quignon de pain.

Refusé à trois reprises à l'Ecole des Beaux-Arts et affligé par la mort de sa soeur, il entre dans les ordres. Il n'y reste qu'un an. La sculpture l'appelle. Il travaille d'abord comme sculpteur-décorateur, tout en suivant des cours à l'atelier du sculpteur-animalier, E. Barye. C'est alors qu'il rencontre celle qui sera sa compagne de toujours, Rose Beuret. Ensuite il est engagé par les ateliers Carrier-Belleuse, qui au moment de la Commune s'établissent à Bruxelles. Rodin y vient aussi et y sculpte plusieurs figures pour la Bourse de Bruxelles.

Bientôt il s'associe avec un artiste hollandais et tous deux livrent des sculptures à la Belgique et la France. Il voyage aussi, pour la première fois de sa vie : il découvre Amsterdam où grandit son admiration pour Rembrandt et un peu plus tard, c'est l'Italie où se renforce sa dévotion pour Michel-Ange.

A son retour de Rome, il décide enfin de travailler pour lui seul et de rentrer à Paris. Là, jusqu'à la fin de sa vie en 1917, il changera continuellement d'ateliers, les accumulant parfois : avenue de l'Université, place d'Italie, rue des Grands Augustins,...

Sa lutte avec les instances officielles commence aussi : refus du salon en 1864, puis en 1878, avec *L'Age d'Airain.* La presse l'accuse d'avoir moulé son modèle. En 1889, exposé, *Le Penseur* reste incompris. *Le Baiser,* exposé au salon de Chicago, provoque un scandale. De même, lorsque les villes de Nancy, de Calais et de Paris lui commandent les monuments de *Claude Lorraine*, des *Bourgeois de Calais*, de *Victor Hugo*, et de *Balzac*, Rodin se voit obligé de modifier ses oeuvres.

Dès 1880, il travaille à la *Porte de l'Enfer,* une oeuvre qui le passionne et lui prend beaucoup de temps et d'énergie. C'est l'époque aussi de sa liaison amoureuse et orageuse avec Camille Claudel, la soeur de l'écrivain, sculpteur elle aussi. Une liaison de 11 ans, qui se termine en drame.

Au début du siècle, enfin, la France commence à reconnaître le grand sculpteur : il est décoré de la croix de la Légion d'Honneur ; un palais entier lui est consacré à l'exposition universelle qui vit naître la Tour Eiffel. Par ailleurs, le poète allemand, R.M. Rilke, vient le trouver. Rodin l'engage comme secrétaire. Son atelier bourdonne. Il y enseigne à de jeunes artistes : A. Bourdelle, A. Maillol, ... Des dames célèbres se pressent pour le rencontrer, dont la comtesse de Choiseul, et aussi des danseurs, Isadora Duncan, Hanako, Nijinsky... Les commandes de portraits affluent, Mahler, Clémenceau,...

En 1916, un an avant sa mort, Rodin lègue toute son oeuvre avec le droit de la reproduire à la ville de Paris.

Il meurt à Meudon le 17 novembre 1917.

A coups de hache... *En 1889 Rodin expose* Le Penseur *au salon à Paris. Comme toujours, la presse et les magnats des Beaux-Arts s'emparent de son oeuvre. Ils la qualifient de gorille, de monstre... Les journaux impriment : «Regardez ces horribles mains, ce ne sont pas celles d'un homme moral, c'est un répugnant travestissement de l'homme.»*

Quelque temps plus tard, le modèle en plâtre du Penseur *est érigé sur la place du Panthéon. La nuit suivante, l'oeuvre est détruite à coups de hache...*

80 ans plus tard, le Penseur est une des sculptures les plus célèbres au monde. On le voit partout, dans les cimetières, sur la couverture des livres, en forme de serre-livres aussi, ou en machine électronique... pensante...

Les chefs-d'oeuvre

de

l'architecture

La basilique Saint-Pierre de Rome

1506-1626

L'oeuvre

Aucune photographie, aucune représentation d'aucune sorte ne peut rendre compte de l'impression d'espace que procure au visiteur la *basilique Saint-Pierre* de Rome. En pénétrant dans cette immense nef, sous cette voûte dorée, parmi les marbres de couleur, le visiteur se sent minuscule comme une poussière sur le dallage. Il s'approche du bénitier placé à l'entrée et en s'apprêtant à se signer, s'aperçoit que les angelots qui le portent sont des colosses et que la conque qu'ils soutiennent lui arrive au front !

Un chef-d'oeuvre

Reconquérir les fidèles

Gigantisme, séduction par le luxe et l'opulence, triomphalisme : l'Eglise nous offre à travers la *basilique Saint-Pierre* de Rome une image d'elle-même qui, à elle seule, suffirait à expliquer les critiques acerbes qui lui furent adressées par les protestants d'abord et par les philosophes de la Révolution française ensuite. Et pourtant, par-delà ces reproches, comment ne pas être sensible à cette brillante mise en scène, savamment orchestrée par les plus brillants artistes des XVIe et XVIIe siècles, pour séduire, émouvoir et subjuguer le fidèle ?

Il aura fallu près de deux siècles à la papauté et à l'Eglise, arrivées au seuil du XVIe siècle moralement affaiblies, traversées par le doute et les désordres, pour mettre au point ce somptueux édifice, symbole de leur confiance retrouvée et de leur toute-puissance. C'est dire les réorientations que connut la conception de l'édifice au cours de la lente construction qui lui donna son aspect définitif.

Application en grand des idées de la Renaissance, il allait progressivement, par une série de gauchissements successifs, en représenter le détournement à des fins qui sont aux antipodes de l'esprit humaniste qui l'avait vu naître! Deux artistes de premier plan en ont marqué la conception de façon décisive: Michel-Ange et Le Bernin.

> *«L'église catholique, qui a toujours su, en frappant les sens, provoquer la ferveur des foules, offrait au chrétien de la Contre-Réforme l'image de l'au-delà qui était à sa portée: un spectacle d'opéra.»* G. Bazin

Une rénovation

L'ancienne *basilique Saint-Pierre,* immense édifice à cinq nefs construit sur l'ordre de Constantin à partir de 324, avait onze siècles et menaçait ruine lorsque le pape Nicolas V décida de la reconstruire en 1452. La rénovation commença par l'abside.

Il fallut toutefois attendre Jules II et le début du XVIe siècle pour voir les travaux prendre une tournure décisive avec l'adoption du projet de Bramante (1506). Celui-ci avait imaginé, pour remplacer la basilique paléo-chrétienne, une vaste église en croix grecque coiffée d'une coupole principale flanquée de quatre coupoles plus petites. Ce plan central, qui découlait des préoccupations humanistes et en particulier des recherches de Léonard de Vinci, constituait l'originalité du projet de Bramante. La grande coupole prenait pour modèle celle du Panthéon.

Croix latine ou grecque?

A la mort de l'architecte en 1514, seuls les piliers de la croisée étaient bâtis. Léon X chargea Raphaël, aidé de fra Bartolomeo et Jiuliano Sangallo, de poursuivre les travaux. Raphaël voulut revenir au plan en croix latine, mais après sa mort, en 1520, Peruzzi reprit l'idée du plan en croix grecque.

Les travaux de la basilique prirent un nouvel essor avec Antonio da Sangallo le Jeune qui défendit à son tour l'idée du plan en croix latine. A sa mort, en 1546, Michel-Ange revint au plan central.

Le colossal selon Michel-Ange

La reprise des travaux par le maître florentin allait s'accompagner d'importantes modifications : Michel-Ange prit pour modèle de sa coupole, non plus celle du Panthéon, mais celle de Sainte-Marie-des-Fleurs bâtie au siècle précédent par Brunelleschi. De plus, alors que Bramante avait dans son projet déterminé les rapports de proportion des coupoles latérales à la coupole principale selon le nombre d'or et prévu dans les supports, colonnes et pilastres, des éléments de dimension moyenne proportionnés selon le même principe et qui menaient progressivement du plus petit au plus grand, le maître florentin apporta dans le remaniement du projet un goût du colossal, en supprimant toute référence à l'échelle humaine. Il élimina tous les éléments de support intermédiaires, accentuant par là l'effet de monumentalité et l'impression d'écrasement.

A sa mort, en 1564, les travaux avaient considérablement progressé : les deux bras du transept, l'abside et le tambour de la coupole étaient bâtis. L'essentiel des jalons de l'espace intérieur était donné.

Par chance, Giacomo della Porta construisit la coupole conformément au plan de Michel-Ange de 1588 à 1590, se contentant de lui apporter un peu plus d'élancement.

Une vaste nef

La contre-réforme ayant redéfini la liturgie et jeté aux oubliettes les spéculations intellectuelles de la Renaissance, le plan central fut subtilement modifié en plan en croix latine par l'adjonction d'une vaste nef commandée en 1607 à Maderno. L'édifice déjà grand en devint franchement colossal ! C'est à Maderno également que revint la difficile tâche de créer la façade principale d'un très grand développement en largeur. Il s'en tira honorablement.

Marbre polychrome

Entretemps, le pape Urbain VIII avait en 1626 inauguré la basilique. Elle n'offrit pas longtemps l'aspect intérieur sobre et dépouillé conforme à l'esprit du Concile de Trente… L'intervention géniale du Bernin qui réalisa le baldaquin (1623-1633) et la chaire de *Saint-Pierre* (1656-1665) ainsi que l'ensemble de la décoration en marbre polychrome et plusieurs tombeaux de pape, et surtout la place en ellipse formée d'une quadruple colonnade (1657-1667) qui précède l'édifice achevèrent de lui donner l'allure opulente et triomphaliste conforme au nouveau langage de l'Eglise du XVIIe siècle.

S'il masqua la pureté architecturale de l'édifice conçu par Michel-Ange et Maderno sous un placage de marbre, de stuc, de dorure, il fit passer dans l'immense édifice un souffle lyrique qui emporte et suscite l'adhésion.

Les auteurs

Deux artistes auraient en définitive marqué l'édifice de leur empreinte décisive. **Michel-Ange,** à qui l'on doit l'impression d'écrasement et de démesure qui saisit dès que l'on entre dans Saint-Pierre, eut la chance d'être suivi par ses successeurs qui bâtirent les coupoles secondaires sans modifier grand chose à son projet. *Saint-Pierre* devait offrir lors de son inauguration l'allure d'un immense espace blanc d'une glaciale et effrayante démesure. La vision tragique de l'homme écrasé par la démesure d'un Dieu tout puissant animait l'architecture de Michel-Ange tout comme elle avait nourri sa peinture et sa sculpture.

Homme moins tourmenté et plus mondain, traversé d'une sorte d'élan religieux pathétique, mais plus rhétorique que tragique, **Le Bernin** tempéra les excès de Michel-Ange en noyant le tout dans une symphonie de couleurs.

La cathédrale Notre-Dame de Paris

1163-1320

L'oeuvre

Avec sa grande nef, flanquée de bas-côtés doubles, avec son transept et son choeur à double déambulatoire, *Notre-Dame de Paris* n'est ni la plus vaste ni la plus fastueuse des cathédrales. Pourtant sa sobriété, la pureté de ses lignes, l'élégance de ses arcs-boutants en ont fait le symbole d'un certain gothique français. Construite au km-zéro de toutes les routes de France, au coeur même de la Cité, elle clame très haut l'effort et la foi du peuple de Paris et des milliers d'ouvriers, maçons, ferronniers, tailleurs de pierres et charpentiers qui, pendant plus de 150 ans, se consacrèrent à cette grandiose entreprise dont le destin n'a pas cessé d'être lié à celui de la nation.

Un chef-d'oeuvre

Une cathédrale digne de Paris

C'était le temps de Louis VII qui venait en 1152 de se séparer d'Aliénor d'Aquitaine... Paris qui prenait un nouveau rôle politique voyait sa population se développer de plus en plus vite... Et la vénérable cathédrale Notre-Dame, incendiée puis reconstruite, souvent restaurée, devenait décidément trop exiguë pour les fastes de la capitale. Quant à la petite église mérovingienne dédiée à saint Etienne, elle tombait en ruines.

C'est un évêque, Maurice de Sully, qui allait entreprendre l'ambitieux projet d'une somptueuse cathédrale qui serait dédiée à la Vierge. Né vers 1120 près de Sully-sur-Loire, Sully était un humble fils de paysan monté à Paris pour y faire ses études. Maître en théologie, chanoine, il devint archidiacre de Notre-Dame et fut élu évêque de Paris en 1160.

Notre-Dame de Paris en chiffres : *hauteur de 35 m sous voûte, longueur de 130 m ; la surface du sol à l'intérieur est de 6.000 m² et le volume de 216.000 m³ : 9.000 personnes peuvent y tenir et parfois, comme le jour de la Libération de Paris, 13.000 personnes purent s'y entasser. La flèche reconstruite par Viollet-le-Duc sur l'ancien modèle mesure 96 m.*

Un chantier de 150 ans

C'est en 1163 que commencèrent les travaux. Et la tradition veut que ce soit le pape Alexandre III, en séjour à Paris, qui ait posé la première pierre de *Notre-Dame*... On aurait mêlé de l'eau bénite à du mortier puis le pape, ayant béni le lieu, serait descendu dans les tranchées pour poser la première pierre à l'aide d'une truelle...

Le choeur fut terminé en 1182 et le maître-autel consacré cette année-là. Lorsque Sully meurt en 1196, la cathédrale est pratiquement terminée. C'est Eudes, son successeur à l'évêché, qui reprit la direction des travaux. En 1220, les tours de la façade jusqu'à l'étage de la rose étaient terminées ainsi que les travées doubles situées à l'arrière. La dernière campagne de 1225 à 1240 marqua l'achèvement de la façade avec la tour méridionale, et vers 1250, on termina la tour du nord et la galerie haute. Les chapelles remontent à 1235-45 ; pour éviter que le transept se trouve en retrait, on entreprit finalement de l'agrandir d'une travée au nord et au sud.

C'est Jean de Chelles qui entama les travaux en 1258 ; ils furent repris à sa mort par Pierre de Montreuil. Quant aux chapelles du déambulatoire, elles furent terminées en 1320.

L'effort d'un peuple entier

La légende de *Notre-Dame* a toujours prétendu que les volontaires étaient accourus du pays entier pour participer à l'édification de la cathédrale et que des cohortes de bourgeois et de nobles y avaient prêté leur énergie ! La vérité est toute autre, car les volontaires furent peu nombreux ; si des pèlerins au début apportèrent quelques pierres, le travail fut bel et bien assumé par de véritables artisans. Une cathédrale est affaire de professionnels !

Mais ceci n'empêcha pas les Parisiens de participer à l'effort financier : toutes les classes sociales, des banquiers aux boulangers, en passant par les tailleurs, firent leurs offrandes à *Notre-Dame*. Les nombreuses corporations tenaient à avoir sur les murs de la cathédrale la représentation de leur métier.

Les fonds les plus importants toutefois provenaient des biens du clergé de Paris. Fabuleusement riche, la cathédrale de Paris possédait en effet non seulement la moitié de la Cité mais aussi des vignes, des champs, des terrains au-delà de la Loire et jusqu'en Provence. Aux revenus des fermes, moulins, villes et châteaux s'ajoutaient les dîmes, péages et impôts... La Cathédrale *Notre-Dame* dit bien, aussi, la richesse de l'Eglise au coeur du Moyen Age...

Le gothique

Notre-Dame est un des plus beaux fleurons de cet art gothique, d'abord appelé style français, qui s'implanta en Ile-de-France, au cours du XIIe siècle, tandis que les cathédrales et les églises romanes s'étaient surtout développées en Bourgogne, dans le Centre et le Midi. C'est un style nouveau qui doit beaucoup aux innovations techniques : la très classique voûte d'arête romane va se renforcer par des ogives qui s'appuient sur des arcs-boutants. En supportant en grande partie les poussées, ces nouveaux moyens vont permettre de supprimer les murs qui étaient auparavant d'une très grosse épaisseur. Les constructions vont s'alléger : les églises gothiques seront plus lumineuses avec de grandes fenêtres et des voûtes plus hautes.

Un grand livre

Notre-Dame, comme toute cathédrale, est aussi une histoire sculptée du Moyen Age, un livre qu'il faut feuilleter en tournant autour de la cathédrale : on y retrouve outre les divers épisodes de la vie du Christ, la chronique de la vie quotidienne : un mur commente en bas-reliefs les travaux de l'année (moissons, rentrée du foin, semailles...) ou signale les variations saisonnières par l'allégorie (un homme par exemple se réchauffe devant un feu et puis le voilà transformé en monstre à deux corps, l'un vêtu, l'autre nu...). Mais la cathédrale porte surtout parmi les gargouilles et les chimères les images édifiantes des vertus et des vices : l'Idolâtrie et sa statue velue, la Charité et sa brebis, la Foi et sa croix... Tout comme l'Histoire Sainte aussi qui se déploie dans les plus beaux bas-reliefs : le Jugement dernier, les Rois mages, l'assomption de la Vierge...

Des fastes...

Notre-Dame a été le théâtre des grandes scènes de l'histoire française : Marie Stuart, reine d'Ecosse, y épousa en 1558 le futur François II ; Marguerite de Valois, en 1572, y célébra ses noces avec Henri IV... C'est là que Philippe le Bel réunit les premiers Etats Généraux et que le 16 décembre 1431, Henri VI d'Angleterre fut sacré et couronné Roi de France. *Notre-Dame* vit aussi la célébration des victoires des rois, comme celles de Louis XIV ; Bossuet y prononça la belle oraison funèbre du Grand Condé. Quant à Bonaparte, le 2 décembre 1804, il s'y couronna lui-même Empereur. Enfin, en 1944 encore, de Gaulle y célébrait la Libération de Paris.

Jusqu'aux sacrilèges

Déjà au Moyen Age, un Anglais n'hésita pas à mettre le feu à une tapisserie alors qu'il cherchait à s'emparer du trésor de la cathédrale ! Les dégâts au long des siècles n'ont pas manqué de défigurer *Notre-Dame*. Au temps de Louis XIV, elle était devenue méconnaissable : on avait détruit les vitraux, blanchi les murs à la chaux et enlevé le pavage ancien. On avait même détruit le sanctuaire ! Et le retable médiéval, fondu, avait servi à fabriquer des pièces de monnaie !

Le sacrilège s'amplifia en 1793 : la foule déchaînée escalada *Notre-Dame* et fit s'écrouler les statues des 28 rois ; elle les décapita, leur coupa mains et pieds, et jeta le tout à la Seine. Cette année-là, elle fut profanée et devint le Temple de la Raison : à la croisée du transept, on plaça un panneau rapporté de l'opéra et une jeune actrice vint s'exhiber dans le costume de la Science ; corps de ballet, encens, et chants républicains couronnaient cette mascarade.

Le sauvetage

Retrouvant tout son prestige avec les Romantiques, comme Victor Hugo, qui plaidèrent sa cause, *Notre-Dame* allait faire l'objet d'une vigoureuse restauration. C'est Viollet-le-Duc, aidé un temps par Lassus, qui remporta le concours ouvert en 1843 pour la remise en état. Emporté par un zèle et un enthousiasme d'artiste amoureux des pierres, Viollet-le-Duc alla plus loin que ne l'avait prévu le projet : des contreforts furent reconstruits, les parties supérieures de la nef et du choeur furent refaites, ainsi que les toitures et les combles; Viollet fit peindre certaines parties, replaça des verrières, installa des balustrades... Mais Viollet-le-Duc s'appliqua aussi, perfectionniste, à reconstituer toutes les sculptures en cherchant à retrouver les modèles anciens: gargouilles, statues, bas-reliefs... La restauration, terminée en 1864, représentait un travail titanesque qui, en dépit d'un style trahissant parfois les influences du XIXe siècle, a tenté de rester fidèle à l'architecture originale. Elle eut le mérite de sauver *Notre-Dame*.

Le dôme de Florence
1421-1436

Filippo Brunelleschi (1377-1446)

L'oeuvre

Bâtie au coeur de Florence, coiffée de sa majestueuse coupole, la cathédrale Sainte-Marie-des-Fleurs est omniprésente dans le paysage urbain par l'attraction qu'elle exerce sur la perspective des rues, mais aussi dans le site de la vallée de l'Arno entre les collines de Fiesole et les pentes de Galluzo. La cathédrale apparaît comme le symbole de cette ville qui vit éclore le génie de la Renaissance et qui fut un moment un centre de culture unique au monde.

Non sans raison l'histoire a retenu principalement le nom de l'architecte auquel on doit cette coupole ovoïde, à 8 pans, large de 42 mètres, à la fois ample et élancée: Filippo Brunelleschi. L'orgueil florentin et l'esprit de la Renaissance se reconnaissent dans la figure type de cet homme de génie qui, par une prouesse à la fois technique et esthétique, termina habilement une oeuvre commencée au Moyen Age et dont l'achèvement paraissait problématique.

Beauté et invention technique y sont étroitement liées dans un accord qui marie l'art et la science, et qui préfigure jusqu'aux prouesses des ingénieurs italiens de l'aéronautique et de l'automobile.

Brunelleschi et les miracles de la Renaissance: «Comme dans la civilisation antique, l'homme prend place au centre de la création: elle lui apparaît intelligible, faite à mesure, docile à ses volontés. Il se sent impatient d'exercer et d'étendre le pouvoir sans limites de sa pensée sur les choses». Huyghe

Un chef-d'oeuvre

Du Moyen Age...

C'est en 1294 que les Florentins décidèrent de construire la nouvelle cathédrale. La direction des travaux fut confiée à Arnolfo di Cambio, en 1300, maître d'oeuvre dont «l'industrie, l'expérience et le talent» allaient donner à Florence «l'église la plus belle et la plus noble de Toscane». Deux ans plus tard, Arnolfo mourait et les travaux entrepris à grands frais furent suspendus. Ils furent poursuivis lentement, avec de fréquentes interruptions, d'après le projet d'Arnolfo, un gothique fortement interprété à la toscane.

En 1334, le campanile fut commencé par Giotto et poursuivi par Andréa Pisano de 1336 à 1348. Talenti l'acheva en 1359. Entretemps, dès 1355, Talenti avait repris sur les mêmes bases les travaux de la cathédrale, mais en modifiant l'élévation du bâtiment projeté par Arnolfo. Les travaux avançaient lentement.

Un concours...

On en était à la quatrième travée lorsque fut lancé, en 1367, un concours pour la fin des travaux. Le projet d'Andréa Orcagna fut admis. Il amplifiait encore les proportions de la cathédrale et exhaussait la coupole par un large tambour, nouvelle conception moins attentive à l'aspect du volume intérieur qu'à l'effet de masse dans la ville.

En 1400, la cathédrale était toujours inachevée! Le baptistère, beaucoup plus ancien (XIe siècle), et la tour étaient terminés, mais présentaient une décoration incomplète; le baptistère n'avait toujours qu'une porte de bronze et le campanile présentait des niches et des médaillons incomplets.

... Jusqu'au XVe siècle

La première moitié du XVe siècle allait voir se déployer une intense activité autour des trois édifices. Le concours pour la seconde porte du baptistère en 1401 vit la victoire de Lorenzo Ghilberti. Pendant vingt ans, il assura la direction d'un vaste chantier où se succédèrent maints artistes bronziers, décorateurs ou peintres de grand talent. Avec la troisième porte, (1425-1452), Ghilberti aurait sans doute conservé la primauté sur ce chantier jusqu'à sa mort si son rival, Brunelleschi, en achevant magistralement l'édifice par la coupole, ne la lui avait ravie.

Une technique révolutionnaire

Au milieu d'intrigues et de discussions sans nombre, Brunelleschi réussit en 1420 à faire adopter son projet avec l'appui des milieux humanistes. Si le projet des architectes du siècle précédent avait grosso modo défini la forme de la coupole et exclu l'utilisation des contreforts, le problème technique posé par cette très vaste couverture restait entier.

Brunelleschi imagina une coupole élancée, conçue comme une double coque dont les parois s'emboîtaient par pièces superposées en prenant appui sur de puissants chaînages intérieurs, selon une méthode révolutionnaire qui allait servir de modèle un siècle plus tard pour la construction de la coupole de Saint-Pierre.

Le système imaginé permettait de se passer d'échafaudages encombrants, et c'est avec admiration que les Florentins virent s'élever dans le ciel de leur ville cette coupole à la fois puissante et légère. Les travaux furent rondement menés de 1421 à 1436 par l'architecte qui avait en même temps la charge de plusieurs chantiers dans la ville. Le lanterneau de la coupole fut terminé d'après ses plans, après sa mort, en 1446.

L'auteur

Filippo Brunelleschi fut d'abord orfèvre et sculpteur. Il participa au concours pour la deuxième porte du baptistère dont Ghilberti sortit vainqueur, avant de s'orienter vers l'architecture où il déploya une infatigable activité.

En 1419, il commençait le portique de l'hôpital des Innocents et la sacristie de San Lorenzo. En 1421, l'année même où débutaient les travaux de la coupole de Sainte-Marie-des-Fleurs, il entama également ceux de l'église San Lorenzo, qui furent terminés en 1429.

L'église à peine achevée, il se lançait dans la construction de la charmante chapelle du Pazzi (1429-1446) dont Micholozzo acheva la façade. En 1434, il commençait Sainte-Marie-des-Anges restée inachevée et, en 1444, deux ans avant sa mort, l'église San Spirito dont le projet remontait à 1428.

Il menait ses chantiers d'une main de fer, mettant en pratique les lois de l'offre et de la demande, et luttant contre les habitudes des corporations de métiers avec une fermeté sans égal. Son architecture synthétise de façon saisissante les conceptions perspectives de l'espace qui furent l'expression d'une nouvelle confiance de l'homme en lui-même, et le remirent au centre du monde.

L'Empire State Building
1930-1931

Shreve, Lamb, Harmon

L'oeuvre

Les chiffres de l'*Empire State Building* font rêver : avec ses 381 mètres de hauteur, ses 102 étages, il fut le plus grand immeuble du monde pendant 40 ans ! Il reçoit près de 50.000.000 de visiteurs depuis son inauguration. Il comporte pas moins de 73 ascenseurs, 18.000 téléphones, 6.500 fenêtres... La visibilité par beau temps est de 100 kilomètres.

> **L'Empire State Building en chiffres :** *60.000 tonnes d'acier, 10.000.000 de briques, 6.800 mètres cubes de pierres, 850 kilomètres de fils électriques, environ 41.000.000 dollars.*

Un chef-d'oeuvre

Un rythme fulgurant

Ouvrir un chantier en plein coeur de Manhattan, ce n'était pas une affaire de tout repos. Les embouteillages de la ville risquaient de retarder le travail. Pourtant les délais s'imposaient : on signait déjà des baux de location avant même la démolition de l'hôtel Astoria qui occupait le terrain ! Il fallait donc terminer les travaux pour le 1er mai 1931.

Et le pari fut tenu : en janvier 1930, les fondations commencèrent ; en avril, on avait déjà posé les poutrelles. Chaque semaine,

> *La flèche de 75,5 mètres qui le surmonte fut conçue à l'ori-*
> *gine comme mât d'amarrage pour les dirigeables ! Elle ne rem-*
> *plit jamais cette fonction et fut remplacée par une antenne de*
> *télévision.*

quatre étages et demi venaient s'ajouter à la construction. La maçonnerie était fin prête en novembre. Et en janvier 31, fenêtres et ascenseurs étaient installés. L'inauguration de l'*Empire State Building* eut lieu à la date prévue : il avait fallu un peu plus d'un an pour construire le plus grand immeuble du monde.

Un symbole

Construit peu après le grand crash financier de 1929, l'*Empire State Building*, avec ses 381 mètres de hauteur et son fabuleux budget de plus de 40.000.000 de dollars, symbolisa, dès son érection, le dynamisme du pays, son ambition et sa force.

Sur le site où fut bâti l'*Empire State Building* se dressait un fier bâtiment, l'hôtel Waldorf-Astoria, appartenant à la richissime famille Astor, une des plus vieilles de la région : elle vendit le terrain en 1929 pour la somme déjà fabuleuse de 17.500.000 de dollars à l'Empire State Corporation, société qui appartenait à la General Motors et à Du pont de Nemours et qui était présidée par A.E. Smith, quatre fois gouverneur de New York. Doués d'une intuition indéniable, les dirigeants de la société pressentirent le développement de Manhattan qui allait suivre et décidèrent de détruire l'hôtel pour y construire un immeuble de bureaux.

Shreve, Lamb et Harmon, les architectes, eurent à présenter pas moins de 17 projets avant que les plans soient définitivement établis. L'*Empire State Building* allait dépasser en hauteur le Chrysler Building qui commençait à peine à s'élever dans le ciel (terminé peu avant l'*Empire State Building*, il garda le record du monde en hauteur... pendant quatre mois !).

> *Une structure à toute épreuve : en 1945, un avion de l'Armée*
> *de l'Air américaine vint frapper de plein fouet le 79e étage.*
> *Si les réparations coûtèrent un million de dollars, l'Empire*
> *State Building ne fut pas ébranlé par le choc.*

Un nouveau style

L'étrange forme de l'*Empire State Building*, reconnaissable entre toutes, avec sa structure en gradins évoquant les ziggourats babyloniennes, n'est pas le fruit de la pure fantaisie des architectes. Le projet se soumettait en fait à la loi de 1916 qui réglementait les nouveaux bâtiments de New York et visait à éviter l'étouffement des rues en imposant des façades «à retraits successifs»

Quant au style, l'immeuble s'apparente à l'Art Déco, avec une façade recouverte de granit et de calcaire ainsi que de bandes d'acier inoxydables dressées verticalement et qui augmentent encore l'impression de grandeur du bâtiment.

Shreve, Lamb et Harmon, par leur conception, se démarquaient nettement des premiers gratte-ciel du début du siècle qui étaient soit inspirés par l'Ecole de Chicago, soit tout à fait néo-gothiques. Avec le Rockfeller Center de 1940, l'*Empire State Building* constituait une charnière dans le style new yorkais : après la guerre, ce serait le plein modernisme, avec des bâtiments comme le secrétariat de l'ONU (1953), conçu sur une idée de Le Corbusier.

«Je ne me lasserais jamais de le regarder, couché sur le trottoir.» Le Corbusier

La maison Horta
1900

Victor Horta (1861-1947)

L'oeuvre

C'est entre 1898 et 1900 qu'Horta, âgé de 40 ans, entreprend la construction de sa maison au 23-25 de la rue Américaine, à Bruxelles.

L'intérieur de la *maison Horta* est composé d'une architecture toute en courbes et en lacis se déployant autour d'un axe central : l'ample cage d'escalier surmontée d'une verrière. C'est le puits de lumière de la maison.

Là, quelques marches mènent au salon ; par d'autres, on accède au bureau en une progression par demi-niveaux qui amplifie l'espace. Les portes aux vitres bisautées s'ouvrent sur une salle à manger où un surprenant revêtement de briques blanches émaillées souligne la blondeur des meubles en frêne d'Amérique. Ailleurs, les grands arcs métalliques cernés d'or succèdent aux vitraux irisés.

La lumière, les matières ondoyantes, l'éclat des miroirs et des vitraux font de la *maison Horta* le décor ciselé d'une fête où l'élégance se dispute à la fantaisie.

Un chef-d'oeuvre

Un monde végétal

La *maison Horta* est l'exemple abouti de ce que fut l'Art Nouveau en architecture : un tout organique où les formes se répondent en une fluidité végétale. De la façade à la décoration intérieure, ces arabesques se prolongent dans le mobilier que Victor

Horta dessina lui-même. Tout un jeu de lignes, celles des arcades des fenêtres, des ferronneries des balcons, imprime une légèreté, un rythme musical à la belle façade en pierres blanches.

Pour définir ce fabuleux langage architectural tout en courbes évoquant un monde de tiges et de lianes, on parla de «ligne en coup de fouet».

La lumière

Les découvertes dans le domaine de l'industrie, permettant l'utilisation du fer et du verre dans de grandes portées, autorisaient à cette époque les grands espaces ouverts où pouvaient se déverser des flots de lumière. Cette faculté, le maître de l'Art Nouveau l'exploita comme jamais auparavant. Horta introduisit la spirale, l'agencement autour d'un noyau central, là où dans les maisons bourgeoises, les pièces en enfilade étaient la règle.

Les principes qu'il appliqua pour les salons bourgeois et les somptueux hôtels particuliers furent adoptés pour la Maison du Peuple construite par Victor Horta de 1895 à 1899. «Il s'agissait de construire un palais qui ne serait pas un palais mais une «maison» où l'air et la lumière seraient le luxe si longtemps exclu des taudis ouvriers» .

Le créateur de l'Art Nouveau

Le XIXe siècle était celui des forges et du fer, d'une révolution industrielle qui étalait sa puissance dans les ouvrages monumentaux des Ponts et Chaussées, des halls de gare ou d'exposition. En cette fin de siècle, un des traits de génie d'Horta sera de dévoyer le fer des constructions industrielles vers l'habitat et la décoration intérieure. Et dans les belles demeures qu'il construira pour cette même bourgeoisie industrielle, le fer allié au verre sera cette fois synonyme de légèreté et de grâce. Les arcs des halls de gare deviendront les volutes des salons bourgeois.

Le socialisme

Mais si l'Art Nouveau fut celui d'une certaine bourgeoisie, il s'intégra également au mouvement socialiste de l'époque. Dans cette Belgique opulente, industrieuse du siècle dernier où la classe ouvrière était une des plus denses et des plus misérables d'Europe, les intellectuels socialistes se montrèrent intéressés par cette avant-garde artistique. Bon nombre d'édiles socialistes confièrent ainsi la réalisation d'édifices publics aux architectes de l'Art Nouveau (aussi appelé Modern Style). Cette connivence fera de Bruxelles la capitale de l'Art Nouveau.

Bruxelles

Une convergence de conditions historiques et socio-économiques ont fait de la Belgique, et plus particulièrement de Bruxelles, la terre d'élection de l'Art Nouveau. Si, à Paris, le baron Hausmann avait percé la ville de grands boulevards jouxtés de blocs d'immeubles à appartements, le phénomène fut plus modeste à Bruxelles où la bourgeoisie et la classe moyenne aisée préférèrent s'installer sur les espaces non bâtis, grignotant ainsi une périphérie encore villageoise.

A cet engouement pour le foyer individuel, qui au siècle dernier démarqua Bruxelles des autres capitales, correspondit une explosion démographique : en 1870, époque de la construction des grands boulevards, la ville comptait 250.000 habitants ; en 1910, ce chiffre était porté à 800.000 !

Face à ce développement démographique, il fallut construire. Mais la division en communes empêchant une uniformisation urbaine de type parisien, les architectes purent s'en donner à coeur joie. Leur créativité en fut stimulée.

En introduisant le fer et le verre dans l'habitat, Horta se heurta à des préjugés. Voilà comment il relate la réception que lui fit une de ses dignes clientes : «Madame Van Eetvelde regardait serre et salon de l'oeil amusé du connaisseur du style Louis XVI qu'il était de bon ton d'admirer dans le monde qu'elle fréquentait ; car c'était là l'ennuyeux... Le style moderniste ; par la Maison du Peuple et surtout le fer apparent, élément principal, mais grossier et misérable, ce modernisme était peuple.»

L'auteur

Victor Horta, fils d'un cordonnier, est né à Gand le 6 janvier 1861. C'est à l'occasion d'un séjour à Paris, à 17 ans qu'il découvre son goût pour l'architecture. Inscrit à l'Académie des Beaux-Arts de Bruxelles, il entre en 1881 dans l'atelier d'Alphonse Balat.

Après quelques maisons réalisées à Gand dans un style traditionnel, il trouve enfin, en 1892-93, avec la maison du professeur Tassel, à Bruxelles, un nouveau style d'habitation, révolutionnaire pour l'époque. S'écartant du plan classique des maisons bourgeoises belges basé sur l'enfilade de pièces longées par un corridor, Horta crée pour l'occasion un grand vestibule central d'où l'escalier dessert des pièces très éclairées et disposées de façon originale. A cela, il ajoute un langage plastique différent : la façade comme la décoration intérieure exploitent en toute liberté les possibilités de matériaux peu utilisés jusque-là dans l'habitation : le fer et le verre. Déjà, le fer se courbe en volutes avec cette grâce qu'on appellera «en coup de fouet».

Après la maison de M. Frison, rue Lebeau, Horta réalisera plusieurs demeures bourgeoises : Hôtel van Eetvelde, Wissinger, Solvay, Aubecq... avant d'édifier, pour le Parti Ouvrier, la Maison du Peuple terminée en 1899. Suivront une série de grandes réalisations, toujours à Bruxelles, telles que les magasins du Grand Bazar Anspach, de l'Innovation, et Waucquiez. Dès le début du XXe siècle, son architecture se simplifie et, avec l'hôpital Brugmann (1906-1926) notamment, il atteint à un dépouillement dans les lignes qu'on retrouve dans le Palais des Beaux-Arts (1922-1928) et dans la Gare Centrale (1935-1945). Professeur dans plusieurs instituts, considéré comme un des plus grands architectes du siècle, le grand maître de l'Art Nouveau en Belgique est anobli en 1932 au titre de baron.

Le Parthénon

447 av. J.C. - 438

Phidias (vers 490 av. J.C.-430)

L'oeuvre

Le *Parthénon* présente en façade 8 colonnes et 17 sur ses longs côtés. Intérieurement, il comprend deux pièces ; l'une plus vaste que l'autre était destinée à recevoir la statue d'Athéna.

Cet espace dénommé *cella* s'orne de deux colonnades latérales unies par une colonnade transversale de manière à dessiner un péristyle.

La cella est séparée de la seconde pièce par un mur sans porte appelé *Parthénon*. C'est dans ce lieu, occupé par 4 colonnes ioniques, que les jeunes Athéniennes brodaient le péplos, vêtement porté lors des Grandes Panathénées. Le nom de *Parthénon* ne s'étendit à l'édifice qu'au cours du IVe siècle.

> «*Le temple grec est l'exemple le plus parfait d'une architecture trouvant son accomplissement dans la beauté plastique. Son intérieur comptait infiniment moins que son extérieur, la colonnade qui l'entoure dissimulant son accès. Les fidèles n'y pénétraient pas, comme ils le font à l'église, pour y communiquer avec la divinité, et notre conception occidentale de l'espace, tout autant que notre religion, aurait été sans signification pour un homme du siècle de Périclès. Ici, c'est la plastique même du temple qui doit parler, ordonnée devant nous avec une présence physique plus intense et plus vivante que celle d'aucune autre architecture ultérieure.*» Pevner, Génie de l'architecture européenne

Un chef-d'oeuvre

Un site religieux

Le *Parthénon* fut construit sur l'Acropole d'Athènes, un plateau artificiellement agrandi de 27.000 mètres carrés qui culmine à 156 mètres. Le site dut être habité dès 5.000 avant J.C. Vers 1400, une muraille en appareil cyclopéen de 3 à 4 mètres d'épaisseur y est édifiée. Il en subsiste aujourd'hui certains tronçons. Jusqu'au début du VIe siècle, l'Acropole resta un centre à la fois religieux et politique ; puis, suite aux réformes de Solon, la vie politique s'installa à ses pieds, dans l'Agora.

A l'époque des Pisistrate, l'Acropole se couvrit d'édifices religieux qui furent incendiés par les Perses en 480. Après avoir chassé les Perses de Grèce et d'Ionie, Périclès entreprit de relever l'Acropole de ses ruines. Il parvint ainsi à faire d'Athènes le centre artistique du monde grec.

Naissance du temple

Le succès de la statue chryséléphantine de Zeus réalisée par Phidias à Olympie était parvenu jusqu'à Périclès, aussi lui confia-t-il la réalisation d'une statue semblable représentant Athéna. Phidias n'accepta que si elle prenait place dans un édifice digne de la recevoir, un écrin en quelque sorte.

La statue en question de 12 mètres de hauteur était un puzzle d'or et d'ivoire, le tout assemblé sur une solide armature de bois. Cette idole colossale a disparu.

Périclès nomma Phidias ordonnateur des travaux et confia aux architectes Ictinos et Callicratès l'érection du temple. Commencé en 447, le *Parthénon* fut inauguré aux Grandes Panathénées de 438. Considéré comme «le moins classique des temples grecs, le plus chargé d'anomalies et d'étrangetés», il représente l'épanouissement original d'une tradition marginale qui allie à une dominante dorique des éléments ioniques.

> *«Les Propylées, le Parthénon... c'est la perfection, le rêve que nous avons nous, les artistes, du bonheur réalisé. C'est notre paradis... Jamais les hommes n'ont eu un sens plus clair de la vie que ceux du temps de Phidias.»* Maillol

L'ensemble sculptural

Le *Parthénon* doit sa renommée à la perfection harmonique de ses sculptures monumentales : ces deux frontons (*La Naissance d'Athéna* et *La Dispute d'Athéna et Poséidon*), les 92 métopes (illustrant des mythes) soumises à leur cadre géométrique et enfin la frise ionique qui se déroule en haut des murs sous la colonnade intérieure. Cette dernière est la mieux conservée. Etant la plus abritée des regards, elle a échappé au vandalisme.

C'est une des plus vastes sculptures connues, un spectaculaire enchaînement continu de formes. Elle illustre le cortège des magistrats, musiciens, vierges athéniennes et éphèbes équestres qui défilaient tous les quatre ans sur l'Acropole. Au total 350 personnages et 200 animaux.

Il est probable que Phidias dessina les cartons préparatoires de tout l'ensemble sculptural. Malgré les différences dans l'exécution, l'unité des métopes est déjà sensible. Elle se manifeste plus encore avec la frise ionique grâce à l'homogénéité de l'équipe qui dut se renforcer aux cours des travaux.

Admirablement rythmée, avec de temps en temps un éclatement baroque — un envol de draperie, par exemple — ces sculptures s'offrent pleines de vie. De facture serrée et nerveuse en même temps large et grandiose, c'est un art sans sécheresse, tout à la fois concis et poétique.

La plupart des sculptures du Parthénon ne sont plus sur l'Acropole. L'essentiel des fragments qui ont échappé au vandalisme sont conservés au British Museum à Londres, au Louvre à Paris et au Musée National d'Athènes.

Les auteurs

Ictinos

Ictinos, originaire du Péloponnèse, fut peut-être l'élève de Libon d'Elée. Il travailla à Eleusis où il reconstruisit la salle d'initiation aux mystères. En dehors de sa collaboration au *Parthénon,* il conçut les plans de l'Odéon de Périclès. Il érigea aussi en -440 le temple d'Apollon Epicourios à Bassae de Phigalie.

Callicratès

Outre sa collaboration au *Parthénon,* on lui attribue le temple d'Athéna Niké et la construction d'une partie des «longs murs».

Phidias

Athénien d'origine, Phidias serait né vers 490 avant J.C. Il fut l'élève d'Hégias à Athènes et apprit la technique du bronze à la fameuse école d'Argos où il aurait suivi l'enseignement d'Agéladas au même titre que ses contemporains Myron et Polyclète.

On lui attribue l'*Apollon* de Kassel, l'*Amazone Mattéi*, l'*Anadoumène Farnèse*. On ne connaît que des descriptions de ses statues de culte à Olympie, la statue chryséléphantine de *Zeus*, l'oeuvre la plus admirée de l'Antiquité grecque et considérée comme une des sept merveilles du monde, et sur l'Acropole l'*Athéna Parthénos*, l'*Athéna Lemnia* et l'*Athéna Promachos*.

Phidias fut nommé par Périclès comme surveillant des travaux du *Parthénon* et, à ce titre, il amena Ictinos à modifier le style dorique du Parthénon en fonction de son investissement sculptural. On pense que les deux frontons du temple furent entièrement sculptés par lui. Il intervint sans doute moins dans les métopes et dans la frise dont il avait dessiné les cartons.

Au cours des travaux, Phidias fut accusé d'avoir détourné une partie de l'or destiné à la statue d'*Athéna*. Il fut dès lors emprisonné. Selon certains, il serait mort en prison, pour d'autres, il se serait évadé pour se réfugier à Olympe, où il meurt après 430.

Phidias est considéré comme le plus illustre représentant de l'art classique grec. Il en est l'initiateur et le maître inégalé. Ses marbres mêlent le réalisme par la vérité anatomique de la forme humaine et l'idéalisme par l'esprit qui les régit.

Les Pyramides

(2620-2350 av. J.C.)

> « *Soldats ! du haut de ces pyramides, quarante siècles vous contemplent.* » Napoléon

L'oeuvre

La pyramide de Khéops, seul vestige qui ait subsisté parmi les Sept Merveilles du Monde répertoriées par les Anciens, est la structure la plus massive qui ait jamais été construite : elle représente plus de 2,5 millions de m³ de pierres ! Quant au dédale de galeries et de couloirs enfouis sous la masse, il eut de quoi fasciner les esprits les plus enfiévrés. Ainsi, la première galerie conduisant à une chambre vide, à un cul-de-sac en somme, constituait-elle un piège destiné à égarer les voleurs ? Ou bien tout simplement les architectes ont-ils changé d'avis en cours de route ? En réalité, c'est donc par une autre galerie, longue de 46,50 m, ascendante, que l'on accédait à la chambre du roi où fut déposé il y a plus de 2000 ans le sarcophage du pharaon Khéops : on en scella l'entrée en faisant rouler des blocs retenus au sommet de la galerie, par un système dont l'ingéniosité éblouit aujourd'hui encore les techniciens les plus chevronnés.

La pyramide de Khéphren est moins haute que celle de Khéops, mais garde autant de prestige par le fait qu'elle est placée sur un terrain légèrement surélevé. C'est la seule à avoir conservé intact le pavement de son sommet. Chacun de ses côtés est inférieur de 15 m à ceux de Khéops.

Quant à Mykhérinos, sa superficie correspond seulement à un quart de la pyramide de Khéops pour une hauteur de 62 m.

> *Pendant sa campagne d'Egypte, Bonaparte décréta que les trois pyramides contenaient assez de pierres pour construire un mur de trois mètres de haut et de 30 centimètres de large qui ferait le tour de toute la France !*

Un chef-d'oeuvre

Un convoi toutes les deux minutes!

Hérodote prétendait que les pyramides avaient exigé la participation de 100.000 ouvriers qui travaillèrent pendant 10 ans. Les chiffres sont à peine exagérés. Par de savants calculs, en tenant compte du rythme de travail à la carrière, des transports, des distances à parcourir, etc. on est parvenu à estimer qu'il y avait sur le chantier, en permanence, quelque 20.000 travailleurs (y compris les bateliers, les briquetiers, magasiniers...) ce qui représente 1/400 de la population égyptienne. Chaque jour, cette armée de travailleurs posait 355 m³ de pierres et les convois se succédaient à une cadence d'un passage toutes les deux minutes! Il fallut néanmoins, malgré ce rythme frénétique, 20 ans pour édifier la pyramide de Khéops!

Des esclaves?

On a longtemps cru que ces colossales réalisations s'étaient élevées au prix du sang et de la souffrance des esclaves peinant sous les coups de fouet, forcés au travail par le rêve mégalomane des tyrans. En réalité, les hommes qui construisirent les pyramides le firent sans contrainte et sans violence! Le pharaon, chef religieux, militaire, justicier des hommes, était pour le paysan une véritable incarnation de dieu. C'est au pharaon qu'on devait les bienfaits du ciel, et l'on tenait à ce que sa protection soit maintenue même après sa mort: en mourant, ce dieu incarné ne disparaissait pas vraiment, il rejoignait simplement un autre endroit. Pour se ménager les bonnes grâces de pharaon mort (mais vivant), il était donc normal de lui édifier une demeure pour l'éternité. C'est dans la joie qu'on participait à cette oeuvre exaltante, avec du reste une telle habitude — on terminait une pyramide pour en commencer aussitôt une autre — que la chose finissait par ne plus être remise en question.

L'esclavage tel que le pratiquaient les Romains n'existait pas chez les Egyptiens; il y avait bien quelques étrangers, Lybiens ou

Dressées sur le plateau de Gizeh, les pyramides de Khéops, Képhren et Mykérinos portent les noms de pharaons qui appartenaient à la IVe dynastie (entre 2620 et 2350 avant J.C.)

Bédouins, capturés lors de raids, mais ils étaient protégés par des statuts très avantageux. Le gros des ouvriers était constitué de jeunes travailleurs organisés à la façon d'une armée, en bataillons, et avec une très bonne organisation de l'intendance. Certains ont de ce fait prétendu que le travail à la pyramide représentait une sorte de service national obligatoire : on y passait quelques années, puis venait le tour des autres…

Des énigmes

Les proportions des pyramides, qui sont liées au nombre d'or, leur structure, leur forme si particulière qui ressemble à un escalier vers le ciel, tout cela servait-il à prédire l'avenir ? Etait-ce un moyen de communiquer avec le ciel ? Une vague d'ésotérisme s'est emparée de certains chercheurs qui entreprenaient ainsi d'expliquer le mystère des pyramides… Mais si ces affabulations n'ont pas été étayées, en revanche on peut affirmer que les réalisations des Egyptiens n'étaient pas soumises au hasard et qu'ils étaient des géomètres géniaux : on a constaté par exemple que les quatre côtés de la pyramide de Khéops étaient exactement, à un demi-degré près, orientés vers les quatre points cardinaux ! Quant aux fameux blocs de pierre — pesant entre 2 tonnes et demi et quinze tonnes, ils ont été taillés avec une telle précision que, une fois assemblés, l'interstice qui les sépare est inférieur à 5 mm ! On s'étonne encore aujourd'hui de ce travail titanesque effectué sans treuil ni poulie et même sans roue. Les imposants blocs de pierre provenant de la rive est du Nil devaient être apportés sur des traîneaux et tirés par des hommes jusqu'au chantier. C'est grâce à des rampes de terre construites sur les côtés des pyramides qu'on pouvait hisser les blocs sur les niveaux supérieurs. C'est là sans doute que réside la fascination qu'exercent les pyramides : un alliage de génie et de travail mais à partir de techniques si éloignées de notre civilisation.

Si on débitait la pyramide de Khéops en cubes de 30 cm de côté et qu'on les mettait en ligne, ils couvriraient 28.000 kilomètres, soit les deux tiers de la longueur de l'équateur !

Les violeurs voleurs

Les objets précieux, statues et bijoux, qui devaient accompagner le pharaon dans son séjour éternel, avaient de quoi tenter les pilleurs, et déjà au Ve siècle avant J.C., la tombe de Khéops fut violée ; l'opération se renouvela à l'époque romaine. Au IXe siècle après J.C., les hommes du Calife Al Ma'moun, sans grand scrupule, creusèrent la face nord de la pyramide, provoquant ainsi un effondrement qui leur permit de découvrir la galerie principale. Mais le sarcophage avait déjà disparu. Les restes de Khéops n'ayant jamais été retrouvés, on a prétendu que le pharaon n'avait finalement pas été enterré dans son caveau. D'autres ont imaginé qu'il avait disparu dans un accident...

Très tôt, l'archéologie égyptienne fut d'abord une course aux trésors menée par des aventuriers pour étoffer les collections des musées d'Europe où l'on se montra vite intéressé par cet exotisme venu du tréfonds des âges. L'irrespect de ces archéologues en herbe fut étonnant : Belzoni par exemple en 1818 y pénétra par les coups de pioches les plus arnachiques ; quant à Harvard-Vyze et Perring, qui forcèrent la pyramide de Mykérinos, ils n'hésitèrent pas à recourir à la dynamite ! Ils eurent, eux, la chance de découvrir un sarcophage, mais il fut perdu en mer lors de son retour en Angleterre : farouches pharaons qui veulent garder leurs secrets immémoriaux ?

Khéops : 230 m de côté — 137 m de hauteur (146 m à l'origine). Un poids global de 6.000.000 tonnes — 2,5 millions de m³.

Le Taj Mahal
1632-1648

L'oeuvre

Construit par Shah Jahan, empereur Moghol, à Agra, au coeur du XVIIe siècle, le *Taj Mahal* est une des plus belles sépultures qui aient jamais été conçues : elle fut édifiée à la mémoire de son épouse Mumtaz Mahal trop tôt disparue.

En pénétrant par un portail gigantesque dans un grand jardin, on découvre au fond de la perspective un monument de marbre blanc construit sur un plan octogonal et coiffé d'un dôme en forme de bulbe de 26 m de haut. Quatre minarets de 41 m encadrent la terrasse longue de 95 m sur laquelle est dressé le mausolée. Toute la décoration du marbre, étonnante par sa sobriété, est constituée de motifs floraux et de caractères délicats reproduisant les versets du Coran.

C'est dans la chambre funéraire que l'on découvre les cénotaphes de Mumtaz Mahal et de son époux Shah Jahan, tous deux incrustés d'agathe et de jaspe... A l'origine, la balustrade qui entoure les cénotaphes était un fastueux ouvrage d'or et de pierres précieuses, mais il fut vendu par Aurangzeb, le fils de Shah Jahan, qui le remplaça par une grille finement ouvragée, mais incrustée de pierres... semi-précieuses. Les sarcophages proprement dits qui enferment les ossements des souverains sont situés dans une crypte sous la chambre funéraire.

De part et d'autre du mausolée se dressent deux mosquées en grès rouge. Et, à l'arrière du *Taj Mahal,* de l'autre côté de la rivière Yamouna, on remarque un mur de soutènement : il correspond aux débuts des travaux du malheureux Shah Jahan qui avait l'intention d'y édifier sa propre sépulture, semblable au *Taj Mahal,* mais tout en marbre noir. Hélas, son fils indigne, après avoir fait emprisonner son père pour lui voler le trône, se contenta de déposer les restes du défunt roi auprès de sa bien-aimée, dans le *Taj Mahal.*

Un chef-d'oeuvre

L'Elue du Harem

Divinement belle, appelée l'«Elue du Harem», puis «Lumière du Monde», Mumtaz Mahal épousa en 1612 le prince Khurram qui allait bientôt devenir un roi, Shah Jahan. La belle Mumtaz, qui était en fait la nièce de Nur Jahan, épouse du Jahangir, soutint son mari lorsqu'il entra en conflit pour la succession du trône, et ce en dépit des liens du sang qu'elle avait avec le Jahangir. Elle l'accompagna aussi dans ses longues pérégrinations à travers le pays. A la mort du Jahangir en 1627, grâce au soutien de son beau-père, le prince Khurram put devenir, l'année suivante, Shah Jahan, «Roi du Monde».

A sa belle qu'il choyait sans relâche, il déléguait une grande partie des affaires de l'Etat. Mais l'«Elue du Harem», à 37 ans, devait succomber en donnant naissance à son 14e enfant (certains prétendent que c'était le 8e)! Sa mort prématurée plongea Shah Jahan dans le plus profond désespoir: pendant une semaine, il refusa de manger et de gouverner; il ordonna un deuil de deux ans et les fêtes furent interdites, ainsi que le port de bijoux et l'usage de parfums! Il pensa même à abdiquer!

La décision de lui élever la plus belle sépulture de tous les temps le consola peut-être, car on doit à la vérité de dire qu'il n'en cessa pas pour autant de s'adonner aux plaisirs de son harem, excès qui le conduisirent, dit-on, à la maladie. Affaibli, il fut fait prisonnier par un de ses fils, Aurangzeb, qui désirait ardemment le pouvoir. Shah Jahan, déchu, vécut ses dernières années, captif, dans la forteresse d'Agra d'où il pouvait contempler le mausolée de marbre blanc dédié à sa bien-aimée et où lui-même au jour de sa mort irait reposer.

La Cour des morts

Si, dans la doctrine hindouiste, le mort n'a plus besoin d'espace et qu'il paraît vain de lui réserver un temple pour ses cendres, en revanche, le musulman réclame une sépulture pour attendre

> *« Un tombeau qui mériterait mieux d'être mis au nombre des merveilles du monde que ces masses informes et ces monceaux de pierres d'Egypte ».* Bernier

le jour du jugement dernier. Aussi le règne des grands Moghols, descendants de Tamerlan et de Gengis Khan, venus d'Asie centrale vers les Indes à la fin du XVe siècle, marqua-t-il l'apogée de l'architecture funéraire en Inde.

Le tombeau, pour les Moghols, représentait réellement une demeure où l'on se devait de garder le faste vécu avant la mort. Du reste, de leur vivant, les rois n'hésitaient pas à utiliser le parc qui accueillerait leur mausolée pour en faire le décor de fêtes et de réceptions ! Une fois mort, le souverain continuait donc à recevoir les égards qu'il avait eus auparavant : certains tombeaux étaient le centre d'une animation incroyable, on y voyait circuler des lecteurs du Coran et des hérauts, des serviteurs, des cuisiniers… On a compté jusque 460 personnes autour du mausolée de Qoutoub-el-din. De même le *Taj Mahal* recevait-il dans ses vastes jardins toute une cour somptueuse, des musiciens, des poètes, venus chanter sans relâche la gloire de l'épouse bien-aimée de Shah Jahan !

L'auteur

On ignore qui fut l'architecte du *Taj Mahal*. Il fallut les efforts conjugués de 20.000 ouvriers et 16 années de labeur intense pour édifier le monument. Sans doute plusieurs maîtres d'oeuvre participèrent-ils à la construction. Selon un missionnaire augustin, ce serait Geronimo Verronea, un joaillier et orfèvre vénitien qui aurait dressé les plans. On a longtemps prétendu que le responsable des travaux était Ustad Isa, un Persan, dit «le meilleur architecte de son temps». Mais d'autres noms ont été suggérés : d'Augustin de Bordeaux jusqu'à Murchid Chirazi en passant par Mir Abdul Karim.

Une autre hypothèse mérite l'attention : le souverain lui-même, Shah Jahan, aurait conçu le plan général du *Taj Mahal*. Il ne manquait pas de compétence en effet ; c'est lui qui avait établi en 1619 les plans des jardins de Chalimar à Srinagar, et devenu Jahangir, il discutait volontiers avec les experts qui lui soumettaient les projets des bâtiments du pays. Ainsi, l'époux, le roi des Moghols, aurait conçu jusqu'aux moindres détails la demeure de sa défunte épouse ?…

La tour Eiffel
1887-1889

Gustave Eiffel (1832-1923)

L'oeuvre

La guerre de 1870 est encore dans toutes les mémoires lorsque les autorités françaises se disent qu'il ne serait pas mauvais de redorer le prestige de la France par une grande idée, superbe, étonnante. Et pourquoi pas quelque construction dans le style Babel, qui pourrait défier le ciel? La fonte, matériau avec lequel on a cru un temps pouvoir édifier de grands monuments, a déçu, mais depuis lors, la technique a progressé: le fer connaît un fort succès; pourrait-il permettre une construction élevée et résister au vent?

> **La tour Eiffel en chiffres:** *300,51 m de hauteur, 15.000 pièces métalliques, 2.500.000 rivets, environ 8.500 tonnes, 1.710 marches, près de 8.000.000 de francs, quelque 2.000.000 de visiteurs pour l'Exposition de 1889. La tour Eiffel resta, jusqu'en 1929, le plus haut monument du monde.*

Un chef-d'oeuvre

Un concours
Consulté sur ce bâtiment miracle qui serait l'étendard français, Bourdais, un architecte très connu, propose une tour de pierre de 300 mètres de haut, cylindrique, qu'on appellerait «tour du soleil», et qui éclairerait Paris nuit et jour, dans ses moindres recoins: dans les ruelles, dans les courettes, la lumière serait 8 fois plus forte

que celle qui est nécessaire pour lire son journal! Un projet dément, irréalisable, qui séduit assez peu le ministre de l'Industrie qui a déjà eu vent de la belle proposition d'Eiffel... Par acquis de conscience, le 1er mai 1886, on lance un concours : il s'agira d'élever «une tour de fer à base carrée, de 125 mètres de côté à la base et de 300 mètres de hauteur...» Sur les 700 projets, celui d'Eiffel est choisi à l'unanimité.

Profanation !

Avant même le début des travaux, la tour soulève une vague d'indignations parmi les Parisiens. Des lettres de protestation affluent et même un procès est entrepris par un riverain contre la ville de Paris. Enfin des artistes tels que Maupassant, Dumas fils, Gounod, Sully Prudhomme, y vont de leur pétition : «Allons-nous donc laisser profaner tout cela?» y lisait-on. «La ville de Paris va-t-elle donc s'associer plus longtemps aux baroques, aux mercantiles imaginations d'un constructeur de machines, pour s'enlaidir irréparablement et se déshonorer?» On y parlait sombrement d'une «noire et gigantesque cheminée d'usine» et «de l'ombre odieuse de l'odieuse colonne de tôle boulonnée.»

Pari tenu

En dépit d'un délai strict (la tour devait être fin prête pour l'Exposition de 1889) et d'un subside réduit (1.500.000 F), Eiffel s'attelle au travail. Les travaux commencent au début de l'année 1887 et se compliquent immédiatement par un terrain vaseux : on découvre en partie un ancien lit de la Seine ! L'ingénieur, qui a derrière lui une grande expérience des ponts, trouve une solution de maître : il utilisera des caissons à air comprimé qui permettent d'ancrer la maçonnerie à grandes profondeurs.

En véritable technicien, Eiffel a préparé son travail : chaque pièce, chaque poutrelle a été dessinée en atelier ; pas question d'improvisation, c'est à un jeu de mécano que se livrent les ouvriers. Les deux grèves de ces 250 ouvriers, dues non à l'attitude d'Eiffel mais aux temps troublés, ne peuvent empêcher la tour d'atteindre ses glorieux 300 mètres de hauteur. Elle est terminée le 31 mars 1889, soit deux ans à peine après le début des travaux !

> *Chaque pièce de la tour dut être dessinée et l'on calcula, en employant régulièrement les logarythmes, la position de chacun des trous de rivets! Ainsi les bureaux d'études réalisèrent-ils quelque 5.329 dessins; ils représenteraient, mis côte à côte, une superficie de 4.000 mètres carrés!*

Pendant toute l'Exposition, la *tour Eiffel,* devenue le clou de la manifestation, fera se pâmer d'admiration des milliers de visiteurs venus de l'étranger pour la contempler tout exprès.

D'autres triomphes

L'Exposition des Arts décoratifs de 1925 consacra une fois de plus sa place de vedette: la tour fut illuminée par un extravagant système d'éclairage installé aux frais de Citroën (qui s'offrit en contrepartie une luxueuse publicité: pendant huit années, le nom du célèbre fabricant brilla en lettres de feu au firmament de Paris). Déguisée en sapin de Noël, la tour pouvait ainsi se voir à 35 kilomètres de distance! Et pour cause: 250.000 ampoules la décoraient. En 1937, on réitéra l'opération: cette fois en l'équipant de projecteurs de la marine et de tubes fluorescents qui formaient un réseau de plus de 10 kilomètres.

Elle allait survivre

La *tour Eiffel* avait au cours des années servi à diverses expériences scientifiques. Mais en 1909, le contrat d'exclusivité d'Eiffel venant à terme, la municipalité projeta de démonter la tour qui, comme toutes les attractions de l'Exposition de 1889, était après tout «provisoire». Il fallut l'intervention de Ferrié, l'inventeur de la télégraphie militaire, pour que la tour survive: en devenant le support d'une antenne de TSF battant tous les records de distance (3.000 kilomètres en 1906!), la tour retrouvait une utilité tout officielle jusqu'à devenir au fil du temps le symbole de Paris et de la France tout entière.

Scandales à gogo

On ne compte plus les suicidés qui choisirent la tour pour se donner une mort spectaculaire, ni les fous qui en firent la scène de leurs exploits extravagants. En 1901 déjà, un aventurier, qui avait projeté de faire le tour de la tour en dirigeable, vint s'échouer contre les poutrelles. En 1909, le comte Lambert alla planer au-dessus de la tour pour célébrer le premier survol de Paris par un aéroplane. Un homme-oiseau complètement écervelé devait des années plus tard s'élancer du sommet avec un harnachement absurde : il tomba comme une pierre et mourut... de peur, avant de toucher le sol. En 1923, un autre olibrius, pour gagner un pari, descendit tout l'escalier, depuis le premier étage... en bicyclette ! Enfin, le plus malicieux de tous, Victor Lustig, escroc de haut vol, parvint, dans les années '20, par une mystification savoureuse, à convaincre des hommes d'affaire que la tour Eiffel allait, dans le plus grand secret, être vendue en pièces détachées : l'un des avides ferrailleurs paya, rubis sur l'ongle.

La tour Eiffel est repeinte tous les sept ans à l'aide d'un produit spécial limitant l'action corrosive : il faut pour lui redonner son panache, chaque fois, 70 tonnes de peinture à raison de 40.000 heures de travail !

L'auteur

Le prestige de la *tour Eiffel* est si considérable qu'il a fait oublier que son créateur est aussi le responsable d'une quantité d'autres constructions tout aussi dignes d'admiration.

Né à Dijon en 1832, Gustave Eiffel fait ses études à l'Ecole Centrale où il obtient un diplôme d'ingénieur chimiste. Il entre chez Nepveu, une société de constructions ferroviaires, où il met au point la technique originale du fonçage des piles par air comprimé.

Marié en 1862, il fonde sa propre société (1866) et réalise de nombreux viaducs dont celui de *Sioule* (1869), où il innove en remplaçant la fonte par le fer et en évidant les surfaces des piles. Une quarantaine de ponts et de viaducs sur la ligne Poitiers-Limoges lui taillent une réputation hors de France : il travaille aussi en Russie, en Espagne, au Pérou, en Egypte... Le *viaduc de Gabarit* de 564 mètres de long, qu'il réalise en 1884, est à l'époque la plus importante construction de ce type en France. Peu après, il met au point l'armature de la *Statue de la Liberté* de Bartholdi, capable de supporter les 80 tonnes de cuivre du revêtement, et participe à la vaste entreprise du canal de Panama en concevant un système à écluses qui, suite à l'échec financier, ne verra pas le jour. Après la brillante construction de sa tour pour l'Exposition de 1889, Eiffel se consacrera exclusivement à des études sur la résistance au vent, en travaillant notamment sur la plate-forme supérieure de sa tour ; on lui doit les premiers principes de l'aérodynamique.

La villa Rotonda
1568-1571

Andrea Palladio (1508-1580)

L'oeuvre

La *villa Capra,* dite *villa Rotonda,* est sans doute l'oeuvre la plus connue et la plus parfaite de Palladio. Elle fut commencée en 1568 et terminée en 1571. Installée au sommet d'une colline qu'elle domine de son allure altière, elle offre quatre façades parfaitement identiques composées d'un portique à colonnes ioniques précédé d'un vaste escalier.

Des statues installées aux sommets et aux extrémités des frontons accentuent l'impression de verticalité et de monumentalité créée par les colonnades des portiques dont l'un ou l'autre apparaît toujours de profil, se découpant dans le ciel.

L'accord du paysage et de l'architecture se retrouve dans maintes autres villas de campagne, mais ici, l'édifice, judicieusement placé sur la colline, est aussi admirablement proportionné par rapport à elle et aux autres collines avoisinantes.

La sobriété du volume cubique de la maison elle-même à peine ornée — si ce n'est de frontons couronnant les portes et les fenêtres de l'étage principal, et divisé par un entablement qui prolonge celui des péristyles définissant un puissant attique — n'offre rien qui puisse distraire le regard, et renvoie à l'effet puissant et majestueux des péristyles. Pas un moment la répétition du même motif ne lasse le visiteur qui fait le tour de la *Rotonda* : la richesse des effets obtenus avec des moyens si simples surprend. Ni marbre, ni ornement, aucune décoration superflue : tout est fondé sur le seul jeu des proportions et l'effet tient du miracle.

L'organisation de la *villa Rotonda* selon deux axes de symétrie se retrouve dans le plan intérieur de la maison qui organise les pièces tantôt rectangulaires, tantôt carrées, autour d'une vaste pièce centrale circulaire et couverte d'une coupole, les escaliers étant disposés dans les angles de ce volume central.

Un chef-d'oeuvre

L'harmonie...

Le plus surprenant dans cette villa de Palladio demeure l'extrême fluidité qui découle de cette composition rigoureuse : la force du parti adopté, l'austérité des moyens utilisés, l'observance des règles classiques, loin d'engendrer la sécheresse, débouche sur un effet de douceur, d'harmonie et même de sensualité que sert merveilleusement la lumière si claire de la Vénétie !

La relation de Palladio aux règles de l'architecture antique n'a rien d'appliqué. C'est une relation vivante et vibrante, et le sentiment d'équilibre parfait que procure la *villa Rotonda* résulte précisément d'une admirable fusion des composantes intellectuelles et sensuelles de l'architecture qui fait le génie de Palladio.

> *«Intelligence qui ordonne tout, symétrie, grâce et sobriété, recours à l'Antiquité, tout fait de Palladio le plus classique des architectes de la Renaissance.»* Pariset

Et la grâce

Palladio est sans doute le plus heureux et le plus serein des architectes italiens de la seconde moitié du XVIe siècle. Son génie a quelque chose d'insaisissable... Reprenant les formules héritées de l'Antiquité, il échappe à la gravité romaine par une aisance toute personnelle, adaptant les typologies des temples romains aux façades des églises ou des villas avec une facilité qui exclut toujours l'académisme.

Il introduit, dans ses façades de palais ou de villa, des motifs jusque là réservés aux seules cours intérieures, réussissant ainsi à créer des façades ouvertes ne retenant qu'une partie pleine au centre. Le contraste des pleins et des vides semble l'avoir passionné, tout comme celui de la légèreté et de la monumentalité qui constituent les pôles de toutes ses créations.

L'influence du maître

La fluidité de son architecture, dont la plupart des témoignages se trouvent en Vénétie, en particulier à Vicence et à Venise, son aspect à la fois majestueux et apaisant, et cette espèce d'aisance qui le caractérise, ont fait de ses principales créations des modèles universellement connus et mille fois imités.

Le monde anglo-saxon devait se montrer particulièrement sensible à ce style altier et si peu ostentatoire, dépourvu de toute inquiétude. La noblesse britannique s'est reconnue sans peine dans ce qui caractérise l'art de Palladio et fait toute son élégance : un apparent respect des règles cachant une profonde originalité. Elle a si massivement adopté et imité jusqu'au plagiat les formules de son architecture que les historiens ont inventé à propos de cet engouement le terme «néo-Palladianisme», désignant par là le courant architectural qui découla de l'influence du maître de Vicence et qui s'étendit au XVIIIe siècle à toute l'Europe, gagnant les Etats-Unis et bientôt les colonies anglaises.

L'auteur

Une des singularités de Palladio réside dans sa formation. Né en 1508 à Padoue et venu vivre à Vicence, il fut modeste tailleur de pierre jusqu'à l'âge de trente ans. Sa rencontre avec l'humaniste Trissino, qui le surnomma Palladio en l'honneur de Pallas — son vrai nom étant Andrea di Pietro della Gondola —, et une série de voyages à Rome en 1541, 47 et 49, ont modifié l'orientation de sa carrière et fait de lui un parfait humaniste mêlant l'expérience artisanale et les connaissances théoriques.

La rencontre avec la monumentalité romaine devait profondément marquer sa sensibilité. C'est elle, plus encore que la référence à l'Antiquité, qui sera la caractéristique la plus marquante de son architecture nourrie d'une étude attentive des monuments romains et de Vitruve dont il entreprit une réédition.

On lui doit une série de bâtiments de Vicence et de Venise qui sont autant de chefs-d'oeuvre : parmi lesquels la basilique et le théâtre olympique de Vicence, les palais Thiene et Chiericati, et à Venise l'église du Rédempteur et Saint-Georges le Majeur.

Les chefs-d'oeuvre
de la
musique

Bitches Brew

1970

Miles Davis (1926)

Un chef-d'oeuvre

Un disque brûlant

D'abord il y a cette pochette superbement illustrée par Abdul Marti
Klarwein, à qui on doit également le magistral tableau sur
l'*Abraxas* de Santana. Une double tête de Noir, l'une à peau blanche, l'autre à peau noire, veillant sans la moindre attention sur
un couple d'amoureux à l'épiderme d'ébène contemplant le rou-
lis de l'océan et sur une harpie sortie tout droit d'une tribu africaine. Double, le disque l'est également. En 1970, la mode est
à l'exploit. Les compagnies discographiques surenchérissent avec
des double-albums (Chicago), des triples (Woodstock, Crosby
Stills & Nash…) parfois au détriment d'une concision salutaire.

Une trompette torride…

Bitches Brew ne propose rien de superflu. Chaque passage de trompette éclabousse par ses sonorités feulées un climat torride, scandé
par les percussions imprévisibles de Jack De Johnette, Charles
Alias et Lenny White. Des pages comme *Spanish Key* ou *Sanc-
tuary* envahissent l'échine de sonorités étranges dans lesquelles
l'auditeur a bien du mal à identifier les rôles des instruments. Ce
manque de crédits solides est voulu tel par Miles. Une fois pour
toutes, il veut affirmer la fin de son quintette.

Désincarnés, les instruments errent dans cet univers morbide,
chuintant des chorus comme des appels à l'aide. Mais le rythme
sert de fil d'Ariane, c'est lui qui guide la clarinette de Bennie Maupin ou la guitare fantômatique de John Mc Laughlin. Les voiles
levés un à un retombent avec un toc humide, sitôt écartés.

Jungle ou savane?

Dans ce contexte de sarabande souterraine, *Miles runs the voodoo down* est exemplaire. Une basse surpuissante (celle de Dave Holland jouant en contrepoint avec la Fender électrique d'Harvey Brooks) installe une mise en sons de magie noire. Contretemps de batteries, clochettes frôlées, peaux humidifiées, gri-gris brandis droit devant... Est-on en pleine savane africaine, dans une favella haïtienne ou dans la jungle amazonienne? La trompette de Miles ruisselle d'un chapelet de notes si véloces qu'on n'identifie pas le paysage. La guitare casse le rythme, ou du moins le tente, mais lasse, elle fracasse des accords saturés sur ce maelström de percussions autoritaires. Chick Corea accourt à son aide, son piano électrique ranime un moment l'infortunée guitare. Les voilà qui reprennent espoir, assiégés par le rythme. Miles se tait. Replié dans un coin, la trompette sur un genou, il a fait signe à la clarinette de Maupin qui elle aussi part à l'attaque. Mais trahie par le double jeu de Wayne Shorter, elle s'épuise en volutes désespérées. Il fait si chaud que les notes se liquéfient, coulées irrégulières qui évitent la bouillie du free de justesse. Les musiciens inquiets, au bord de l'électrocution, ralentissent la cadence. Miles se lève lentement, tourne vers la terre les notes qui viennent d'en sourdre. Lui, il sait comment parler aux puissances énergétiques, ses poumons les aspirent à grandes goulées pour mieux les exorciser l'instant suivant. Quand le silence revient, la terre, incrédule, panse ses meurtrissures. Rien ne sera plus comme avant...

Un mythe

Homme public, Miles a toujours défrayé la chronique. Il n'a aucun égard vis-à-vis des médias, dissimule derrière une agressivité permanente une sensibilité d'écorché. Ses excentricités en garde-robe et sa consommation avouée de drogue et d'alcool, autant que sa vie sexuelle pour le moins tumultueuse, le placent en porte-à-faux par rapport aux puristes d'un jazz d'Epinal. Miles est un caractère, un curieux avide de provocations et d'expérience. Son attitude en scène, dos au public ou en oblique, assis à fumer sa cigarette ou à discuter avec le régisseur, sa manière de jouer de la trompette, arc-bouté sur l'instrument, le pavillon dirigé vers le sol, ne contribuèrent pas pour rien à la création d'un véritable mythe davisien.

L'auteur

Né à Alton, Illinois, dans une famille aisée, Miles n'est pas spécialement destiné à une carrière musicale. Mais sa passion pour la collection de disques de jazz que possède son père oriente ses aspirations. Il apprend le piano mais lui préfère la trompette, en dépit d'une constitution assez malingre qui le limite dans ses reprises de souffle. Pour cette raison, Miles développe un phrasé tout à fait particulier, dont est banni tout vibrato. Forfuitement, cette technique flotte dans l'air du temps, puisqu'il est l'un des préceptes de base du mouvement bop qui fait alors rage avec des personnalités aussi éclatantes que Dizzy Gillespie, Thelonious Monk, Charlie Parker et Kenny Clarke.

Miles joue dans de petits combos locaux avant de joindre l'orchestre d'Eddie Randall où officient déjà Clark Terry et Sonny Stitt (1941-1943). Son père lui paie alors des études musicales dans la célèbre Juilliard Academy de New York. Sans être vraiment potache, Miles n'y brille pas par sa régularité. Son rêve est de rencontrer le Bird, le saxophoniste Charlie Parker, figure légendaire au firmament du jazz. Il ne faudra guère de temps avant que Miles, non seulement évince le trompettiste titulaire dans le groupe de Parker, mais encore n'emménage vraiment chez le saxophoniste.

Miles travaillera avec Parker jusqu'en 1948, date à laquelle il monte un groupe de 10 musiciens pour donner des concerts au Royal Roost. On le voit partout, jouer au hasard des opportunités, se modelant un style unique, rappelant tantôt l'harmonique extravagante d'un Clark Terry ou l'apparent flegmatisme d'un Lester Young. A se rendre indispensable, Miles réussit son coup. Il se produit avec Gil Evans, enregistre avec Kenny Clarke et dès 1955 se sent prêt à diriger son propre quintette, composé de Red Garland, Paul Chambers, Philly Joe Jones et John Coltrane qu'il fait découvrir au grand public.

L'année 1957 marque sa carrière d'une pierre blanche. Louis Malle fait appel à lui pour improviser sur l'image la bande son de son film *Ascenseur pour l'échafaud*. Les spectateurs frissonnent d'effroi en entendant cette trompette inquiétante. *Porgy and Bess* (1959), *Sketches of Spain* (1960) et *Flamenco sketches* (1960 — avec Coltrane) l'installent définitivement aux plus hauts rangs du jazz. Désormais, chaque année verra sortir avec une régularité et une prolixité exemplaires un ou deux albums de Miles.

La nouvelle formation qui monte au feu à Antibes en 1963 regroupe des éléments brillants : Herbie Hancodk (piano), Tony Williams (batterie), Ron Carter (basse) et Wayne Shorter (saxophone). Les enregistrements diffusent à souhait l'intensité qui régnait entre ces musiciens virtuoses : *Walkin* (1963), *Miles smiles* (1967)...

Au début des années'70, Miles passe un nouveau cap, légèrement amorcé par Hancock peu auparavant : l'électrification de sa musique. Le nouveau son qui amplifie à présent sa trompette lui permet d'entrer de plain pied dans le champ des expérimentations électro-acoustiques. Cette démarche essensielle dans sa carrière lui ouvre par la même occasion les publics rock, qui reconnaissent dans sa musique des sons bien familiers.

En même temps qu'il se fâche avec ses anciens irréductibles, Miles devient une rock-star. Devenu importun dans les festivals de jazz, il est accueilli avec chaleur dans les amphithéâtres de rock. Ses albums *In a silent way* (1969) et *Bitches Brew* (1970), qui incluent des rythmiques rock, se vendent par millions et servent de détonateur à un ample mouvement de fusion, le jazz-rock, d'où vont éclore des groupes formés par d'anciens partenaires de Miles (le Mahavishnu Orchestra de John McLaughlin, le Return to forever de Chick Corea, le Weather Report de Wayne Shorter et Joe Zawinul) mais aussi une pléiade de musiciens rock (Carlos Santana, Chicago, Flock) ou jazz (Larry Coryell, Blood Sweat & Tears, Tony Williams Lifetime, Billy Cobham) que cette voie nouvelle enthousiasme.

Au fil des albums, Miles épurera son propre style de jeu jusqu'à le confondre dans la masse sonore, élément parmi d'autres d'un magma incandescent dans lequel les cuivres et les claviers s'évanouissent progressivement derrière un grouillement rythmique en ébullition. En développant l'aspect percussif de son oeuvre Miles hisse la percussion sur l'échelon suprême.

« *On dit que je suis grossier, que je tourne le dos au public, que je n'aime ni les Blancs, ni le public. C'est vrai que je ne pense jamais au public, seulement à l'orchestre. Et s'il est bon, je sais que le public sera content.* » Miles Davis

Black, brown and beige
1944
Duke Ellington (1899-1974)

Un chef-d'oeuvre

Un long morceau

Jouée pour la première fois le 23 janvier 1943 au Carnegie Hall, la suite *Black, brown and beige* proposée au public s'étalait sur 50 minutes. De par sa longueur et son unité conceptuelle, Ellington entendait prouver aux compagnies de disques que le jazz ne pouvait plus se satisfaire des impératifs de temps imposés par les microsillons de l'époque. Par des tentatives antérieures telles que *Creole rhapsody* (1931) et le *Reminiscing in tempo* (1935) de douze minutes, le Duke donnait un grand coup de pied dans les normes standard qui réduisaient le jazz soit à une musique de danse, soit à un exercice de composition obligatoirement concis. Mais le jazz d'Ellington se trouve face à une impasse. Flirtant à présent autant avec l'improvisation dirigée (ce que Duke appelle «préméditation immédiate») qu'avec la juxtaposition de thèmes formant une entité formelle et spirituelle, sa musique ne tolère plus le cruel découpage en rondelles de trois ou quatre minutes.

Le jazz en liberté

Il serait erroné de croire que le pavé dans la mare lancé par Ellington ne se limite qu'à un bras d'honneur envers la technique d'enregistrement et de reproduction. Car innovant également dans le domaine de l'orchestration, *Black, brown and beige* révolutionne le concept même de l'orchestre de jazz.

Terminée l'ère où chaque instrument ronge son frein derrière son chevalet, attendant nerveusement le moment libérateur de son intervention soliste. Ellington entend à présent que chaque instrument, par son timbre et sa personnalité, participe de l'ensemble de l'oeuvre, mieux encore, la marque de son identité propre, la colore d'un cachet indélébile.

Mais plutôt que de se perdre dans une anarchie d'improvisations débridées, Ellington ménage suffisamment de plages de relâche pour que ses partenaires les investissent de leurs interventions inspirées. Cette suite possède une qualité peu commune, celle d'une musique naturelle, basée sur la logique incontournable de l'émotion instinctive, de l'à-propos éclairé.

De derrière son clavier, Ellington assiste, en démiurge fasciné, à l'exposition évolutive de ses thèmes par ses partenaires. Il est alors silmultanément compositeur comblé, complice efficace et spectateur séduit.

Fusion

Work song qui ouvre la suite permet d'emblée de jauger la cohésion de l'orchestre et la qualité des officiants. Sur l'allègre rythmique du bassiste Alvin Raglin qui perpétue à présent le bouleversement infligé par son prédécesseur Jimmy Blanton à cet instrument, les magnifiques chorus d'Harry Carney (saxophone), Sam Nanton (trombone) et Otto Hardwick (saxophone alto) démultiplient un thème qu'ils désincarnent jusqu'à le laisser, pantelant et étincelant, entre les doigts d'un Ray Nance hilare qui l'exploite avec une religiosité confondante, dans sa mystique partie de violon de *Come sunday*. Ce qu'en retire Johnny Hodges, sur son saxophone alto, est du tout grand jazz.

Harlem…

The blues, lente mélopée chantée par Joya Sherrill, est moins convaincante. On y sent Ellington plus embarrassé quand il s'agit de greffer des vocaux sur ses thèmes ou mieux encore de plier sa musique aux exigences toutes particulières de la voix humaine. *Three dances* dont *West Indian dance* constitue la première partie ne fait qu'annoncer par le contraste de cet enthousiasme dans le jeu de l'orchestre, le volcanique *Emancipation celebration* qui déborde d'exubérance. Tandis que *Sugar Hill penthouse/Creamy brown*, authentique révélateur de l'air du temps dans un Harlem idéalisé, se pose en révérence respectueuse devant ce quartier de New York qui reconnut en premier les qualités de cœur et d'esprit du grand Duke. Ne disait-il pas lui-même que son jazz, né et sevré dans ce quartier noir, n'avait d'autre raison d'être que d'en rendre «les combats, les odeurs de nourriture, les mots de gens qui y font l'amour, les cancans intimes, la radio, le mouvement du linge qui y sèche, l'aboiement du chien du concierge, l'arôme du café…»? Ellington, duc de Harlem…

L'auteur

Edward Kennedy naît à Washington et se destine tout d'abord aux arts graphiques. Mais le piano l'emporte rapidement sur le fusain.

Ayant opté pour un nom d'emprunt, Ellington essuie un premier échec dans Big Apple avec une petite formation. La chance lui sourit alors doublement. D'une part, Ellington trouve en Irving Mills un manager efficace, un fanatique convaincu et co-compositeur inspiré. De l'autre, la direction du prestigieux Cotton Club de Harlem lui fait confiance pour succéder à l'orchestre de King Oliver. On est en 1924, Ellington tiendra la scène du club huit années durant!

Tout New York se presse pour découvrir cet orchestre qui s'étoffe de jour en jour et qui aligne une impressionnante succession de compositions originales, répondant dans leur presque totalité aux canons définis par ce pianiste-arrangeur au port si altier qu'un pseudonyme tel que Duke n'est pas immérité. Ellington grave ses succès sur les premiers microsillons 78trs de jazz de jeunes compagnies de disques (Okeh, Vocation, Bluebird, Cameo…) et envahit les ondes des stations de radio.

Les enregistrements de cette époque traduisent à merveille la juvénilité d'un son reconnaissable entre mille et auquel Ellington sera fidèle jusqu'à l'aube de la Seconde Guerre mondiale: le «jungle style» caractérisé par le recours presque systématique de cuivres obturés par des sourdines en caoutchouc (le son wa-wa) qui leur donnent un timbre rauque et un son proche de la voix humaine. Ce procédé fait merveille dans des titres comme *Creole love call* (1927), *Cotton Club stomp* (1929), ou *Echoes of Harlem* (1936). D'autres compositions, plus lentes, témoignent du génie de Duke à parer ses arrangements de sonorités insolites (*Mood Indigo* — 1930, *Sophisticated Lady* — 1933, *Solitude* — 1934) ou de réminiscences rythmiques plus latines (*Caravan* — 1937).

En 1930, Maurice Chevalier en tournée aux Etats-Unis fait appel au band de Duke pour l'accompagner dans ses galas au Fulton. Ellington sort d'Harlem et fait mordre le public blanc à sa musique. S'ensuivent des tournées à travers l'Amérique, puis une visite triomphale en Europe en 1932.

> «*A mon sens, tous les musiciens devraient se réunir un jour, s'agenouiller et remercier Duke.*» Miles Davis

Acculé par le mouvement swing, Ellington doit trouver une alternative. Dès 1939, il s'adjoint les services d'un orchestrateur de talent, Billy Strayhorn. Le «jungle style» s'étiolera face à une rythmique plus légère et un élargissement des sections instrumentales.

La période qui couvre ces années de guerre voit Duke livrer de véritables chefs-d'oeuvre, intégrant des éléments significatifs empruntés aux héritages du blues (*Across the track blues* — 1940, *Royal Garden blues* — 1946) à des compositions réellement révolutionnaires où la hardiesse des arrangements et l'audace des interprètes préfigurent un éclatement des normes classiques du jazz. Ellington se met à l'écoute des pouls de la ville (*Harlem air shaft* — 1940), de ses contemporains (*Concerto for Cootie* — 1940, *Take the A-train* — 1941), de son propre lyrisme (*Warm valley* — 1940, *Pierdido* — 1942). *Koko* (1940) constitue sans aucun doute la clef de voûte de ses expérimentations.

Dès 1944, Duke délaisse progressivement son propre rôle de pianiste improvisateur pour s'intéresser davantage à l'écriture d'oeuvres plus complexes, étirées dans le temps (les suites *Black, brown and beige* — 1944, *A tone parallel to Harlem* — 1951) ou au contraire plus compactes mais d'autant plus généreuses en improvisations et expérimentations (*Trumpet no end* — 1946, *Transbluecency* — 1947).

Reconnu dans le monde entier comme un pilier du jazz, Ellington dispose à présent des assises nécessaires pour réussir la synthèse totale de ses acquis, pour les retranscrire dans un contexte élargi, proche de la symphonie.

Ses collaborations avec les monstres sacrés du jazz atteignent des sommets: Ella Fitzgerald (1965), Louis Armstrong (1961), Count Basie (1961), Charles Mingus et Max Roach (1962), John Coltrane (1962), sa rencontre magique avec Coleman Hawkins (1962), sa confrontation avec les ensembles symphoniques européens (1963).

Actif jusqu'à son dernier souffle en 1974, Ellington lègue au jazz la marque pour laquelle il semblait prédestiné, la noblesse.

Boléro

1928

Maurice Ravel (1875-1937)

L'oeuvre

Dans ce coin d'Espagne brûlé par un soleil de plomb, s'élève une mélodie gracile, presque timide, qui s'insinue lentement dans l'atmosphère torride. Elle ébauche un thème d'une clarté spontanée, immédiate, sur fond de percussions trop lointaines pour être inquiétantes.

On pourrait imaginer une caravane de nomades se traînant sur des sentiers incertains. Ou encore une belle Esmeralda dansant lascivement et cinglant l'air en faisant pirouetter ses jupons. Car la mélodie hésite entre l'hispanique et l'arabisant.

D'indécise, l'ambiance se précise. Les instruments à cuivre s'épuisent en interventions solistes, tolérées par une rythmique qui affirme sa présence et impose qu'on se rallie à elle sans délai.

Une autre image survient, très forte, celle d'un chaudron porté à ébullition, dont s'échapperaient de fugitives fumerolles. Cette marmite bascule lentement, presque imperceptiblement, et le creuset, chauffé à blanc, laissé enfin s'écouler un magma incandescent qui emporte tout sur son passage.

Le chaos qui s'ensuit est bref et sans appel. Le fabuleux crescendo ne visait rien d'autre que ce lancinant paroxysme.

Un chef-d'oeuvre

Un pastiche
Les musicologues s'accordent à attribuer la paternité du boléro au danseur espagnol Sebastiano Zorezo qui, vers 1770, esquissa les premiers pas de sa nouvelle création au son des castagnettes.

Le boléro connut une grande popularité dans le folklore populaire avant de tomber dans l'oubli le plus total, même si quelques compositeurs, séduits par sa scansion incantatoire, l'inclurent dans leurs oeuvres: *Masanielle* (Esprit Aubert), *Vêpres siciliennes* (Giuseppe Verdi), *Boléro pour piano* (Frédéric Chopin)...

Ravel maniait le pastiche avec une grande habileté. On se souvient de ses remarquables *A la manière de...*, dont ceux d'Alexandre Borodine ou d'Emmanuel Chabrier. Néanmoins, son *Boléro* relève bien moins d'un époustouflant exercice de style que d'une manière d'accomplissement dans la technique d'orchestration. Car tout dénote ici d'une maîtrise absolue, tant de l'instrumentation que du développement du thème ou de la fusion magique entre l'inspiration et l'écriture.

Un thème obsessionnel

Partant d'un rythme à trois temps assez primitif, Ravel parvient à transcender la pauvreté de cette assise en l'assortissant d'une inexorable progression dramatique, entretenue à la fois par l'élément percussif sous-jacent et par la volonté de juguler chaque chorus soliste.

Le caractère lancinant du boléro, que d'aucuns rapprochent d'une apparente monotonie, n'est que l'impression viscérale provoquée par le caractère obsessionnel d'un thème mélodique répété pas moins de dix-huit fois! Le tour de force de Ravel consiste ici en la suggestion de cette obsession, tout en finesse et en touches insidieuses.

Mais en même temps, le Boléro tout entier témoigne d'une incroyable clarté et d'une logique implacable. A chaque instant, Ravel réclame l'adhésion de l'auditeur qui s'empêtre, vaincu et fasciné, dans cette toile d'araignée tissée de sons dont, paradoxalement, il devine, appréhende et souhaite, tout à la fois, l'issue chaotique.

Une ambiguïté

Il n'est pas rare de voir Ravel comparé à Debussy, quand il n'est pas carrément accusé d'imitation. Certes, Ravel partage avec son aîné la même sensibilité originelle.

Mais là où le compositeur de *Prélude à l'après-midi d'un faune* s'adresse au coeur par la recherche d'un son plus sensuel, Ravel séduit l'esprit par une technique et une netteté de ton éblouissantes. Debussy s'instituait en poète de la musique impressionniste, à la recherche d'un nouveau langage musical. Ravel, lui, se découvre d'étranges filiations qui remontent bien plus loin dans le temps qu'avec Gabriel Fauré, son maître.

Par son rejet du vibrato romantique, il renoue avec l'esprit de concision des classiques comme François Couperin ou Jean-Philippe Rameau. En eux, il admire l'équilibre, le dépouillement et la raison. A leur lecture, il épure son propre style, même si, par une pudeur quasi enfantine, il le drape de quelque volupté et d'approximation. Ses thèmes empruntés à la féerie, la danse, la tradition populaire espagnole et l'enfance, il les répercute à l'envi dans son oeuvre.

En homme de son époque, à l'heure où l'Occident, avide de mutation nouvelle, se tournait avec foi et espérance vers les compositeurs et les artistes russes et pressentait les prémisses d'un bouleversement avant-gardiste, Ravel n'a pas hésité à jouer brillamment de cette ambiguïté qui faisait de lui un héritier spirituel de Josquin des Prés, en même temps qu'un porte-drapeau résolu du renouveau artistique du début de ce siècle.

Trois grands axes

La production artistique de Ravel s'articule autour de trois grands axes de création, suivant un ordre chronologique.

Ses premières oeuvres sont dans leur quasi-totalité écrites pour son instrument de prédilection, le piano : *La Habanera* (1895 — pour deux pianos), *Pavane pour une infante défunte* (1899), *Jeux d'eau* (1901), *Sheherazade* (1904).

A partir de 1906, avec sa transcription musicale des *Histoires naturelles* de Jules Renard, c'est le Ravel harmoniste, passionné d'instrumentation, qui se révèle. Ce Ravel-là nous lègue de superbes pages comme *Gaspard de la nuit* (1908), *La Rhapsodie espagnole* (1908 — une de ses rares pages symphoniques), *Ma Mère l'oye* (1908) suite à quatre mains évoquant la poésie de l'enfance et qui devint un ballet, *Daphnis et Chloë* (1911) qui scelle sa collaboration avec Diaghilev et enfin ce *Trio* (1914) qui reste incontestablement une des plus grandes oeuvres françaises de musique de chambre.

Après la guerre, Ravel développe son talent d'orchestrateur : *Le Tombeau de Couperin* (1917), *La Valse* (1919), *L'Enfant et les Sortilèges* (1923), *Trois Chansons madécasses* (1925), *Boléro* (1928) et ses deux dernières oeuvres (1931), un concerto pour main gauche et un concerto en sol.

L'auteur

Maurice Ravel naît en 1875 à Ciboure, charmante localité balnéaire des Basses-Pyrénées, proche de Biarritz et de Bayonne. De sa mère, Basque d'origine, Ravel héritera la finesse et la sensibilité. Son père, un Savoyard, lui inculquera dès son plus jeune âge un sens aigu de la discipline et de la logique.

Quand la famille Ravel s'installe à Paris, le jeune Maurice suit sans grand brio des études de piano au Conservatoire. Mais son séjour dans ce cadre formaliste et rigoureux survient à point nommé pour régenter son esprit sensible et fragile, et étayer son inspiration d'assises solides, presque mathématiques.

Tout le cheminement créatif de Ravel tend vers un dépouillement de l'écriture. Sans devenir aride ni rigoriste, elle se trouve une sensibilité propre, virginale, qui n'a pas à s'embarrasser des élans du coeur chers aux musiciens romantiques. Si Ravel voue une grande admiration à Liszt et à Chopin, c'est bien plus pour leur utilisation originale du piano, instrument qu'il vénère, que pour leur pathétisme exacerbé.

Sa passion non dissimulée pour l'Ecole russe en général et pour deux membres du Groupe des Cinq en particulier, Alexandre Borodine et Modeste Moussorgsky, le portera tout naturellement à s'intéresser à l'orchestration. En 1922, il écrit celle des *Tableaux d'une exposition* de Moussorgsky. De la même manière, il collabore avec Serge de Diaghilev, directeur éclairé des fameux Ballets russes.

Musicien intègre, orchestrateur et harmoniste talentueux, Ravel suit une trajectoire limpide, parsemée de chefs-d'oeuvre et de coups de génie. La seule anicroche dans cette carrière exemplaire reste bien cet épisode saugrenu par lequel, en 1904, Ravel se vit refuser le premier prix de Rome. Mais, devant le tollé de protestations auquel prit part Paul Dukas, victime peu avant lui de la même injustice, il fut réhabilité pour calmer les esprits.

Victime d'un accident de voiture en 1932, Ravel dut interrompre brutalement sa carrière de compositeur. Il s'éteignit sans pavane à Paris, en 1937, son visage retrouvant cette même expression de détermination et de volonté qui n'avait pas échappé au sculpteur Leyritz, au peintre Manguin ou encore à Lipnitzki, dans une série de superbes photographies.

Les Copains d'abord

1966

Georges Brassens (1921-1981)

Un chef-d'oeuvre

Pour le cinéma...

Les Copains d'abord fut composé pour servir de thème original au film de Jean-Pierre Mocky, *Les compagnons de la Marguerite* (avec Claude Rich). Le scénario racontait les facéties d'une bande d'adultes, restés adolescents dans l'âme, qui fondent une sorte de clan secret dont l'activité principale est de faire des blagues sur le dos de leurs contemporains. Ce film léger d'une grande drôlerie s'accommode à merveille de la musique de Brassens.

Les Copains d'abord est une chanson exceptionnelle dans le répertoire de Brassens. Elle lui valut tout d'abord une renommée incroyable. Ensuite, le rythme de la mélodie, plus marqué et plus rapide qu'à l'accoutumée, est tout à fait inhabituel. Enfin, l'utilisation d'un gimmick, ce solo de peigne parodiant le son du kazoo dans les jug-bands de jazz du début du siècle, indique une réelle volonté de pénétration de l'auditoire autant par le texte que par la musique.

Mais sans cinéma!

Brassens n'était pas un musicien émérite. Sa connaissance réelle de cet art est toute relative. Dans son esprit d'ailleurs, la musique qu'il écrit et compose au piano, alors qu'il l'interprète à la guitare, ne sert que de support mélodique à ses textes, eux essentiels. Ne se départissant pas d'une formule rôdée jusqu'à l'usure, Brassens n'évite pas une certaine monotonie dans ses thèmes musicaux, uniformité encore accentuée par une manière de chanter plus proche du récitatif que de la prouesse vocale.

D'où vient alors que sa musique reste gravée dans nos mémoires? Tout d'abord, il y a cette qualité intrinsèque qui est la simplicité. Brassens n'a que faire de fioritures. Non que sa musique soit fruste, mais elle doit être sur l'heure mémorisable et surtout, ne pas distraire du message poétique qu'elle véhicule. Proche dès lors de la musique populaire, il constitue le lien de connection entre la poésie et la musique pour tous.

L'auteur

Il n'est pas de vie plus calme et sans histoires que celle de Brassens. Issu d'un milieu ouvrier (son père est maçon), il voit le jour à Sète et gardera de cette région un accent coloré, teinté d'un certain exotisme, en même temps qu'une nonchalance naturelle proche d'un épicurisme à la *Alexandre le bienheureux*.

Trouvant dans la poésie, et plus particulièrement dans l'héritage de Villon, matière à étayer sa propre truculence, il s'essaie à la chanson avant de participer activement au magazine anarchiste *Le Libertaire* de 1945 à 1947. Déniant tout militantisme appauvrissant, Brassens restera fidèle sa vie durant à cette éthique qui prône une société redonnant à l'individu sa priorité première au détriment de toute forme de structure. Il répétait à qui voulait l'entendre que, pour lui «la chanson était un art d'agrément, avant d'être une manière d'engagement.» Solitaire, individualiste, franc-parleur, Brassens est un cas unique dans la chanson française. Peu enclin aux interviews, il préfère à un statut de vedette, une vie simple et retirée, proche de la nature qui lui sert de ballon d'oxygène face à une société dont les soubresauts convulsifs l'inquiètent et le révoltent.

Son arrivée à Paris le voit écumer les cabarets, drainant vers lui un public grandissant, attiré par la verdeur et la tendresse de ses textes. De cabaret en salle de concert, de ville en ville, de pays en pays, il s'impose comme un des meilleurs ambassadeurs de la chanson française de qualité. Sa simplicité et son manque total de formalisme lui rallient les suffrages de la population estudiantine qui retrouve dans les outrances verbales du chanteur, la substance de ses propres étonnements face à un monde bâti par des adultes pour des adultes.

Anticléricaliste impénitent («Dieu n'est qu'un grand fétiche»), Brassens est aussi le merveilleux poète de la mort, de l'amitié et de l'amour, trois constantes dans toute son oeuvre, un peu comme si son univers se réduisait à un singulier trio: le troubadour solitaire, la femme adultère et le larron frère.

Ses prestations jetaient un voile d'émotion sur sa face de bon vieil ouvrier à la face bourrue. Le dispositif scénique réduit à sa plus simple expression (Brassens à la guitare, Nicolas à la contrebasse et parfois Joël Favreau à la seconde guitare) fut repris en exemple par une nouvelle génération de chanteurs à leurs débuts: Maxime Leforestier, Jacques Higelin, Yves Duteil, Philippe Chatel…

Peu tenté par l'aventure cinématographique alors que les offres s'amoncelaient, il se laissa convaincre à une seule tentative, sous l'insistance de ses amis Bussières et Brasseur: *Porte des lilas* (1957) de René Clair.

Il a doté le répertoire de la chanson française d'un impressionnant florilège de chefs-d'oeuvre parmi lesquels nous citerons *Chanson pour l'Auvergnat*, *Supplique pour être enterré en plage de Sète*, *Hécatombe*, *Le Gorille*, *Les Deux Oncles*, *La Guerre de 14-18*, *95 fois sur cent*, *Le Fossoyeur*, *Le Roi des cons*, *Mourir pour des idées*, *La Ballade des gens qui sont nés quelque part*, *Stances à un cambrioleur*, *Les Passantes*, *Le Moyenâgeux*, etc.

Don Giovanni

1787

Wolfgang Amadeus Mozart (1756-1791)

L'oeuvre

Dans l'oeuvre abondante que légua Mozart (plus de six cents compositions), *Don Giovanni* tient une place toute particulière, tant dans la charge émotionnelle qu'elle contient que dans le style original dans lequel ce drame est composé. Bien éloigné de l'image de Don Juan qu'en donneront plus tard les romantiques, le héros de Mozart tend vers des sphères spirituelles qu'il peut difficilement prétendre aborder, empêtré qu'il est dans une sensualité dévorante.

Tiré de la pièce de Molière, mais remodelée librement en italien par Da Ponte, l'opéra de Mozart s'articule en 26 airs, connectés entre eux par des récitatifs soutenus parfois par l'orchestre. Par leur expression dramatique et par l'accent qu'elles marquent sur l'intrigue, ces césures déclamatoires témoignent à suffisance de la justesse de ton du compositeur.

Un chef-d'oeuvre

Une défense de Don Juan

Adolescent impénitent jusqu'à sa mort, il aurait été inconcevable pour Mozart de revêtir Don Juan d'une gangue pesante, chargé du fardeau symbolique du mal. Mozart ne condamne pas Don Juan, il le comprend, il le justifie ; mieux, dans sa logique de non-conformiste averti, il le défend bec et ongles. Pour un peu, on entendrait, dans les éclats de voix du héros, les éclats de rires impertinents du musicien, comme un gigantesque pied-de-nez envers normes et traditions.

Il y a de la joie dans cette musique, celle d'un homme dans

le dictionnaire duquel les mots «découragement» et «pessimisme» auraient été oubliés à l'impression. *Don Giovanni*, c'est l'expression même de l'âme de Mozart, celle d'un enfant qui appelait à lui toutes les gâteries et toutes les mansuétudes, pour les disposer devant lui, en tas, avant de les disperser d'un grand coup de pied. Musique candide d'un compositeur hors classe qui ne s'avouait qu'une seule faiblesse, celle de ne pas pouvoir discerner le mal.

Les vertiges du plaisir

Adulé par les uns, haï par les autres, Mozart prenait un plaisir malin à évoluer entre ces deux mondes, en équilibre sur le fil du rasoir dont lui seul délimitait le tranchant. La musique de Mozart est celle du plaisir, le plaisir à soi-même, le vertige à contempler cette joie se muer en notes, s'ordonner en portées.

Quel autre exemple aurait-il pu choisir que ce Don Juan qui confie à Sganarelle qu'il séduit les femmes pour le seul envoûtement de leur conquête et non pour leur possession. Y eut-il dans la vie de Mozart un seul moment de soumission à l'autorité, d'où qu'elle vienne, quand on connaît ses renoncements aux postes stables au profit de l'indépendance et de la création, quand il pervertissait les honneurs qu'on lui rendait en s'en moquant ouvertement par des frivolités inconsidérées…

Jusqu'au terme de sa courte vie, Mozart ne fut habité que par cette hantise coupable que Milos Forman parvint à recréer remarquablement dans le film *Amadeus* (1984): celle d'avoir prêté le flanc aux caprices volontaristes de son père. Celui-ci, sous les traits du Commendatore dans *Don Giovanni*, représente cette force dévastatrice, aveugle, toute puissante, image d'un Dieu trop partial, statue parmi les statues, terreur venue du fond des âges. Aujourd'hui encore, cette ouverture glace d'effroi. Jamais «ré mineur» syncopé n'a frappé avec autant de force…

L'auteur

Plongé dès sa prime jeunesse dans le monde musical par un père violoniste et fin pédagogue, Mozart affiche d'étonnantes facultés de mémorisation et d'assimilation. Léopold Mozart, ce père dont l'intransigeance et l'autoritarisme marqueront à ce point la personnalité pourtant farouchement indépendante de Wolfgang qu'il en fera un portrait terrifiant dans le personnage du Commendatore de *Don Giovanni,* entraîne son fils dans tous les principaux foyers musicaux d'Europe (Münich, Vienne, Bruxelles, Paris).

Pendant ces voyages, le jeune Mozart est exhibé un peu comme une bête de cirque, stupéfiant tous les auditoires par ses remarquables dons de virtuose précoce. Il n'a pas 10 ans à l'époque. Mais pour Wolfgang, ces pérégrinations sont également l'occasion d'étoffer son propre bagage musical au hasard des maîtres qu'il rencontre : Glück (Vienne), les musiciens polyphoniques et d'opéra (Italie), Haydn (Salzbourg), Haendel et Jean-Chrétien Bach (Londres).

Quand il a le loisir d'ôter son habit de lumière, le jeune Mozart s'adonne à l'écriture d'oeuvres austères (sonates d'église) ou plus légères (*Bastien et Bastienne* - 1768 — opéra-bouffe) nettement dominées par l'influence des maîtres qu'il rencontre et dont il assimile les techniques à une vitesse surprenante. Au cours de son séjour à Rome, on rapporte qu'il transcrivit de mémoire le *Miserere* de Gregorio Allegri qu'il n'avait entendu qu'à deux reprises à la chapelle Sixtine ! Il restera deux ans en Italie, s'abreuvant des procédés de l'opéra pour écrire son *Mithridate* en 1770.

De retour à Salzbourg, il décroche une place de maître de concert auprès de Colloredo, prince-archevêque. Tout en se consacrant à l'écriture, il répond à des commandes comme cette *Finta Giardiniera* (1775) pour l'Electeur de Bavière. Mais son point fort demeure son activité de concertiste. Coqueluche des cours qui l'invitent et qui se pâment devant sa prodigieuse dextérité au clavier, Mozart bouscule les protocoles par son manque de conventions, son audacieux toupet, son culot monstre, cette bonne humeur communicative qui lui font ébranler tous les tabous. Il ridiculise ses rivaux de l'heure en jouant plus vite, en composant mieux, en réajustant à sa manière leurs propres compositions, jusqu'à ce qu'elles se révèlent enfin brillantes. C'est avec cette même irrévérence qu'il abandonne son poste pour s'installer à Mannheim où il étudie le polyphonisme allemand. Puis, en 1778, il accompagne à Paris sa mère (qui y mourra la même année) et entre deux exhibitions au Concert Spirituel, dévore les oeuvres de Schobert et de Grétry. Opportuniste et flatteur, il entend prouver au public parisien que la musique française n'a plus de secrets pour lui (*Symphonie parisienne* en ré majeur).

Quand il regagne Salzbourg, il réintègre sa place chez Colloredo comme s'il l'avait quittée la veille. Mais ivre de liberté à nouveau, il s'installe à Vienne en 1779, attiré par cette haute société étincelante, qu'il égayera de ses pitreries débridées. Mozart épouse Constance Weber en 1782. Le jeune couple vit une existence bohême, insouciante. Pour survivre, il donne des cours de piano, compose dans son lit ou dans la cuisine et répond à toutes les commandes — peu lui importe lesquelles, il peut tout faire. Son entrée dans la loge maçonnique coïncide avec *L'Enlèvement au sérail,* turquerie brillante. Au chevet de sa femme dont la santé sera toujours précaire, il étudie le contrepoint et, pénétré de Bach, compose une magistrale *Messe en ut mineur* (1783). Le ménage vivant dans une gêne indescriptible, Mozart lance ses célèbres concerts à la souscription, véritables tours de force pour cet artiste que les impératifs de temps et les contraintes de style paraissent amuser davantage qu'abattre.

En 1786, Mozart donne ses *Noces de Figaro* à Vienne, qui lui réserve un succès triomphal. Mais cette réussite lui suscite pas mal de jalousie, dont la plus tenace est celle de Salieri, compositeur besogneux mais extrêmement influent, dont Mozart a fait sa tête de Turc. Salieri intrigue en coulisses, sape peu à peu le crédit de Mozart qui choisit dès lors de faire représenter ses prochaines oeuvres hors de Vienne. C'est Prague qui donnera la première de *Don Giovanni* (1787 — Livret de Da Ponte).

Se débattant entre les dettes et les problèmes de santé de Constance, Mozart compose sa *Petite musique de nuit* (1787), *Cosi fan tutte* (1790) qui ne soulèvent pas l'enthousiasme des foules et, pressé par l'argent, *La flûte enchantée* (1791) sur un livret maçonnique de Schikaneder. Cette oeuvre sera jouée au Théâtre Forain de Vienne.

Epuisé par ses efforts, Mozart jette ses dernières forces dans des oeuvres plus austères où, paradoxalement, il retrouve la sérénité : *Ave verum* (1791) et ce *Requiem* que sa mort viendra interrompre et qui sera achevé par Franz Süssmayer, son élève. L'ironie du sort veut que cet enfant-chéri des foules, enseveli en fosse commune, venait d'être promu chef de chapelle à la cathédrale Saint-Etienne. Il n'eut pas le temps de monter en chaire...

Exodus

1977

Bob Marley (1945-1981)

Un chef-d'oeuvre

La musique de la révolte

En décembre 1976, Marley échappe de justesse à une tentative
d'assassinat sur sa personne en Jamaïque. Deux jours plus tard,
il déclenche le délire de plus de 85.000 spectateurs rassemblés
pour un concert de soutien au Premier ministre Michaël Manley.
Marley n'est plus un chanteur, mais un véritable prophète investi
de missions divines !

Exodus (1977) porte comme sous-titre «mouvement du peuple
de Jah». Authentique album de combat, *Exodus* porte dans ses
sillons la rage d'un peuple opprimé, oublié, plus asservi que du
temps de l'esclavagisme. Chaque parole est un hurlement de
révolte, un cri d'espoir. La plage titulaire traduit dans le gonfle-
ment coléreux de la basse cette exaspération, elle martèle les aspirations d'une race en quête d'absolu à qui on n'a fourni jusqu'ici
que le baume de la lassitude.

La mode du reggae

Exodus est un disque sulfureux, un péan entonné sur fond de lave.
De New York à Stockholm en passant par Sydney, le reggae enva-
hit les ondes. Les punks vont enregistrer à Kingston (Clash, Sex
Pistols) tandis que les grandes pointures du rock tentent l'expé-
rience du reggae (Dylan, Joe Cocker, Gainsbourg, Grace Jones,
Rolling Stones, Stevie Wonder).

Le rastafarianisme

Pour qui veut comprendre l'essence même du reggae et voir dans
ce genre autre chose qu'une sautillante musique de discothèque,
il est indispensable d'en interpréter les messages et les textes. Or,

pour un public européen, l'approche des textes est rendue ardue par le dialecte très particulier des Jamaïcains ainsi que par le recours continuel à des images tant à la Bible qu'à une mythologie ésotérique originale. La langue du reggae est l'habile conjonction d'éléments sacrés et politiques.

En 1887, des descendants des esclaves en fuite se réfugient dans des régions reculées de la Jamaïque : ces Maroons y fondent des communautés centrées avant tout sur la survie de racines musicales et religieuses africaines. En 1902, Marcus Garvey, jeune journaliste gauchisant, prône le retour des esclaves affranchis à l'Afrique. Les nombreuses manifestations qu'il fomente seront couronnées par cette prophétie qui marquera profondément toute la thématique du reggae : «Regarde vers l'Afrique où un roi noir sera couronné. Il sera le Messie rédempteur». Quelques mois plus tard, monte sur le trône d'Ethiopie un nommé Ras Tafari Makonnen qui régnera sous le nom d'Empereur d'Ethiopie, Haïlé Sélassié, roi des rois, lion de la tribu de Juda, élu de Dieu, dans la lignée du roi Salomon et de Makeba de Saba.

Ce couronnement frappe l'imagination de tous les Noirs qui, comme Garvey, croient que la race noire, antérieure à toutes les autres, a été injustement spoliée de sa dignité par le Blanc colonisateur. Bien malgré lui, le Négus devient le Messie tant attendu, ce fameux Jah, dont un passage de l'Apocalypse témoigne comme étant le nom secret de Dieu.

La Jamaïque

C'est en Jamaïque que le rastafarianisme prend sa plus forte extension, au départ des communautés Maroons. Pour survivre, celles-ci développent la culture du ganjah, la marijuana locale, tandis que de petites bandes de rastas effectuent des raids de rapine dans les grandes villes. Il faudra néanmoins attendre 1954 pour que le gouvernement jamaïcain prenne conscience de l'ampleur du phénomène. A cette date, la police effectue une brutale descente sur le Pinnacle, la communauté de base, ce qui n'a pour d'autre effet que de pousser les rastas vers Kingston où ils gangrènent la banlieue de véritables bidonvilles-ghettos.

En 1966, le Premier ministre Michael Manley choisit de pactiser avec les rastas plutôt que de s'épuiser en répression inefficace : il invite officiellement Haïlé Sélassié à venir visiter son île. Sa tournée fut triomphale et suggéra au mouvement rasta de revendiquer le rattachement de la Jamaïque à l'Ethiopie.

La répression recommença, plus aveuglément encore, jusqu'à interdire, à ses balbutiements, la diffusion de reggae sur les antennes de radio parce qu'il véhiculait des mots d'ordre rasta. L'essor que fit prendre Marley à cette musique constitue plus que probablement l'une des raisons de la fin de cet embargo ridicule.

L'auteur

Bob Marley naît à St Ann (Jamaïque) en 1945, résultat fortuit d'une passade d'un capitaine britannique en partance envers une jeune autochtone. Délaissé par sa mère qui émigre aux Etats-Unis, Bob survit comme tous les jeunes Jamaïcains par les arcanes de la débrouille, mais passe l'essentiel de son temps à jouer des percussions et de la guitare dans les rues de Kingston.

Sa chance vient quand, en 1962, le chanteur Jimmy Cliff le remarque et lui fait enregistrer un premier disque *One cup of coffee*. Avec ses complices de bande Peter Tosh et Bunny Livingstone, il fonde les Wailers, que viennent compléter Junior Braithwaite et Beverly Kelso. Il compose la presque totalité du répertoire du groupe dont la popularité ne cesse de croître.

Le ska *Simmer down*, que les Wailers enregistrent en 1964, les propulse en tête des hit-parades locaux, mais surtout leur permet de se démarquer réellement des calypsos douteux qu'on entendait jusque là. Car les Wailers osent chanter le rythme de la rue, la violence des ghettos, la corruption politique et la répression policière. Ils s'entourent d'une auréole de mauvais garçons («rude boys») davantage destinés à une carrière de révolutionnaires que de larbins stylés dans les palaces intercontinentaux. Leurs concerts défrayent la chronique des quotidiens tandis qu'ils trouvent l'adhésion de milliers de jeunes désoeuvrés en quête de jours meilleurs. *Soul Rebel* et *Soul Revolution* sont exemplaires de la démarche du groupe : des textes percutants, un message politique sans ambiguïté, des aspirations sociales nettement influencées par le retour à l'Afrique-mère et le culte de la ganjah (le cannabis local), mais plus que tout, l'image de ces rebelles du rythme syncopé est encore amplifiée par ces photos de pochette sur lesquelles le trio pose en maquisards armés jusqu'aux dents.

> «*Je sais ce qui va arriver. Le reggae va devenir un vrai combat. Cela arrive déjà, c'est la musique du tiers monde. On ne peut pas le comprendre en un jour, cela vient progressivement.*» Bob Marley

Dès cet instant, le reggae devient musique de combat et faisceau d'espérance pour tout un peuple.

En s'adjoignant les services de la rythmique des frères Barret, Carlton (percussions) et Aston (basse), les Wailers font prendre un tournant décisif à l'orchestration du reggae : c'est désormais la rythmique qui tisse un canevas extrêmement précis sur lequel viendront se greffer tous les autres intervenants, instrumentaux ou vocaux. Deux albums témoignent de cette incroyable métamorphose : *African Herbsman* et *Rasta Revolution*... la Jamaïque vit au pouls des Wailers, il est temps d'y brancher l'Europe.

L'originalité et la nouveauté de cette musique pour un public européen peu familier de ce rythme expliquent en grande partie le semi-échec commercial de l'album *Catch a fire,* enregistré à Londres. Mais la reconnaissance du reggae sera facilitée par deux facteurs. La sortie de *Burnin* (1974) précède de peu la version à succès que donne Eric Clapton d'un titre de ce disque, *I shot the sheriff*. D'autre part, les punks londoniens adoptent ce rythme syncopé et violent dans leurs exhibitions de pogo.

Natty Dread (1975), *Live!* (1975) et *Rastaman Vibration* (1976) poussent Marley devant des foules grandissantes sur les quatre continents.

Après le succès de son concert, en 1976, et le cri de révolte de son album *Exodus* qui va définivement lancer la mode du reggae, Marley ne relâche pas son étreinte. Les disques qui suivront propagent les messages de libération à tous ceux qui veulent bien les entendre, du Zimbabwe en Erythrée : *Kaya, Survival, Uprising*... jusqu'à ce *Chances are* posthume qui exhume des bandes qu'on n'aurait jamais dû oublier. Quand Marley succombe en 1981 au cancer qui le rongeait depuis plus de trois ans, la Jamaïque pleure son plus grand héros, la musique un de ses plus authentiques hérauts.

The Freewheelin'
Bob Dylan

1963

Bob Dylan (1941)

L'oeuvre

The freewheelin' Bob Dylan constitue la quintessence du personnage. Avec le recul du temps, il permet de mieux appréhender
l'authentique message de l'artiste : la sincérité. Dans un monde
de communication immédiate, l'échec cloue au pilori. Ce qui pouvait passer comme regrettable relâchement ou faiblesse du temps
de Mozart par exemple, ne pardonne plus dans une société où la
surenchère à la performance est seule déesse. Le génie à l'état
pur n'existe pas ou alors, il n'est pas humain.

    Freewheelin' a, rétrospectivement, le tort d'être une oeuvre de
génie. Dylan a dû se mordre les doigts d'avoir accouché d'un tel
chef-d'oeuvre, dans une maternité où les rejetons suivants, sous
peine d'avortement, devaient répondre aux mêmes gènes.

Un chef-d'oeuvre

Une urgence à dire...
Même aujourd'hui, *Freewheelin'* fait peur par son caractère essentiel : rien n'y est à jeter. L'album tout entier est porteur de cette
urgence à chanter, à témoigner de positions politico-sociales qui
ne souffriraient d'aucun délai à s'exprimer. Chanteur engagé,
Dylan l'était autant dans ses thèmes que dans sa propre démarche. Incapable de taire plus longtemps ce qu'il perçoit comme
injustices et horreurs, il s'assimile l'idiome folk comme véhicule
privilégié pour diffuser son message. Démarche individualiste au
départ donc (il chante et joue pratiquement seul) mais à vocation

universelle ensuite : se faire entendre du plus grand nombre. On ne suivra pas dans leur entreprise les délateurs de Dylan qui spolient *Freewheelin'* de toute sincérité, comme si Dylan avait avant tout recherché la gloire. Bien sûr, le personnage n'a jamais tari d'auto-suffisance ni d'auto-indulgence, mais à coup sûr, si l'appât d'une renommée immédiate avait été sa seule motivation, on tablerait qu'il aurait chanté du rock'n'roll plutôt que du folk. Or, le folk lui offre la plate-forme idéale pour son expression : les textes s'y meuvent en toute liberté, dégageant leur pleine puissance ; le message porte d'autant plus justement qu'il est porté par la voix rocailleuse d'un homme qui opte pour l'assimilation à la grande tradition des troubadours populaires.

Blowin'in the wind

Sur la plupart des titres, Dylan prouve qu'il a magistralement ingéré toutes les recettes du folk, les restituant magnifiées par son propre talent. Dans ce registre, il adapte à ses fins propres des thèmes empruntés à la ballade anglaise, en les revitalisant de fond en comble. *A hard rain's a-gonna fall,* parabole apocalyptique sur une destruction nucléaire de notre monde, lui a été autant inspirée par les événements récents de la Baie des Cochons pour l'argument, que par la *Ballad of Lord Randall* pour la structure musicale. En cinq couplets, un petit garçon raconte, retour de voyage, où il est allé, ce qu'il a observé, ce qu'il a entendu, qui il a rencontré, ce qu'il compte faire. *Masters of war,* virulente attaque contre les marchands d'armes, découle d'un vieux traditionnel de Jean Ritchie *Fair nottamun town,* tandis que *Bob Dylan's dream* se rapproche du *Lord Franklin* de l'Anglais Martin Carthy. *Blowin' in the wind* sera entonnée par toute la nouvelle génération, celle qui curieuse de tout, se voit inlassablement servir les mêmes réponses lénifiantes par les adultes (« Ecoute le vent souffler, la réponse est dans le vent »).

150.000 exemplaires par semaine !

Don't think twice, it's allright procède de la même démarche (« N'y pense plus, tout va bien »). *Oxford town* et *Talkin' World War III* brûlent de la rage caustique de Dylan quand il entend défendre ses causes bec et ongles, la première chanson étant une impitoyable dénonciation de la ségrégation raciale dans le Sud, la deuxième mettant en scène le chanteur errant en solitaire dans un New York qu'une 3e guerre mondiale a vidé de ses habitants. Les autres compositions revêtent un caractère particulier.

I shall be free stigmatise déjà la débordante imagination onirique du chanteur qui se livre à un éblouissant exercice d'improvisation dans lequel il évoque des personnalités aussi contrastées que Kennedy, Mr Propre et... Brigitte Bardot...

A la fin 1963, *Freewheelin'* se vendait à 150.000 exemplaires par semaine et dans une Europe encore intacte, de talentueux dylanophiles fourbissaient leurs armes, tels Hugues Aufray et Graeme Allwright. Dylan allait déferler sur le monde entier, inspirant les veillées scoutes et annonçant les mouvements de contestation, la musique californienne, Bowie et Bruce Springsteen. Mais cela, c'est déjà une autre histoire...

L'auteur

Pas plus à Duluth où il naît, qu'à Hibbing où sa famille s'installe quand il a 6 ans, le jeune Robert Allen Zimmerman ne doit caresser des perspectives d'avenir doré, étouffé qu'il est dans ce Minnesota dont les mines périclitent. Pour meubler le temps, il joue dans des orchestres de collégiens et tâte de la guitare, de l'harmonica et du piano en autodidacte. Sa première chanson, écrite à 11 ans, est un hommage naïf à Brigitte Bardot ! A l'université du Minnesota qu'il fréquentera en potache pendant quelques mois, il se fait appeler Dylan, en référence à son auteur préféré, Dylan Thomas.

En 1960, il débarque à New York et hante les studios, proposant le son de son harmonica à qui est intéressé. Devant tant d'insistance, Harry Belafonte et Carolyn Hester lui concèdent une participation minime sur un de leurs disques. John Hammond, producteur auprès du tout-puissant label Columbia, chargé de recruter de jeunes artistes capables d'étendre les ventes de la firme vers un nouveau public, engage Dylan sans même l'avoir entendu.

Le premier album de Dylan, simplement intitulé *Bob Dylan* (1962), n'est en fait qu'une collection de traditionnels folk adaptés et chantés par lui. Le disque reçoit un accueil mitigé, sans doute en raison du peu d'originalité du contenu.

The freewheelin' Bob Dylan (1963) renverse la mathématique : deux reprises contre onze compositions originales. Et quelles compositions! *Don't think twice, it's allright, Blowin' in the wind...* grimpent en tête de tous les hit-parades et imposent Dylan comme le plus engagé des protest-singers. Sur cette lancée, sort en 1964 *The times the're a-changin.* L'aura de Dylan ne cesse de croître d'autant que de grands noms de la scène folk enregistrent ses titres pour leur compte, comme Peter, Paul & Mary. De plus, Dylan qui entretient une relation amoureuse avec Joan Baez, peut compter sur les bonnes introductions de la papesse du folk.

Or, l'album suivant, *Another side of Bob Dylan* (1964), annonce une rupture. Le titre, éloquent en soi, propose une autre image du musicien, non moins passionnante, celle d'un être humain, en quête de sa propre identité. Devant cette introspection, l'aile gauche folk prend ses distances et craint une quelconque récupération de l'artiste par le show-business.

Mais Dylan n'en a cure, il récidive en 1965 avec *Bringing it all back home,* s'aliénant définitivement les puristes du folk qui ne lui pardonnent pas cette fois-ci de proposer une face de disque où des musiciens pop l'accompagnent. Par contre, Dylan se gagne le public pop-rock.

Highway 61 revisited (1965) ne laisse planer aucune équivoque. La photo de Dylan en blouson de cuir psychédélique sur la pochette l'assimile bien plus au rock qu'au troubadour des campagnes. Les ventes atteignent des scores inimaginables, Dylan accède au star-system le plus total.

Blonde on blonde (1966) enregistré à Nashville, est le premier double-album de l'histoire du rock. Mais c'est aussi la première fois qu'un disque est conçu comme formant une globalité et non plus comme un assemblage hétéroclite de morceaux. De plus, les compositions s'allongent et dépassent les traditionnelles trois minutes.

De 1966 à 1968, subitement, il disparaît de la circulation, annule ses tournées et refuse tout contact avec la presse. La maison de disques se borne à annoncer que victime d'un accident de moto, il tient à prolonger sa convalescence. S'il est vrai qu'il fut blessé (mais très légèrement) dans cet accident, c'est sans doute la cure de désintoxication qu'il entreprend à l'époque qui explique son éclipse et la soudaine paranoïa qui s'empare de lui quand il prend pleinement conscience de l'exploitation outrancière de son image publique. Du fond de sa retraite de Woodstock, Dylan enregistrera avec The Band un remarquable album *The basement tapes.*

En 1968, Dylan quitte sa tanière et retrouve les micros de Nashville. *John Wesley Harding* est un nouveau pavé dans la mare. Un Dylan amaigri sourit timidement sur la photo de pochette, sa voix a perdu sa rugosité (il arrête de fumer), il renoue avec des sources folk et avant tout, en dépit d'un certain mysticisme, entend prouver qu'il n'est qu'un homme comme un autre.

Invétéré casseur de son propre mythe à mille facettes, Dylan déçoit unanimement le monde musical avec *Nashville skyline* (1969), qui, brillant sur le plan musical, témoigne d'une rare médiocrité dans les textes de ce poète hors du commun. Dylan est au creux de la vague. Exagérément nombriliste, il lasse ses fidèles par un vaniteux *Self portrait* (1970) et pour parer au désastre commercial de cet album, sort en toute hâte un *New morning* qui n'annonce pas de lendemains plus brillants. Il sombre dans une nouvelle retraite.

Il repart en tournée avec The Band et signe deux albums *Planet Waves* (1974) et *Before the flood* (concert de la tournée) qui confirment son retour en forme. C'est un Dylan ressuscité qu'on retrouve sur le vengeur et génial *Blood on the tracks* (1975). On avait osé l'enterrer ? Il monte une colossale tournée américaine *Rolling Thunder Review* dans laquelle il entraîne Joni Mitchell, Joan Baez, Roger McGuinn et d'autres stars du nouveau folk-rock. C'est un véritable triomphe. *Hard rain* (1976) retrace les meilleurs moments de cette tournée.

Depuis lors, avec une obstination remarquable, Dylan n'a jamais arrêté de démantibuler son mythe, se jouant avec un plaisir malin de toutes les étiquettes, de toutes les attentes, de toutes les certitudes à son sujet. Nous citerons dans cet itinéraire cahotique où la banalité côtoie le chef-d'oeuvre immortel : *Desire* (1976), *Street Legal* (1977), l'indigeste monument de prétention que constitue son propre film de plus de quatre heures *Renaldo & Clara* (1978), *Saved* (1978), *Slowtrain coming* (1979) jusqu'à ses productions plus récentes comme cet album sur lequel il se fait accompagner par des musiciens de reggae et Mark Knopfler, guitariste de Dire Straits...

Bob Dylan, cette incomparable girouette, n'a pas fini de se conformer aux temps qui changent...

Messe en si mineur
1731

Johann Sebastian Bach (1685-1750)

Un chef-d'oeuvre

Un credo: la foi

L'oeuvre de Bach ne s'appréhende pas si on ne l'éclaire des profondes convictions religieuses dont était pénétré le musicien. Car l'existence même de Bach ne s'axe qu'en vertu de deux seuls vecteurs, qui s'interpénètrent à ce point qu'ils deviennent impérativement indissociables l'un de l'autre : la musique et la foi. La musique est un acte de foi au même titre qu'il est impensable pour Bach de prétendre composer sans avoir la foi. Pénétré de luthérianisme, Bach puise dans sa religion les ferments nécessaires qui l'autorisent à s'exprimer de la manière la plus sincèrement vibrante. On sait qu'il nous légua près de 500 cantates (dont seulement 200 ont été retrouvées et restaurées jusqu'ici) toutes destinées à accompagner l'office religieux et à marquer la célébration de chaque fête de l'année. Ecrites sur des livrets assez inconsistants (picander), elles proposent matière à réflexion sur l'évangile du jour, incluant des parties récitées et une partie instrumentale le plus souvent jouée par un instrument solo (violoncelle, violon, mais davantage clavecin ou orgue). Le récitatif de la cantate est au demeurant le seul emprunt que Bach ait consenti à l'opéra. Instrumentaliste avant tout, il n'a rien écrit pour ce dernier genre.

Polyphonie et harmonie

Sa *Messe en si mineur* constitue une manière d'aboutissement de cette oeuvre d'intellectuel raffiné, esthète, avide de pureté et de clarté. Entièrement vouée au culte de la polyphonie, elle pourrait n'être qu'un exercice de style creux et brillant, si elle ne confondait l'auditeur par un constant renouvellement des rythmes, prolongeant la logique harmonique vers des hauteurs vertigineuses. A l'instar de ses *Passions* (St Jean et St Matthieu), Bach établit un équilibre parfait, jamais remis en question, entre la polyphonie et l'harmonie.

Sa maîtrise totale du clavier, qu'il avait déjà prouvée dans ses théories du tempérament égal pour l'accord du clavecin, trouve ici le terrain d'expression idéal. Au-delà de l'exercice d'instrumentiste virtuose, on discerne la quiétude d'un homme en pleine possession de ses moyens, en pleine sérénité avec sa conscience. Pas d'effets faciles, pas de redondances, mais au contraire une musique coulée, respectueuse du sentiment profond sans verser dans le mystique, une oeuvre sacrée certes, mais ponctuée comme autant d'indices en forme de clins d'oeil, du charme bonhommique d'un Bach qui ne peut s'empêcher de saluer au passage, comme pour les inviter à la fête, ceux qu'il vénère tant : Grigny, Corelli, Dieupart et son préféré d'entre tous, François Couperin…

La synthèse d'une époque

L'oeuvre que Bach laisse derrière lui est immense. Par l'intelligente fusion qu'il réussit entre des mouvements nationaux de son époque, il symbolise sans doute le type même du plus génial esprit synthétique qu'ait connu la musique. De la même manière, la disgrâce dans laquelle tomba son oeuvre après sa mort, alors que de son vivant, Bach était doté d'une prestigieuse aura de gloire, s'explique certainement dans ce rôle de «résumer» absolu. Assez vulgairement, Bach pourrait n'être qu'un estomac hyper-doué, avide de tout engloutir, de laisser décanter en lui, avant de tout restituer dans une forme épurée, logique, définitive, où la quintessence rivalise soudain avec sa propre marque indélébile : son génie contrapuntique.

Bach concrétise à lui seul la fin d'un monde, celui de la polyphonie. Après lui, plus rien ne pourra être pareil, il faudra élaborer autre chose, sous peine de douloureuses redites. Cette autre chose sera l'oeuvre du classicisme.

Tout ceci explique non seulement l'oubli dans lequel tomba la colossale nomenclature de l'oeuvre de Bach (elle sera exhumée en 1802 grâce à *Vie, art et oeuvres de Bach* de Forkel, puis plus tard par le travail de Mendelssohn qui dirige à Berlin en 1829 sa *Passion selon St Matthieu,* avant de voir naître en 1850 la Fondation Bach, entièrement consacrée à la restauration et à la restitution intégrale de ses oeuvres), mais aussi que Bach mourut sans véritables disciples. De ses vingt enfants, quatre seulement poursuivirent le rôle séculaire de perpétuateur de la lignée traditionnelle. Encore les deux plus connus d'entre eux, Johann Christoph Friedrich et Johann Christian, n'entretinrent-ils pas spécialement la flamme de l'héritage paternel dans leurs oeuvres respectives…

L'auteur

Parler de Bach en musique, c'est un peu évoquer la dynastie des Forsyte, tant il est vrai que, par la tradition musicale transmise de génération en génération, jamais aucune famille n'a empreint cet art de son nom en dehors des Bach. Quand Johann Sebastian naît à Eisenach (Thuringe) en 1685, il ne fait aucun doute que la voie obligée pour ce fils de violoniste est de perpétuer l'activité ancestrale. Le jeune Bach est vite mis à l'ouvrage. Quand son père meurt, il dispose déjà d'une bonne base musicale. Orphelin à 9 ans, c'est son frère aîné, Johann Christoph, lui-même organiste pétri des leçons de Pachelbel, qui se charge de ses études. Bach entre comme choriste d'église au Gymnasium St-Michel de Lünebourg, où il se passionne pour l'oeuvre de Boehm.

Il se déplace plusieurs fois à Hambourg où, à l'écoute de Reinken, il se décide à opter pour l'orgue. La musique de l'époque se subdivise en écoles nationales qui ont peu de rapport entre elles, en dehors des «stages» qu'accomplissent les musiciens les plus fortunés hors de leurs frontières. Bach ne dispose pas d'avoirs personnels. Mais il ne néglige aucune opportunité pour apprendre, écouter, s'ouvrir sur d'autres approches musicales. Ainsi, par l'entremise de musiciens français qui complètent l'orchestre du duc George Wilhelm au château de Celle près de Lünebourg, il découvre la richesse de la musique française. En 1703, il est engagé comme violoniste de cour à Weimar, mais à ses moments de loisir, il continue à travailler clavecin et orgue et à écrire ses premières partitions. Une place d'organiste s'offre à lui à la Neukirche d'Arnstadt, il l'accepte promptement et effectue une légendaire «longue marche» jusqu'à Lübeck pour s'imprégner des théories de Buxtehude. Puis il s'installe à Mülhausen où il épouse sa cousine, Maria Barbara, dont il aura 7 enfants.

Devenu organiste à la cour de Saxe Weimar en 1708, il ne délaissera ce poste que pour servir le prince d'Anhalt à Köthen en 1717. Le prince étant protestant réformé, Bach ralentit sa production de musique sacrée au profit de musique pour orchestre et de chambre : pièces pour violoncelle, premières ébauches du *Clavier bien tempéré, Concertos brandebourgeois.* Parallèlement à son activité de compositeur à la commande, il se produit comme concertiste en tournées et ne cesse d'accroître son prestige.

En 1721, un an après la mort de Maria Barbara, il épouse Anna Magdalena Wilken dont les talents de copiste lui serviront grandement. En réussissant le concours de recrutement pour le poste de cantor à l'église Saint-Thomas de Leipzig, Bach assure à sa nombreuse famille (il a maintenant plus de 20 enfants !) les assises matérielles nécessaires et le cadre idéal de concentration à son oeuvre. Il restera à Leipzig de 1723 jusqu'à sa mort. Toutefois, les dernières années de sa vie sont rendues difficiles par deux facteurs. Tout d'abord, le poste de cantor, pour prestigieux qu'il soit, n'en comporte pas moins des responsabilités écrasantes. Car il sous-entend également des fonctions d'enseignement général. Or, Bach est réputé pour son caractère capricieux, obstiné jusqu'à l'absurde et son peu d'aptitude pour la pédagogie. Les querelles sont fréquentes autant avec le corps professoral qu'avec les élèves. Cette situation conflictuelle sera quelque peu aplanie quand on limitera l'enseignement de Bach à la seule musique.

L'autre point noir qui entachera les dernières années du compositeur est la progression rapide de sa cécité. Bach s'empresse de composer avec une hâte peu commune, livrant dans son *Art de la fugue* (qui restera inachevé) les théories qui font de lui le sorcier incontesté du contrepoint.

L'Opéra de quat'sous
1928

Kurt Weill (1900-1950)

L'oeuvre

Transposition modernisée du célèbre *Beggar's Opera* (Opéra du Gueux) de John Gay, l'*Opéra de quat'sous* en emprunte, deux siècles plus tard, l'intrigue et les personnages. De par leur amplification et leur actualisation, ils s'impliquent automatiquement dans le projet de Brecht et de Weill de construire une critique acerbe de la société allemande de leur époque.

Le Gueux apostrophe le public au cours d'un bref prologue. Cette introduction permet de dresser le cadre interlope dans lequel évolueront des personnages d'un triste acabit : brigands, prostituées, usuriers et autres oiseaux de proie.

Criminel notoire, Macheath embarrasse le receleur Peachum, qu'il menace de dénoncer pour ses sinistres procédés. Peachum le fait arrêter. Mais le charme de Macheath, beau gosse, opère. Faisant pression sur la fille du geôlier en lui faisant miroiter un hypothétique mariage, il parvient à s'évader.

Sa cavale est de courte durée ; une ancienne conquête, qu'il délaissa comme tant d'autres, le trahit et le livre entre les mains de la justice. Sur le point d'être exécuté devant le parterre de femmes éplorées à qui il donna un jour des fils, il est miraculeusement sauvé par le Gueux qui le fait libérer.

Un chef-d'oeuvre

Une critique de la société allemande
Si l'oeuvre de Gay pour le texte et de Pepusch pour la musique parodiait les clichés de l'opéra italien et stigmatisait les moeurs

dépravées de la haute société, la version de Brecht et de Weill, puisant largement dans la tradition du cabaret expressionniste allemand, constitue davantage un brillant réquisitoire contre une société pourrissante, contaminée encore par la montée sournoise du nazisme. Parce qu'elle met en scène des éléments de la fange de la société, elle renoue avec l'esprit de l'«opéra du peuple» (Zeitoper) ou du «ballad opera» anglais. Par la bouche de Macheath, c'est toute l'Allemagne qui ridiculise un parti totalitaire naissant.

La distanciation

Dans une Allemagne mortifiée par l'après-guerre qui voit les valeurs traditionnelles écartelées par le Bauhaus et l'expressionnisme, Brecht édifie les fondements de son «théâtre de la démystification»: les bases du théâtre traditionnel s'écroulent; les personnages, à desseins marginaux, frappent de plein fouet la bonne conscience collective. Les héros s'enorgueillissent d'être criminels, corrompus et avilis.

Brecht se passionne pour ce qu'il appelle «l'effet de distanciation»: ses caractères auront d'autant plus d'impact vis-vis de la société qu'ils en seront irrévocablement rejetés. Toutefois, dans son désir d'identification du spectateur à ses protagonistes, il indique que, au-delà de leur évident cynisme, ils portent en eux une grande tendresse. La désillusion charrie son propre remède.

Un public heureux

Brecht et Weill écrivirent l'*Opéra de quat'sous* en quelques mois, dans le Sud de la France. La pièce remporta un succès retentissant, on la joua au même moment dans une centaine de salles en Europe. La femme de Weill, Lotta Lenja, interprétait le rôle de Jenny, la prostituée. En dehors du thème dont l'actualité n'avait échappé à personne, ni en Allemagne, ni ailleurs, la musique de Weill séduisait par son mélange de baroque, de réalisme populiste et d'expressivité. Tout évoquait la rue, le music-hall pour pauvres, du flon-flon d'Oberbayern au rythme des ballades soutenu par l'accordéon.

Weill visait la rue et sa faune; ce sont elles qui portèrent la pièce au pinacle. Et quand Hitler, devenu chancelier, put enfin décocher ses flèches et vilipender Thomas Mann, Albert Einstein et Kurt Weill lors d'un meeting géant à Augsburg, il ne faisait que confirmer qu'il était bien Peachum. La pièce fut retirée des affiches, mais dans les rues, on sifflotait toujours la ballade de Mac The Knife...

Une influence universelle

Rares sont les compositeurs de ce siècle qui, au départ de situations et de cadres aussi particuliers, ont pu exercer et exercent encore une telle fascination sur des publics et des artistes de toutes générations, de toutes cultures, de tous âges.

Weill a enluminé ce siècle de ballades immortelles, mémorables, dans lesquelles des centaines d'artistes se sont retrouvés, sans distinction de genre ou d'auditoire. Des Doors à Louis Armstrong, en passant par Bette Midler, Willie Nelson ou Bobby Darin. La voie qu'il traça et que magnifia de manière magistrale Bob Fosse avec *Cabaret* est suivie inlassablement par de nouveaux chantres, dont le plus doué est incontestablement Tom Waits.

Mais en Weill, il n'y a pas que l'universalité qui émeut, il y a aussi cette volonté consciente et délibérée d'utiliser le moyen musical comme expression de ses propres espérances. Sa musique, optant pour le parti de la dignité, rallie les plus intimes aspirations de Brecht, son alter ego. Ou celle de Macheath quand il entonne son vibrant *What keeps mankind alive?*

L'auteur

Kurt Weill naît en 1900 dans la communauté juive de Dessau. A Berlin, il étudie à la Musikhochschule et, très jeune, dévoile de remarquables prédispositions pour la musique symphonique et instrumentale.

Après avoir collaboré avec Busoni pour la scène, il se lie d'amitié avec Bertold Brecht. Ensemble, ils écrivent un opéra en un acte qu'on leur a commandé pour le festival de Baden-Baden (1927): *Mahagonny Songspiel,* qui servira de trame à une oeuvre plus élaborée, *Grandeur et décadence de la ville de Mahagonny* (1930). La pièce fait scandale. Là où on attendait un opéra sombre, le tandem propose une suite de chansonnettes banales en apparence, mais toutes extrêmement acides envers la société allemande. Brecht, déjà conquis aux thèses du communisme, peut y déverser toutes ses critiques et ses aspirations. De son côté, Weill impressionne par son assimilation parfaite du jazz, de la chanson populaire, de Stravinsky et de la danse moderne. Weill, c'est le mariage parfait de la narration et de la musique.

En 1929, Brecht et Weill montent *Happy end*. Le torchon brûle entre les deux auteurs. Mais au-delà de ces dissensions intestines, les deux hommes se réconcilient sans cesse et produisent des oeuvres qui, toutes, témoignent de leur aversion pour le nazisme. Leurs rapports avec le régime deviennent à la longue impossibles. La police intervient in extremis pour empêcher les nazis d'incendier le théâtre de Leipzig où se donne la première de *Mahagonny* (1930).

Il déjoue les pièges de la Gestapo et se réfugie à Paris, où sa réputation l'a précédé. En France, Weill est plus français qu'un Français. Il collabore avec Jacques Deval et compose un thème qui deviendra l'hymne de l'underground parisien.

Avant d'émigrer vers les Etats-Unis en 1935, il travaillera une dernière fois avec Brecht pour *Les sept péchés capitaux*. Sa première pièce pour Broadway traduit son pressentiment d'une guerre toute proche. Dans *Johnny Johnson* (1936), la Statue de la Liberté salue le départ des soldats et les implore de ne pas lui offrir leur vie. Il faudra attendre 1939 et *Knicherbocker Holiday* pour que Weill obtienne son premier triomphe américain. La ballade *September Song* s'immortalise par la voix suave de Bing Crosby. Broadway accourt en masse écouter la musique de ce compositeur si original : à l'époque, Weill est le seul en Amérique à écrire lui-même son orchestration.

Ses productions suivantes provoquent le même engouement des foules : *Lady in the dark* (1941 - livret de Moss Hart et Ira Gershwin), *One touch of Venus* (1943 - qui renferme un des thèmes les plus utilisés par les musiciens de jazz, le très mélancolique *Speak low*).

Après la guerre, Weill s'attelle à un projet qui le hante : un grand opéra qui, bien plus que ses pièces de Broadway, doterait l'Amérique d'un répertoire national propre. *Street Scene* (1947), pourtant, est un cuisant échec commercial.

Weill ne désempare pas, mais le naufrage de son *Love Life* (1948) lui suggère à juste titre que le public américain ne l'a adopté que pour ses merveilleuses ballades. Suivra alors *Lost in the stars* (1949) dont Maxwell Anderson écrit le livret à partir du livre d'Alan Paton, *Pleure mon pays bien aimé*. C'est un triomphe sans précédent, qui place Weill aux côtés des plus grands compositeurs américains, de Gershwin à Russo, en passant par Irving Berlin.

Une crise cardiaque terrassera Weill en 1950.

La Pastorale, 6e symphonie

1808

Ludwig van Beethoven (1770-1827)

Un chef-d'oeuvre

La tourmente

Oeuvre d'une spiritualité inouïe, *La Pastorale* est l'exemple le plus frappant de la force descriptive que recélait Beethoven. Certes, le compositeur n'en était pas le seul imprégné et d'autres avant lui en avaient fait une arme. Mais Beethoven en fait une arme absolue. Car s'il est l'héritier d'un XVIIIe siècle classique marqué par Mozart, Beethoven s'en différencie par ce constat inébranlable : la musique n'est rien si elle ne décrit pas l'homme. Le malheur étant denrée quotidienne chez Beethoven, il sera l'élément-clef de toute son oeuvre. Mozart était grand dans la joie, Beethoven sera grandiose dans la tragédie. En luttant constamment pour sa propre vie, pour son propre bonheur, il développe une propension toute particulière à trouver, dans ses combats, l'énergie vitale dont sont imprégnées ses partitions.

Le réconfort de la nature

Mais il n'y a pas de complaisance chez Beethoven. Si certaines pages sublimes de son oeuvre évoquent sa souffrance, d'autres exultent sous la joie de vivre, la plénitude retrouvée, l'espoir reformulé. *La Pastorale* appartient à ces instants-là. Beethoven, qui connaît les premiers avatars de la surdité, se coupe du monde extérieur, se méfie du bruit ou — pire — du silence. Seule la nature se montre accueillante, havre de paix et de simplicité dans une société où tout n'est que chausse-trappe.

A coup de thèmes mélodieux et d'airs raffinés, la symphonie exprime ce paradis reconquis, le vol des papillons, la transparence de la source, l'odeur de l'herbe foulée, la fraîcheur de l'aquilon, le frémissement des feuilles, la délicatesse des pétales.

Un arc-en-ciel musical

La Pastorale ne se limite toutefois pas à une carte postale musicale des impressions d'un promeneur en extase. Beethoven ne se contente pas d'enregistrer à sa manière les bruits d'une nature qui lui offre son giron. Avant tout, il s'agit de dépeindre, le plus minutieusement possible, les impressions suscitées dans son coeur par tant de beautés accumulées.

Là, de photographe hyper-réaliste, le musicien se mue en peintre pointilliste opérant par petites touches de couleurs, sur toute la gamme de l'arc-en-ciel musical. En marge de la partition pour le premier violon, Beethoven avait tracé : «Plus expression du sentiment que peinture.» Puis les souliers encore crottés d'humus frais, il s'en est retourné dans la campagne, poursuivi par un essaim de notes qu'il n'entendait plus qu'en dedans...

L'auteur

Pour tout amateur de musique, il est impossible de dissocier la vie de l'oeuvre de Beethoven. Sa musique est à ce point intimement liée aux malheurs ou aux joies de son existence qu'il serait illusoire d'en tenter une quelconque exégèse sans maintenir ce parallélisme comme constante d'approche.

La vie entière de Beethoven n'est qu'une longue suite de revers, d'échecs, d'handicaps, heureusement entrecoupée d'événements plus favorables. Néanmoins, tout autre que lui, plongé dans la même situation, n'y aurait pas survécu. Beethoven y parvint par l'inépuisable réserve d'énergie et le courage illimité dans lesquels son caractère était trempé.

Car il faut de la persévérance pour ce gamin qu'un père incapable néglige dès sa tendre enfance. Beethoven appartient à une famille d'Anversois établis à Bonn. Privé de conseils, il s'en remet à sa seule curiosité et à sa seule volonté. Il s'initie au clavecin en autodidacte et manifeste une telle précocité qu'il donne son premier concert à 11 ans. Neefe lui inculque alors les notions, exposées par Bach, du *Clavecin bien tempéré*. Promu altiste dans l'orchestre de l'archiduc Maximilien, il découvre Glück en même temps que l'écriture. On l'envoie à Vienne suivre les cours de Mozart, mais la mort de sa mère le rappelle à Bonn. Avec l'aide matérielle du comte Waldstein, il retourne à Vienne en 1791. Il ne quittera plus cette ville. Il y travaille avec Salieri et Haydn, mais ses rapports avec celui-ci tournent vite au vinaigre. Dès lors, c'est sur sa prodigieuse faculté d'assimilation qu'il comptera pour compléter sa formation musicale.

Il ne lui faut guère de temps pour s'attirer les faveurs de la haute société viennoise qui tombe sous le charme de sa virtuosité pianistique. En retour, Beethoven dédie des compositions à ceux qui le soutiennent : ses *Trois trios avec piano* vont au prince Lichnowski. Pendant plus de dix ans, il poursuivra ainsi une activité intense de concertiste dans la capitale autrichienne.

L'oeuvre de Beethoven ne serait probablement pas ce qu'elle est si le musicien n'avait collectionné avec une persévérance peu commune les dépits amoureux. Son élève, Melle de Breuning joue avec lui comme avec une marionnette, tout comme Giuletta Giucciardi pour qui il compose la *Sonate au clair de lune* (1802). Beethoven traverse une telle période dépressive qu'il songe au suicide. Il sombre dans une phase de mysticisme dont se colorieront les chants de la *2e symphonie* (1803).

Sa planche de salut lui est tendue par Bonaparte, qui se prépare à étendre ses idéaux révolutionnaires à toute l'Europe. Beethoven n'est pas insensible à cette montée de sève. Il l'inocule dans sa *Symphonie héroïque* (1804), hommage vibrant à la grandeur de l'Empereur. Pris en charge par l'archiduc Rodolphe, il rassemble les moyens suffisants pour monter son seul et unique opéra *Fidelio* (1805), d'après le *Leonore* de Bouilly. Mais Vienne qu'investissent les troupes françaises boude les représentations et Beethoven, ulcéré, retire *Fidelio* de l'affiche tout en décrétant que l'opéra n'est pas son fort.

Sa *4e symphonie* en si bémol est composée pendant sa curieuse relation avec Thérèse de Brunswick. Positivement aveuglé par les charmes de la jeune femme, Beethoven est incapable d'évaluer sereinement le fossé social qui les sépare. Confiant dans leur union, il clabaronne sur tous les toits qu'ils se sont secrètement fiancés. Ses pièces de l'époque portent le sceau d'une confiance retrouvée : *Apassionata, 5e symphonie, La pastorale* (1808). Quand il se rend compte de la vanité de ses tentatives, il trouve un apaisement passager en compagnie de Bettina Brentano. Ses oeuvres sont plus sereines, plus sautillantes comme cette *7e symphonie* (1812), ses ouvertures (*Coriolan, Egmont*). Il atteint alors l'apogée de son succès. Jérôme de Bonaparte, roi de Westphalie, lui propose alors une place de maître de chapelle à sa cour. Beethoven décline l'offre, poussé dans le dos par l'archiduc Rodolphe qui surenchérit sur le montant de la subvention.

Après 1815, tout s'écroule autour du compositeur. Bonaparte écrasé, Beethoven voit avec horreur la réinstauration d'un régime réactionnaire dirigé par Metternich. D'autre part, le monde germanique se tourne plus volontiers vers l'opéra italien que vers ses propres oeuvres. Peu à peu, privé de ses mécènes, il doit se résoudre à dilapider ses avoirs. Il se replie sur lui-même et dans sa fierté et sa misanthropie, perd tous ses amis. Mais bien plus grave que toute autre chose, il perd petit à petit l'usage de cet organe dont il a tant besoin, l'ouïe. Dès 1816, quand sa surdité sera devenue totale, il délaissera même la parole, ne communiquant plus avec son entourage qu'au moyen de ses célèbres «cahiers de conversation».

Ne pouvant plus juger avec autant d'acuité qu'auparavant de la valeur de ses compositions, il se laisse aller à plus d'audace, plus d'abstraction aussi. Mais bien plus qu'avant encore, c'est sa propre sensibilité qu'il mettra en scène dans ses oeuvres. La technique qu'il exploite à fond peut à peine suffire à ordonner sur les partitions toutes les indications qu'il veut apporter. Le contrepoint qu'on ne pratiquait plus depuis Bach réapparaît sous sa main, ses oeuvres atteignent des tailles colossales dans lesquelles l'aspect percussif n'est pas le moindre palliatif à sa surdité. La *Missa solemnis* (1823) et la *9e symphonie* avec son final choral sur l'*Ode à la joie* de Schiller atteignent des sommets de lyrisme qu'on ne soupçonnait pas dans ses oeuvres antérieures.

Ses dernières années le voient composer presque exclusivement pour la musique de chambre. On retiendra de cette ultime période ses cinq derniers quatuors, oeuvres dépouillées, presque austères, mais dont la richesse d'invention et la force descriptive constituent sans doute le plus beau testament d'une âme qui jamais ne se soumit.

La Pathétique, 6e symphonie

1893

Piotr Illitch Tchaïkovsky (1840-1893)

L'oeuvre

La personnalité fragile de Tchaïkovsky, divisée entre une difficulté réelle d'exister et une âme qui aspire à une sérénité idéale, transparaît dans les pages de *La Pathétique,* derniers soubresauts d'une sensibilité qui sent la fin proche mais se pare des plus riches attributs de la vie pour tendre la main vers les autres.

Farouche jusqu'à l'absurdité, Tchaïkovsky y masque certaines répétitions sous le démoniaque manteau d'une fabuleuse démonstration de science dans l'harmonie. Créée une semaine avant sa mort, *La Pathétique* lançait les émouvantes dernières paroles d'un solitaire plus que d'un excentrique, lui qui ne vit de Mme de Meck que l'argent et jamais le visage, leurs relations s'étant exclusivement limitées à une correspondance épistolaire très serrée.

Un chef-d'oeuvre

Un solitaire

Isolement et lyrisme, ce sont incontestablement les deux mots-clés qui sous-tendent toute l'oeuvre de Tchaïkovsky. Même au faîte de sa gloire, le public, soulevé par la sensibilité de ses compositions, gardait toutefois ses distances vis-à-vis de cet homme marginal qui étalait au grand jour ses particularités, comme sa meilleure défense.

La Russie de cette époque assiste, éberluée, à la joute impitoyable que se livrent Tchaïkovsky d'une part et les partisans du russisme d'autre part. Ces derniers, plus connus sous le nom de

«Groupe des 5», rassemblent cinq amateurs éclairés, provenant de toutes les sphères sauf de la musique : Cui, Borodine, Moussorgsky, Rimsky-Korsakov et Balakirev. Là où ils prônent la propagation d'une musique puisant largement dans la musique populaire de leur pays, Tchaïkovsky réplique par une musique plus sophistiquée, empreinte du classicisme et des leçons de Mozart. Incontestablement, pour Saint-Petersbourg, le compositeur fait davantage figure d'Européen que de moujik inspiré.

Un destin hors du commun

Il est curieux de voir que, hors des frontières de son propre pays, Tchaïkovsky ne jouissait pas d'une meilleure reconnaissance. La France lui reprochait son caractère trop russe, l'Allemagne sa trop grande complaisance envers Mendelssohn et l'Angleterre son traditionalisme parfois désuet.

En réalité, Tchaïkovsky étonne le plus par la qualité de sa composition. Certes, son écriture peut paraître parfois réactionnaire, spécialement dans ses opéras où il rejette le développement mélodique cher à Wagner, ou dans ses poèmes symphoniques où, de manière épidermique, il balaie le réalisme déclamatoire du Groupe des 5. Mais il y substitue une grâce et un désir de compréhension indéniables.

Au cinéma, des réalisateurs s'intéressèrent plus d'une fois au destin de cet étrange personnage. Après l'insipide *Pages immortelles* (1940) de l'Allemand Carl Froelich, il faudra attendre 1970 pour voir presque simultanément deux remarquables hommages au compositeur. L'un du Russe Igor Talankine, *Tchaïkovsky,* témoigne d'une parfaite compréhension de l'oeuvre du musicien, tandis que *La Symphonie Pathétique* (*Music Lovers*) de l'Anglais Ken Russell propose, avec des travers parfois outrageants et oniriques, il est vrai, une approche plus psychanalytique de l'oeuvre du compositeur en regard de son homosexualité.

L'auteur

Rien ne prédestine Tchaïkovsky de par ses antécédents familiaux à une carrière musicale. Sans doute le jeune Piotr verra-t-il dans cet art une manière d'exutoire pour son tempérament tourmenté, maladivement anxieux et hyper-sensible. Il entreprend des études de droit qui lui ouvrent les portes du ministère de la Justice. Mais en 1854, sa mère est emportée par une épidémie de choléra et cette tragédie le laisse pantois, davantage encore replié sur lui-même et sur sa proche famille qu'il vénère et qui, à maintes occasions, lui servira de bouée de sauvetage. Jusqu'alors, Tchaïkovsky brille surtout dans la poésie, il écrit essentiellement en français des vers empreints d'une religiosité naïve.

Quand Anton Rubinstein fonde le Conservatoire de Saint-Petersbourg, Tchaïkovsky s'y inscrit sans plus attendre. Au terme de brillantes études musicales, il jouit déjà d'une belle notoriété dans les milieux artistiques. Pendant onze années, il enseignera l'harmonie dans cet établissement, comptant parmi ses élèves des gens comme Tanaïev.

Ses productions musicales couvrent des domaines très divers, de l'opéra (*Opritchnik* - 1872, *Eugène Oneguine* - 1878, *La dame de pique* - 1890, ces deux derniers tirés de l'oeuvre de Puchkine), au ballet symphonique (*Le Lac des Cygnes* - 1877, *Casse-noisette* - 1892), en passant par des fantaisies symphoniques (*Romeo et Juliette* - 1870, *La tempête* - 1873) ou les symphonies (six au total).

Son homosexualité, qu'au fil des années il dissimule de moins en moins, lui vaut d'être un tant soit peu écarté de l'intelligentsia musicale russe, ce qui ne fait qu'aggraver son isolement. En 1877, une riche veuve, Mme de Meck, le prend financièrement en main, séduite par le lyrisme du musicien. Cette retraite dorée permet autant à Tchaïkovsky de se consacrer totalement à son art, que d'organiser sa vie affective.

Poussé par le conformisme de son époque, il épouse une ancienne élève du Conservatoire. Cette union sera vite minée par l'impuissance sexuelle du compositeur qui, en plus, est sujet à des crises d'épilepsie. Toujours soutenu par Mme de Meck, devenue également mécène de Debussy, Tchaïkovsky entame une vie itinérante, parsemée de relations homosexuelles aliénantes. Il parcourt toute l'Europe, y suscitant autant d'enthousiasme que de critiques. De retour des Etats-Unis, épuisé par une santé chancelante, il travaille d'arrache-pied sur son ultime symphonie, *La Pathétique,* avant de succomber lui aussi à une épidémie de choléra.

Le Plat Pays

1962

Jacques Brel (1929-1978)

Un chef-d'oeuvre

Cynique…

Homme des superlatifs, Brel n'en souffrait pourtant aucun. Aux mille questions posées, il répondait par une simplicité déconcertante, une lueur dans les yeux où vacillaient pêle-mêle humour, tendresse, cynisme, lyrisme et justesse de jugement. Pourquoi Brel était-il Brel ? Probablement parce que cela lui était bien moins périlleux qu'être industriel tranquille de cartonnerie. Brel désarmait détracteurs et fanatiques par son aisance à se mouvoir dans les genres où il avait choisi d'exceller.

A ses débuts, nul doute que son physique peu flatteur freina sa carrière. Il y répondait par une persévérance peu commune mais aussi par le sens inné de l'auto-dérision. Mais s'il s'était limité à cette seule réplique, Brel n'aurait été qu'un clown de plus. Il y avait au demeurant un don certain pour la provocation envers ses cibles favorites : la religion, la bourgeoisie, la politique politicarde, le puritanisme à oeillères, la morale brandie comme dogme… *Les Flamandes* (1959) révoltèrent de manière unanime le Nord de la Belgique qui exigeait la tête de ce renégat, *Les Bourgeois* (1962) hérissèrent bien des échines, *Les Bigottes* (1966) firent couler plus d'encre que d'eau de bénitier, *Ces Gens-là* (1966) suscitèrent un repli massif vers ces gens-ci. Les flèches que Brel décochaient portaient toutes au but, parce que toutes trempaient leur pointe acérée dans l'élixir de vérité.

… mais déchirant

Mais il y avait aussi l'autre face de Brel, celle des textes déchirants, pathétiques, si humains que d'un seul coup, ils mettaient la Poésie dans l'assiette du tout-venant. Le miracle de ses mots,

> *« Le type qui me dit qu'il n'est pas seul dans la vie, c'est qu'il est plus Belge que moi. »* Brel

subtil travail sur l'ellipse et la simplification allégorique, opère sur chaque auditeur. A coups de périphrases choisies, il matérialise ces pendules qui soulignent la marche de vieilles gens vers la mort, il rend tangible les rides sur la joue d'une septuagénaire, il libère les effluves de la bière, les puanteurs de frites trop grasses, les Margot et autres Frieda, les Mathilde et les Marieke.

Le cinéaste des mots

L'universalité de Brel réside dans la force expressive de sa musique et l'ensorcellement de ses vers. Le public moscovite ne s'y était pas trompé en lui vouant un culte (qui ne s'est pas éteint après sa mort). La musique constitue le prolongement de la poésie des mots, elle la transcende, se veut rugueuse, vivace, langoureuse, pathétique ou populaire selon les voeux de l'artiste. Elle lui permet aussi de se reposer sur elle, de s'en servir pour laisser libre cours à ses émotions. C'est cette musique qui arrachait des larmes, de vraies larmes, à l'interprète quand il balbutiait, comme un amoureux écorché vif, les vers sublimes de *Ne me quitte pas*. Cette même musique ondule parmi les canaux de Flandre, frôle les oscillations de la scie musicale sur *Le Plat Pays*. Elle s'agrippe aux pantalons des marins à la recherche de vitrines roses dans *Amsterdam*. Elle participe aux soubresauts intestinaux dans *La Bière*.

Brel était un cinéaste des mots. Inventeur du clip dans l'espace intemporel des mots, ses images trouvaient une meilleure place dans l'imaginaire des publics que sur la toile plane de l'écran, ce qui explique plus que tout l'échec de ses propres films.

Même si les peupliers courbés par le vent du Nord ne peuvent rivaliser avec les fiers cocotiers des Marquises, leurs feuilles qui dérivent le long de la Dyle portent toutes dans leurs nervures des lettres de noblesse qu'un jour, un nommé Jacques-le-Vilain y sculpta…

> *« L'artiste est un brave homme qui est totalement inadapté et qui n'arrive qu'à dire publiquement ce qu'un type.normal dit à sa bobonne le soir. »* Brel

L'auteur

Donc il naît bourgeois, laid et catholique le 8 avril 1929. Donc il fait ce qu'on lui demande (des études de droit commercial à St-Louis — Bruxelles). Donc il embrasse ce qu'on lui trace (la cartonnerie familiale). Donc il se marie, comme tout le monde. Et fait trois enfants, comme presque tout le monde. Mais bon Dieu, qu'est-ce qu'il s'emm...

Alors Jacques-le-Vilain devient galérien. Il compose sur une méchante guitare des chansons que personne n'écoute, surtout quand elles sont couvertes par le bruit des verres de limonade dans les fêtes de patronnage où il se produit. Mais Jacques-le-Têtu ne se décourage pas. Il grave pour sa propre mémoire un 78 tours *Il y a/La Foire* (1953) pour se prouver qu'au moins un micro peut l'entendre.

En 1954, comme tous les Belges qui se devinent artistes, il monte à Paris. Il survit jusqu'au jour où il rencontre Jacques Canetti, propriétaire des *Trois Baudets*. Celui-ci qui a déjà découvert Gainsbourg, Béart, Devos et Brassens, a déployé une réelle fixation sur la bouche démesurée de Brel. Il lui fait enregistrer un maxi-45 trs *Grand Jacques* qui s'en va garnir les bacs des invendus des Monoprix.

Brel reprend son baluchon de troubadour et s'essaie sans succès à *L'échelle de Jacob* et *L'Ecluse*. En 1957, Brel sert de bouche-trou : il remplace au pied levé Francis Lemarque à Bobino, puis Marlène Dietrich (!) à l'Olympia. Enfin, Paris accroche à ses traits anguleux et à son accent exotique.

A partir de là, tout s'enchaîne à une vitesse folle. Jacques-le-Paumé se métamorphose en Jacques-la-Dynamo. Triomphe à Bobino (*La Valse à 1000 temps, Ne me quitte pas, Les Flamandes*), à l'Olympia (*Les Bourgeois, Rosa*), chez Philips puis enfin chez Barclay. Les tournées se multiplient aux quatre coins du monde. Moscou lui réserve un accueil triomphal. Une fois par an, Brel retrouve ses fidèles à l'Olympia.

C'est dans cette salle qu'en 1966, il annonce son intention de quitter la scène, alors que Barclay produit un nouveau contrat de 20 ans. Un an plus tard, il tient sa promesse. Jacques-la-Pile est sur les genoux et rêve de calme, mais plus que tout, de faire autre chose. Le cinéma lui fait les premières offres. Il sera instituteur dans *Les Risques du métier* d'André Cayatte, Raymond-la-science dans *La Bande à Bonnot* de Philippe Fourastié, plus tard libertin dans *Mon Oncle Benjamin* d'Edouard Molinaro, écuyer dans *Montdragon* de Jean Valère, juge d'instruction dans *Les Assassins de l'ordre* de Marcel Carné, aventurier dans *Le Bar de la Fourche* d'André Levant, terroriste farfelu dans *L'Aventure c'est l'aventure* de Claude Lelouch, puis enfin pleurnicheur dans *L'Emmerdeur* de Molinaro.

A nouveau, Jacques-la-Pieuvre rêve d'autres aventures. Il écrit, monte, produit et interprète *L'Homme de la Mancha* (1968) où il campe la silhouette émaciée d'un Don Quichotte hallucinant. Dario Moreno, en Sancho Pança, meurt en pleine tournée. Robert Manuel lui succède en quelques jours. Epuisé par son armure de chevalier et par les efforts répétés, Brel tient cependant jusqu'à la centième représentation.

L'opéra terminé, il prépare avec fièvre le projet qui, plus que tout autre, lui tient à coeur : diriger ses propres films : *Franz* (1971), son premier long métrage reçoit un accueil d'estime. Mais son enfant chéri, *Far West,* présenté à Cannes en 1973, ne recueille que quolibets et sarcasmes. Jacques-l'Ulcéré décide de voyager. Des rumeurs inquiétantes commencent à circuler, on le dit mort, puis malade, puis amputé. En 1974, un film tourné par le Canadien Denis Heroux *Brel is alive and well living in Paris* le montre, pétulant et sarcastique comme naguère. Toutefois, Brel subit une opération chirurgicale à la fin de cette même année et, comme il refuse de rencontrer la presse, les bruits les plus alarmistes règnent à nouveau. Jacques-l'Excentrique se paie un voilier et cingle vers la Martinique, s'installe aux Marquises en 1976 dans une case sans électricité et ne sort de sa tannière que pour voler à bord d'un vieux coucou de la guerre de Corée ou pour y recevoir d'autres de ses amis fêlés, comme Antoine.

En 1977, répondant à l'instance d'Eddie Barclay, Brel débarque à Paris dans le secret le plus total. Avec ses vieux complices, François Rauber (arrangeur) et Gérard Jouannest (pianiste), on le sait enfermé dans un studio en compagnie de 40 musiciens. Qu'y fait-il ? Les commandes du disque dépassent toutes les prévisions. Avant qu'il ne soit distribué, Brel repart pour les Marquises, il n'en reviendra plus. Veux-tu que je te dise, gémir n'est pas de mise, aux Marquises…

Polonaises

Frédéric Chopin (1810-1849)

Un chef-d'oeuvre

Un être fragile

En Chopin, tout concourt pour dresser le tableau de l'idéal romantique. Cet être fragile, à la santé précaire et à l'éternel teint cadavérique, promenait sur le monde de ses semblables un regard de biche apeurée. Nul doute que ce musicien, aux gestes si raffinés qu'ils étaient empreints de quelque féminité, n'ait recherché en George Sand l'assurance et la puissance qui lui manquaient maladivement.

Auprès d'elle, femme de tête et d'audaces, il trouvait ce refuge et ce réconfort que son impossible retour en Pologne rendait hypothétique. Sand écrivait, vivait en société et en fonction de la société, avec de furieux desseins de changement. Chopin confiait à son seul piano son désespoir, ses aspirations sans lendemain, ses cris du coeur les plus secrets. Dandy aux cheveux longs et filasse, il attirait d'emblée sur lui la sympathie et le soutien, sorte de Calimero avant la lettre.

Lyrisme

Comme toute son oeuvre, les *Polonaises* ne s'entendent que comme le témoignage privilégié du dialogue entre le musicien et son piano. Dans cette communion totale, Chopin se sert du clavier comme d'une palette de couleurs dont il peut en nuancer à l'infini toutes les nuances.

Oeuvre de solitaire, les *Polonaises* gênent l'auditeur qui se voit transgresser un accouplement magique entre une âme torturée et son extension sonore. Il est vrai qu'il y a quelque indiscrétion à pénétrer dans cette alcôve rehaussée de délicatesse et de fougue tout à la fois. Mais Chopin ne nous voulait pas voyeurs. Au-delà de cet acte d'amour absolu, il nous conviait à toucher du doigt la corde sensible que tous, tant que nous sommes, possédons au tréfond de notre être : le romantisme. A ce jeu, les règles classiques ne sont plus de mise, car précisément, l'âme ne connaît pas de règles structurelles. Chopin utilise la virtuosité dont une fée le nantit dès le berceau, pour l'instiguer à traduire, avec une précision rare, sa propre personnalité.

Une musique farouche

Prétextant l'évocation de la terre natale, les *Polonaises* constituent en fait un diabolique exercice d'adéquation du piano à l'émotion. Chopin tourmente son instrument de la même manière que son coeur se ravine. Avec une amplitude inégalée d'accords en arpèges, il n'accorde aucun répit au clavier qui subit sans maudire accélérations de rythmes, ponctuations marquées de la ligne mélodique, alanguissements volontaires...

Dans cette musique farouche, le silence devient aussi important que le glissando de la main sur les touches. Il n'est pas, il n'est plus synonyme de pause ou de relâche, mais de point de référence, de moment particulier, d'émotion privilégiée.

A ce titre, la modulation dont Chopin possède une science rare, intervient comme préparation à l'insertion à des lignes entières, calquées sur la cadence de danses populaires.

L'auteur

Né dans les alentours de Varsovie d'un père lorrain et d'une mère polonaise, Frédéric développe dès son plus jeune âge un amour pour la langue française et des prédispositions pour la musique. Il suit les cours de Joseph Elsner à l'école de musique de Varsovie où il travaille sur les oeuvres de Mozart et Bach.

Pianiste prodige, il effectue ses premières tournées à 9 ans, le plus souvent à contre-coeur parce que son caractère introverti s'accommode mal de larges auditoires. Jamais Chopin ne se sentira plus à l'aise que devant des publics restreints. Ses concerts seront d'ailleurs peu nombreux.

En 1830, il quitte définitivement la Pologne, recueille un franc succès à Vienne avant de se fixer à Paris, ville qui le fascine tant parce qu'elle représente le foyer de la francité que parce qu'elle sert de quartier général à cette élite intellectuelle et sociale dont Chopin ambitionne de faire partie. A peine installé, il apprend la sanglante répression de l'insurrection polonaise par les Russes. Fou de rage et aveuglé par la haine, il compose une de ses plus poignantes pages patriotiques, sa 12e Etude, *La Révolution*. Grâce à une subvention de la famille royale, il peut se consacrer à son oeuvre. Mais dans l'immédiat, son pôle d'intérêt primordial constitue ces cercles de l'élite intellectuelle dans lesquels il retrouve Meyerbeer, Berlioz, Heine, Liszt et Marie d'Agoult, Balzac et celui pour lequel il nourrit une tendresse particulière, le peintre Delacroix. Pour eux, il consent volontiers à jouer, berçant leurs idéaux révolutionnaires de notes enflammées. Schumann découvrant ses compositions diffusées en partitions écrites, contribue largement à assurer sa renommée dans son pays d'adoption.

Après une tumultueuse passion pour Marie Wodzinska, Chopin fond littéralement devant la personnalité forte et extravagante de la baronne Armandine Dudevant, mieux connue sous le nom de George Sand. Cette femme de lettres qui défraie la chronique mondaine tant par ses changements de partenaires amoureux que parce qu'elle préfère s'habiller en homme, fascine l'âme romantique de Chopin qui voit en elle une mère maternante, une maîtresse expérimentée et un chantre de la révolution sociale.

Leur rencontre coïncide avec une crise galopante de tuberculose chez Chopin. Ils séjournent quelque temps à Majorque (1838) où l'état de santé du musicien ne connaît pas d'amélioration, mais où il écrit de sublimes pages, ses *Préludes* et *Ballades*, toutes transcendées par son amour pour sa compagne. De retour en France, le couple partage son temps entre Paris et Nohant, où l'écrivain a sa résidence. C'est l'époque d'une intense activité musicale pour Chopin qui écrit ses plus belles oeuvres lyriques, correspondant chacune à un état d'âme particulier (*Fantaisie en fa mineur, La Berceuse, Nocturnes, Barcarolle* …). D'autre part, il aime composer des pièces plus élégantes, destinées avant tout à plaire en haute société, dans ces cénacles artistiques où il se fait prier pour se produire (*Tarentelle, Ecossaises, Valses, Boléro, Variations sur Don Juan*). Son amour pathétique envers la lointaine patrie s'exprime au travers de plages d'un romantisme déchirant, dans lesquelles il n'hésite pas à utiliser des éléments du folklore polonais : *Mazurkas, Polonaises* ...

Quand George Sand, de plus en plus soucieuse de s'accomplir dans un contexte révolutionnaire, met fin à une relation de dix années, c'est un Chopin meurtri dans son corps et dans son coeur qu'elle laisse derrière elle. Désorienté par la révolution de 1848 qui le prive de ses mécènes, les Orléans, Chopin fuit à Londres, abandonne définitivement la composition et ne donne plus que de rares concerts, dont un pour la reine Victoria. Affaibli, désillusionné, miné par la maladie qui ronge ses poumons, il revient en France pour y mourir. Son cercueil, enterré au Père-Lachaise, sera enseveli sous un peu de cette terre polonaise qu'il emportait partout avec lui, comme une pieuse relique... Plus tard, son compatriote Paderewski rééditera ses oeuvres intégrales.

Rhapsodies hongroises
1835

Franz Liszt (1811-1886)

Un chef-d'oeuvre

L'ardeur du virtuose

Les *Rhapsodies hongroises* prouvent, si besoin en était, l'ardeur et la générosité d'une musique tout à l'image de son créateur. Vivacité, non-conformisme, virtuosité, technicité, telles sont les qualités intrinsèques d'une musique qui parle d'emblée à l'esprit. Musique d'intellectuel, certes, par les finesses et les audaces qu'elle renferme. Disposant d'un contrôle total de sa technique pianistique, Liszt pouvait se permettre de l'enrichir d'ornements, fruits de ses recherches et de son inventivité. L'intuition règne en maîtresse absolue, défiant les normes et les traditions.

Un précurseur

La variation à laquelle il fait un fréquent recours le conduit vers des territoires insoupçonnés à l'époque. En elle, la musique de Liszt contient déjà en ferment toutes les orientations qui égailleront la musique de la fin du XIXe siècle en autant de passionnants paramètres. Ses tonalités habilement confrontées à des accords altérés préfigurent autant le dodécaphonisme que le mouvement atonal. La large utilisation qu'il fait d'une métrique empruntée à la tradition tsigane annonce l'école russe. Sa technique pianistique révolutionnaire bannit le jeu classique au profit d'une approche purement physique du clavier : le pouce, intervenant à présent au même titre que les autres doigts, non seulement élargit la surface de pose de la main, mais revêt une fonction percussive qui ne laissera pas indifférents des Bartok ou Stravinsky.

Le goût du spectacle...

Le jeu recouvre une fonction vitale que trop de classicisme avait reléguée aux oubliettes : être naturel, utiliser toutes ses ressources, tant physiques qu'intuitives, pour livrer sa personnalité profonde. Liszt aura parfois tendance à en rajouter. L'ornementation souvent chargée d'une pléthore d'arpèges et de trilles frise l'indigestion. Tout comme la gestuelle du «concertiste inspiré» qu'il introduisit en représentation n'ajoutait à sa virtuosité incontestée que le côté spectaculaire. Il reste toutefois que ses oeuvres, nées d'un virtuose, requièrent de son interprète autre chose que du savoir-faire : une réelle expressivité. Cette même expressivité se retrouve immanquablement dans ce genre qu'il lança simultanément avec Berlioz, le poème symphonique. Dans ce contexte, le plus français des musiciens hongrois retrouvait avec émotion les élans profonds du peuple magyar.

L'auteur

Bercé par les rythmes tsiganes dès son plus jeune âge, Listz, à peine sorti du sevrage, reçoit des leçons de piano de son père, employé au service des Esterhazy. Une bourse d'études lui permet de bénéficier à Vienne de l'enseignement d'Antonio Salieri, pour l'écriture musicale, et de Karl Gzerny, pour le clavier. Entraîné par un vrai père-poule, il gagne Paris où, inexplicablement, Cherubini lui barre la route du Conservatoire. La mort précipitée de son père qui le laisse seul à 8 ans et son échec parisien sont déterminants dans son jeu de piano et sa virtuosité extraordinairement précoce.

Il travaille avec le violoniste tchèque Antonin Reicha (défenseur du polyphonisme allemand) qui l'encourage à entreprendre une carrière de concertiste. A 12 ans, Liszt donne son premier opéra, *Don Sanche,* soulevant, partout où passe l'enfant prodige, les vivas du public. En 1826, il compose ses fameuses *Douze études d'exécution transcendantes,* vertigineux enchaînements d'envolées de piano. Tout l'intéresse mais plus particulièrement ce qui implique un don particulier de soi-même : le mysticisme social à la Lamennais, l'idéal révolutionnaire de 1830, les amis, les femmes et la célébrité. Il fréquente assidûment les cercles intellectuels branchés où il retrouve les Delacroix, Heine, Musset, Hugo et Sand. Il y introduit Berlioz (avec lequel il partage les mêmes aspirations pour un langage musical proche du poème) et Chopin.

En 1835, il s'enflamme pour la comtesse Marie D'Agoult (Daniel Stern en littérature), l'épouse, l'emmène en Suisse, en Hongrie et en Italie. De leur union naîtra Cosima, future épouse de Richard Wagner. De cette époque datent de nombreuses compositions, dont les *Rhapsodies hongroises*. Tout en maintenant une cadence ininterrompue de concert, Liszt entend prouver qu'il maîtrise également l'art de la composition. Ses *Préludes* et *Mazeppa* confirment l'intérêt de cette autre face du musicien.

Son premier mariage sombre lamentablement. Liszt rencontre alors la princesse Caroline de Sayn-Wittgenstein et, sans plus attendre, s'installe chez elle à Weimar. Passion réelle ou froid calcul? Il rêve alors de diriger... on le nomme maître de chapelle à la cour de Weimar. Dès cet instant, Liszt s'attache à monter, le plus souvent avec les moyens du bord, et à diriger les grandes oeuvres de ses amis qu'il admire. De Berlioz (*La damnation de Faust*) à Verdi, en passant par Shumann (*Manfred*) et Weber, sans oublier son idole, Wagner (*Tannhäuser*).

Son incroyable popularité comme concertiste attise bientôt jalousies et querelles. Chopin, Brahms et Mendelssohn le quittent. Seuls St-Saëns et Moussorgsky lui marquent leur attachement. Profondément déçu par ceux qu'il avait aidés au-delà de toutes ses forces, Liszt se retire à Rome en 1881, entrant dans les ordres de Saint-François. Il continuera néanmoins à se produire à travers toute l'Europe et à diriger l'Académie de Musique de Budapest. Quelques jours après avoir marié Cosima et Wagner, il s'éteint à Bayreuth.

Rhapsody in blue
1924

George Gershwin (1898-1937)

L'oeuvre

Conçue comme un poème symphonique, *Rhapsody in blue* utilise les ficelles du genre. La musique s'écoute comme une narration, dont la trame s'introduit, s'amplifie, se développe, se construit et se conclut selon un processus proche de la symbolique littéraire. Le moindre mérite de Gershwin n'est pas de suggérer des hypothèses de situations ou de sensations au travers d'une succession de climats aux paroxysmes émotionnels distillés de main de maître.

Un chef-d'oeuvre

Des racines européennes
Comme la plupart des artistes américains dont les racines familiales sont ancrées profondément dans des traditions européennes, on sent chez Gershwin la farouche volonté de se dégager de ce lourd héritage, ou tout au moins de l'utiliser à des fins propres, pour créer quelque chose de nouveau, une pierre de fondement solide qui serve de base à une musique américaine délivrée de tout complexe. Pour arriver à un tel résultat, toutes les hardiesses sont permises, les interdits comme les dogmes tombent. L'audace est cultivée comme un art pour autant qu'elle favorise l'éclosion d'un nouveau langage.

Le jazz dans la symphonie
Là où des compositeurs comme Chadwick ou McDowell voyaient dans les thèmes du folklore indien matière à recherche sur les sons

et les mélodies, Gershwin réalise très vite la place privilégiée qu'il occupe en tant que témoin de la naissance d'une musique noire, le jazz. Très sensible au changement de sensibilité que suppose cette propagation d'une musique basée avant tout sur le rythme, il en intégrera les recettes de base dans un contexte symphonique : prédominance des cassures de rythme, don pour les raccourcis, élagage impitoyable des redondances, identification du thème mélodique de base, développement et amplification du thème par le biais d'une improvisation inspirée.

Mais avant tout, ce qui frappe dans *Rhapsody in blue,* c'est la mise en place des instruments et leur mise en valeur, certains d'entre eux, volontiers relégués au rang des accessoires dans la tradition européenne, revêtant à présent une importance capitale : les percussions, le saxophone, la clarinette... En cela, Gershwin confirme qu'il a bien ingéré les extravagances pour l'époque d'un Irving Berlin ou d'un Eubie Blake.

Une oeuvre ouverte

Descriptive sans imposer de déterminations, la musique de *Rhapsody in blue* témoigne avant tout d'une énorme tendresse, magnifiant en retour ce pays d'accueil dans lequel chaque immigré exprime ses espoirs et sa gratitude. C'est cette disponibilité totale dans l'écriture qui permet à l'auditeur d'adhérer d'emblée à cette musique et d'y greffer au choix ses propres évocations d'images.

Hypothèse encore consolidée par les utilisations extrêmement diversifiées qu'on fit de thèmes empruntés à l'oeuvre : du thème principal repris par John Murray Anderson dans son film *King of jazz* (1930) à la version plus complète qu'en donna Irving Rapper dans *Rhapsody in blue* (1945) avec Robert Alda, sans oublier le plus bel hommage, celui que rendit Woody Allen dans *Manhattan* au quartier du même nom quand la musique de Gershwin retrouvait, émerveillée, les paysages d'un New York qui l'avait vue naître quelque 50 ans plus tôt.

Chroniqueur d'une époque

Témoin de la naissance du jazz, Gershwin fut aussi à sa manière le chroniqueur fortuné de la naissance d'une nouvelle époque : celle du cinéma, des comédies musicales autour de Times Square et des bouleversements dans les traditions. En choisissant le décor d'un faubourg noir de Charleston pour y animer ses héros de *Porgy and Bess,* il bravait sciemment le racisme conservateur blanc. Mais eût-il été préférable de prêter à des blancs, plagiaires comme Kid Ory, les racines d'une musique qu'il savait pertinemment noires?

Gershwin mourut trop tôt pour goûter de son vivant à la reconnaissance de son art par l'industrie cinématographique. Sans doute aurait-il pu alimenter le 7e art de son talent comme le firent Cole Porter (*High Society*), Frederick Loewe (*My fair lady*) ou Leonard Bernstein (*West side story*). Reste que l'immortel créateur de *Swanee* est célébré à maintes reprises comme dans *Song of the flame* (1930) d'Alan Gosland, *En avant la musique* (1940) de Busby Berkeley, *An American in Paris* (1951) de Vincente Minnelli ou encore l'inoubliable *Porgy and Bess* (1959) d'Otto Preminger.

L'auteur

De son vrai nom Jacob Gerschvin, Gershwin appartient à une famille de juifs russes émigrés aux Etats-Unis au début de ce siècle. Quand tout le clan Gerschvin se retrouve à New York, Jacob y est déjà né, dans ce quartier de Brooklyn dont il fera retentir bien des scènes, plus tard, dans sa musique. Il étudie très tôt le piano et se prépare à une carrière de concertiste.

En attendant qu'une opportunité s'offre à lui, il accepte un premier travail de garçon de courses dans une maison d'éditions musicales. Très vite, ses patrons remarquent son peu d'aptitudes dans cet emploi, d'autant qu'il traîne plus volontiers en chemin autour des cabarets de Broadway. De coursier, il devient «performer» quand on le charge de jouer au piano, devant les clients, les partitions qui les intéressent.

Gershwin compose pendant ses loisirs des morceaux largement teintés des accents de ce jazz tout nouveau venu de la Nouvelle-Orléans. En 1919, il parvient à placer une de ses chansons, *Swanee,* au répertoire d'un club de jazz. C'est un véritable triomphe et, pour Gershwin, le début du rêve américain. Ce morceau, dont il existe des milliers de couvertures différentes, mais dont la version la plus célèbre est probablement l'interprétation qu'en fit Judy Garland, le propulse d'un seul coup à l'avant-plan des compositeurs de Broadway.

Avec son frère Ira, il assure l'essentiel des comédies musicales jouées dans cette artère : *La la Lucille* (1919), *Lady be good* (1924), *Funny Face* (1927)…

La chance d'aborder des oeuvres d'une dimension plus ample lui est fournie par le chef d'orchestre Paul Whiteman, qui lui commande un poème symphonique. Ce sera *Rhapsody in blue* (1924) dont le succès lui permet de se rallier les suffrages des compositeurs de musique symphonique comme des musiciens de jazz auxquels la modernité des arrangements n'a pas échappé. Sur sa lancée, Gershwin renoue avec des projets plus ambitieux auxquels il mêle Ira : *Concerto in F for piano and orchestra* (1925), *An American in Paris* (1928), *Cuban Overture* (1932) et même un opéra, le sublime *Porgy and Bess* (1935).

Une tumeur au cerveau mal endiguée l'emporte en pleine gloire à Hollywood en 1937.

Les Saisons
1725

Antonio Vivaldi (1678-1741)

Un chef-d'oeuvre

Un concerto renouvelé

Les Saisons, élément d'*Il cimento dell'armonia e dell'invenzione* (1725), campent l'exemple-type du concerto façon-Vivaldi. Par opposition à la toute suprématie de l'opéra qui reléguait la musique au rang de simple accompagnement, Vivaldi institue le concerto en fer de lance de la révolution instrumentale. Pour ce faire, il met au point une recette infaillible à partir de l'écoute qu'il a de la danse et de la musique populaire. Ses concertos vibrent d'un rythme proche des mouvements du corps, que la basse revalorisée accentue avec bonheur. Les instruments se libèrent des carcans qu'un XVIe siècle rigide avait posés sur eux. L'écriture musicale traduit cette ivresse de la liberté retrouvée, dont le concerto constitue la meilleure expression.

La prédominance des trois temps vivaldiens (allegro-lento-allegro) procure aux instruments solistes l'assise de mouvement dont ils ont besoin soit dans leurs échappées solitaires, soit dans leur jeu de question-réponse avec l'orchestre.

La vigueur du rythme

Ces innovations ravivent la musique instrumentale qui n'est plus la parente pauvre du théâtre. A présent, elle envahit les concerts, s'exporte et trouve ses détaillants en Telemann ou les musiciens de l'école de Mannheim (Stamitz, Richter) ou encore le trop méconnu Boccherini. Un vent de nouveauté débarrasse la musique des oripeaux qui entravaient ses audaces.

Mais Vivaldi ne s'arrête pas en si bon chemin. Il joue le rôle d'enzyme sur la musique ; avec lui trépassent toutes ces escales jusqu'ici obligées qui empêtraient son impétuosité de soliste. Au bûcher, les inutiles unissons, les échos redondants. Il y substitue des soupirs et des tremolos qui, tout en faisant rebondir le rythme, marquent les contrastes entre les intensités. Grâce à ce travail de ventilateur, le soliste dispose d'une réelle autonomie et, s'il en a les capacités intrinsèques, peut déverser toute sa fougue dans des improvisations expressives.

Aujourd'hui, malgré son âge, la musique de Vivaldi n'a rien perdu de son charme juvénile. Qu'elle serve de bande originale au cinéma (*Kramer contre Kramer*) ou comme terrain d'expérimentation mélodique (la superbe interprétation que rendit Pete Sinfield, lyriciste de King Crimson, d'un thème des *Saisons*), elle séduit par sa vitalité et sa science des mouvements.

> « *Il jouait avec une cadence impossible à soutenir. Ses doigts s'approchaient du chevalet et laissaient à peine le passage à l'archet qui striait les quatre cordes à une vitesse incroyable.* »
> von Uffenbach

L'auteur

Etrange personnage que ce Vivaldi dont l'itinéraire multiplie faits saillants et interrogations. Sa naissance (qu'on fixe généralement en 1678) l'installe au milieu d'une famille de musiciens ; son père est lui-même un des meilleurs violonistes de la ville. Quoiqu'élève du grand Legrenzi, le jeune Antonio se prépare à entrer dans les ordres. Un an après son ordination (1703), il renonce néanmoins à ses vœux, prétextant des problèmes d'asthme, ce qui ne le gêne apparemment pas dans sa pratique du violon ! Il trouvera une manière de compromis envers sa première carrière en enseignant jusqu'à la fin de sa vie le violon aux jeunes filles qui fréquentent le séminaire musical de l'Hospice de la Pieta.

Avant de se faire reconnaître comme compositeur, Vivaldi est d'abord salué comme virtuose prodige. A une vitesse d'exécution étincelante, il allie une puissance d'interprétation étourdissante en même temps qu'un sens inné de l'improvisation. A des chroniqueurs de l'époque s'étonnant de la longueur des pièces qu'il interprétait, Vivaldi rétorquait : « Ah, oui ? Ce n'était pas dans la partition, je crois qu'ils avaient oublié de l'écrire... » Son habileté technique draine à lui de grands virtuoses comme Pisendel.

Parcourant l'Europe en tous sens, Vivaldi s'institue en véritable ambassadeur de la musique instrumentale. Avec la même célérité de jeu, il écrit une foule d'oeuvres, atteignant des scores impressionnants : 545 concertos, 46 opéras, 75 sonates, 23 symphonies, 3 oratorios (dont le *Juditha Triumphans* - 1716) ainsi que de la musique sacrée (*Gloria, Magnificat* ...).

En 1740, il quitte précipitamment la Pieta et s'installe pour des raisons inconnues à Vienne où il attendra la mort dans le plus total dénuement. Son oeuvre, complètement oubliée après sa mort, sera exhumée et réhabilitée grâce à Bach qui transcrit pour le clavier plusieurs de ses pièces pour violon.

> *« En certaines circonstances, il était parfaitement capable de composer plus rapidement qu'un copiste ne copiait. »* de Brosses

Sergent Peppers Lonely Hearts Club Band

1967

The Beatles

L'oeuvre

Proclamé par certains comme le meilleur disque de musique pop de tous les temps, *Sergent Pepper* a conservé, derrière quelques rides dues essentiellement à une technique d'enregistrement aujourd'hui dépassée, le formidable impact dont le quatuor l'avait chargé alors : celui d'être un disque-phare capable de servir de révélateur à une conscience socio-culturelle de l'époque. *Sergent Pepper* est un album hors-temps, puisant son inspiration échevelée dans ce qui en fait son incontestable qualité : l'universalité.

Parvenus au sommet de leur art, les Beatles donnent ses lettres de noblesse à une musique que des exégètes pontifiants tenaient pour autre forme d'acné d'une jeunesse en sursaut. A présent, la musique pop dispose du fleuron qui lui permet autant de s'inscrire dans l'histoire que de prétendre à une reconnaissance de tous les milieux.

Un chef-d'oeuvre

La promotion d'un joyau

Sergent Pepper ne doit pas au hasard d'être un véritable joyau. Sur le plan médiatique d'abord, dès la fin de 1966, la presse diffusait des communiqués abscons que le silence total observé par les Beatles ne permettait pas de vérifier ou de contredire : «Les Beatles enregistrent un chef-d'oeuvre». En guise d'apéritif sortit en janvier 1967, un 45 trs qui aujourd'hui encore fait date par son brio et sa puissance évocatrice, *Penny Lane/Strawberry Fields Forever,* un véritable kaléidoscope de couleurs et d'ambiances teintées de psychédélisme et de LSD. La vénérable BBC interdit la diffusion sur ses ondes de *Strawberry Fields Forever* qu'elle jugeait comme un panégyrique à peine déguisé de l'extase sous hallucinogènes. Un excellent coup de publicité pour *Penny Lane* qui se vendit par millions d'exemplaires sur tous les continents.

Un marketing de stars...

Les Beatles consacrent plus de 700 heures d'enregistrement en studio pour *Sergent Pepper.* Ils persuadent le manager d'EMI, leur firme de disques, de leur accorder un budget exceptionnel pour la réalisation et la conception de la pochette de l'album. On les y verra revêtus d'uniformes bariolés de musiciens de fanfare, entourés par les photos en pied d'une kyrielle de célébrités.

D'autres innovations de taille en matière de marketing : les textes sont intégralement reproduits, la pochette double s'ouvre comme un livre d'images et propose un collage-découpage à monter.

Dès mai 1967, la presse reçoit des instructions qui ne font qu'accroître l'excitation : les médias recevront un exemplaire du disque une semaine avant sa vente en commerce. EMI fixe l'embargo de diffusion sur les ondes au 1er juin à minuit. Ce jour-là, dans le monde entier, des émetteurs augmentent leur puissance. Les premiers flonflons de la fanfare du club des Coeurs solitaires du sergent Poivre montent à l'assaut de l'éther. A day in the life...

Le reflet d'une époque

Sergent Pepper est l'ultime catalyseur pour comprendre l'état d'esprit des sixties et de cette exceptionnelle année que fut et reste 1967. Sur le plan musical, 1967 symbolise l'avènement de véritables bibles (*Blonde on blonde* de Bob Dylan, *Aftermath* des Rolling Stones, *Younger than yesterday* des Byrds), du choc des cultures rock anglaise (Who, Cream, Small Faces) et américaine (l'éclosion de la scène californienne avec Jefferson Airplane, Grateful Dead et Spirit) et de leur interprétation, ainsi que de la montée de la musique noire sous la forme du rhythm'blues.

C'est l'époque des grands espoirs, la ferme conviction que tout est désormais possible à condition que tombent les oeillères, que fleurissent l'amour et la bonne volonté. Ce raz-de-marée trouve ses racines dans une internationalisation des problèmes, politiques avec le Vietnam et la Tchécoslovaquie, culturels avec le déplacement de tous les foyers traditionnels (New York au profit de San Francisco, Paris vers Amsterdam, Londres vers Kathmandou).

Une nouvelle conscience surgit, colorée par la découverte de la drogue, armée par le recours systématique aux médias et aux rassemblements de masse ou aux happenings improvisés, bercée par l'amour libre, les slogans pacifistes d'Abbie Hoffman, Jane Fonda ou Vanessa Redgrave ou les mots d'ordre libératoires de Timothy Leary. L'Occident se resculpte une nouvelle identité et prend les chemins du Népal ou de Zabriskie Point.

Le rock cesse d'être musique pour revendiquer un statut de mode de vie, empreint d'une éthique et d'une sémantique propres. Les recrues se mutilent d'un doigt, les hippies envahissent la côte Ouest, Allen Ginsberg découvre dans la contre-culture les sédiments qui avaient si cruellement fait défaut à la «beat generation». 1967 est une fête de 365 jours qui emporte dans son sillage tous les perclus de rhumatismes giguant sur le *When I'm sixty-four* des Beatles. *Sergent Pepper* sert de cantique dans l'*Eté de l'Amour*.

Le rock : un nouveau média

Il serait vain toutefois de limiter l'impact de cet album à la seule année 1967. En dépassant l'étroit carcan du rock'n'roll à tous crins, les Beatles ont fait exploser les frontières du genre. Leurs arrangements alambiqués inspireront une kyrielle de musiciens et de techniciens soucieux de la mise en place des instruments et de leur orchestration.

Les textes ne seront plus denrée futile à côté du rythme omnipotent. Par sa vocation universaliste, le rock deviendra le moyen privilégié de véhiculer messages, idées, modes et images. En utilisant les médias comme en se faisant récupérer par eux, le rock s'affirmait comme le mouvement socio-culturel le plus innovateur du XXe siècle. Et les quatre jeunes chevelus de Liverpool en furent les instigateurs...

Les auteurs

En 1956, John Lennon et Paul McCartney se produisent en duo folk, les Quarrymen, dans leur ville natale, Liverpool. Ils s'adjoignent rapidement les services de George Harrison, un jeune guitaristre fervent de rock'n'roll. Avec le bassiste Stuart Sutcliffe et le batteur Pete Best, ils se baptisent *The Silver Beatles* et ils se fixent en Allemagne où ils écument les clubs rock de Hambourg, assurant derrière un sombre chanteur, Tony Sheridan. En 1961, ils oscillent continuellement entre Hambourg et le légendaire club de Liverpool, la Cavern. Un premier 45 trs enregistré en Allemagne, *My Bonnie,* attire l'attention d'un jeune disquaire, Brian Epstein, qui offre ses bons services comme manager. Il les ramène à Liverpool, leur fait troquer leurs vestes de cuir contre des complets vestons-cravates et adopter des cheveux longs plaqués vers l'avant. Sutcliffe succombe à une hémorragie cérébrale tandis que Best cède sa batterie à Ringo Starr. Quand Epstein parvient à faire signer le groupe par George Martin, tout frais chargé de production au sein d'EMI, les Beatles nouveaux sont nés.

C'est le début d'une carrière fulgurante ponctuée de trépidants 45 trs (*Love me do, Please please please, I want to hold your hand, Can't buy me love, Ticket to ride …*) et de tournées orchestrées de main de maître.

Les foules de fanatiques suivent dans cet engrenage insensé qui déclenche l'hystérie collective de masses hurlant, pleurant, recouvrant de leurs cris une musique endiablée et sautillante. Un terme nouveau fait son apparition pour désigner cette passion subite : la «Beatlemania». Les albums et les 45 trs se vendent par charretées, les tournées sillonnant l'Europe, les Etats-Unis. Aucun pays n'est épargné ; en URSS les disques des Beatles se vendent sous le manteau.

En 1966, les Beatles de retour des USA sortent un album-charnière, *Rubber Soul.* La musique s'y fait plus sophistiquée, les textes gagnent en puissance (*Nowhere Man, Girl, Michelle, Run For Your Life*). Ils ont rencontré Bob Dylan, les Byrds… Ils ont fait leur premier apprentissage de la drogue mais surtout, au contact des Américains, ils se sont sans doute rendu compte de l'immense impact que, en tant qu'artistes, ils ont sur le monde et des moyens de persuasion dont ils disposent. Dès lors, leurs déclarations se teinteront d'une dimension nouvelle, une conscience politique pour Lennon (encore accentuée par sa rencontre avec Yoko Ono, jeune activiste gravitant dans les milieux avant-gardistes et pacifistes), une conscience musicale pour McCartney, une conscience philosophique pour Harrison (son initiation à la philosophie hindoue par son amie Pattie Boyd) et la constatation pour Starr que, seul parmi tous, il tenait plus que tout à l'esprit de dérision des Beatles originaux.

Revolver (fin '66) concrétise tout cela en même temps qu'il scelle les différences entre les membres. Les Beatles n'apparaîtront plus jamais comme un groupe soudé mais plutôt comme la réunion magique de quatre individualistes hors du commun.

Assez curieusement, *Sergent Pepper* symbolise leur pièce de voûte en même temps qu'il sonne la désintégration des Fab Four. Brian Epstein meurt d'overdose en août 1967 : les Beatles décident alors de prendre en main leur propre destinée. Ce sera le début d'une longue suite d'erreurs fatales. Car les Beatles, s'ils sont des musiciens brillants, sont de piètres hommes d'affaires.

Les Beatles mènent des destinées séparées, voire opposées, qui ne se rejoignent plus que lors d'enregistrements en studio. Là, la magie renaît et les fans reprennent espoir. Le double album blanc *The Beatles* (1968) traduit bien les individualités exacerbées de chacun (*Obladi oblada* côtoie *While my guitar gently weeps* ou le décapant *Revolution*). Quand, en 1969, Lennon épouse Yoko le groupe est moribond et George Martin quitte le navire.

Dans une dernière tentative, les Beatles se retrouveront en studio pour essayer de renouer le contact par leur musique. Les bandes s'entassent et, mises en souffrance, se feront précéder par un autre album, *Abbey Road* (1969). Quand sort en 1970 leur dernier album officiel au titre évocateur *Let it be,* tout est dit. Les quatre musiciens se sont déjà lancés avec des fortunes diverses dans des carrières solitaires. Le rêve s'est achevé.

> «*A présent, les Beatles sont plus populaires que Jésus-Christ.*»
> John Lennon

Songs in the key of life
1976

Stevie Wonder (1950)

L'oeuvre

Monument discographique tant par sa richesse musicale que par le nombre de chansons qu'il renferme, ce double disque et demi (si l'on tient compte des quatre titres supplémentaires réunis sur un mini 33 trs) témoigne de l'extraordinaire épanouissement de Wonder à tous les niveaux de la création artistique. Il s'y révèle compositeur innovateur, attentif à la fois à toutes les influences, du gospel au rock, en passant par le jazz et le blues.

Mais ce disque constitue aussi pour lui l'occasion de développer et d'affiner des thèmes d'inspiration qui lui sont propres : la transfiguration de l'âme humaine par l'amour, la pureté de la passion amoureuse, le rejet de la haine ridiculisée par la fraternité de toutes les races.

Ce gigantesque projet d'un homme qui a mené à bien et à lui seul toutes les péripéties de la naissance d'une oeuvre, ne démontre pas seulement qu'il est un poly-instrumentiste de génie, un chanteur d'une sensibilité dévorante, un orchestrateur parfaitement maître de la technique et un lyrique lucide. Il confirme de manière éclatante que Wonder a définitivement triomphé de ce que d'aucuns avaient pu considérer comme une double tare : naître aveugle et de peau noire.

Ces handicaps, Wonder en a fait des armes d'une terrifiante efficacité. Il les a fourbies au contact de son émotivité et de sa compréhension des problèmes de notre société moderne. Par *Songs in the key of life,* il nous invite à pénétrer au travers de ses yeux éteints à l'intérieur d'un monde coloré d'amour, d'espoir et de chaleur.

Un chef-d'oeuvre

Le contrat du siècle
Songs in the key of life survint après deux années d'isolement total que Wonder ne brisa qu'en de rares occasions. Entre 1974 et 1976, on le vit se produire à l'improviste avec les Rolling Stones lors d'un concert londonien, annoncer la fondation d'une oeuvre d'aide aux enfants déshérités d'Afrique, se marier pour la seconde fois et camper le personnage d'un père débordant de bonheur à la naissance de sa fille, Aisha Zaïka.

Mais l'élément le plus significatif dans cette période de semi-retraite reste la signature avec Tamla Motown, sa firme de disques, de ce qui demeure encore aujourd'hui «le contrat du siècle». Portant sur le montant faramineux de 13.000.000 de $, ce contrat consacre une totale indépendance de l'artiste, désormais seul responsable de la création, l'édition, la production et la promotion de sa musique. La firme de disques se contente, elle, de la distribution du produit fini.

Le trouvère universel
On aurait pu craindre que, sur des assises aussi plantureuses, l'inspiration de Wonder ne s'étiole. Il n'en est rien. Wonder a mis à profit ces deux années de silence pour peaufiner son oeuvre la plus personnelle, la plus léchée, la plus riche. Il y affirme une originalité rare qui lui confère une place toute particulière dans le firmament de la musique noire. Il n'en est ni l'héritier, ni le chantre. Wonder se place aux confins d'influences musicales qu'il a parfaitement ingurgitées et en amont de directions nouvelles qu'il désigne généreusement, les imprégnant de ses qualités de chanteur-compositeur et d'homme de coeur.

Il n'est pas étonnant dès lors que Wonder jouisse d'une égale popularité tant d'un public noir que blanc. Sa musique, profondément humaine, a pu combiner avec brio la spontanéité du rock à la candeur de la soul music, le pathétisme du gospel à la sophistication du jazz, l'authenticité de la musique africaine à la rigueur de la musique classique. Et c'est sans doute dans ces belles ballades sentimentales, au texte parfois naïf mais toujours émouvant, qu'il se révèle le trouvère de l'amour universel.

Une longue évolution

La discographie de Stevie Wonder traduit fidèlement son itinéraire intellectuel. De 1963 à 1971, ce sont des albums imposés, destinés à étayer son image sur le marché des disques à succès, des oeuvres dont, dans la plus grande majorité, il n'est que l'interprète doué mais docile : *Tribute to Uncle Ray* (1963), *The jazz soul of Little Stevie* (1963), *12 year genius* (1963), *I was made to love her* (1967), *Signed, sealed, delivered* (1970)...

Music of my mind, sorti en 1972, représente sa première oeuvre personnelle et, malgré des erreurs de jeunesse, fait déjà miroiter les balbutiements d'une conscience qui s'éveille. *Talking Book* (1972) annonce ses intentions de rompre avec les clichés de la soul music en y intégrant des sonorités plus rock et plus blanches, comme le synthétiseur sur le single *Superstitions* qui en est extrait.

Avec *Innervisions* (1973) et *Fulfillingness first finale* (1974), Wonder développe autant ses conceptions sociales (*Living for the city*) que politiques (le très cinglant *You haven't done nothin'* contre Richard Nixon) ou une paisible religiosité teintée d'espoir et de mysticisme.

Autant de thèmes qu'il exploitera par la suite en y incluant sa foi irréductible en l'amour sur des albums comme *Journey through the secret life of plants* (1979) ou *Hotter than July* (1980).

L'auteur

Seul aveugle d'une famille de six enfants, Steveland Judkins naît le 13 mai 1950 à Saginaw (Michigan). A Detroit où sa famille s'est installée quand il a 3 ans, le petit Stevie témoigne très tôt de son intérêt pour la musique. Il excelle surtout à la batterie, au piano et à l'harmonica.

Lorsqu'il a 12 ans, Ronnie White, membre d'un groupe-vedette de rhythm'n'blues, les Miracles, le présente à Berry Gordy, directeur despotique mais avisé d'un jeune label discographique indépendant et exclusivement noir, Tamla Motown. Impressionné par la voix très haut perchée de l'adolescent, Gordy lui fait signer un contrat valable jusqu'à sa majorité. Les termes de ce contrat confèrent à Gordy un statut de Pygmalion, qu'il utilise immédiatement : Steveland Judkins devient Little Stevie Wonder.

> « *Toute notre vie, nous avons juré obéissance à des couleurs magiques : le rouge, le bleu et le blanc. Mais il est temps que nous réalisions que la liberté que nous défendons, nous devons aussi la gagner et ne pas l'attendre de la justice qui n'est pas faite pour tous. Il est temps d'apprendre que ce monde a été créé pour tous les hommes, peu importe leur couleur ou leur race.* » Stevie Wonder

Jusqu'à ses 21 ans, Wonder se plie à toutes les exigences de son mentor qui voit en lui un Ray Charles prodige. Gordy s'occupe de l'écolage de son poulain ; il lui donne des leçons de musique, des cours de braille, des conseils de maintien, tout en le gratifiant d'une rétribution hebdomadaire de 2,50 $. Le restant des royalties alimente un compte auquel Wonder ne pourra accéder qu'à sa majorité.

Little Stevie accumule rapidement les succès et truste les premières places dans les hit-parades avec des ballades assez mièvres mais irrésistibles, qui ont l'heur de conquérir un public de jeunes, Noirs comme Blancs : *Fingertips* (63), *Uptight* (65), *I was made to love her* (67), *For once in my life* (68), *My cherie Amour* (69), *Yester-me, yester-you, yesterday* (69).

L'engouement pour Wonder peut s'expliquer pour deux raisons. Il fait partie d'une écurie qui a le vent en poupe et dont le son original, fabriqué par de talentueux compositeurs comme Holland-Dozier-Holland, Smokey Robinson, Ashford & Simpson ou Norman Whitfield, entraîne sur les pistes de danse des millions de jeunes de par le monde, sur les rythmes du label de Detroit (avec Marvin Gaye, les Temptations, les Four Tops, Diana Ross & The Supremes, Jackson Five, etc.). Mais aussi parce que Gordy multiplie les apparitions de Wonder dans des shows télévisés où le jeune chanteur émeut par d'incessants balancements de tête, claquements de mains et sourires qui soulignent sa cécité.

En 1971, Wonder épouse Syreeta Wright, une jeune vocaliste qu'il poussera à embrasser une carrière de soliste. Devenu majeur, il négocie avec sa firme un contrat qui lui accorde plus d'autonomie. Wonder amorce alors une étape nouvelle dans sa carrière. Il se sait compositeur, il veut le prouver en enregistrant des albums-concept qui expriment ses thèmes d'inspiration plutôt que des ritournelles niaises.

A partir de 1971, ses albums constitueront davantage des entités traduisant ses préoccupations que des assemblages hybrides de succès pour dancings.

A la même époque, il découvre avec fascination les possibilités infinies du synthétiseur dont il est un des utilisateurs les plus inspirés. Ce gadget électronique lui permet également de réaliser son rêve le plus cher : par ses capacités étonnantes d'imitation, le synthétiseur lui ouvre la clef de tous les instruments, plaisir dont il ne se départira plus par la suite. S'il fait encore appel à des musiciens en studio, c'est bien plus pour étoffer le son que par pure nécessité.

La tournée qu'il effectue en première partie des Rolling Stones en 1971 lui vaut la reconnaissance par un public rock. Quand il divorce de Syreeta en 1972, il apprend la vente du millionième exemplaire de *Talking Book*.

Un accident de voiture en 1973 le prive d'un autre sens, l'odorat. Il se console avec les quatre Grammy Awards que l'industrie discographique américaine lui décerne la même année. Depuis lors, au rythme d'un album tous les deux ans et de tournées de promotion à travers le monde, il n'a cessé de confirmer son incontestable talent et de symboliser la conscience noire et son rayonnement.

> *« Il y a une chose dont vous devez prendre conscience. Il y a toujours des sons. Les sons vous entourent sans cesse. Même dans le silence. Le silence est un son qui se cherche. »* Stevie Wonder

Tristan et Isolde
1857-1859

Richard Wagner (1813-1883)

L'oeuvre

Clef de voûte du romantisme wagnérien, *Tristan et Isolde* rassemble de manière éclatante tous les ingrédients chers au compositeur, amplifiés encore par l'évidence que cette légendaire histoire d'amour sert d'épanchement et de symbole à la passion qu'éprouve Wagner pour son égérie de l'époque, Mathilde.

Tristan, fils de roi, ne vit que pour la musique et pour sa harpe. Au cours d'un combat, il se blesse avec sa propre lance. Laissé pour mort dans sa barque, il dérive lentement vers les côtes d'Irlande.

Loin des obligations de sa charge, il jouit avec avidité de cette liberté qu'il ne voyait qu'en rêve. Il se fait passer pour jongleur et se fait engager par la reine d'Irlande comme professeur de musique pour sa fille Isolde. Celle-ci, demandée en mariage par l'oncle de Tristan, Marc, roi de Cornouailles, succombe assez vite au charme du jeune musicien. Par fidélité pour son lignage, Tristan se résout néanmoins à ramener Isolde vers son oncle, mais, avant leur départ, les amants boivent un philtre d'amour qui les enchaînera éternellement.

Bravant la colère de leur famille, ils échappent de justesse au bûcher. Leur liaison n'essuiera qu'infortunes et ils ne trouveront la paix et l'union pour lesquelles leur âme s'était destinée que dans la mort. Sur leur tombe, deux arbres poussent côte à côte, emmêlant leurs branches dans d'inextricables entrelacements.

Un chef-d'oeuvre

Le chantre du romantisme

Nietzsche augurait que le romantisme allemand ne trouverait son réel accomplissement qu'en musique. *Tristan et Isolde* se pose en preuve irréfutable. Rejetant une fois pour toutes les clichés de l'*Opéra extérieur* de Meyerbeer, Wagner opte pour le coeur. *Tristan et Isolde* relate l'inexorable combustion de deux âmes, torturées par les aléas d'un destin et d'une vie injustes, qui ne trouveront leur salut qu'au prix de mille épreuves et la rédemption au travers de la mort. Wagner, en romantique farouche, place la barre très haut : l'être qu'il convoite ne s'enlève pas sur une oeillade, c'est toute l'âme qui doit souffrir, subir des estocades meurtrières, s'atrophier jusqu'à exprimer l'essentiel, la conviction que le bonheur n'est pas de ce bas monde. Proche en ce sens des thèses de Schopenhauer, il érige le rachat de l'âme humaine en thème absolu.

Un nouvel opéra

On pourrait croire qu'une pensée aussi rigide enfante une musique monolithique. La musique de Wagner se conçoit tout d'abord comme la brillante conjonction d'éléments prélevés dans les oeuvres des artistes qu'il vénère. A Liszt, il emprunte le don pour les harmonies. A Berlioz, le génie de l'orchestration. A Bellini, la virtuosité mélodique. A Weber enfin, la ligne dramatique.

De ce creuset coule une musique totalement neuve, faisant fi des carcans traditionnels de l'opéra. Le texte y est aussi prépondérant que la musique, il justifie chaque modulation osée, accentue la richesse des accords, participe de la totale fusion entre l'orchestration et la déclamation. L'auditeur trempe de tout son être dans cette expression d'art total, se laisse guider par l'obsédant leitmotiv («Grundthema») dont les arabesques se déploient suivant des volutes révolutionnaires.

> «*Ce qui me paraît avant tout marquer d'une manière inoubliable la musique de ce maître, c'est l'intention nerveuse, la violence dans la passion et la volonté. Cette musique-là exprime avec la voix la plus suave ou la plus stridente tout ce qu'il y a de plus caché dans le coeur de l'homme.*» Baudelaire

Un art total

Plus que tout autre musicien, Wagner se pose en novateur. Son souci d'accomplissement d'un art qu'il souhaite total se retrouve dans sa propre personnalité. Même si ses oeuvres ne voyaient le jour qu'au prix d'une très longue gestation (*Siegfried* ébauché en 1856 ne sera terminé qu'en 1870), elles émanent pour leur totalité de son inspiration : livret, orchestration, scénographie, harmonies…

Dans cette perspective, la construction du théâtre Wagner à Bayreuth se comprend parfaitement. Conscient de la mise en place toute personnelle des instruments, Wagner voulait un lieu parfaitement adapté à ses oeuvres.

On lui reprocha la lourdeur de l'orchestre. Elle est illusoire et provient probablement de la réunion de familles entières d'instruments, ce qui renforce à la fois aiguës et graves. L'utilisation que firent exagérément les chefs du IIIe Reich de thèmes de sa musique, lui valut une cruelle décote auprès du public. Certes, Wagner n'était pas insensible au nationalisme exacerbé, mais uniquement dans la mesure où, réminiscent d'un passé glorieux enfoui, il voulait en extirper des thèmes qui emportaient les faveurs de son âme romantique : la mythologie, la magie des lieux, l'envoûtement d'âges révolus, les lieder populaires, le folklore bon enfant, la toute puissance de la nuit. Esthète raffiné et théoricien de l'intellectualisme musical, Wagner nous parle mieux que quiconque de lui-même dans son autobiographie *Ma Vie* (1870-1874).

L'auteur

Bien qu'il ait toujours prétendu être le fils de l'acteur Ludwig Geyer que sa mère épousa en secondes noces, Richard Wagner avait pour père un tranquille directeur d'école. Après des études à Dresde et à Leipzig, sa ville natale, il envisage un temps, sous les conseils de son oncle Adolf Wagner, de se consacrer aux lettres. C'est sans doute son admiration sans bornes pour l'oeuvre de Weber qui l'oriente vers la musique. Elève de Weinlig, cantor de St-Thomas, il s'attelle à la composition, tout en poursuivant une carrière de musicien dans ce théâtre qui le fascine. Il compose ses premiers opéras : *Les Noces* (1832), *Les Fées* (1834) et

La Défense d'aimer (1836), titre prémonitoire pour décrire le triste mariage qu'il conclut avec l'actrice Minna Planer cette même année.

Nommé chef de chapelle à Riga en 1837, il s'y ennuie à tel point qu'il conçoit le livret et la musique de *Rienzi* comme les planches de salut qui lui permettront de se faire connaître par Paris. La France ne répondra pas à ses attentes. A tout le moins, son séjour dans la capitale lui fera-t-il découvrir la *Neuvième* de Beethoven qui l'émerveille ainsi que Berlioz avec lequel il se lie d'amitié.

De retour à Dresde, il s'y fait accueillir comme un des plus grands chefs d'orchestre de son époque. Fort de ces encouragements, il se lance dans une série impressionnante de projets ambitieux : *Tannhäuser* (1845) et *Lohengrin* (1845-1848), ainsi que les premiers balbutiements des *Niebelungen*.

Sa sympathie non-dissimulée pour l'insurrection de 1848 le contraint à quitter Dresde pour Weimar, avant de se fixer à Zürich. A partir de cette date, sa santé chancelante lui imposera de fréquents séjours en Suisse et en Italie. Il y rédige de prodigieux essais esthétiques comme *L'Art et la Révolution, Opéra et drame* et *L'Oeuvre d'art de l'avenir* qui, sans tomber dans le schématisme stérile, affirment son intention de présider à la symbiose idéale entre le verbe et la musique.

Ses préceptes, il les met sans plus tarder en pratique dans le cycle de *L'Anneau des Niebelungen* : *L'Or du Rhin* (1854), *La Walkyrie* (1856), *Siegfried* (1870) et *Le Crépuscule des Dieux* (1874). Une passion dévorante pour la femme de son protecteur Otto von Wesendonk, Mathilde, le fait rompre avec Minna en même temps qu'elle fournit le thème des lieder *Traüme* et *Im Treibhaus* et de leur extension *Tristan et Isolde*.

En 1859, il tente un retour vers Paris, avec des résultats tout aussi désastreux. *Tannhäuser* qui y est monté est un gouffre financier qui ne trouve d'autre défenseur que Baudelaire. Ecoeuré, Wagner entame une tournée de concerts en Russie en attendant son amnistie en Allemagne. La chance de sa vie lui apparaît sous les traits du jeune Louis II de Bavière qui lui voue une admiration démesurée. Le monarque lui fait, malgré la vive opposition de son entourage, un véritable pont d'or et finance le projet qui hante Wagner, la construction d'un théâtre à Bayreuth entièrement dédié à sa musique. Wagner entraîne à sa suite Hans von

Bülow, dont il n'est pas insensible aux charmes de l'épouse, Cosima. Celle-ci lui donnera trois enfants, dont Siegfried.

Expulsé de Münich par une cour hostile, Wagner se retire à Tribschen. Il se lie d'amitié avec Nietzsche dont l'oeuvre l'enthousiasme. Il termine *Les Maîtres-Chanteurs de Nüremberg* et la *Tétralogie*. Puis il épouse Cosima, fille de Liszt, avant de se lancer dans sa dernière oeuvre *Parsifal* (1877-1882) qui connaîtra les honneurs d'une première à Bayreuth.

Les chefs-d'oeuvre

du

cinéma

A bout de souffle
1959

Jean-Luc Godard (1930)

L'oeuvre

A Marseille, Michel Poiccard (Belmondo) vole une voiture et file vers Paris. Après avoir dépassé une voiture à toute allure et enfreint le code de la route, il est pris en chasse par deux motards, essaye de les semer. Mais l'un d'eux parvient à le rejoindre dans un sous-bois : Michel le tue d'un coup de révolver.

Il rejoint Paris en auto-stop, subtilise de l'argent à une copine, puis retrouve une amie américaine, Patricia Franchini (Jean Seberg) sur les Champs Elysées où elle vend le *New York Herald Tribune*.

Michel rencontre un comparse qui lui remet un chèque barré et, en attendant un ami qui l'endossera (Michel téléphone sans relâche), il trouve refuge dans la petite chambre de Patricia. Des policiers sont sur sa trace, et le lendemain, les journaux affichent son portrait à la une.

Toujours sans le sou, Michel essaye de vendre une voiture volée à un garagiste véreux, tandis que Patricia se rend à une interview de Parvulesco (Jean-Pierre Melville), écrivain très à la mode. A son retour, la jeune femme est abordée par le policier qui piste Michel et qui la menace de lui retirer son passeport. Patricia parvient à prévenir son ami et tous deux échappent à la filature en se réfugiant dans un cinéma.

La nuit, ils volent deux voitures, retrouvent les amis de Michel à Saint-Germain-des-Prés et passent la nuit dans l'appartement d'une cover-girl.

Le matin, Patricia sort seule et dénonce la cachette de Michel en téléphonant à la police. Elle prévient Michel : «Je ne veux pas être amoureuse de toi. Et si je suis méchante avec toi, c'est la preuve que je ne t'aime pas…» Michel pourtant refuse de fuir. Dans la rue, alors qu'il veut prévenir son ami venu lui apporter de l'argent, les policiers surviennent et l'un d'eux tire. Michel est blessé. Il court longtemps avant de s'écrouler. Il meurt en disant à son amie : «C'est vraiment dégueulasse…» Et Patricia de demander : «C'est quoi, dégueulasse ?»

> «*Dans* A bout de souffle, *j'ai cherché le sujet pendant tout le tournage, finalement je me suis intéressé à Belmondo. Je l'ai vu comme une espèce de bloc qu'il fallait filmer pour savoir ce qu'il y avait derrière.*» Godard

Un chef-d'oeuvre

Des avis partagés

L'insolence et le goût de la provocation qui émanent de *A bout de souffle* ont valu à ce film autant d'ennemis que d'admirateurs inconditionnels. D'aucuns n'ont vu en Godard qu'un garnement puéril, capable seulement de produire une oeuvre «brouillon», bâclée. D'autres, en revanche, ont fait de ce film le manifeste de la Nouvelle Vague ; montant en épingle l'irrespect de Godard pour les règles traditionnelles, ils ont fait de lui un génie qui insufflait au cinéma une vitalité et un sang neufs, le cinéaste d'une nouvelle esthétique.

L'art du débraillé

Avec un script de quelques pages adapté d'un court scénario de Truffaut, Godart a commencé le tournage de *A bout de souffle* en ayant mis au point la seule première scène, improvisant ses dialogues à la dernière minute. Le tournage, réalisé uniquement en décors naturels, a duré trois semaines ! C'est le rythme et la liberté qui présidaient à ce nouveau cinéma : travellings rapides, nerveux, cadrages instables, mouvements de caméra à la diable, caméra au poing… Pour suivre ses deux héros dans la foule des Champs-Elysées, Godard filmait à partir de voitures d'enfant ou de chaises de paralytiques !

Refusant de se plier aux règles «grammaticales» du cinéma, il a pratiqué des raccords et un montage peu orthodoxes et, partisan de l'ellipse, forme d'économie du récit, il a mis en avant les temps forts de l'histoire en sacrifiant de nombreuses images pour ne retenir que les images-clés.

L'air du temps

Filmé par une caméra évoluant en toute liberté, faisant fi des règles classiques, *A bout de souffle* se démarquait très violemment des productions de l'époque. Mais cette mini-révolution sur le plan technique s'accompagnait aussi d'un nouveau type de «discours». Ce qui fait encore le charme de ce film, c'est en effet son aspect de reportage, mais aussi l'étonnant dynamisme des personnages, la liberté de leur dialogue «naturel» qui colle bien à la réalité au point de faire penser à de l'improvisation.

Pour la première fois sans doute, la jeunesse prenait la parole, crachait sa rage de vivre, étalait sans fioriture son malaise existentiel. Camouflant son romantisme sous un cynisme de mauvais garçon, le héros n'en lance pas moins quelques vérités qui sont plus que des bons mots. Parlant à bâtons rompus de sexualité et d'amour, du mensonge, du mythe, de littérature, en passant du coq à l'âne, les héros de *A bout de souffle* nous faisaient entrer de plain-pied dans une certaine époque, nous donnaient l'air du temps.

La citation comme un des beaux-arts

Boulimique de culture, avide de connaissances dans tous les domaines, s'intéressant tour à tour à la morale, à la sociologie, à la politique, Godard s'est toujours voulu chroniqueur des temps modernes. Cherchant à vulgariser l'enseignement qu'il a lui-même découvert, il a fait de ses films des cocktails de notations diverses, éclectiques… Ses clins d'œil aux classiques du cinéma font partie du même principe. Et à cet égard, *A bout de souffle* est un véritable joyau de la «citation»: en empruntant à Griffith, Bres-

---

«A bout de souffle *est le premier film de révolte du cinéma français et du cinéma tout court…*» Jeanson

son ou Füller et même à Humphrey Bogart (héros viril et romantique auquel s'identifie Michel Poiccard ; il admire ses photos et reprend ses tics), Godard avouait son amour des maîtres et du pastiche : « On peut se servir même de ce qu'on a déjà vu au cinéma pour faire délibérément des références… Je faisais certains plans par rapport à d'autres que je connaissais, de Preminger, Cukor… »

La Nouvelle Vague

Avant de tourner *A bout de souffle* à 29 ans, Godard n'avait pour seule expérience que cinq courts-métrages réalisés avec de modestes budgets. C'est avec l'équipe de journalistes et cinéastes regroupés autour de la revue *Les Cahiers du cinéma* (Truffaut, Rohmer, Rivette, Kast, Chabrol) qu'il participa à la Nouvelle Vague, mouvement qui se caractérisait avant tout par la jeunesse de ses membres et par la liberté prise à l'égard des règles d'expression classiques. Souvent réalisés à partir de petits budgets, relevant le défi de la crise économique du cinéma, ces films profitèrent de l'apparition de moyens techniques plus sophistiqués (déjà utilisés en télévision) qui permettaient de se libérer des contraintes du studio et de tourner en décors naturels.

> « *Ce que je voulais, c'était partir d'une histoire conventionnelle et refaire, mais différemment, tout ce qui avait déjà été fait.* » Godard

L'auteur

Jean-Luc Godard est né en 1930 dans une famille bourgeoise et protestante (père médecin et grand-père maternel banquier). Elevé en Suisse, il obtient un cerficat d'ethnologie à la Sorbonne et débute dans le cinéma en 1954 en réalisant un court-métrage, *Opération béton*, avec l'argent qu'il gagne comme ouvrier sur les chantiers d'un barrage en Suisse ! Il produit également lui-même jusqu'en 58 quatre autres courts-métrages dont notamment *Tous les garçons s'appellent Patrick* (1957).

Mais critique, dès 1956, aux *Cahiers du cinéma*, il collabore avec des cinéastes comme Rivette ou Rohmer, qui vont former la Nouvelle Vague. Après *A bout de souffle* (1959) qui remporte le prix Jean Vigo en 1960, on retrouve le même type de héros marginal dans *Le Petit Soldat* (1960), lié à la guerre d'Algérie et interdit par la censure jusqu'en 63.

Godard épouse Anna Karina qui devient l'actrice principale de *Une Femme est une femme* (1961) et de *Vivre sa vie* (1962) où Godard renforce son approche «documentaire» pour faire le portrait d'une prostituée. *Les Carabiniers* (1963), un film pacifiste, sera suivi du *Mépris* (1963) adapté de Moravia.

De *Une Femme mariée* (1964) jusqu'à *Deux ou trois choses que je sais d'elle* (1967), sans oublier *Pierrot le Fou* (1965) où l'on retrouve Belmondo, Godard allie cette même technique du reportage pour mieux faire éclater la poésie d'un univers qui se réduit à l'absurde.

Avec *La Chinoise* (1967) où sont contés les débuts maoïstes dans les universités, il rentre violemment dans le champ du politique qu'il approfondit avec des films comme *Week-end* (1968) et *Le Gai Savoir* (1968), où s'amorce un discours didactique assez aride. Démarche qui aboutit au groupe *Dziga Vertov*, où Godard cherche une idéologie révolutionnaire intégrée dans un nouveau cinéma, avec plusieurs films dont *Pravda* (1969).

Jusqu'en 1979, à l'exception de *Tout va bien* (72), il s'intéresse à la vidéo et ne revient au cinéma commercial qu'avec *Sauve qui peut la vie* (1979). Depuis lors sa passion de réalisateur toujours à l'affût des idées qui circulent, son acharnement dans la provocation autant dans le fond que dans la forme, son éclectisme en somme, n'ont cessé d'alimenter une oeuvre aussi variée que perturbatrice dont le *Je vous salue Marie* (1985), qui défraya la chronique, n'est qu'un des nombreux exemples.

Prix Jean Vigo 1960 et Prix de la meilleure mise en scène au festival de Berlin 1960

L'Ange bleu
1930

Joseph von Sternberg (1894-1969)

L'oeuvre

Le professeur Rath (Emile Jannings) qui mène une vie rangée dans une petite ville de province a été surnommé Unrath (ordure) par ses élèves. Découvrant un jour que certains d'entre eux fréquentent un cabaret où se produit une chanteuse, il se rend lui-même à l'Ange Bleu et fait connaissance avec la fameuse Lola Lola (Marlène Dietrich). Séduit, envoûté par la chanteuse, il en fait sa maîtresse.

Chahuté par ses élèves, il affronte le scandale et épouse Lola Lola avant de partir en tournée avec la troupe.

Rath, devenu un clown assez lamentable, vend des portraits «osés» de sa femme qui le trompe sans vergogne. Quelques années plus tard, la troupe se retrouve dans la ville du professeur Rath et le directeur l'oblige à se produire sur scène à l'Ange Bleu où il devra imiter le cri du coq. Rath refuse d'abord, puis voyant sa femme enlacer un acrobate, il finit par hurler son numéro de coq. Mais aussitôt après, il tente d'étrangler Lola Lola.

Repoussé par les autres, calmé, Rath quitte le cabaret. Il rejoint son lycée et, dans son ancienne classe, il meurt, affalé sur son bureau.

> Sternberg évoquant la diction de Jannings, son acteur, au début du tournage : «Ses paroles étaient embellies d'inflexions archaïques qui n'avaient cours qu'au Moyen Age! Et chaque syllabe, soigneusement détachée, s'accompagnait d'un diabolique gloussement de joie qui dénaturait complètement le sens de la phrase.»

Un chef-d'oeuvre

Un homme déçu

Emile Jannings, qui incarna le professeur Rath, était à l'époque un monstre sacré du cinéma allemand. Comme il avait déjà travaillé à Hollywood sous la direction de Sternberg, il pensa à ce réalisateur pour tourner le premier film parlant d'Allemagne ; cela ne manquait pas d'intéresser le producteur qui comptait bien tirer profit des expériences américaines de Sternberg...

Jannings mourait d'envie de jouer Raspoutine, mais c'était mal connaître le capricieux Sternberg qui, comme de coutume, n'en fit qu'à sa tête ! Il choisit le roman d'Heinrich Mann qu'il adapta très librement : il s'agissait avant tout de fournir un scénario qui mettrait en valeur cette vedette masculine...

Hélas, la vanité de Jannings allait être mise à rude épreuve : Sternberg découvrit subitement Marlène Dietrich et l'imposa pour le film ! Il changea son scénario pour accentuer le rôle de Lola, modifia le titre qui de *Professeur Unrath* devint *L'Ange bleu*. Résultat : Marlène éclipsa complètement Jannings !

Naissance d'une star

C'est dans une revue berlinoise à la mode que Sternberg découvrit Marlène Dietrich. Maria Magdalena von Losch, digne fille d'aristocrate, qui était passée par le conservatoire de Berlin, n'était pas en 1929 une débutante : elle avait souvent joué sur les planches et tourné neuf films en Allemagne. Mais, avec *L'Ange bleu*, Sternberg allait la transformer en mythe érotique prêt à conquérir Hollywood. Imposant dans le film sa propre conception de la femme, femme fatale faite «de la tête aux pieds pour l'amour», Sternberg apporta à cette image toute sa science du cinéma. Pygmalion, il modela Marlène, l'épousa et l'emmena à Hollywood où le mythe devait s'implanter.

Un goût de déchéance

La femme fatale, pour Sternberg, est bien le symbole de la damnation. Avec *L'Ange bleu*, où il voulait «montrer l'erreur que com-

---

«*Marlène n'est pas elle-même dans mes films, sachez-le, Marlène c'est moi, et elle le sait mieux que personne.*» Sternberg

met l'homme qui axe sa vie sur une femme», Sternberg créait une Lola Lola qui, telle une Circé, conduit l'homme vers la déchéance et la mort. Rath, si attaché à sa respectabilité, enfermé dans le carcan de ses habitudes, est un petit bourgeois qui, dans l'érotisme de la femme, va se nier et se renier, sombrer dans le ridicule et l'abjection. C'est que l'érotisme si cher à Sternberg et qui imprègne bon nombre de ses films va souvent de pair avec la cruauté...

Portrait d'une société?

Dans cet univers de débauche que montrait *L'Ange bleu*, certains ont voulu voir un témoignage de la déréliction où se trouvait plongée l'Allemagne pré-nazie. Hypothèse absurde quand on sait que Sternberg a toujours haï le réalisme! D'ailleurs, parlant de Lola Lola, il disait «l'image de sa personne a eu pour base Félicien Rops et Toulouse-Lautrec, qui, comme vous le savez, n'ont rien à voir avec le mouvement nazi...»

Baroque mais abstrait

Si *L'Ange bleu* évoque encore légèrement Berlin, on sent déjà s'amorcer un effort de stylisation qui plus tard conduira Sternberg à une complète abstraction. Ennemi du réalisme (tout autant que de la réalité), il s'acharnait à recréer le monde tel qu'il l'imaginait: refusant de tourner en décors naturels, il recomposait dans les laboratoires que sont les studios, par l'artifice, les univers mythiques de ses fantasmes. Ainsi *Morocco* sera-t-il une métaphore du monde colonial, tout comme *L'Impératrice rouge* une allégorie de la Russie des Tsars. Chez Sternberg, lieux, personnages, costumes ou langages, tout est stéréotypé, conforme à une «idée» au point qu'on a pu dire qu'il était un auteur abstrait. Mais paradoxalement, ces univers fantasmatiques, chez un auteur si fétichiste, abondent en références au mythe, par la profusion des objets par exemple, par les jeux avec l'ombre et la lumière, et concourent à créer un style délirant, baroque et même rococo.

L'Ange bleu étant le premier film parlant tourné en Allemagne, l'équipement sonore était rudimentaire: «Pour éliminer le bruit de la caméra, raconte Sternberg, il nous fallut construire toute une série de guérites pour nous abriter, le cameraman et moi-même...»

L'auteur

Joseph Sternberg (il ajoutera la particule...) est né en 1894 à Vienne dans un milieu très modeste. Il émigre aux Etats-Unis avec ses parents lorsqu'il a sept ans. C'est en 1912 qu'il pénètre dans les milieux du cinéma en travaillant dans une firme de distribution. Dès 1919, il s'essaie au travail de monteur, scénariste... en devenant l'assistant de plusieurs réalisateurs dont Emile Chautard.

Avec un budget très réduit, il tourne son premier film, *Salvation Hunters* (1924), qui enthousiasme Charlie Chaplin. Sternberg est aussitôt engagé par la MGM, mais, déjà exigeant et quelque peu mégalomane, il provoque des conflits se soldant souvent par des humiliations (il les accumulera tout au long de sa carrière) : un de ses films sera refait par une autre équipe, l'autre est abandonné en cours de réalisation... Chaplin, arrivé à la rescousse, lui commande un film pour Edna Purviance, mais aussitôt terminé, le film sera mis sous clé et jamais projeté.

Pourtant, Joseph von Sternberg s'acharne et un an plus tard, après un séjour en Europe, il tourne pour la Paramount *Les Nuits de Chicago* (1927) : un succès fulgurant qui lui permet d'aller de l'avant avec plusieurs films dont *Thunderbold* (1929). Grâce à son deuxième film parlant, *L'Ange bleu*, tourné en Allemagne, Sternberg découvre Marlène Dietrich dont il fera la vedette de six films : *Morocco* (1930), *X27* (1931), *Shangaï Express* et *Blonde Venus* (1932), *L'Impératrice rouge* (1934) et *La Femme et le Pantin* (1935).

Séparé de Dietrich en 1935, Sternberg recommence à zéro, dirait-on, en acceptant divers projets, comme *Crime et Châtiment*, qui ne lui conviennent guère. Toutefois, il renoue avec son univers en réalisant *Shangaï Gesture* (1941) où se déploie avec brio un exotisme magnifié.

Il réalise encore quelques films dont deux seront refaits et l'un inachevé (*Claudius*) avant de tourner au Japon ce qui reste comme son testament artistique, *Anatahan* (1953). Il abandonne ensuite le cinéma. Jusqu'à sa mort en 1969, il se consacrera à l'enseignement et à l'écriture de plusieurs ouvrages dont *Souvenirs d'un montreur d'ombres*.

Le Charme discret
de la bourgeoisie
1972

Luis Bunuel (1900-1983)

L'oeuvre

Les Sénéchal (S. Audran/J.P. Kassel) et les Thévenot (D. Sey-
rig/P. Frankeur), deux couples de bourgeois parisiens, ainsi que
leur ami l'ambassadeur (F. Rey), cherchent à se réunir pour un
repas commun, mais déjeuners ou dîners sont toujours interrom-
pus ou remis par diverses circonstances : les invités se trompent
de jour ou bien le maître et la maîtresse de maison fuient dans
les buissons se livrer à des ébats amoureux tandis que leurs amis
restent sur leur faim. Ou bien encore leur repas est troublé par
l'irruption d'un colonel (C. Piéplu) et de ses soldats en manoeuvre dans les environs. Leur ami l'ambassadeur, qui se livre à un
trafic de drogues par la valise diplomatique et ce grâce à la complicité du couple, est l'amant de Mme Thévenot. Il a fort à faire
pour détourner les soupçons du mari trompé, ainsi que pour fuir
les agressions d'une jeune terroriste.

Des cauchemars viennent à hanter les nuits de ces bourgeois :
un évêque achève un mourant d'un coup de carabine, une victime subit l'étrange torture d'un piano électrifié, rêves qui se
mêlent intimement à leur réalité.

Et les repas communs continuent d'échouer. La police inter-

---

*« Mes films naissent d'une image ou d'une petite idée. Celui-
ci est né de cette image : des gens, des bourgeois, se rassemblent pour un dîner qui ne pourra se faire. »* Bunuel

rompt cette fois leur dîner et arrête les convives. Emmenés au commissariat, ils sont libérés par l'intervention du ministre de l'Intérieur... Un jour, tandis que les agapes battent enfin leur plein, les amis sont surpris par un groupe de terroristes qui les massacrent l'un après l'autre. Mais cette dernière hécatombe n'est-elle pas le cauchemar de l'un d'entre eux, une peur une fois de plus née de leur imagination?

Un chef-d'oeuvre

Les gourmands

Dîners, soupers, repas gastronomique: on parle beaucoup de nourriture dans *Charme discret de la bourgeoisie* et, comme le montre si bien l'affiche où des lèvres gourmandes sont surmontées du chapeau melon de la respectabilité, la «bouffe» n'est pas le seul rite de cette bourgeoisie habile à dissimuler derrière la façade de respectabilité des plaisirs peu avouables. Sous le conformisme apparent se cachent en effet la sexualité-tabou, la fringale des corps, l'adultère de 5 à 7, autant que l'appétit féroce de l'argent qu'on se procure par tous les moyens, par des combines et des trafics de drogues si nécessaire.

En épinglant les tromperies, les petitesses de la bourgeoisie, c'est la déchéance d'une société tout entière que dénonce Bunuel, avec ses instincts, ses pulsions, ses désirs si hypocritement dissimulés derrière l'apparence.

Les piliers du temple

Les trois ordres qui soutiennent ce solide temple de la bourgeoisie — l'Eglise, l'armée, la police — font l'objet de la même ironie féroce. Quand l'évêque sollicite un emploi de jardinier, ce n'est que la caricature d'un clergé cherchant à se rapprocher de ses ouailles (cela n'empêche pas ledit évêque d'achever par la carabine un mourant à qui il a administré l'extrême-onction!). L'armée française? Elle fume de la marijuana, avec la désinvolture des soldats au Vietnam... Et quand un commissaire se permet d'arrêter un ambassadeur — fût-il d'une dictature sud-américaine — il se fait aussitôt taper sur les doigts!

Une machine folle

Dans *L'Ange exterminateur*, Bunuel enfermait des bourgeois dans un espace clos, les rendait prisonniers d'on ne sait quel piège du destin. Avec *Le Charme discret de la bourgeoisie*, les hommes au contraire voient sans cesse leurs réunions interdites, comme si leur vie les conduisait inéluctablement au désordre, au chaos. Les rendez-vous sont perturbés par des quiproquos de plus en plus grotesques, mais — faits plus inquiétants — par l'intrusion précisément d'un colonel et de policiers, comme si les forces qui soutiennent leurs structures bourgeoises échappaient à leur contrôle, comme si les piliers du temple s'écroulaient brutalement. La machine tourne fou, on dérape et, avec ces rouages grippés, des brèches apparaissent : ces rendez-vous qui ratent obsèdent finalement les convives au point de venir hanter leurs rêves. Il suffit que la façade s'ébrèche pour que les profondeurs remontent à la surface…

Surréalisme et provocation

Anarchiste dans l'âme, grand prêtre du surréalisme au cinéma, Bunuel a su insuffler dans tous ses films la liberté provocatrice de l'inconscient, l'insolence de ses images portées par l'érotisme et le désir, où souffle le vent de la révolte. *Le Charme discret de la bourgeoisie* est de même dicté par le fil irrationnel des rêves : «C'est un film de trouvailles, dit Bunuel, d'apparitions, un film d'inspiration irrationnelle — et non fondé sur une pensée dirigée — un film libre, sincère et qui est sorti comme ça.» Cauchemars et réalités s'y mêlent pour faire mieux encore éclater l'absurdité : cela aussi concourt à donner au film une richesse qu'aucune interprétation ne peut épuiser.

> *«Je suis très peu intellectuel, j'agis par intuition plutôt que par réflexion. Quand j'ai songé à ces gens qui se rassemblent pour dîner, j'ai «vu» aussitôt que c'étaient des bourgeois. D'où le titre du film. La bourgeoisie a un certain charme, mais l'adjectif prend ici un sens ironique. Les titres, c'est un peu comme les images, et le film aurait pu s'appeler* La Table boîteuse.*» Bunuel*

L'auteur

Luis Bunuel est né le 22 février 1900 dans la province de Teruel, à l'est de l'Espagne. Conformément à la tradition d'une famille bourgeoise catholique, Bunuel est éduqué chez les Jésuites. Cela ne l'empêche pas de perdre la foi à seize ans et de cultiver sans doute une révolte contre la religion, révolte qui explosera en critique acerbe dans la plupart de ses films.

Après des études d'ingénieur à l'Université de Madrid, il fuit l'Espagne en 1925 et rejoint Paris où il se lie avec des artistes surréalistes. Avec Salvator Dali, il réalise *Un Chien andalou* (1928) dont l'aspect provocateur fait sensation : le film est depuis lors considéré comme le manifeste du surréalisme au cinéma. L'*Age d'or* (1929), son deuxième film, sera aussi violent et contesté par la censure. En Espagne, il tourne *Terre sans pain* (1932), puis se met au service de la République et est envoyé en mission à Paris et à Hollywood. A la victoire du franquisme, il reste aux Etats-Unis et travaille sur des documentaires américains jusqu'en 1945, année où il émigre au Mexique et où il vivra jusqu'en 1964.

C'est avec *Los Olvidados* (1950) sur la délinquance juvénile, présenté à Cannes, qu'il reconquiert le public européen. Au Mexique ou en France, il tournera quelque 20 films dont *El* (1953), *La Mort en ce jardin* (1956), méditation sur la foi chrétienne, et *Nazarin* (1959) retraçant l'itinéraire d'un prêtre évangéliste, avant de réaliser *L'Ange exterminateur* (1962), fable surréaliste sur la déchéance d'une société enfermée dans un huis-clos. *Viridiana* (1961) qui reçut la Palme d'Or à Cannes, *Belle de jour, Le Fantôme de la liberté, Cet Obscur Objet du désir,* ne représentent que quelques oeuvres de ce grand cinéaste surréaliste, obsédé avant tout par la religion et les tabous et qui, dans une production de plus de 30 films, s'attacha à démasquer, souvent de façon assez violente, les aliénations de la société moderne, tirant sa force non d'un formalisme moralisateur mais bien du choc des images.

«Je ne crois pas en Dieu, Dieu merci !» Bunuel

Citizen Kane

1941

Orson Welles (1915-1985)

L'oeuvre

Citizen Kane, le magnat de la presse, vient de mourir en prononçant un dernier mot «Rosebud» (Bouton d'Or). Persuadé que les
dernières paroles d'un homme doivent expliquer toute sa vie, un
journaliste s'efforce de découvrir le sens du mot «Rosebud».

Les mémoires du tuteur de Kane nous permettent de reconstituer l'enfance d'un garçon trop tôt enlevé à ses parents et l'irrésistible ascension de Kane dans le monde de la presse. Les
scrupules ne l'étouffent pas...

Quant à Leland, l'ami de toujours, il raconte au journaliste la
rencontre de Kane avec sa maîtresse, sa campagne aux élections
présidentielles et le scandale de sa liaison qui a tout gâché. Kane
s'acharne à construire une carrière de cantatrice pour cette maîtresse qui chante faux... Leland bientôt se désolidarise de Kane:
«Tout ce qui t'intéresse, c'est toi-même», dit-il avant de partir
pour Chicago.

Emily, la maîtresse de Kane, aujourd'hui devenue ivrogne, nous
plonge dans l'intimité du grand homme: l'archarnement avec
lequel il a voulu en faire une diva a conduit Emily au bord du
suicide. Elle raconte leur ennui, leur maladresse à vivre, leur séparation enfin et la grande colère de Kane, avant sa mort.

A Xanadu, le grand château de Kane, les caisses s'empilent,
on déménage. Les journalistes n'ont pas retrouvé le sens de «Rosebud»... Mais parmi les vieux souvenirs qu'on jette au feu, il y
a le traîneau de Kane enfant, qui porte le nom de ... Rosebud.

> «*Nul comme Orson Welles n'a créé le décor de ses rêves. Il y a un monde Orson Welles. C'est la caractéristique du génie de créer un petit monde. Un petit monde dans lequel, ensuite, on fait s'agiter des personnages qui en général ne sont que soi-même*». Jean Renoir

Un chef-d'oeuvre

Un contrat unique
Sacré petit génie grâce à sa mystification radiophonique sur les Martiens, Orson Welles avait reçu, pour ce film, les offres empressées d'Hollywood. A 24 ans, il signait un contrat unique dans toute l'histoire du cinéma : il disposait de toute liberté pour réaliser un film par an, comme producteur, metteur en scène, scénariste ou interprète, ou tout cela à la fois. On lui réservait 20 % des bénéfices bruts ! «Voilà le plus beau train électrique qu'un garçon puisse rêver», dit-il en pénétrant dans les studios. Son ascension et ses caprices déplaisent à certains, mais Orson prend son temps : il fréquente assidûment les salles de projections, s'initie au métier de réalisateur, prépare l'adaptation d'une nouvelle de Conrad *Au coeur des Ténèbres* (celle-là même qui inspira l'*Apocalypse Now* de Coppola) qui sera abandonnée à cause de la guerre mondiale.

Le tournage
Welles travaille un nouveau scénario, *Citizen Kane*, pendant trois mois et le tournage commence le 30 juillet 1940, soit exactement un an après son arrivée à Hollywood. Il dure quinze semaines et se déroule dans le plus grand secret. Les bruits circulent. Randolf Hearst, le magnat de la presse célèbre pour sa paranoïa galopante, apprend que le film s'inspire de sa vie, lance ses avocats aux trousses de la RKO. Bagarres juridiques, sortie du film reportée, *Citizen Kane* est présenté enfin à la presse le 9 avril 1941.

Accueil
La critique, unanime, salue le chef-d'oeuvre. Mais Welles vit déjà un drame qui se répétera tout au long de son étrange carrière : le public ne suit pas ; du point de vue commercial, Citizen Kane fut un échec.

Un nouveau langage cinématographique

Le flash-back n'était pas en soi une nouveauté en 1941, mais pour la première fois, il s'élève dans *Citizen Kane* «à la dignité d'un point de vue métaphysique» souligne A. Bazin. Les témoins qui racontent la vie de Kane ont en effet chacun leur version des faits, une vision différente du personnage. Si bien que la vérité sur Kane est en fait la somme de tous les points de vue. Ces récits morcelés ont permis à Welles de jongler avec les événements et la chronologie. Tout se chevauche, se recoupe, forme le puzzle d'une vie qu'il faut librement reconstituer.

Un Faust déchu

Kane, le puissant magnat de la presse, qui tente de «se faire roi dans un monde sans loi», qui brigue la présidence des Etats-Unis et veut faire de sa maîtresse une star de l'opéra, entend forcer le destin. En vain, il meurt seul, amer, dans son gigantesque château de Xanadu.

Démiurge, mégalomane plein de démesure, potentat sans scrupule, tous les héros d'Orson Welles seront, après *Kane*, ivres de pouvoirs. *Arkadin* (1955), au faîte de sa gloire, cherche à réduire au silence les témoins de ses crimes passés. Dans *La Soif du mal* (1958), le policier fabrique de toutes pièces les preuves qui lui permettront d'arrêter les suspects. Sans foi, ni loi... Comme cet orgueilleux commerçant de Macao, héros de *Une histoire Immortelle* (1967) qui s'arroge le droit de créer une histoire vraie avec des personnages de chair et de sang.

Les héros de Welles sont rongés par une volonté de puissance qui conduit toujours à la chute... Lorsque Welles disait «Je suis un Haroun Al Rachid amnésique qui a oublié l'adresse de son palais», on pense à cet autre déclin, celui de sa propre vie: sacré demi-dieu à 24 ans, il en était réduit quelques années plus tard à courir le monde en quête de producteurs... Welles: le héros de ses propres films?

Le génie de la mise en scène

L'influence de Welles sur le cinéma mondial tient avant tout dans son ingéniosité technique. Influencé par sa pratique du théâtre, il insufflait à certaines scènes une intensité dramatique en y intégrant, dans un même plan, les personnages et le décor: ce sont ces différents pôles d'intérêt dans le récit et leur interdépendance qui ont créé ses célèbres plans-séquences. La profondeur de champ permettait de garder sur une même image le déroulement de plusieurs actions.

Le cinéma fait maison. *Pour son film* Othello, *alors que toute l'équipe se trouve réunie à Mogador pour le tournage, Welles apprend qu'il ne recevra pas les costumes! Il lui faut pourtant tourner le meurtre de Roderigo. Il improvise et transpose la scène dans un... bain turc!*

L'utilisation des grands angles est aussi une des clés de l'oeuvre de Welles. Déformant la perspective, ils créent une impression de tension et de conflit. Tout comme le recours insistant à la contre-plongée qui magnifie les personnages tout en donnant des images «fermées» par les plafonds, comme si la fatalité ne leur laissait aucune échappatoire. Rien de figé pourtant, rien de gratuit, dans cette science de la technique. Par une once de formalisme vide: chez Orson Welles, l'outil soutenait magistralement le contenu, le sens de l'oeuvre. Ce fut là toute sa force.

L'auteur

Orson Welles est né en 1915 à Kenosha, dans le Wisconsin, d'une mère pianiste et d'un père ingénieur, inventeur farfelu. Il grandit dans un milieu d'artistes et d'intellectuels, et manifeste très tôt des dons remarquables pour la poésie et le théâtre. Encouragé par le Docteur Bernstein, son mentor, il réalise de petites mises en scène à l'âge de cinq ans. Ses parents se séparent lorsqu'il a six ans. Le jeune Orson voyage beaucoup en compagnie de son père. Adolescent, il part pour l'Irlande et, à 16 ans, il est acteur au Gate Théâtre de Dublin.

Sa véritable carrière théâtrale commence en 1934 avec Catherine Cornell, à Chicago. Il remporte son premier succès deux ans plus tard en montant son célèbre *Macbeth*: action à Tahiti et acteurs noirs. Il crée le Mercury Théâtre en 37 et met en scène plusieurs pièces de Shakespeare. Son émission radiophonique sur «La guerre des mondes» d'H. G. Wells le rend célèbre et lui ouvre les portes d'Hollywood.

> *Barbe de Zeus ou élégante moustache, Orson Welles ne pou-*
> *vait paraître sur scène qu'en changeant de visage. Une peur*
> *légendaire de jouer à nez «découvert» le poussait à se camou-*
> *fler derrière des postiches. «Pour tous les usages courants,*
> *disait-il, mon nez est tout à fait suffisant et même décoratif,*
> *mais il a cessé de grandir quand j'avais dix ans, ce qui le rend*
> *absolument inutilisable pour jouer Lear, Macbeth ou Othello».*

Après l'échec commercial de son premier film, *Citizen Kane*, les producteurs hésitent à soutenir Welles. La rupture est consacrée avec *La Splendeur des Amberson*, qui est boudée par le public. Welles va alors entamer une carrière d'acteur de cinéma et jouer dans les films des autres (*Cagliostro*, *Paris brûle-t-il*, *La Décade prodigieuse*, etc.)

En 47, il refait son entrée à Hollywood et, grâce à Rita Hayworth qui est devenue son épouse, il convainc les producteurs : on lui accorde la réalisation d'un film policier, *La Dame de Shangaï*. Recette à nouveau très mauvaise. Les producteurs sont exaspérés par les budgets extravagants de Welles.

Tout se dégrade. Welles continue à tourner mais avec des budgets pitoyables : *Othello* et *Macbeth* sont réalisés en noir et blanc. Son dernier film hollywoodien, ce sera *La Soif du Mal* (1958) avec Charlton Heston. Jusqu'à sa mort en 1985, il s'efforcera de trouver des producteurs, réalisant malgré tout quelques films comme *Arkadin* (1955) ou *Le Procès* (1962) avec des budgets européens. Il mena en parallèle une carrière à la radio et à la télévision.

Cris et Chuchotements

1972

Ingmar Bergman (1918)

L'oeuvre

Au début du siècle, dans un vieux manoir, trois soeurs sont réunies. Karin et Maria sont venues veiller Agnès qui va mourir. Une quatrième femme erre en silence dans les couloirs et les salons rouges, Anna, la servante dévouée.

Agnès est à l'agonie, mais elle résiste encore. Ses soeurs, décontenancées par cette mort qui ne vient pas, terrifiées par les crises d'étouffement et les hurlements de douleur, s'opposent, se cherchent, revivent en mémoire les drames de leur vie. Maria, la cadette, frivole, se reprend à séduire le médecin de la famille qu'elle a aimé jadis... Quant à l'aînée, Karin, mariée à un homme beaucoup plus âgé qui ne lui inspire que du dégoût, elle garde au fond d'elle la haine et la rancoeur ; froide, arrogante, elle se mutile un soir pour échapper au devoir conjugal...

Si les deux soeurs ne savent pas aider celle qui va mourir, Anna la servante, elle, y parvient. Taciturne, farouche, «toute en lourdeur», cette robuste paysanne à la foi naïve qui a perdu sa fillette voici quelques années, est seule capable de donner à la mourante la chaleur et la tendresse dont elle a besoin : elle est la seule à entendre les faibles appels d'Agnès ; elle s'étend près d'elle, enlève sa blouse pour presser le corps d'Agnès contre le sien. Pietà symbolique. Après la mort d'Agnès et l'enterrement, la servante est renvoyée par les deux soeurs soulagées par la fin du drame.

C'est une image qui est à l'origine de Cris et Chuchotements : *une nuit, Bergman a vu errer dans une chambre rouge trois femmes vêtues de blanc...*

Un chef-d'oeuvre

Rouge comme une âme

Dans *Cris et Chuchotements*, le rouge qui se décline dans toutes les gammes et qui se conjugue aussi au noir (du deuil) et au blanc (du linge) s'explique non seulement par un souvenir de Bergman (trois femmes en blanc chuchotant dans un salon rouge) mais aussi par une vision : «Dans mon enfance, dit-il, j'avais des idées sur l'âme, je me la représentais comme un monstre noir, sans visage et rouge à l'intérieur. »

L'impuissance à communiquer

Pour Bergman qui, au long de ses films, s'est efforcé de dire l'impossibilité d'un vrai dialogue entre les êtres humains, «ces infirmes à la dérive», l'agonie d'Agnès n'est que le révélateur de ce thème obsessionnel : nous sommes seuls, désespérément seuls, abandonnés de Dieu et des hommes qui ne savent pas communiquer. *Cris et Chuchotements* prend la force d'une conclusion dans son oeuvre : la parole n'est plus qu'un cri — cri de douleur, cri de peur face à la mort, cri de désespoir d'une femme qui se mutile, cri d'horreur face à la peur de l'autre — et des chuchotements, murmures à peine audibles qui trahissent l'impuissance à dire.

L'enfer du couple

Comme dans *Scènes de la vie conjugale*, *Le Mensonge* ou *Le Lien* notamment, Bergman dénonce ici un des drames du mariage : le ménage de Karin est marqué par la haine ; quant à Maria la frivole, elle trompe son mari allègrement et rêve de le voir se suicider. Chez Bergman, les couples ne peuvent s'aimer sans se déchirer. C'est que les êtres humains, ces «analphabètes de l'amour», sont incapables de comprendre leurs sentiments, incapables surtout de parler à l'autre.

> *« Ce projet ne se présente pas comme un ensemble bien arrêté. Cela ressemblerait plutôt à un torrent rapide et sombre : des visages, des mouvements, des voix, des gestes, des cris, des ombres et de la lumière, des atmosphères, des rêves, rien de fixé, rien de vraiment tangible que l'instantané, c'est-à-dire seulement des apparences. »* Bergman

L'amour

Cette solitude fondamentale des hommes qui culmine à l'instant où la mort approche, nous ne pouvons pourtant la briser que par l'amour, l'amour qui donne tout son sens à la vie. Encore faudrait-il savoir aimer… Et les deux soeurs d'Agnès en sont bien incapables, cloîtrées dans leur égoïsme. Seule Anna la servante, Anna aux prières naïves et à la foi si simple, a le don d'amour.

Des femmes

Fasciné par les femmes autant dans la vie privée (il a été marié 6 fois), que dans sa création, Bergman a créé des personnalités féminines si subtiles, si nuancées, qu'on finit même par se dire que ses héros masculins sont stylisés. Ici aussi ils ne jouent, dirait-on, que des rôles de figuration accessoire, ne prenant de l'importance qu'à la fin du film lorsque se termine le huis-clos essentiel.

Dieu

Bergman, qui a toujours été obsédé par les problèmes religieux (son père était pasteur) a posé sans relâche la question de Dieu dans toute son oeuvre. «Dieu et moi, dit-il, nous nous sommes séparés il y a bien des années… C'est ce vide produit par l'absence de Dieu et tout ce que les hommes inventent pour remplir ce vide, que je décris dans mes films».

Lui qui a toujours mis en doute l'existence de Dieu et de l'attribut essentiel que lui accorde la religion chrétienne, l'amour, semble pourtant avouer, dans *Cris et Chuchotements*, les vertus de la foi. N'a-t-il pas dit après tout qu'il avait «absorbé le christianisme avec le lait maternel»?

Pour Agnès elle-même, unie à Dieu, la foi et l'amour sont les seules façons de répondre au problème de la mort. Quant à Anna la servante, c'est dans la foi qu'elle trouve la sérénité face à la douleur, c'est dans la prière qu'elle trouve sa force. L'amour serait-il comme la foi, une grâce accordée à quelques élus?

L'image de marque du film — la servante, le sein découvert, berçant la jeune Agnès à l'agonie, mais le visage apaisé — de par sa composition, fait penser à la fameuse Pietà *de Michel-Ange. Certains critiques ont même cru voir, dans le film entier, une allégorie de la Passion du Christ!*

L'auteur

Né à Uppsala (Suède) en 1918. Son père est pasteur luthérien et sa famille prône une morale austère dont il s'échappe en se projetant, dès ses dix ans, de vieilles pellicules sur une lanterne magique. Il commence à faire du théâtre à l'Université de Stockholm où il est inscrit comme étudiant, puis à 19 ans travaille pour le théâtre Olafsgarden où il met notamment en scène plusieurs pièces de Shakespeare et de Strindberg, deux auteurs qui auront une influence primordiale sur son oeuvre. Il compose lui-même plusieurs pièces.

En 1942, il devient scénariste à la Svensk Film Industri, sans pour autant cesser ses activités théâtrales. Trois ans plus tard, il dirige le tournage de son premier film *Crise*, adapté d'une pièce danoise où une jeune héroïne exprime déjà ses propres angoisses. Dans une série de films, il s'attache encore à évoquer les crises d'adolescents en lutte contre l'autorité.

Prison (1948), le premier film écrit et réalisé par Bergman, pose déjà toutes les questions qu'il exploitera plus tard : la vie et la mort, le bien et le mal, la vie des artistes... Avec *La Soif* et *Vers la joie* (1949), c'est l'apparition du thème du couple, qu'il développe notamment dans *Jeux d'été* (1950).

C'est en 1955, avec *Sourires d'une nuit d'été*, comédie qui met en scène quatre couples, qu'il remporte le prix spécial du Jury à Cannes. L'année suivante, *Le Septième Sceau*, fresque macabre et métaphysique, lui taille une réputation internationale. Il sera suivi notamment de *Fraises sauvages* (1957 — un vieillard médite sur sa vie), du *Visage* (1958 — un magicien confronté au bien et au mal), et de *La Source* (1959 — ballade moyenâgeuse sur le viol et le meurtre).

Avec sa trilogie, *A travers le miroir* (61), *Les Communiants* (62) et *Le Silence* (63), il aborde des thèmes plus austères encore dans des cadres plus intimes, la technique devenant plus épurée. Nouvelle trilogie marquée par Liv Ullman : *L'Heure du Loup* (67), *La Honte* (67) et *Persona* (66) où Bergman affirme sa connaissance de la nature féminine et qu'il développe encore dans *Cris et Chuchotements* (72)

Intéressé par les possibilités que lui offre la télévision, il réalise six épisodes de 50 minutes, les célèbres *Scènes de la vie con-*

jugale (73) et *La Flûte enchantée* (75).

C'est à cette époque que le fisc suédois s'intéresse à Bergman... Ulcéré, il part pour Munich où il tourne *L'Oeuf du serpent* (une oeuvre expressionniste sur la montée du nazisme à Berlin) puis s'expatrie aux Etats-Unis. Premier film américain: *Sonate d'automne* (78) où Ingrid Bergman, pianiste virtuose, rencontre sa fille pour un affrontement des plus agressifs. Avec *Fanny et Alexandre* (82), il retrouvait toute la nostalgie de l'enfance dans un décor qui rappelle Uppsala, sa vie natale.

Le Cuirassé Potemkine

1925

Serge Eisenstein (1898-1948)

L'oeuvre

Un matin de juin 1905, les matelots du croiseur cuirassé Potemkine, exaltés par les rumeurs de grève à Odessa, se révoltent en prétextant que leur nourriture est pourrie, pleine de vermine... Le lendemain, alors que la colère grandit, le commandant donne l'ordre de jeter une bâche sur les mutinés que la garde met en joue. «Frères! sur qui tirez-vous?» : Vakoulintchouk, le second-maître qui parvient ainsi à rallier la garde, est tué par le commandant en second.

Cette fois, c'est la mutinerie. Les matelots neutralisent les officiers et s'emparent du cuirassé. Le corps de Vakoulintchouk est amené dans le port d'Odessa et la population vient défiler devant le mort. La ville fraternise avec les marins du Potemkine et leur apporte des vivres. Mais les représailles ne se font pas attendre : les tsaristes sèment la terreur dans la ville et mitraillent les civils sur les marches du grand escalier d'Odessa. A l'instigation des citadins, le Potemkine bombarde le quartier général.

Mais les mutinés apprennent que des cuirassés et torpilleurs sont à leur poursuite. Branle-bas de combat. Nuit d'attente. Enfin l'escadre tsariste est en vue. Mais personne ne tire. Les matelots du Potemkine suggèrent aux autres équipages de se débarrasser de leurs officiers. Les matelots crient leur joie, lancent leur bonnet à la mer. Le cuirassé Potemkine passe, victorieux, à travers l'escadre tsariste.

> *La célèbre séquence de l'escalier d'Odessa se décida un peu avant le tournage : «C'est en considérant du haut des degrés leur perspective fuyante, écrivit Eisenstein, que naquit l'idée de la foule en panique, dévalant en tous sens».*

Un chef-d'oeuvre

Une commande

Pour célébrer le 20e anniversaire de la révolution de 1905, le Comité Central du Parti Communiste Soviétique avait chargé 8 cinéastes de réaliser une vaste fresque historique. Eisenstein était l'un d'eux. Sur un scénario de Nina Agadzhanova-Schoutko qui avait longuement consulté les archives tsaristes, Eisenstein commença (mars 1925) à Leningrad le tournage de son film alors intitulé *1905* où il comptait retracer plusieurs épisodes de la révolte. Mais en août, le mauvais temps contraignit l'équipe à se déplacer plus au sud, à Odessa. Le film devant être livré pour octobre, Eisenstein renonça à tourner l'ensemble de toutes les séquences prévues et réécrivit un scénario sur un seul des épisodes : Potemkine.

Un fait historique

Le film retrace les événements réels tels qu'ils se déroulèrent à Odessa en 1905. Toutefois, Eisenstein a éludé la fin historique : en réalité, le Potemkine qui se réfugia en Roumanie fut interné par le gouvernement à Constanza, et repris trois jours plus tard par la flotte russe ! Seuls quelques marins purent s'échapper vers l'Amérique ou l'Allemagne...

Si Eisenstein, lui, termine son film en laissant le Potemkine passer à travers l'escadre tsariste sans qu'un seul coup de feu soit tiré, c'est aussi pour signifier que cette tentative d'insurrection manquée faisait figure de symbole : cette première alliance des insurgés et de la marine annonçait la Révolution de 1917.

Le tournage

Recueillant les témoignages des survivants du massacre, Eisenstein remodela sans cesse son scénario au cours du tournage. Remarquant aussi que les décors ont souvent plus «d'intelligence» au moment de la prise de vue, il ne négligea pas l'improvisation. Peu avant le tournage, il imagina la célèbre séquence de l'escalier d'Odessa, comme celles du port, qui furent prises par un jour de brume, par hasard, alors qu'il se promenait avec Tissé, son chef-opérateur : «Le brouillard fortuit, dit-il, est implanté au coeur même de l'idée». Tissé tourna tout le film à la lumière du jour et, pour la première fois en Russie, il utilisa des réflecteurs.

La perfection formelle

Si les images d'Eisenstein ont l'apparence du documentaire, elles sont toutefois transcendées par cet art du montage qui fit sa célébrité dans le monde entier. Ainsi, le film, telle une tragédie classique, est construit en 5 actes, chacun d'eux étant divisé en 2 parties. L'oeuvre entière, autant que ses parties, est bâtie autour de la section d'or, cette règle mathématique chère aux grands peintres, qui est aussi la loi de la structure des phénomènes naturels organiques.

Chaque acte commence ainsi dans le calme et explose dans la violence. Pour marquer ce point de rupture où l'état d'esprit bascule en son contraire, Eisenstein a instauré, chaque fois, un arrêt, une césure (exemple : acte III, ce sont des gros plans de poings serrés qui permettent de sauter du thème du deuil à celui de la colère). C'est encore la règle d'or qui a poussé Eisenstein à placer la mort du meneur des insurgés précisément à la fin de l'acte II.

Une révolution...cinématographique

C'est la nécessité pour le cinéma russe de produire des films à valeur collective qui a poussé Eisenstein à renouveler l'expression cinématographique. Sans vedette, sans intrigue amoureuse, comment pouvait-on faire passer l'émotion ? Comment à la fois exprimer l'élan d'un peuple tourné vers l'idéal de la révolution et dépasser la simple oeuvre de propagande ? C'était une gageure. Eisenstein n'a pas essayé de traduire des idées abstraites par une anecdote ou une histoire. Il a créé *le film de masses* : c'est directement par l'image et le montage, par le choc des plans et le rythme du récit qu'il est parvenu à provoquer l'émotion du spectateur.

L'escalier d'Odessa

La fusillade sur l'escalier d'Odessa, une des scènes les plus connues dans l'histoire du cinéma, est une réussite du rythme : les plans de la foule qui court, chaotiques, viennent se briser contre les plans rythmés des pas des soldats ; les différents plans se raccourcissent progressivement jusqu'à un arrêt-inversion (la mère qui monte seule l'escalier tenant son enfant mort) pour reprendre leur crescendo d'oppositions, de collisions ; course folle des images qui culmine, s'éteint, dans le mouvement continu de la voiture d'enfant qui dévale l'escalier d'Odessa.

L'auteur

Eisenstein est né à Riga, en 1898. Son père, ingénieur d'origine juive, et sa mère, d'un milieu bourgeois cultivé, confièrent son éducation à des nurses. Inscrit à l'Ecole des Travaux publics à l'Université de Saint-Pétersbourg, il suit en même temps des cours d'architecture et se passionne pour la peinture, en particulier pour Léonard de Vinci. A la guerre civile, tandis que son père est dans l'Armée blanche, Eisenstein se bat avec l'Armée rouge.

Démobilisé en 1920, il commence à apprendre le japonais, s'intéresse au théâtre Kabuki et devient décorateur au Théâtre ouvrier, le Proletkult, où il met en scène plusieurs pièces et réalise un petit film, *Le Journal de Gloumov*. Il publie déjà des textes sur le montage-attraction, théorie qu'il met en pratique dans son premier grand film, *La Grève* (1924), début d'un grand cycle sur la Révolution russe.

Le Cuirassé Potemkine étant reçu avec enthousiasme dans le monde entier, Eisenstein obtient de gros budgets pour tourner *La Ligne générale* (1926-29) qu'il devra interrompre pour réaliser *Octobre* (1928) célébrant le dixième anniversaire de la Révolution.

En 1930, répondant à une offre de la MGM, il part pour les Etats-Unis. Accueilli comme un grand maître, il n'y tournera pourtant aucun film, refusant certaines propositions ou voyant ses propres projets rejetés. C'est au Mexique, grâce à l'écrivain Upton Sinclair, qu'il réalise *Que Viva Mexico*, film qui reste inachevé, le tournage ayant été interrompu en 32 par le producteur.

De retour en URSS, déçu par son expérience américaine, il subit pourtant un nouvel échec : *Le Pré de Béjine*, commencé en 1935, reste lui aussi inachevé. Il réalise enfin *Alexandre Nevski* (1938) qui lui redonne du crédit en URSS. Il entreprend alors sa vaste épopée, *Ivan le Terrible* (1942-44), qui devait comprendre plusieurs volets. La seconde partie, critiquée par le Parti, ne sera montrée qu'en 1958. Son projet est interrompu par sa mort en 1948. Ses nombreux écrits théoriques sur l'esthétique, tout autant que ses films, ont marqué l'histoire du cinéma.

> «*La mission de nos films n'est pas seulement de raconter avec logique et cohérence, mais avec le maximum de capacité pathétique d'émotion*». Eisenstein

Le Dictateur

1940

Charlie Chaplin (1889-1977)

L'oeuvre

Pendant la guerre 14-18, sur le front où s'opposent la Tomanie et les Alliés, Charlot, ayant des démêlés avec le matériel de guerre tomanien, échappe de justesse à sa propre grenade. Il se retrouve au milieu des soldats anglais. En s'échappant, il recueille le capitaine Schultz, blessé. Mais leur avion s'écrase, laissant Charlot amnésique.

Quinze ans plus tard, tandis que le chancelier Adenoïd Hynckel (Chaplin) devient dictateur de Tomanie, Charlot s'échappe de l'hôpital et rejoint sa boutique de barbier dans le ghetto où il rencontre Hannah, une jeune orpheline. Ignorant tout ce qui s'est passé pendant son absence, le petit coiffeur se bat avec des soldats et ne doit son salut qu'à l'intervention de Schultz devenu entre-temps haut dignitaire du nouveau régime.

Pendant ce temps, le dictateur Hynckel décide d'envahir l'Austerlich. Comme il a besoin de l'argent des banquiers juifs pour financer cette opération, il suspend les persécutions au ghetto.

« The Great Dictator *était certainement le film qui en 1939 pouvait concerner le plus de spectateurs possible dans le plus grand nombre de pays. C'était véritablement le film de l'époque, le cauchemar à peine prémonitoire d'un monde en folie.* » Truffaut

Elles reprennent dès que le prêt est refusé par les banquiers juifs. Schultz, qui est arrêté parce qu'il s'oppose aux pogroms, s'évade, se réfugie chez un ami de Charlot. Celui-ci accusé de complicité est arrêté par les SS après une poursuite sur les toits.

Pour arrêter les manoeuvres de Napaloni, le dictateur de Bactérie qui a, lui aussi, l'intention d'envahir l'Austerlich, Hynckel l'invite en Tomanie pour signer un traité d'alliance. Lutte de «prestige» dans un bureau et chez le coiffeur. Enfin les deux dictateurs s'embrassent tandis qu'Hynckel se prépare déjà à trahir le contrat : il va envahir secrètement l'Austerlich, déguisé en Tyrolien.

Mais pendant ce temps, Charlot et Schultz se sont évadés, déguisés en officiers. Prenant Hynckel pour Charlot, qui lui ressemble beaucoup, les soldats arrêtent leur propre dictateur. Tandis que le petit barbier est accueilli par les officiers avec des cris d'enthousiasme «Heil Hynckel». A la tête de l'armée tomanienne, le barbier rejoint la capitale d'Austerlich et, poussé vers la tribune, il prononce un grand discours prêchant la paix, la fraternité et la liberté.

Un chef-d'oeuvre

Un accueil mitigé
Le Dictateur reçut en Europe un accueil maussade. Alors que Paris voyait déjà défiler les rescapés des camps de la mort, cette satire fut jugée trop légère pour ces temps de génocide. Pour certains, le film «enfonçait des portes ouvertes». Or, s'il connaissait déjà l'Anschluss (13 mars), lorsqu'il écrivit la première version de son film, Chaplin devançait les événements historiques en pressentant l'importance d'Hitler sur l'échiquier mondial.

Un vieux projet
Dès 1938, Charlie Chaplin annonçait son intention de tourner un film sur Hitler. Dans un premier projet qui fut abandonné, des conspirateurs mettaient au pouvoir, à la place de Hitler, un juif qui était son sosie. Une femme voulant assassiner le Führer aidait le petit juif à fuir en Suisse, où tous deux abandonnaient le peuple allemand à sa folie guerrière. C'est pendant les trois premiers mois de l'année 1939 que Chaplin écrivit le script définitif. Le tournage commençait en septembre 39 pour se terminer en mars 40.

> *Le dictateur est informé que les prisonniers des camps se plaignent : il y a de la sciure dans leur pain ! Imperturbable, il répond : «Elle vient pourtant des meilleurs bois de nos scieries. »*

La contestation !

Dès le début 1939, Chaplin eut à affronter des protestations violentes. Plusieurs agents diplomatiques allemands, dont l'ambassadeur à Washington, firent pression sur les grands producteurs américains en les menaçant de boycotter leurs films en Allemagne si le projet de Chaplin aboutissait ! Menacé par des organisations pro-nazies aux Etats-Unis, Chaplin dut se résoudre à engager des gardes du corps pour se protéger contre d'éventuels attentats. Les attaques répétées de la Commission des activités Non-Américaines qui accusa Chaplin de communisme et les critiques virulentes des «isolationnistes» qui voulaient la neutralité à l'égard des nazis, n'empêchèrent pas Chaplin de présenter son film en octobre 1940 à New York.

Le gag qui parle

Le Dictateur est le 75e film de Chaplin (dans une oeuvre qui en compte 79). C'est aussi son premier film parlant ! Mime avant tout, s'exprimant par la gestuelle et l'image, Charlie Chaplin a longtemps redouté l'avènement du cinéma parlant (1929) au point de réaliser *Les Lumières de la ville* (1931) et *Les Temps modernes* (1936) en restant fidèle au muet. *Le Dictateur* tire encore toute sa puissance des scènes muettes axées sur le gag visuel : qu'on se souvienne de la célèbre scène du chancelier dansant avec la mappemonde en baudruche ou des deux dictateurs se disputant la position la plus élevée chez le coiffeur.

Plus que les dialogues, Chaplin a exploité au maximum les atouts qu'offre le bruitage (cris, bruits de bottes, musique). Quant aux célèbres vociférations hystériques du dictateur, elles doivent plus aux gestes et aux regards qu'au texte proprement dit.

Les dialogues eux-mêmes sont sommaires, réduits au strict minimum ; et ce n'est pas un des moindres paradoxes que *Le Dictateur* se conclue sur cette longue tirade (6 minutes dans la version originale !), cet appel à la fraternité lancé par le petit barbier et qui est, dans sa naïveté, comme la raison essentielle du film.

Un parcours logique

Dès 1914, début de sa carrière, à 1940, Chaplin a parcouru un chemin énorme pour aboutir, à la fin de l'entre-deux guerres, à une oeuvre qui a pu étonner ceux qui ne voulaient voir en lui que le clown un peu triste du cinéma américain.

Si le Charlot des premiers films, faible face à un monde cruel, conservait en lui une ruse non dénuée de méchanceté — légitime défense oblige — celui du *Kid* et de *La Ruée vers l'or* grandissait en apprenant à se sacrifier, le vagabond prônait déjà la fraternité humaine, c'est ce Charlot-là qui fit pleurer.

Avec *Les Lumières de la ville*, qui mettait en évidence les lacunes du capitalisme, et *Les Temps modernes* où il dénonçait les dangers de la mécanisation industrielle, Chaplin abandonnait son personnage stylisé, son univers plus concret : le clown de légende s'ancrait dans le réel !

Avec *Le Dictateur*, Chaplin s'attachait à l'Histoire et, comme l'ont souligné les exégètes, la «créature» faisait place au créateur. Ce n'est plus Charlot qui parle dans ce discours final, par la voix de Hynckel, c'est bien Chaplin lui-même (dont le maquillage de cinéma coule, comme pour livrer son vrai visage), Chaplin qui prend la parole pour clamer le désir de fraternité que l'auteur mimait pendant un quart de siècle, caché sous la silhouette de Charlot.

L'auteur

Charles Spencer Chaplin est né dans un quartier pauvre de Londres, le 16 avril 1889. Son père, chanteur comique sans engagement, sombre dans l'alcoolisme et meurt en 1894, laissant son épouse, elle-même chanteuse de music-hall, dans le besoin. Charlie, qui n'a pas sept ans, entre dans un orphelinat. A 9 ans, il monte sur les planches, trouve un emploi dans la troupe de music-hall de Fred Karno qui parcourt la Grande-Bretagne et la France.

Au cours d'une tournée aux Etats-Unis, en 1912, il est engagé par la Keystone et tourne son premier film *Making a living* en janvier 1914. Il sera suivi de 34 autres. Il réalise ensuite 14 films pour l'*Essancy*, dont *Charlot Vagabond* (1915) et *Charlot cambrioleur* (1916). Il est déjà célèbre et devient un des acteurs les plus riches du monde en signant avec la *First National* un contrat d'un million de dollars pour réaliser 8 films en 18 mois! Créant son studio, il devient son propre producteur.

En 1918, il épouse Mildred Harris, une comédienne de seize ans dont il divorce en 1920. C'est le début d'une vie sentimentale turbulente. Après une idylle avec Pola Negri, il épousera Lita Grey, Paulette Godard et Oona O'Neill.

Après son célèbre *La Ruée vers l'or* (1925) et *Le Cirque* (1928), Chaplin résiste à l'arrivée du cinéma parlant. «Les talkies, vous pouvez dire que je les déteste… Ils anéantissent la grande beauté du silence» et réalise *Les Lumières de la ville* en muet; son film remporte un énorme succès, tout comme *Les Temps modernes*.

Après *Le Dictateur*, son *Monsieur Verdoux*, jugé trop cruel, pessimiste, lui vaut les foudres de la critique et du public américains. En 52, après *Les Feux de la rampe*, Chaplin quitte les Etats-Unis où la presse s'acharne contre lui, s'installe en Europe, où il écrit ses mémoires et réalise encore deux films avant de retrouver les Etats-Unis en 72 pour y recevoir un Oscar spécial. Il est anobli par la reine de Grande-Bretagne en 75 et termine sa vie en Suisse.

Charlie Chaplin: «Le mythe à l'état pur» (Malraux) — «Il est le paladin moderne, le chevalier servant de toutes les justes causes» (Philippe Soupault) — «Il a toujours eu trente ans d'avance sur les autres» (Jerry Lewis) — «C'est la réalité qui donne la réplique à Chaplin et son rire est un rire qui tue» (Eisenstein) — «C'est le Shakespeare du septième art» (Elie Faure).

La Dolce Vita

1959

Federico Fellini (1920)

L'oeuvre

Marcello (Mastroianni), un journaliste en reportage, assiste au transport par hélicoptère d'un Christ qui doit orner une église de Rome. Le soir même, dans une boîte de nuit, il séduit une milliardaire excentrique (Anouk Aimée) qui veut passer la nuit avec lui dans le lit d'une prostituée.

Le matin, en rentrant chez lui, il retrouve sa compagne (Yvonne Furneaux) agonisante ; le chagrin d'amour l'a conduite à la tentative de suicide. A l'hôpital, elle est sauvée.

Marcello, en compagnie d'une cohorte de journalistes, accueille à l'aéroport une star du cinéma (Anita Eckberg) qui trouve le reporter à son goût. Après une soirée passée dans les thermes de Caracalla, transformés en night-club, où la vedette se déchaîne sous les néons, le couple est séparé par l'irruption un peu violente du fiancé.

Au cours d'une soirée littéraire chez un ami, Steiner (Alain Cuny), il croit trouver la réponse à ses questions. Stabilité et sagesse, lucidité : Steiner semble avoir trouvé les clés du bonheur...

Dans une auberge, au bord de la mer, alors qu'il essaye d'écrire un roman, Marcello fait la connaissance d'une jeune serveuse de restaurant, douce, simple ; un visage d'ange.

Marcello rencontre son père, en visite à Rome, et lui fait faire la tournée des boîtes de nuit. Une entraîneuse ramène chez elle le vieil homme qui, victime d'une attaque cardiaque, frôle la mort de bien près... La mort, Marcello la trouve chez son ami Steiner qui s'est suicidé après avoir tué ses deux enfants. D'autres certitudes qui s'effondrent.

Un reportage conduit le journaliste dans un village où deux enfants ont parlé avec la sainte Vierge. La foule, les télévisions, les radios en font un spectacle-show son et lumière. A l'aube, après la pluie, il reste sur la plaine le cadavre d'un autre enfant...

Dans le château d'un prince, Marcello participe à d'étranges rituels, vit une nouvelle aventure ; à l'aurore, les aristocrates décadents, en cortège fatigué, vont hanter le parc.

Après une nouvelle querelle avec sa compagne, Marcello passe la nuit dans une villa en compagnie de noceurs vulgaires. L'orgie se termine à l'aube. Sur la plage, les invités découvrent un poisson monstrueux, pourrissant. Un peu plus loin, la jeune fille de l'auberge lui fait des signes et l'appelle. Marcello ne l'entend pas, ne reconnaît pas ce visage d'ange... Il s'éloigne avec ses compagnons.

> **Paparazzo,** *tel est le nom du photographe, compagnon de M. Mastroianni dans* La Dolce Vita... *Un nom qui allait devenir célèbre puisqu'on l'appliqua par la suite à tous les photographes italiens peu scrupuleux, avides de scoops !*

Un chef-d'oeuvre

Un monde qui a la fièvre

«C'est toujours l'angoisse de l'homme qui me fascine, dit Fellini. L'homme moderne et sa contradiction : une vie effrénée, angoissante, excitante et, en fait, un vide terrible, figé, immobile».

Avec *La Dolce Vita*, Fellini a brossé, à coups d'images baroques, le portrait d'une société en perdition. Société exsangue, univers frelaté où toutes les valeurs sont mises à sac. La religion n'est plus que rites dérisoires, Christ de pacotille promené par un hélicoptère comme un animal de foire ou bien «miracles» fabriqués par les mass media. L'amour, lui, débouche sur le malaise. La sagesse elle-même, cette lucidité exemplaire incarnée par Steiner, le père de famille philosophe, ne semble pas être un recours contre l'absurdité de la vie moderne.

Et les hommes cherchent en vain un souffle de vie dans la fête, la débauche ou l'orgie. Ils ont déclaré forfait, semble dire Fellini, qui refuse pourtant de prendre parti. Témoin avant tout, il ne prend pas la défense de telle ou telle cause. «Le film, dit-il, n'est pas une dénonciation... Il met le thermomètre à un monde malade, un monde qui de toute évidence a la fièvre. Mais si le mercure accuse 40 degrés au début du film, il en accuse également 40 à la fin. Rien n'a changé...»

Le voyage au bout du néant

Certains n'ont vu dans *La Dolce Vita* qu'un constat pessimiste. Pourtant, au terme de ce long voyage au bout du néant, émerge une note d'espoir. Une jeune fille, Paola, que Marcello a rencontrée au cours de ses pérégrinations, revient pour cette dernière image du film; cette incarnation de la pureté, Marcello ne la reconnaît pas. Mais cette figure muette de l'espoir n'en est pas moins présente.

Si Fellini n'a pas de goût pour l'apostolat, s'il se refuse à donner solutions ou méthodes, il lui reste en revanche la foi en l'homme. «J'ai voulu faire un film qui nous donne du courage, dit-il, qui nous oblige à regarder la réalité avec des yeux nouveaux... Je ne voudrais pas qu'on dise qu'il s'agit d'un film pessimiste, désespéré, satirique. Je voudrais que mes amis disent: c'est un film loyal.»

Longueur, lenteur...

Fellini le baroque, Fellini du désordre... Avec *La Dolce Vita*, Fellini semble avoir plus que jamais refusé la logique du récit. Définitivement, l'enchaînement dramatique des épisodes est laissé en plan. Tout se passe comme si le réalisateur juxtaposait une série d'anecdotes, paysages, personnages, au gré de sa fantaisie, faisant fi de toute construction rationnelle. Puzzle, mosaïque de séquences éparpillées, *La Dolce Vita* présente une profusion d'événements, un désordre apparent qui renforce en fait le désarroi que vivent les personnages. Fond et forme sont ainsi unis pour conférer au récit cette impression de chaos chère à Fellini.

«Le recours constant à des sketchs juxtaposés et inaboutis, souligne Salachas, exprime une sorte d'enlisement moral et spirituel ou plutôt de difficile avancée».

Cette impression de lenteur, qui a irrité certains spectateurs, vient en fait, non seulement de la longueur du film (3h), mais aussi de la structure répétitive des séquences. Le soir, une aventure com-

> *La* Dolce Vita *obtint la Palme d'Or au festival de Cannes en 1960.*

mence; elle atteint son point d'orgue la nuit et se termine à l'aube, laissant chaque fois pour seul souvenir l'amertume. «Le film entier, souligne Salachas, est soumis à cette pulsation fondamentale».

Impression d'immobilité donc, de retour en arrière même... Mais la stagnation, n'est-ce pas le sentiment que voulait communiquer *La Dolce Vita*?

L'auteur

Fellini quitte Rimini et son milieu familial (petite bourgeoisie) pour Florence en 1938. L'année suivante, installé à Rome, il exerce ses talents de caricaturiste dans des journaux humoristiques, puis débute dans le journalisme et écrit des petits textes comiques pour la radio. Au cours d'un enregistrement, il se lie avec Giuletta Masina, qui deviendra son épouse en 1943.

C'est à la fin de la guerre qu'il fait une rencontre décisive: Rossellini. Fellini participe aux scénarios de *Rome Ville Ouverte*, *Païsa*, *Le Miracle* et *Saint François d'Assise*.

Avec Lattuada, il réalise son premier film, *Les Feux du music-hall* (1950), où l'on retrouve déjà les personnages qui hanteront son oeuvre future: une troupe de pauvres acteurs errant dans de minables tournées provinciales. Satire mais non dénuée de tendresse qui fait aussi le charme du *Sheik blanc* (*Courrier du Coeur*-1952) où une jeune mariée en voyage de noces à Rome se laisse fasciner par le pitoyable acteur d'un roman-photo.

La veine auto-biographique se précise et s'impose avec *Les Vitelloni* (1953), inspiré par ses souvenir d'adolescence et qui raconte la vie morne de jeunes provinciaux sans envergure.

Après *Agence matrimoniale* (1953), on retrouve avec *La Strada* (1954) et *Les Nuits de Cabiria* (1956) le goût de Fellini pour les personnages simples et naïfs, tout en bonté. S'ils représentent l'image dure et cruelle de l'homme vu par Fellini, les escrocs déguisés en ecclésiastiques de *Il bidone* n'en sont pas moins dénués de cet état de grâce, comme une rédemption possible, qui chez Fellini vient souvent racheter les faiblesses des héros.

Après *La Dolce Vita*, Fellini semble vivre une crise personnelle ; *Huit et demi* (1962), construit autour du thème de l'angoisse du créateur, sera une véritable confession de ses fantasmes et de ses souvenirs. Le rêve, on le retrouve encore dans *Juliette des Esprits* (1965) qui retrace les mésaventures d'une épouse trompée se réfugiant dans le spiritisme et l'onirisme. Le style Fellini s'affirme : *Satyricon* (1969), *Les Clowns* (1970), *Roma* (1972). Il n'en a pas terminé avec son autobiographie : *Amarcord* (1973), chronique d'une vie de province, trouve à nouveau ses racines dans l'enfance.

Casanova (1975) et *Prova d'orchestra* (1978) seront suivis par *La Cité des femmes* (1980) où Fellini retrouve ses angoisses face au monde féminin, par *Et vogue le navire* (1983), étrange rite de mort où s'effondre tout un univers, et enfin *Fred et Ginger* (1986), nouvel hommage au music-hall.

La Grande Illusion

1937

Jean Renoir (1894-1979)

L'oeuvre

Pendant la guerre de 14, le lieutenant Maréchal (Jean Gabin), mécano dans le civil, et le capitaine de Boëldieu (Pierre Fresnay), aristocrate jusqu'au bout des ongles, sont abattus au cours d'un vol de reconnaissance par le commandant von Rauffenstein (von Stroheim) qui accueille les rescapés au mess de son escadrille.

Les deux Français sont envoyés dans un camp de prisonniers où ils vont partager une chambrée avec Rosenthal (Dalio), fils d'un grand banquier suisse, un acteur, un professeur de lycée et un ingénieur du cadastre. L'équipe creuse une galerie pour s'évader. Au cours de la représentation d'un spectacle musical, Maréchal annonce joyeusement que le fort de Douaumont a été reconquis par les Français. Les Allemands, furieux d'entendre les chants de la Marseillaise, condamnent Maréchal au cachot.

Le tunnel est terminé mais les prisonniers sont transférés dans un autre camp...

Après plusieurs tentatives d'évasion, de Boëldieu et Maréchal échouent dans une forteresse commandée par von Rauffenstein, blessé et désormais enfermé dans un corset métallique. Celui-ci traite de Boëldieu avec beaucoup d'égards, le considérant comme un homme de sa caste, malgré leur nationalité différente. Rosenthal a préparé un plan d'évasion : franchir les murs de la citadelle à l'aide d'une corde qu'il fabrique en cachette.

Afin que Maréchal et Rosenthal puissent s'échapper, de Boëldieu organise un concert de flûte à la tombée de la nuit ; la confiscation des instruments est suivie d'une révolte des prisonniers et d'un appel dans la cour. Pendant que de Boëldieu distrait les gardiens en jouant de la flûte sur les murs de la forteresse, Maréchal et Rosenthal s'évadent. De Boëldieu est tué par von Rauffenstein.

Les deux évadés se dirigent vers la frontière. Affamés, ils se querellent, manquent se séparer. Ils trouvent refuge chez une paysanne allemande qui vit seule avec sa fillette. Maréchal s'éprend de la jeune femme. Mais les deux évadés doivent rejoindre la Suisse. Ils passent la frontière.

> «La Grande Illusion *était un film de chevalerie, sur la guerre considérée sinon comme un des beaux-arts du moins comme un sport.»* F. Truffaut

Un chef-d'oeuvre

L'inspiration
La Grande Illusion est né d'un fait réel: Renoir s'inspira des récits du général Pinsard, un pilote de chasse qui, pendant la Grande Guerre, avait été abattu sept fois mais qui, à sept reprises, était parvenu à s'évader des camps allemands.

Le bonheur d'un hasard
Renoir et Charles Spaak écrivirent un scénario qui traîna de longues années dans un tiroir avant de trouver un producteur. Sans cesse retravaillé, le récit était encore, à la veille du tournage, très différent de ce qu'il est devenu. Au départ en effet, il s'agissait pour Renoir de cerner les rapports entre le noble français et le mécano, deux hommes de milieux différents mais que la captivité devait rapprocher, sans pour autant déboucher sur une vraie complicité morale. Pour Renoir, c'était en effet une «grande illusion» que de croire que le brassage social de la guerre pouvait résoudre les oppositions de classe...

L'engagement d'Eric von Stroheim, qui venait d'émigrer en France et à qui Jean Renoir vouait un véritable culte, poussa Renoir à modifier le scénario et à étoffer le rôle du commandant allemand.

Une histoire d'amour

Truffaut prétendait que *La Grande Illusion* était aussi une véritable histoire d'amour : celle qui lie pendant tout le film l'aristocrate français au commandant de la forteresse allemande. Dans ce respect mutuel des gens du même monde, von Stroheim choisit son prisonnier comme confident. Les voilà parlant de hippisme, regrettant ensemble la fin d'une civilisation où les valeurs de la noblesse comptaient encore. Les voilà parlant anglais en public, pour communier hors du monde. Et von Stroheim de croire sur parole tout ce que lui affirme son aristocrate de prisonnier... Quand il l'abattra d'un coup de pistolet, von Stroheim ne dira-t-il pas « Je vous demande pardon » ? Et de couper sur le rebord de sa fenêtre la seule fleur de la forteresse, la fleur de géranium dont il prenait un soin jaloux...

Pacifisme

Membre du Parti Communiste Français, soutenant le Front Populaire, Renoir affirmait, avec *La Grande Illusion*, un message de fraternité entre les hommes, et ce par-delà les nationalités. Ainsi le Français, de Boëldieu, se sent en parfaite communion avec son geôlier qui est de la même caste que lui, tandis qu'il se sent trop différent du mécano, son propre compatriote, pour que naisse entre eux une vraie complicité. Les barrières de nationalités, pensait Renoir, sont nettement moins fortes que les barrières de milieu et de classes : une façon aussi de dénoncer la stupidité d'une guerre internationale qui se préparait...

> « *En faisant* La Grande Illusion, *j'étais contre la guerre mais pour l'uniforme.* » J. Renoir

La censure

Remportant auprès du public et de la critique un énorme succès, le film n'en eut pas moins à affronter bien des censures ; le jury du Festival de Venise de 1937, n'osant pas lui décerner le Grand Prix, inventa un prix de consolation. A l'étranger, sa réputation grandit. Mais tandis que Roosevelt déclarait que « tous les démocrates du monde devraient voir ce film », Mussolini en interdisait la projection en Italie et Goebbels censurait les scènes où le compagnon juif de Gabin se montrait trop sympathique ! En 1958, un jury de critiques réunis à l'occasion de l'Exposition Universelle de Bruxelles consacra *La Grande Illusion* comme l'un des douze meilleurs films de tous les temps.

L'auteur

Jean Renoir est né à Paris en 1894. Son père n'était autre qu'Auguste Renoir, le célèbre peintre impressionniste. Il grandit à Montmartre, dans l'atmosphère des peintres, du café-concert et des théâtres. Après des études au collège Sainte-Croix à Neuilly, il participe à la guerre 14 comme chasseur à pied puis comme aviateur. Blessé à la jambe, il en gardera une légère claudication.

Entretemps, il a découvert le cinéma américain et se passionne pour Charlie Chaplin. Après avoir épousé Catherine Hessling (1919), un modèle de son père, il ouvre un atelier pour se consacrer à la céramique.

Premiers pas dans le cinéma en 1923 : Renoir écrit pour sa femme un scénario qui sera tourné par un de ses amis. C'est l'année suivante qu'il met en scène son premier film : *La Fille de l'eau*. Au cours de cette première période qui compte son célèbre *Nana* (1926), Renoir, de façon un peu éclectique, se laisse autant inspirer par l'impressionnisme que par le burlesque ou le baroque violent cher à Stroheim (dont Renoir découvre en 1924 *Folies de femmes*).

Les années trente marquent le début de sa véritable carrière : avec son premier film parlant *On purge bébé* (1931) qui, tourné en quatre jours, fit sensation par le bruit de la chasse d'eau qu'on y entendait ; avec *Boudu sauvé des eaux* (1932), où Michel Simon composa un de ses meilleurs rôles ; avec *Le Crime de M. Lange* (1935), son film le plus politique ; avec *La Grande Illusion* et *La Bête humaine* (1938), Renoir affirmait son style très personnel : le réalisme poétique.

Son engagement politique, illustré par plusieurs de ses oeuvres, prend fin en 1939 avec *La Règle du jeu*, oeuvre-charnière où l'on a dit que le Renoir-progressiste se muait en humaniste, désormais peu désireux de vouloir changer le monde ; oeuvre prophétique aussi, désabusée, mais où Renoir n'en clamait pas moins son amour de l'homme et de la nature.

Exilé aux Etats-Unis en 1940, il y réalise sept films en se heurtant aux fortes contraintes du système hollywoodien. *Le Carrosse d'or* (1953) annonce un nouveau cycle d'oeuvres axées sur l'esthétique et le spectacle : *French-Cancan* (1955), *Le Déjeuner sur l'herbe* (1959)… Dès 1954, il se tourne vers le théâtre et la littérature. Retiré à Beverly Hills en 1970, il y meurt neuf ans plus tard.

> «*Dans* La Grande Illusion, *j'étais encore très préoccupé de réalisme. Je suis allé jusqu'à demander à Gabin de porter ma propre tunique d'aviateur que j'avais gardée après avoir été démobilisé.*» J. Renoir

Le Guépard
1963

Luchino Visconti (1906-1977)

L'oeuvre

En 1860, dans une villa proche de Palerme, les Salina, une des
grandes familles aristocratiques de Sicile, apprennent que les «Che-
mises Rouges» de Garibaldi ont débarqué sur l'île pour renverser
les Bourbons. Tancrède (Alain Delon), le neveu du prince Salina
(Burt Lancaster) se bat à leurs côtés.

La famille s'installe dans sa résidence de Donafugata, à l'intérieur de l'île, où les temps nouveaux obligent à des concessions :
les Salina reçoivent chez eux des bourgeois enrichis tels que Don
Calogero, le maire.

A son retour, Tancredi (qui a retourné sa veste et se bat à présent aux côtés du roi Victor Emmanuel) tombe amoureux d'Angelica (Claudia Cardinale), la fille du maire. Tandis que le prince
Salina, «courtisé» par le seigneur Chevalley qui lui propose le
titre de sénateur, refuse d'entériner cette révolution «trahie».

En l'honneur du prochain mariage d'Angelica et de Tancrède,
Salina fait organiser un grand bal où est conviée toute l'aristocratie sicilienne. Une fête somptueuse qui sonne le glas du passé.
Seul Salina en est conscient ; épuisé, il se retire dans un salon,
sentant sa fin proche.

> *«Je suis un représentant de la vieille classe, et j'appartiens
> à une génération malheureuse, à cheval entre les anciens et
> les nouveaux, et qui ne se trouve à l'aise dans aucun des deux.»*
> Le Prince de Salina dans *Le Guépard*

Un chef-d'oeuvre

L'obsession de l'histoire

Visconti, la plupart du temps, a ancré ses récits dans une réalité très historique. Dans cette alliance entre le psychologique, le social et l'histoire, certains ont voulu voir une influence du marxisme dont il se réclamait clairement dans ses premières oeuvres.

Cette méditation sur l'Histoire, on la retrouvait déjà dans *La Terre tremble* où se déployaient les conflits sociaux opposant les pêcheurs siciliens à la classe patronale, autant que dans *Senso* qui se passait en 1866. Quant à son célèbre *Rocco et ses frères*, il était lui aussi inscrit dans un temps très précis, l'époque de l'émigration des Italiens du sud vers le nord industrialisé. De même, *Les Damnés* et *Ludwig* ne prennent tout leur sens que dans le contexte historique.

Avec *Le Guépard*, Visconti choisissait la Sicile de 1860, l'époque où Garibaldi débarquait en Sicile pour renverser la monarchie des Bourbons. Une révolution populaire qui devait avorter... L'unification qui s'ensuivit ne changea rien au statut de la classe populaire ; la révolution débouchait sur une simple mutation de pouvoir : la bourgeoisie libérale remplaçait l'aristocratie.

L'histoire d'un mariage

Loin d'être un auteur didactique, Visconti a toujours greffé sur l'Histoire des intrigues très romanesques. En l'occurrence, *Le Guépard* est avant tout le récit d'un mariage. Et si les éléments historico-politiques ne prennent pas le pas sur l'intrigue, «s'ils coulent dans les veines des personnages, disait Visconti, comme une partie essentielle de leur lymphe vitale», ce mariage n'en est pas moins le symbole évident de cette alliance de la noblesse et de la bourgeoisie que consacre l'avènement du Roi Victor-Emmanuel.

A cet égard, la longue séquence du bal qui occupe près d'un tiers du film est significative : tandis que Tancrède, prêt à renier sa caste, se laisse séduire par la fortune de son futur beau-père, se déploient les derniers fastes d'une aristocratie à l'agonie. Chant du cygne d'un certain monde, d'une noblesse qu'incarne si bien le prince Salina.

Visconti-Salina?

Même fascination pour le passé, mêmes antécédents (Visconti était duc de Modrone): on a souvent prétendu que Visconti s'identifiait à son héros et que, avec *Le Guépard*, il avait fait l'apologie d'un monde dont il regrettait les fastes perdus. C'était là, a-t-on dit, une façon de renier son engagement politique et ses sympathies marxistes.

Pourtant, loin de flatter la cause des aristocrates comme le fit Lampedusa (auteur du roman dont est tiré le film), Visconti ne s'est pas abandonné à la complaisance. En dépit de la sympathie évidente qu'il porte au prince, il n'a pas manqué de dénoncer les travers du pouvoir féodal et le mépris de cette classe pour la classe paysanne. Quant au portrait de Tancrède, le neveu du prince, on ne peut guère le taxer le flatteur. Jeune opportuniste aux dents longues, il se soumet aux impératifs des temps nouveaux avec un cynisme peu louable.

Ni parti-pris, ni aveugle adulation chez Visconti: plutôt cette lucidité, cette conscience que le mouvement de l'Histoire est de toute façon bien vain. «Pour que tout demeure inchangé, il faut que tout change», dit le jeune Tancrède. Un ordre ancien sera remplacé par un ordre nouveau, mais pas meilleur que le précédent.

L'auteur

Né en 1906, Luchino Visconti était le quatrième des sept enfants du Duc de Modrone, une des grandes familles de Milan. Après s'être intéressé pendant cinq ans à l'élevage des chevaux, il travaille aux costumes d'*Une Partie de campagne* de Renoir. C'est sans doute à cette époque que remontent ses premiers engagements politiques.

Sa collaboration à la revue *Cinéma*, en 1940, est décisive; parmi ces jeunes intellectuels communistes italiens qui prêchent un retour au réalisme et qui vouent un culte à Verga, écrivain du «vérisme», Visconti met au point plusieurs projets de films qui seront refusés par la censure fasciste.

Enfin, en 1942, il réalise *Ossessionne*, adapté du roman de James Cain, *Le Facteur sonne toujours deux fois*, qu'il fait se dérouler parmi le sous-prolétariat du nord de l'Italie. Oeuvre déjà très maîtrisée, *Ossessionne* fut très mal reçu par le public et les autorités en raison de son caractère très provocateur.

Nouveaux projets de cinéma qui n'aboutissent pas. Visconti se lance alors dans la mise en scène de théâtre, montant de nombreuses pièces, de Cocteau et Sartre jusqu'à T. Williams. Il poursuivra ses activités théâtrales jusqu'à la fin de sa vie.

Il revient au cinéma en 48, avec *La terre tremble*, d'inspiration marxiste. Après *Bellissima* et *Nous les femmes*, c'est avec *Senso* (1954) qu'il abandonne le néo-réalisme pour atteindre à cette théâtralité marquée par l'Histoire.

S'il retrouve le néo-réalisme avec *Rocco et ses frères* (1960), cette fois son talent de narrateur romanesque est consacré par la presse internationale. Le sketch *Boccace 70* et *Le Guépard* (1963) seront suivis de *Sandra*, *Les Sorcières* et *L'Etranger*. La grande histoire est de nouveau au rendez-vous avec *Les Damnés* (1969), décomposition d'une famille «au sein de laquelle arrivent des crimes qui restent pratiquement impunis», un récit présenté en parallèle avec la montée du nazisme en Allemagne.

Avec son célèbre *Mort à Venise* (1971), Visconti aborde de front le thème de l'homosexualité, latent dans la plupart de ses films. Et une fois de plus l'Histoire se mêle étroitement au sort d'un individu dans *Ludwig* (1973).

Violence et Passion (1974) met en scène un vieux professeur épris de solitude confronté brutalement à une famille turbulente qui remet en question tout son mode de vie. Des thèmes de prédilection — la mort lente d'une société et celle insidieuse d'une famille — qu'il allait encore aborder dans son dernier film, *L'Innocent* (1976), adapté de d'Annunzio.

Atteint d'hémiplégie depuis plusieurs années, Visconti meurt en 1977.

Pour la scène du bal, les figurants n'étaient autres que de vrais princes siciliens! Le tournage, qui a duré plus d'un mois, commençait à 6 h du soir et durait jusqu'à 6 h du matin. «Il faisait une chaleur insupportable, raconte le responsable des costumes, et dans la cour se tenait toujours prête une ambulance de la Croix-Rouge pour les femmes évanouies à cause de leur corset».

Kagemusha

1980

Akira Kurosawa (1910)

L'oeuvre

A la fin du XVIe siècle, Shingen, puissant seigneur du Japon et chef du clan Takeda, possède, pour le représenter publiquement, un sosie, une doublure, Kagemusha, un voleur qu'il a sauvé de la crucifixion. Un jour, Shingen est blessé au combat, mais avant de mourir, inquiet de l'avenir de son clan, il fait jurer à quelques fidèles de garder le secret sur sa mort.

Et bientôt Kagemusha paraît devant les généraux qui le prennent pour Shingen. Conseillé par le frère du défunt prince, un vieux sage, le double entre avec une telle conviction dans son rôle de prince qu'il parvient à donner le change, tant à son petit-fils qu'à ses concubines.

Cependant Togukawa, chef d'un autre clan, soupçonnant la supercherie, en profite pour recommencer ses conquêtes sur les terres voisines. Le fils de Shingen, furieux de devoir obéir à Kagemusha qui, devenu à son tour l'image de la force imperturbable, refuse de riposter, se lance dans une grande bataille dont l'heureuse issue ne sera due qu'à l'intervention de Kagemusha et de ses troupes.

Le temps a passé. Un jour Kagemusha est poussé par son petit-fils à monter l'ombrageux cheval du défunt prince. L'animal flaire l'imposteur et le désarçonne. Emmené aussitôt, il est démasqué

Kagemusha, le nom du sosie du prince Shingen qui prend sa place sur les champs de bataille, signifie en japonais «l'ombre du guerrier».

par les concubines qui découvrent qu'il ne porte pas les blessures qui marquaient la poitrine de Shingen. Kagemusha, aussitôt chassé du palais, va errer comme un fantôme, vidé de son identité.

Un an plus tard, le fils téméraire de Shingen lance à nouveau ses troupes contre ses adversaires. Mais c'est l'hécatombe : le clan Takeda est décimé. Alors, Kagemusha qui a suivi le déroulement de la bataille charge à son tour, seul, et meurt après avoir salué l'étendard de Shingen.

Un chef-d'oeuvre

Un come-back

A 70 ans, la brillante carrière de Kurosawa stagnait : depuis dix ans, les producteurs japonais refusaient de soutenir ses projets jugés trop coûteux. L'échec commercial de *Dodes'Kaden* (1970) avait été suivi en 1971 par la tentative de suicide de Kurosawa. Quant à *Derzou Ouzala* (1975), il avait été produit par l'URSS... Il fallut l'intervention de Coppola (qui a vu douze fois *Les Sept Samouraïs* !) et de Lucas, le réalisateur de *La Guerre des étoiles*, pour que Kagemusha voit le jour : ils parvinrent à convaincre la 20th Century de contribuer au budget et d'acheter les droits internationaux de ce film qui devait obtenir en 1980 la Palme d'Or au festival de Cannes.

La chronique historique

Vaste fresque historique, *Kagemusha* met en scène des événements réels du XVIe siècle ainsi que des personnages historiques, célèbres dans l'histoire du Japon. A l'époque, les guerriers devenus indépendants s'étaient constitués en clans rivaux luttant pour la suprématie sur le pays. L'issue de ces luttes intestines fut bien cette bataille finale remportée par l'ennemi de Shingen : elle conduisit à l'unification du Japon qui dura trois siècles, inaugurant l'époque Edo.

> «*Je trouve le passé infiniment plus beau, dans ses moeurs, ses costumes, son style de vie ; je pense que les hommes d'autrefois étaient d'une bien meilleure qualité*». Kurosawa

> « *Ce retour au Jidaï-Geki (film historique) était nécessaire. Ne serait-ce que pour montrer que les généraux de l'époque étaient non seulement des hommes de guerre, mais aussi des créateurs de formes. Ils ont bâti une culture. Les hommes d'aujourd'hui la détruisent.* » Kurosawa

Le thème du double

Fasciné par le charisme de ce chef de guerre que fut Shingen, Kurosawa s'inspira aussi de la tradition qui voulait que les chefs de clan aient, par prudence, un double qui les remplaçait de temps à autre. En disparaissant, les chefs risquaient d'entraîner l'effondrement de leur clan... Ce jeu du double, par ailleurs, renforçait leur mystère et leur pouvoir.

Ce thème, qui évoque le désir d'immortalité et dont Kurosawa avoue qu'il lui rappelle Dostoïevski, son «auteur de chevet», est aussi une méditation sur l'apparence et l'identité. Kagemusha, le double, en entrant dans la personnalité d'un autre, a perdu sa propre identité: après son rejet du clan, il devient un fantôme qui erre jusqu'à la mort.

Le tournage

Peintre de formation, Kurosawa a dessiné et peint chaque scène de son film avant de le réaliser: sites, objets, costumes et personnages, casques et étendards, tout existe sur papier. Perfectionniste dans l'âme, il a personnellement interviewé un millier de candidats recrutés parmi 15.000 personnes! Tout comme il a suivi le dressage de 200 chevaux qui participent pour beaucoup au spectaculaire de *Kagemusha*. Enfin, pour réaliser son film, il a tourné la plupart des scènes dans de vrais châteaux; les costumes viennent en droite ligne des musées japonais.

L'art du haïku

En renouant avec la série de ses films épiques (*Les Sept Samouraïs, La Forteresse cachée*), Kurosawa a porté le Jidaï-Geki, le film de samouraï, à son plus haut niveau. Car si sa modestie naturelle le pousse à affirmer que son film n'a d'autre ambition que d'être un spectacle, on n'en est pas moins saisi par la richesse d'une tradition séculaire: stylisé, basé sur une technique épurée, sans grands mouvements de caméra, composé dans ses moindres lignes, *Kagemusha* évoque non seulement la rigueur musicale, mais aussi l'art du haïku, ce poème japonais de 12 syllabes, dont la simplicité apparente cache toujours une philosophie indicible.

Un humaniste déçu

Descendant de samouraïs, Kurosawa a souvent mis en scène des personnages qui s'acheminent lentement vers la connaissance, vers la maîtrise «d'un art de vivre». N'est-pas ce même itinéraire que parcourt Kagemusha, le double du guerrier? De vil et voleur, il devient, guidé par le frère du prince, cet être noble, capable de s'émouvoir, capable aussi de raison. Pourtant ce héros devenu sage est voué à la mort, englouti par la barbarie de son temps. Une conclusion bien sombre qui n'est pas sans évoquer le pessimisme de Kurosawa qui prétend que «l'espoir n'est plus possible dans notre monde actuel» et dont *Kagemusha* est comme un symbole, reflet de «ces hommes d'autrefois qui étaient d'une bien meilleure qualité».

> «Si j'avais voulu délivrer un message, je l'aurais écrit sur une pancarte dans la rue.» Kurosawa

L'auteur

Né le 23 mars 1910 à Tokyo, Akira Kurosawa est le fils d'un militaire de carrière devenu enseignant. Il suit des cours de peinture à l'académie Dushuka, mais comme ses tableaux ne lui permettent pas de subvenir à ses besoins, il entre en 1936 comme assistant-réalisateur aux studios PCL, le futur Toho.

S'initiant au métier auprès de Yamamoto, il commence à écrire ses premiers scénarios et réalise une partie du documentaire *Les Chevaux*, avant de tourner son premier film en 1943, *La Légende du grand judo* dont il tournera un second épisode deux ans plus tard. C'est le début d'une carrière prolifique souvent marquée par une méditation sur le Japon moderne, stigmatisant notamment la corruption urbaine avec *L'Ange ivre* (1948) ou *Les Salauds se portent bien* (1960), dont la visée est à la fois morale et sociologique comme dans *Vivre* (1952) où, au seuil de la mort, un vieillard abandonne son indifférence de fonctionnaire pour aider la population d'un quartier pauvre de sa ville ; ou encore abordant des problèmes tels que le nucléaire, avec *Vivre dans la peur* (1955).

Le film historique représente un autre volet important de son oeuvre : *Les Sept Samouraïs* (1954), *La Forteresse cachée* (1958), *Yojimbo* (1961) et *Sanjuro* (1962) avec lesquels Kurosawa, par une esthétique sophistiquée, a porté le genre Jidaï-Geki à un raffinement jamais atteint avant lui. Ainsi son *Rashomon* (1950), qui remporta le Lion d'Or à Venise, dépasse-t-il le genre historique pour atteindre à la reflexion philosophique : une affaire de viol est racontée, à la façon de Pirandello, par les versions différentes des protagonistes sans que la vérité définitive puisse finalement être établie.

La culture étrangère, que Kurosawa connaît bien, à toujours imprégné son oeuvre, tant pour *Le Château de l'araignée* (1957), adaptation très libre de *Macbeth*, que pour L'Idiot (1951) d'après Dostoïevski et *Les Bas-Fonds* (1957) de Gorki.

C'est à partir de *Dodes'Kaden* (1970) que sa production est ralentie par le manque de budgets, au point que *Derzou Ouzala* sera une commande de la Mosfilm soviétique.

Entre Cannes et le circuit commercial, les sous-titres de Kagemusha *ont été changés. La première version, écrite par un spécialiste belge du Moyen Age vivant à Tokyo, avait peut-être du génie (Kurosawa voulait utiliser l'argot), mais frisait le surréalisme : au lieu de* tuer, on *zigouillait ; une chose qui* n'a aucun sens *devenait* bête comme une queue d'andouille ; un homme de basse origine *était insulté en ces termes :* incestueux putassier de vile naissance ; pour *ouvrir les yeux, on lisait* ouvre donc tes quinquets chassieux !

Manhattan

1979

Woody Allen (1935)

L'oeuvre

Isaac Davis (Woody Allen), 42 ans, est amoureux de sa ville, New York (Broadway, l'Hudson River, les rues, les jardins publics orchestrés par Gershwin et sa *Rhapsodie in Blue*).

Appartenant au petit monde intellectuel de Manhattan, feuilletonniste à la télévision, il s'acharne à écrire un roman, mais achoppe sur le premier chapitre...

Il a pour maîtresse une collégienne de 17 ans, Tracy (Mariel Hemingway), mais désorienté par la différence d'âge, il rompt avec elle. «Tu es un enfant de la drogue, de la TV et de la pilule ... Considère-moi comme une sorte de détour sur l'autoroute de la vie».

C'est Mary (Diane Keaton), jeune intellectuelle névrosée, survoltée et un peu pédante, qui jette sur lui son dévolu. Elle vient de quitter son amant marié, Yale, le meilleur ami d'Isaac, car elle se refuse, dit-elle, à «briser les ménages». Isaac s'éprend de Mary.

Entretemps, il revoit son ex-seconde femme, Jill (Meryl Streep), qui l'a quitté pour une autre femme. Il cherche en vain à la dissuader de publier un roman où elle dévoile tous leurs secrets d'alcôve.

Lorsque Mary le quitte pour renouer avec Yale, Isaac s'en retourne chez sa jeune collégienne qui, hélas, est sur le point de partir en Angleterre. Est-il amoureux? Ou bien angoissé à l'idée de la solitude? Il cherche à la retenir. En vain. «Six mois, dit-elle, ce n'est pas long. Ike, il faut avoir un peu de foi dans les gens». Sourire ambigu d'Isaac...

Un chef-d'oeuvre

Oeuvre de maturité

Manhattan représente sans doute l'aboutissement du style de Woody Allen. Si les premières oeuvres comme *Bananas* ou *Woody et les Robots* basculaient franchement du côté de l'humour, *Annie Hall* avait déjà opéré un revirement vers un ton plus grave. Dans *Manhattan,* l'humour toujours aussi virulent vient se conjuguer parfaitement avec une analyse psychologique subtile et un sens dramatique des plus efficaces.

Savant dosage de tragique et de comique qui sublime une simple comédie sentimentale pour en faire un chef-d'oeuvre. Sous les gags et les plaisanteries percent en effet la tendresse, la sensibilité. Lorsque Isaac, rongé par l'angoisse, court d'une femme à l'autre, comme un gosse en mal d'amour, quand il cherche la femme sans trop savoir comment l'aimer, si ses pitreries de quadragénaire un peu chauve font rire, elles laissent dans la bouche un goût d'amertume. Petit pantin agité par les spasmes de la peur, Woody Allen fait sourire et pleurer.

«*La réponse est oui. Mais quelle est la question ?*» W. Allen

La politesse du désespoir

Lui-même membre de cette intelligentsia new yorkaise, névrosée, désaxée, qui cherche refuge dans le giron de la psychanalyse ou dans les ratiocinations stériles, Woody Allen a su la peindre avec ironie, la découper au scalpel de son humour. Mais l'autodérision n'est-elle pas par essence toujours émouvante?

Woody Allen s'en prend pêle-mêle — avec un humour très juif, cette politesse du désespoir — à l'amour et au couple, au sexe, aux intellectuels, à la psychanalyse… Epinglant une société en plein désarroi qui a perdu toute valeur morale et qui cherche à s'en consoler par des conversations sur la vie et l'art, par ces longues discussions sur le couple et les histoires de coeur… Une société où l'intelligence prime sur les sentiments.

Mais Isaac Davis, lui, tout comme Woody Allen, n'a pas honte d'être romantique. La lucidité n'exclut pas la tendresse: de là sans

> «*Pouvons-nous actuellement «connaître» l'univers? Mon Dieu, c'est déjà suffisamment difficile de trouver son chemin dans Greenwich Village!*» W. Allen

doute le charme des oeuvres de W. Allen qui ne recule pas devant les images «fleur bleue». Pas de fausse pudeur: des amoureux sur un banc, qui contemplent l'aube se levant sur New York? Ils auront droit à des cadrages sublimes.

Woody Allen «c'est Freud plus le *nonsense*, dit Bosseno, une thérapeutique discrète de l'angoisse par la dérision».

L'auteur

De son vrai nom Allen Stewart Konisberg, Woody Allen est né le 1er décembre 1935 dans un quartier pauvre de Brooklyn. Il arrête ses études très tôt et écrit des gags dès l'âge de 17 ans. Il travaille pour la télévision en préparant des sketchs notamment pour le *Show des Shows* de Sid Caesar. Puis il commence à faire du cabaret et se produit lui-même sur les petits écrans.

> «*Tu te prends peut-être pour Dieu?*» demande un ami à Isaac. «*Il faut bien se modeler sur quelqu'un!*» Manhattan

En 64, Charles Feldman lui propose de réécrire le scénario de *Quoi de neuf Pussycat?* où Woody Allen incarne un petit rôle. Mais le théâtre l'attire: il écrit et interprète lui-même deux pièces *Don't drink the water* et *Play it again Sam* (1969) qui remporte un grand succès à New York.

L'année suivante, c'est la sortie de son premier grand succès au cinéma: *Prends l'oseille et tire-toi* (1970). *Bananas* (1971), où Woody Allen incarne le rôle d'un marginal devenu président d'une république sud-américaine, sera suivi par *Tombe les filles et tais-toi*, adapté de sa pièce *Play it again Sam*, où un jeune timide commence sa vie sentimentale sous les conseils bienveillants du fantôme d'Humphrey Bogaert.

> «*Dix millions de femmes et pas une pour moi.*» Tombe les filles et tais-toi

> *« Comment pourrais-je croire en Dieu alors que je viens de me coincer la langue dans le ruban de ma machine à écrire électrique ? Le doute me ronge. »* W. Allen

En 1972, s'inspirant d'un manuel d'éducation sexuelle, succès de librairie aux Etats-Unis, il réalise *Tout ce que vous avez toujours voulu savoir sur le sexe sans jamais oser le demander*. Puis ce sera *Woody et les robots* (1973), à la fois pamphlet, farce, fantasmes sexuels et science-fiction.

Les spéculations philosophiques de *Guerre et Amour* (1975) annonçaient *Annie Hall* (1977), premier volet de la chronique (très autobiographique) d'un écrivain de Manhattan. Après *Intérieurs* (1978) dont le sérieux métaphysique très bergmanien a pu déplaire à certains, W. Allen revient à son auto-portrait avec *Manhattan* (1979) et *Stardust Memories* (1980), histoire d'un réalisateur en tournée de conférences mis à mal par des cohortes d'admirateurs et se questionnant sur sa vie, son statut de créateur.

> *« Celui qui ne périra ni par le fer ni par la famine périra par la peste, alors à quoi bon se raser ? »* W. Allen

Après *Comédie érotique d'une nuit d'été* (1982), on applaudira son *Zelig* (1983), héros imaginaire à la Pirandello, en quête d'une identité qui lui échappe, et *Broadway Danny Rose* (1984), hommage aux modestes artistes de cabaret que W. Allen a fréquentés à ses débuts. L'imaginaire faisant irruption dans la réalité sera le thème de *La Rose pourpre du Caire* (1985) où une jeune femme rencontre l'idole de ses rêves. *Hannah et ses soeurs* (1986) renoue avec les thèmes du couple et de l'amour tandis que *Radio Days* (1987) baigne dans la nostalgie des années '40 où la radio berçait les rêves des familles.

Woody Allen a aussi publié deux livres d'humour : *Pour en finir avec la culture* et *Dieu, Shakespeare et moi*.

> *« Bien que je n'aie pas peur de la mort, j'aimerais mieux être ailleurs quand ça se produira. »* W. Allen

Le Mariage
de Maria Braun
1978

Rainer Werner Fassbinder (1946-1982)

L'oeuvre

C'est sous les bombes qui viennent s'écraser sur la mairie que Maria (Hanna Shygulla) et Hermann Braun (Klaus Löwitsch) se marient. Après une seule nuit d'amour, Hermann doit repartir sur le Front. En 1945, Maria Braun, qui attend le retour de son mari, a pour amant un soldat noir américain, Bill, et travaille dans un bar. Lorsqu'Hermann revient inopinément des camps de prisonniers et que Maria tue Bill d'un coup de bouteille sur la tête, elle laisse son mari s'accuser du crime : c'est lui qui purgera la peine de prison. Pendant ce temps, Maria Braun séduit un industriel dans un train, devient sa maîtresse, son employée puis son associée et mène ses affaires comme «une Mata-Hari du miracle économique». L'industriel, Oswald, est amoureux d'elle, mais Maria refuse de s'attacher à lui, n'attendant que le retour de son mari. Mais lorsque Hermann sort de prison, il disparaît aussitôt après : il ne refera surface qu'à la mort d'Oswald. Maria apprend alors que, selon un contrat, Hermann a promis à l'industriel de lui laisser Maria pour le peu de temps qu'il lui restait à vivre. Le défunt a, par testament, légué la moitié de ses biens aux deux époux… Mais tandis qu'ils sont installés dans cette maison que Maria a fait construire tout exprès pour Hermann, tandis que la radio annonce, ce 4 juillet 1954, la victoire de l'Allemagne au championnat du monde de football, la maison explose : Maria a négligé — volontairement ou par oubli ? — de refermer le gaz de la cuisinière…

Un chef-d'oeuvre

Télescopage…

Avec une nudité crue des images, avec un dynamisme du récit qui semble tout balayer sur son passage et qui débouche sur une vigueur telle que certains, comme Straub, ont pu dire que Fassbinder a réalisé «les films les plus violents qu'ait produits le cinéma allemand», le cinéaste de *Tous les autres s'appelent Ali* s'est attaché une fois encore avec *Maria Braun* à mettre en accusation la société allemande; par un télescopage des dernières images, l'allégorie porte même le récit jusqu'aux années '70.

Le mariage de Maria Braun qui se scelle sous les bombes de 1943 et sous le portrait d'Hitler, tandis que s'éteignent les derniers cris de «Deutschland über alles», prend fin en effet en 1954 avec la victoire de l'Allemagne au championnat du monde de football, en cette époque où l'Allemagne a reconquis sa fierté et oublié la défaite, clôturant le long cycle du miracle économique: et sur cette foule qui hurle à nouveau les chants anciens «Deutschland über alles» défilent les portraits d'Adenauer, Ehrard, Schmidt…

Miss Braun ou Miss Deutschland

Le destin de Maria Braun, maîtresse-femme sûre d'elle-même qui conduit sa vie sentimentale comme ses affaires, avec cette vigueur que les femmes savent acquérir dans les guerres, n'est autre que celui de l'Allemagne entière qui se relève des décombres et qui va s'efforcer de survivre, fraternisant avec l'occupant, échangeant les cigarettes contre les bijoux, l'alcool contre les vêtements, et préparant la reconstruction sans céder à la sentimentalité. Faisant d'abord les doux yeux aux conquérants, Maria prend pour amant un Américain noir. C'est encore par la séduction qu'elle se taille une place dans les affaires: «Je suis la Mata-Hari du miracle économique», dit-elle à son nouvel amant devenu bientôt son associé. Mais si elle a été la maîtresse de l'étranger victorieux, si elle s'est laissé aimer par l'industriel, glorieux soldat, lui, de la lutte économique, Maria Braun croit encore à Hermann; son âme appartient au conquérant battu, l'homme de l'Allemagne profonde, comme on reste fidèle aux idéaux anciens. Personnages de transition, Maria et Hermann n'étaient-ils pas destinés à mourir dès lors que s'achevait la période trouble de l'après-guerre?

L'auteur

Rainer Werner Fassbinder est né le 31 mai 1946. A 19 ans, il réalise son premier court-métrage en 16 mm et, l'année suivante, il opère déjà en 35 mm pour *Le Petit Chaos*. En parallèle, il s'intéresse au théâtre, suit des cours d'art dramatique à Munich, puis il fait ses premières mises en scène et écrit sa première pièce *Katzelmacher* (1968) pour l'Action Theater, une troupe d'avant-garde. Un peu plus tard, il crée l'Antitheater dont les représentations provocatrices feront scandale. Dès 1969, il entame au cinéma une production frénétique qui le conduit même à parier qu'il réalisera 30 films avant l'âge de 30 ans ! Et le pari est tenu : la première année, il réalise trois films dont *Katzelmacher,* adapté de sa pièce, et qui évoque déjà le thème de l'immigré. L'année '70 le verra tourner pas moins de 7 films pour le cinéma et la télévision ; et, comme tout au long de sa carrière, il en écrit souvent le scénario, les dialogues et parfois même s'occupe du montage.

Dans cette oeuvre vaste (environ quarante films), brouillonne pour certains, on note la constance du tragique comme dans *Les Larmes amères de Petra van Kant* (1972), mais surtout des leitmotivs sociaux tels que les rapports de domination et d'oppression liés à la culture et à la sexualité, comme dans *Tous les autres s'appellent Ali* (1973) qui remporta le Prix de la Critique à Cannes : une femme de ménage dans la soixantaine se lie à un jeune travailleur arabe et leur mariage, basé sur la compréhension et la complicité, provoque socialement le drame. *Le Droit du plus fort* (1975), où Fassbinder joue le rôle principal, traite du même thème sur base des rapports de deux homosexuels. Le succès du *Mariage de Maria Braun* (1978) lui permit de s'investir dans une entreprise démesurée, *Berlin Alexanderplatz,* une série de 13 épisodes (14 h) pour la télévision allemande. Ses derniers films tels que *Lili Marleen* (1980) ou *Querelle* (1982) lui ont valu définitivement une audience internationale.

Rainer Werner Fassbinder, mort à l'âge de 37 ans, fut un cinéaste prolifique : pas moins de quarante films pour le cinéma et la télévision, le tout en quelque treize ans ! Il avait tenu son pari de réaliser trente films avant l'âge de 30 ans...

Le Messager
1971

Joseph Losey (1909-1984)

L'oeuvre

Léo Colston (Michael Redgrave) se souvient des vacances qu'il a passées soixante ans plus tôt, en 1900, dans le Norfolk où son ami l'a invité pour quelques semaines. Léo a douze ans (Dominic Guard) et le château de Brandham Hall, avec ses armées de domestiques, son décor somptueux, son parc, est pour lui, garçon d'origine modeste, un lieu d'émerveillements. Vite séduit par cette famille qui joue au crocket et organise des pique-niques, il voue en particulier à Marian (Julie Christie), la soeur aînée de son camarade, une admiration sans bornes.

Vagabondant à travers la campagne, Léo fait la connaissance de Ted Burgess (Alan Bates), un fermier qui tient une métairie. Celui-ci lui confie un billet destiné à Marian, et bientôt, Léo devient le messager entre deux êtres dont il ne peut se douter qu'ils sont amants. La famille — bienséance oblige — feint d'ignorer cette liaison avec un homme de basse extraction.

Lorsque Léo découvre la nature de leur relation, il refuse d'abord de poursuivre son rôle de messager, mais le reprend, craignant de perdre l'affection de Marian. Malheureux devant les mystères du sexe sur lesquels plane ici une atmosphère trop trouble, il recourt à la magie et, par une potion de belladone, croit pouvoir évincer le mal.

Mais le soir de son anniversaire, Léo est brutalement mêlé au scandale : entraîné en plein orage par la mère de Marian vers les communs, il découvre les amants en train de faire l'amour. Le lendemain, Ted Burgess se suicide. Marian, enceinte du fermier, épousera un homme de sa caste...

· Lorsque, soixante ans plus tard, Léo rend visite à Marian, celle-ci, devenue vieille lady, n'hésite pas à lui demander une fois de plus d'être le messager qui pourrait la réconcilier avec son petit-fils. Léo, marqué par ces événements passés, refuse d'être manipulé encore.

> «*Traumatisé à vie, Léo se condamne à la solitude. Vieillard, il se souvient de son rôle de messager comme de la navette faite par un petit Mercure moins rangé au service du Dieu de l'Amour qu'à celui des puissances du Mal.*» J. L. Bory

Un chef-d'oeuvre

Le tournage

Le roman de Hartley, dont est adapté *Le Messager,* avait attiré l'attention de Losey dès 1953, parce qu'il lui permettait d'évoquer non seulement le début du siècle mais aussi l'impact du passé sur le présent. Après ce «coup de foudre», il eut à lutter pendant dix ans pour acquérir les droits d'auteur. C'est Harold Pinter, avec qui il avait travaillé pour *The Servant* et *Accident,* qui adapta le roman. Outre que la quête des producteurs ne fut pas une mince affaire, ceux-ci, une fois trouvés, jugèrent le budget trop important. Résultat : Losey dut convaincre Alan Bates et Julie Christie de tourner gratuitement ! Le film fut terminé en huit semaines.

L'atmosphère du film, cet accablement des journées d'été bourdonnantes de chaleur, doit en grande partie à l'art du cinéaste, mais aussi au décor dans lequel il fut tourné : le Norfolk, une région qui n'a pas beaucoup changé depuis 1900. Pour son film, Losey a même essayé de retrouver les couleurs d'un peintre anglais qui jadis avait beaucoup travaillé sur place. Le tournage eut lieu dans une vaste maison de 126 pièces et, pour éviter le côté «emprunté» des acteurs jouant en costumes d'époque, Losey eut l'idée d'en faire une habitude : «Nous vivions tous dans cette maison. Ils portaient toujours leurs habits et ils jouaient et ils mangeaient en costume».

L'enfance trahie

Avec *Le Messager,* Losey reprenait ce thème, déjà traité dans plusieurs de ses films et notamment dans *Le Garçon aux cheveux* verts, son premier film, de l'enfant abusé par le monde adulte. Non seulement victime de l'hypocrisie de cette société victorienne qui, tout en connaissant la passion des deux amants, préfère la nier et se réfugier dans le mensonge, Léo est aussi devenu le jouet des deux adultes qu'il aimait : quand il découvrira finalement qu'on ne lui portait pas une affection désintéressée, il en sortira humilié, conscient de la manipulation dont il fut l'objet.

Enfin, cette relation amoureuse dénaturée, pervertie par les préjugés, débouche sur le malaise et gardera pour l'enfant le goût des sortilèges maléfiques. Léo y a perdu son innocence : il en sera marqué à jamais, au point de devenir ce vieillard aigri, solitaire…

> *« C'est le monde de l'enfance, avec ses rites, ses curiosités, ses flambées de joie et de peines, ses secrets, qui est ici exploré, tandis que, de l'autre côté de la barrière de l'âge, les adultes oublient la beauté de la vie et se laissent stupidement condamner au malheur par faiblesse ou vanité sociale. »* Baroncelli

De haut en bas
Comme il l'avait déjà fait dans *The Servant, Cérémonie secrète* ou *Boom*, Losey a mis en scène dans *Le Messager* les rapports de force qui existent entre les individus. Ils sont devenus ici rapports de classes sociales, conformément à une Angleterre victorienne où la société est rigoureusement structurée. Marian appartient à la haute bourgeoisie, son amant est un simple métayer, quant au petit Léo, il est d'origine bourgeoise mais modeste. Et comme le soulignait J. L. Bory, « la catastrophe vient de là : la navette que fait le gamin entre l'homme et la femme est verticale : de bas en haut et de haut en bas ».

Go between, présent/passé
Ce va-et-vient d'une classe à l'autre est du reste accompagné d'un jeu sur le temps : le film circule, lui, du présent au passé avec une fluidité qui se distingue brillamment de la technique simpliste du flash-back. Ce sont des inserts montrant des éléments du monde moderne qui permettent de briser le récit du passé, créant chez le spectateur une distanciation identique à celle du vieillard. Cela annule en quelque sorte le sentiment d'oppression par une «catharsis tardive», comme disait Losey, puisqu'en effet le vieil homme

refuse finalement de se laisser une fois encore manipuler. «Peut-être ce temps parrallèle, dit Losey, donne-t-il une impression de soulagement».

> «*Le passé est une terre étrangère où l'on agit tout autrement*».
> Le Messager

L'auteur

Joseph Losey est né en 1909 dans le Wisconsin d'une famille bourgeoise d'origine hollandaise. Très tôt intéressé par le théâtre, il monte des pièces au collège et, après avoir abandonné ses études de médecine, écrit des articles sur le théâtre. Il voyage en Angleterre avant de débuter réellement aux Etats-Unis, d'abord comme régisseur puis en mettant en scène plusieurs pièces dont *Little Old Boy* (1933). Il voyage à Moscou (1935) où il se passionne pour Meyerhold. Au retour, son théâtre sera «politisé», influencé par Brecht, et il monte plusieurs pièces pour des théâtres populaires comme le *Living Newspaper*. Il participe à un cabaret politique où il monte des spectacles antinazis et dirige, en 1938, un programme de films éducatifs pour la fondation Rockfeller. Il entre à la radio NBC en 1942.

C'est en 1944 qu'Hollywood s'intéresse à lui : il fait ses preuves en réalisant un court métrage *A Gun in his hand* qui remporte une nomination aux Oscars, avant de réaliser son premier film, *Le Garçon aux cheveux verts* (1948), fable sur la discrimination raciale, qui fut mal reçu en cette époque férocement anticommuniste. Mais avec *The Lawless* (1950) qui reste encore un film «à message», puis avec notamment *Le Rôdeur* et *La Grande Nuit*, Losey confirme son talent et sa maîtrise de la technique.

C'est à l'occasion d'un tournage en Italie (*Un Homme à détruire* 1952) que Losey est pris à partie par la Commission des Activités Antiaméricaines : aux Etats-Unis, le maccarthysme bat son plein ! Losey s'exile à Londres où il continue à tourner des films où s'exprime un profond pessimisme ; comme dans *Temps sans pitié* (1957) où Losey traite du problème de la peine de mort, *Les Criminels* (1960) sur les prisons et *Les Damnés* (1961) qui, par le biais de la science-fiction, rappelle les dangers de la bombe atomique.

Losey aborde un cinéma moins directement engagé avec *Eva* (1962), adapté de James Hadley Chase, qui évoque autant le thème de l'exil que le rapport destructeur homme-femme, traité également dans *Boom*. Ce thème des relations entre individus, il l'approfondit avec brio dans sa trilogie avec Harold Pinter : *The Servant* (1963), *Accident* (1967) et *Le Messager* (1971).

Son oeuvre, qui compte plus de trente films, touche à tous les domaines, autant à l'allégorie politique (*Deux Hommes en fuite* - 1970) qu'à l'histoire (*L'Assassinat de Trotski* - 1972) en passant par la quête d'identité (*M. Klein* - 1976) ou l'opéra (*Don Giovanni* - 1979). Après *La Truite* (1982) qui fut un échec commercial, il tourne encore *Steaming* avant de mourir en 1984.

« *Oui, décidément, il faut le dire et le répéter :* Le Messager *est une superbe symphonie tonique et déchirante.* » Nourissier

M. le Maudit
1931-32

Fritz Lang (1890-1976)

L'oeuvre

Un criminel (Peter Lorre), qui assassine des enfants, trouble la
ville de Berlin. De bons bourgeois en viennent à se soupçonner
mutuellement; des hommes sont arrêtés, molestés par la foule.
Mais les rafles de la police sont sans résultat. On promet une forte
récompense à celui qui pourra identifier le criminel. En vain. Une
autre fillette est trouvée assassinée.

Face à cette menace, la pègre se met elle aussi en chasse. Le
criminel perturbe la bonne marche de leurs affaires en jetant le
discrédit sur leur corporation. «Nous n'avons rien de commun
avec cet homme… Il y a un abîme entre lui et nous … Nous exer-
çons notre métier parce que nous devons vivre. Mais ce monstre
n'a aucun droit de vivre! Il doit disparaître. Il doit être exterminé
sans pitié, sans ménagements!»

Les mendiants sillonnent les rues, quadrillent la ville à la recherche de M. le Maudit, tandis que la police trouve une piste en
enquêtant dans les asiles. Un mendiant aveugle identifie l'assassin grâce à un petit air qu'il sifflote. Traqué par la pègre, M. le
Maudit se réfugie dans un grand immeuble que les truands vont
fouiller de fond en comble avant de le retrouver.

M. le Maudit est jugé par un pseudo-tribunal composé de
voleurs, mendiants et prostituées. En une parodie de jugement,
Schränker, le chef de la pègre, refuse que M. soit remis aux mains
des médecins. Et tandis que la police survient pour le remettre
à la justice, M. est massacré par ses juges improvisés.

Un chef-d'oeuvre

Un reportage

M. le Maudit pourrait être considéré comme un reportage puisqu'il rendait compte d'un fait divers, la série de crimes commis par le «vampire de Düsseldorf». Ce Kuerten, qui assassinait les petites filles et qui adressait des poèmes en vers à la police pour décrire son prochain crime, avait défrayé la chronique et mobilisé pendant des années toute la police du pays. «J'ai réalisé ce film, disait Fritz Lang, en pensant qu'on pouvait prévenir le mal en le montrant. Mon film était conçu avant qu'on ait découvert l'assassin. Bien des choses prévues pour le film se sont trouvées réalisées.»

Des assassins...

Mais Fritz Lang, en faisant intervenir dans son film la pègre qui se met en chasse du Maudit, faisait une allusion à peine voilée aux exactions commises par le mouvement nazi qui commençait à l'époque à se développer. Les partisans d'Hitler, perspicaces, tentèrent même de dissuader Lang de réaliser son film. Devant son refus, ils lui imposèrent d'en changer au moins le titre original — *Les Assassins sont parmi nous* — qui dénonçait de façon trop éloquente les exécutions sommaires des SS.

Et si Fritz Lang déclara souvent que ses films n'avaient rien de politique, comment expliquer alors la censure dont *M. Le Maudit* fut l'objet? La projection fut interdite avant guerre en Italie et, en Allemagne, par Goebbels qui utilisa certains passages du film pour illustrer sa propagande sur l'art dépravé!

Réaliste et expressionniste

F. Lang, qui se voulait réaliste, a en effet peint avec brio toute une époque — le chômage et le marché noir, la pègre, les petites gens, la police — accordant aux lieux et aux décors la vérité d'un reportage. Toutefois, *M. le Maudit* est imprégné par cet expressionnisme qui donne aux objets et aux images un sens tout particulier. Ombres qui se profilent sur les murs, éclairages diffus et fumées voilant certaines scènes, éclat de lumière sur la lame d'un couteau: autant de signes renforçant une idée ou même la suggérant. Telle encore cette fillette, jouant avec une balle, tandis que se profile sur une affiche la silhouette de l'assassin; le meurtre de la petite fille n'est pas montré : seule la balle qui s'échappe, roule dans un buisson, laisse entendre que la fillette est devenue une victime.

> « *On trouve dans* M. le Maudit, *les thèmes communs à toute l'oeuvre (passée et future) de Lang : thème de l'innocence pourchassée, affrontement d'Eros et de Thanatos, combat de l'individu contre les Dieux, omniprésence du Destin, enfin sentiment dominant de claustrophobie.* » Claude Beylie

L'auteur

Fritz Lang est né à Vienne le 5 décembre 1890. Suivant les conseils de son père, il s'essaie aux cours d'architecture avant de se rendre compte qu'il n'est pas fait pour cette profession. Il se tourne vers la peinture et étudie l'esthétique à Munich, mais là n'est pas sa voie : il part pour un long voyage autour du monde, Afrique, Asie, Europe et subvient à ses besoins en peignant des aquarelles et en dessinant des caricatures. Bloqué à Paris au début de la guerre, il s'évade, rejoint Vienne et s'engage dans l'armée. Blessé au front, il fait de longs séjours dans les hôpitaux.

Il découvre le cinéma vers 1916, écrit plusieurs scénarios qui seront réalisés notamment par Joe May. Mais dès 1919, il se veut le réalisateur de ses propres films et obtient tout pouvoir de son producteur Erich Pommer. *Halv-Blut (Le Métis)* consacre déjà son talent et sera suivi de nombreux films avant que *Le Docteur Mabuse* (1922) et surtout *Les Niebelungen* (1923-24) lui taillent une réputation nationale. Au point que Goebbels, tout en connaissant ses origines juives, lui propose de devenir le metteur en scène officiel du cinéma nazi !

C'est un fait que, avec *Les Niebelungen,* Lang faisait l'apologie de l'idéal germanique, tout comme avec *Métropolis* (1926), où au coeur d'une cité moderne, une révolte ouvrière se terminait par une réconciliation maîtres-esclaves. Il exposait des théorie qui devaient plaire au national-scoialisme — théories, il est vrai, que distillait son épouse et scénariste, Thea von Harbou, qui allait plus tard rejoindre le parti nazi...

Fritz Lang, lui, préfère l'exil et, en 1933, après son célèbre *Testament du Docteur Mabuse* (1933), il fuit, d'abord à Paris, puis aux Etats-Unis, où après quelques années improductives, il entamera une nouvelle carrière avec, notamment, *Fury* (1936), *Les Bourreaux meurent aussi* (1943) et *La Rue rouge* (1945).

Après la guerre, il produira encore une dizaine de films (dont une superproduction en Inde, *Le Tigre du Bengale*) qu'on jugera sévèrement, ne retrouvant plus l'auteur-clé de l'expressionnisme allemand, ni le Fritz Lang de jadis dont les thèmes — le destin et la puissance, la justice et l'innocente victime traquée — avaient si bien soutenu ce cinéma qu'on a dit métaphysique et éthique à la fois.

2001, Odyssée de l'espace
1968

Stanley Kubrick (1928)

L'oeuvre

L'aube de l'humanité

Des hommes-singes découvrent un jour un monolithe noir, parfait parallélépipède. Plus tard, l'un des anthropoïdes tue son adversaire à l'aide d'un os arraché à un squelette : il a inventé la première arme. Cet os, lancé dans le ciel, en un raccord fulgurant, est remplacé sur l'image par un vaisseau spatial se dirigeant vers une station orbitale, proche de la lune, où l'on découvre un monolithe identique.

Mission Jupiter

Le vaisseau Discovery vogue vers Jupiter, avec à son bord deux cosmonautes et trois savants en hibernation. HAL 9000, un ordinateur de la quatrième génération, doué de la parole et qui guide la course de l'astronef, a reçu pour mission d'enquêter sur les intelligences extra-humaines que l'on a localisées grâce au monolithe-relais sur la lune.

A l'approche de Jupiter, HAL se trouble, provoque une avarie et tue les trois savants ainsi qu'un cosmonaute. L'unique survivant, Bowman, déconnecte HAL qui, en mourant, lui révèle le secret de sa mission.

D'où vient le nom de l'ordinateur de 2001, HAL ? Quelqu'un remarqua que les lettres H, A, L, précédaient chacune directement les trois lettres I, B, M... Une simple coïncidence ! comme le signale Kubrick, puisqu'il a composé le nom de HAL à partir de mots : l'Heuristique et l'ALgorithmique.

Au-delà de l'infini

Alors que Bowman approche de Jupiter, il croise un autre monolithe noir. En une vertigineuse plongée dans l'espace-temps, il se
retrouve sur la planète, enfermé dans un étrange salon de style
Louis XVI. Il se contemple lui-même vieillissant. Il meurt pour
renaître, foetus qui retourne vers la terre.

Un chef-d'oeuvre

Un documentaire magique

Le cinéma n'est-il pas avant tout affaire d'images ? C'est sur ce
principe élémentaire que Stanley Kubrick a conçu son film *2001,
Odyssée de l'espace*. S'éloignant de la conception traditionnelle
qui a toujours mis en évidence l'intrigue, la progression et une
conclusion mise en paroles et explicitée, Kubrick a réalisé un film
intraduisible en mots.

«2001 est essentiellement une expérience de cinéma inexprimé,
dit-il, c'est-à-dire renonçant à la facilité de la parole. Plus de la
moitié du film est sans dialogue aucun et l'oeuvre tout entière a
été conçue pour s'adresser au subconscient et aux sens plutôt qu'à
l'intelligence».

Une histoire très simple

Choc des images oblige, l'*Odyssée de l'espace* laisse au spectateur une sensation diffuse, non réductible en paroles. Et c'est bien
la qualité d'un tel film de susciter les interprétations les plus diverses. Pourtant, Kubrick prétend y voir une histoire très simple :
il y a quelque 5 millions d'années, des explorateurs extra-terrestres
auraient laissé sur terre une sorte de témoin-relais de leur passage. Deux autres monolithes auraient été laissés sur la lune et
autour de Jupiter.

Mais qu'arrive-t-il exactement à Bowman quand il approche de
Jupiter ? «Il est aspiré dans un champ de gravitation, explique
Kubrick, qui le projette dans une autre galaxie, où il est soumis
à des règles de temps et d'espace qui n'ont plus rien de commun
avec l'échelle humaine.»

En fait, il est devenu un animal observé par les extra-terrestres
qui le placent dans une sorte de zoo (la chambre Louis XVI) où

ils pourront l'étudier à leur aise. «La vie entière du cosmonaute se déroule dans cet endroit, poursuit Kubrick; mais pour lui, le temps a cessé de couler selon des normes humaines: sa vie peut être compressée sur quelques minutes, ou étirée à l'extrême. L'homme meurt, et il renaît sous une autre forme. Il retourne vers la terre. Mais il n'est plus lui. Il est ange, ou surhomme.»

Un conte métaphysique

L'*Odyssée de l'espace* est plus qu'un western sidéral ou une hypothèse sur l'existence des extra-terrestres. «Le film peut contenir tout ce qu'on veut», disait Kubrick. Omniprésent dans le temps et l'espace, noir, lisse et luisant, le monolithe de *2001* aux formes si parfaites ne serait-il pas l'expression de l'éternité? Ou bien de l'infini? Symbole de la quête insatiable que mène l'homme pour découvrir l'essence de la vie, il fut peut-être aussi selon Kubrick la «définition scientifique de l'existence de Dieu».

Effets spéciaux ou spatiaux?

Ce n'est pas un des moindres paradoxes de *2001* que d'avoir plongé le spectateur dans l'infini de l'espace, de lui avoir donné le vertige de l'immensité sidérale, alors que le film fut pratiquement réalisé en studio à coups de décors miniatures!

Le vaisseau Orion mesure en réalité 90 cm de long, et le vaisseau Discovery qui conduit le héros vers Jupiter avait 4,50 m de long. Quant au sas lunaire, sa longueur était de 60 cm! Les décors géants ne furent pas pour autant rejetés: la centrifugeuse de Discovery n'avait pas moins de 40 m de haut!

Mais l'étonnante crédibilité du film provient aussi du sérieux avec lequel fut conçu l'univers de *2001*. De l'ordinateur qui parle jusqu'au transfert des astronautes dans le vide en passant par la vie sur la lune, les spécialistes ont conclu à la vraisemblance du contenu du film. Et pour cause: une quarantaine d'organisations scientifiques et astronautiques, dont la PANAM, IBM, Vickers-Armstrong et la NASA, ont collaboré à la réalisation du film. Quant au scénario, il fut écrit en collaboration avec Arthur Clarke, savant et animateur de la British Interplanetary Society.

Un tournage de plus de trois ans... Les conseils de la NASA...
Un budget de 12 millions de dollars...

L'auteur

Né à New York en 1928, Kubrick devient journaliste et réalise de nombreux films d'amateur en 16 mm avant de se faire remarquer par des films qu'il produit lui-même, *Fear and Desire* (1953) et le *Baiser du tueur* (1955). La rencontre de James B. Harris est décisive : celui-ci devient le producteur de *L'Ultime razzia* (1956), récit d'un hold-up au champ de course, film qui remporte un grand succès.

Avec *Les Sentiers de la gloire* (1957) dont la projection fut interdite en France, il se taillait une réputation de grand professionnel qui serait confirmée, après *Spartacus* et *Lolita,* par le célèbre *Docteur Folamour* (1963), farce tragi-comique sur l'absurdité de la bombe atomique.

L'*Odyssée de l'espace* (1968) fut suivie par le non moins célèbre *Orange mécanique* (1971), oeuvre sur l'escalade de la violence, de *Barry Lyndon* (1975) et de *The Shining* (1979) où l'on retrouve le thème de la violence cher à Kubrick. «Bien qu'un certain degré d'hypocrisie existe à ce propos, dit-il, chacun de nous est fasciné par la violence (...), nous sommes très peu différents de nos primitifs ancêtres.»

> «*La vérité d'une chose réside dans la sensation qu'elle procure, non dans l'idée qu'on s'en fait*». Kubrick

Providence
1976

Alain Resnais (1922)

L'oeuvre

Clive (John Gielgud) est un vieil écrivain de 78 ans, gravement malade et qui essaye de noyer son insomnie dans le Chablis et le whisky. En attendant l'aube, il s'embarque dans des rêveries plus ou moins contrôlées, guidant le flux de sa capricieuse imagination en fonction d'un roman qu'il projette d'écrire. En fait, il s'amuse à jongler avec des personnages de fiction dont on apprend progressivement qu'ils ne sont autres que ses proches parents et amis.

L'écrivain a deux fils. Le premier, Claude (Dirk Bogarde), est avocat et Clive en fait un personnage dur, rigoriste, docte et s'étonne qu'il ait une épouse aussi adorable que Sonia (Ellen Burstyn); il l'accable des rôles les plus ridicules: mari bafoué, procureur sans pitié, amant lamentable. Kevin, le fils bâtard de l'écrivain, est un astro-physicien dont l'écrivain fait un portrait flatteur, un héros pur et sensible.

Enfin, dans cette ébauche de roman en forme de débauche imaginaire, fait sans cesse irruption l'épouse de Clive, Molly, qui s'est suicidée.

Ivrogne, cynique, obscène même, Clive est rappelé sans cesse à la réalité par la souffrance contre laquelle il se révolte avec fureur. Pour retomber parfois dans des songes qui échappent à sa volonté créatrice et qui viennent parasiter le fil de son histoire,

Providence: *c'est d'abord le nom de la propriété dans le film. Mais aussi «les desseins obscurs de la providence»: le vieux romancier agit en effet avec ses personnages comme la main de la providence…*

telles ces cohortes de jeunes soldats poussant devant eux des troupeaux de vieillards, tel ce footballer qui continue un imperturbable footing, comme s'il s'était trompé de film…

Mais la nuit se termine, et c'est en chair et en os, en plein soleil, qu'apparaissent les personnages de ses rêveries : ses deux fils et sa belle-fille viennent célébrer l'anniversaire de Clive. Cette lumière du jour les éclaire sous un angle différent… Tous trois sont également tendres et respectueux !

A la fin du repas, Clive demande à ses enfants de le quitter sans lui dire adieu, pressentant sans doute sa fin toute proche.

Un chef-d'oeuvre

La mémoire

C'est à une véritable autopsie de la création littéraire que nous convie *Providence*. Et ce n'est pas un hasard si le film commence par un travelling dans un parc sombre où l'on distingue, sous la végétation foisonnante, les vestiges d'une ancienne cité : elle illustre la métaphore du film, la vision labyrinthique de l'inconscient et de l'imaginaire…

Réflexion sur la vieillesse et la mort aussi, sur la solitude et le souvenir, *Providence* aurait pu sombrer dans le mélodramatique, mais Resnais a choisi de traiter son sujet sur le ton de la drôlerie et de l'humour très britannique. Et John Gielgud, rabelaisien, tonitruant, a su incarner à merveille ce vieil écrivain qui, en véritable démiurge, manipule ses personnages comme des marionnettes, fait irruption dans le déroulement de son propre film imaginaire : pour refouler brutalement tel personnage («Molly, sors tout de suite de mon esprit»), lui couper la parole ou le critiquer. Pour saluer parfois, d'un rire satisfait, une de ses trouvailles de romancier.

> **Les paradoxes de la mémoire.** *Le viel écrivain qui projette son film imaginaire n'a pas toujours le bon décor : ainsi lorsqu'il met en scène ses deux fils s'affrontant en justice, il n'a des tribunaux qu'un souvenir assez vague… Resnais a donc délibérément créé des décors en trompe-l'oeil, avec des erreurs, des perspectives improbables !*

Un puzzle

Mais *Providence* est avant tout une superbe exploration des rapports qu'entretiennent, dans la pensée, le réel et l'imaginaire ; c'est là toute l'audace du film : ces glissements incessants de l'un à l'autre. «Pour *Providence,* disait Resnais, on pourrait élaborer un plan où seraient représentés les paliers, les niveaux de la réalité, avec le temps des différentes interruptions, l'envahissement de l'imaginaire par la réalité».

Pour restituer ce champ de l'inconscient aux frontières intangibles qui vient lécher par vagues l'espace du réel sans que la raison puisse en maîtriser le flux, il fallait briser le fil trop linéaire du récit classique : aussi Resnais a-t-il composé un puzzle qui, dans un désordre (rien qu'apparent), nous donne à voir l'indicible.

Un cinéma littéraire

L'oeuvre de Resnais constitue en son ensemble un univers si homogène qu'on s'étonne parfois d'apprendre que chacun de ses scénarios a été écrit par des écrivains différents, tels Robbe-Grillet, Duras, Semprun... C'est que son style, sublimant tout type de récit, est parvenu à imposer sa propre personnalité ; et si les films sont différents, les thèmes récurrents sont bien ceux de Resnais : l'obsession du temps et de la mort, celle de l'amour, la peur enfin de la dictature. Leitmotivs auxquels se greffe une constante dans le traitement : les jeux avec l'imaginaire.

L'art du peintre

Avec une sensibilité de cinéaste familier des grands peintres (il a réalisé de nombreux films d'art), Resnais a créé une oeuvre esthétique où chaque plan a la valeur et la beauté formelle d'un tableau. Mais sa parfaite maîtrise de la technique, son intelligence et surtout son perfectionnisme l'empêchent de jamais basculer dans l'esthétisme gratuit.

Cette rigueur, il la trahit modestement en se disant «ouvrier du cinéma». «Si j'ai fini par signer des films, dit-il, c'est pour gagner ma vie : parce que les producteurs m'ont demandé d'en faire. Ce n'est jamais moi qui l'ai proposé, ni même cherché....»

Une équipe avant tout

C'est du reste de cette façon qu'est né *Providence* : deux producteurs, Hellwig et Gasser, ont sollicité Resnais en lui proposant

de rencontrer un dramaturge anglais, David Mercer, auteur de
Morgan et *Family Life,* qui écrirait le scénario d'un film où joue-
rait Dirk Bogarde. «Bref, ils voulaient faire un paquet de nous
trois, dit Resnais... Et je suis allé frapper, intimidé, à la porte
de Mercer, à Londres.» Toutefois, pour la première fois sans
doute, Resnais trouvait un scénariste qui pouvait se plier complètement à son univers : une façon d'expliquer sa meilleure oeuvre ?

> «*Mes films sont une tentative, encore très grossière et primi-
> tive, d'approcher de la complexité de la pensée, de son méca-
> nisme... Nous avons tous des images, des choses qui nous
> déterminent et qui ne sont pas une succession logique d'actes
> qui s'enchaînent parfaitement. Il me paraît intéressant d'explo-
> rer ce monde de l'inconscient, du point de vue de la vérité,
> sinon de la morale.*» Resnais

L'auteur

Né en 1922 à Vannes, Alain Resnais tourne ses premiers films
d'amateur dès ses 13 ans. Après des études à l'IDHEC, il participe comme monteur au *Paris 1900* de Nicole Védrès. C'est en
1948 qu'il commence à réaliser des films d'art avec *Van Gogh,
Guernica, Gauguin* et *Les Statues meurent aussi,* film sur l'art
africain en collaboration avec Chris Marker.

Son oeuvre est marquée par la participation régulière d'écrivains qui vont donner au film une forte connotation littéraire. On
la trouve dans *Nuits et Brouillards* (1955) racontant les camps nazis
et dont le scénario est écrit par Jean Cayrol. *Toute la Mémoire
du monde* est un hommage très borgésien à la Bibliothèque Nationale. Enfin, avec *Le Chant du Styrène* (1958), il nous guide sur
un texte amusant de Queneau dans les usines Péchiney.

Son premier long métrage lui vaut d'emblée une réputation de
grand cinéaste : *Hiroshima mon amour* (1959) est réalisé à partir
d'un scénario de Marguerite Duras, mais déjà Resnais affirme un
style très personnel : il filme la réalité et l'homme comme s'il fouil-
lait le tableau d'un peintre, en quête d'une vérité cachée. Avec

Robbe-Grillet, il réalise *L'Année dernière à Marienbad* (1961) où déjà il démontre sa thèse qui veut que la forme elle-même véhicule le sens.

La hantise de la guerre, autre thème du cinéaste, trouve à s'exprimer dans *Muriel* (1963), un récit de Cayrol sur l'Algérie, et *La Guerre est finie* qui, sur un scénario de Jorge Semprun, raconte l'amertume des militants espagnols embourgeoisés. Avec Jacques Sternberg, Resnais se lance dans la science-fiction par *Je t'aime, je t'aime* (1968) puis s'égare avec *Stavisky* (1974) dans une veine qui ne lui convient guère.

Autant dans *Providence, La Vie est un roman* (1983), *Mon Oncle d'Amérique* (1980) où Resnais s'essaye avec humour à la réflexion scientifique, que dans *L'Amour à mort* (1984) et *Mélo* (1986) adapté d'une pièce de Bernstein, Resnais prouve qu'il peut se nourrir d'univers très différents tout en les imprégnant de son style très personnel. Un cinéaste qui, avec son opiniâtre modestie, a choisi la liberté: «Je ne cherche pas la continuité... Je ne me sens pas l'obligation d'être un auteur et je n'ai qu'une terreur, celle de me répéter.»

«*Je me pose très peu de questions quand je fais un film. Je n'ai jamais d'intention au départ et c'est peut-être parce que j'en ai si peu que le spectateur parfois peut s'y installer commodément. D'où ce paradoxe qui fait que ceux qui n'aiment pas mes films les trouvent cérébraux alors qu'ils apparaissent, à moi, totalement instinctifs.*» Resnais

Psychose
1960

Alfred Hitchcock (1899-1980)

L'oeuvre

Phoenix. A l'heure du déjeuner, Marion Crane (Janet Leigh) rencontre son amant dans une chambre d'hôtel. De retour à son bureau, elle reçoit d'un riche client 40.000 dollars qu'elle doit déposer à la banque. Marion quitte la ville en emportant l'argent.

Le soir, pour fuir l'orage, Marion se réfugie dans un motel désert, tenu par Norman Bates (Anthony Perkins), un jeune homme qui lui parle de sa vieille mère impotente qui vit dans la maison gothique, en face du motel. Marion l'a entendue un peu plus tôt crier contre son fils.

Alors que Marion prend sa douche, une vieille femme se rue sur elle et la tue à coups de couteau, puis disparaît aussitôt. Norman qui surgit ensuite semble accablé. Il efface toute trace du crime et emporte le corps de Marion, ses vêtements et ses bagages dans le coffre de la voiture qu'il laisse enfin s'enliser dans un étang.

La soeur de Marion, Leila (Vera Miles), part à sa recherche en compagnie de Sam. Un détective, Arbogast, qui entreprend l'enquête de son côté, se rend au motel où Norman, troublé, refuse de lui faire rencontrer sa mère. Arbogast va téléphoner à Leila et Sam, et leur parle de sa visite. Puis, en cachette, il pénètre dans la maison. Au premier étage, il est assailli par des coups de couteau et meurt à son tour.

Entretemps, Leila et Sam apprennent chez le shérif que la mère de Norman est morte depuis 8 ans! Ils se rendent au motel où Norman, déguisé en vieille femme, essaye de tuer Leila. Sam l'en empêche. Le jeune couple découvre que la mère est un cadavre momifié… Norman jouait à la fois son propre rôle et celui de sa mère.

Dans sa cellule, il monologue et, complètement possédé par l'image de sa mère, il prend la voix de la vieille femme.

Un chef-d'oeuvre

Un roman …

Le roman de Bloch dont est tiré le film *Psychose* était inspiré par un fait divers : l'histoire d'un homme, aux Etats-Unis, qui avait tué sa mère et gardé le cadavre chez lui. Ce qui séduisit Hitchcock, ce fut, précisément, le meurtre : « La seule chose qui m'a plu et m'a décidé à faire le film, dit-il, était la soudaineté du meurtre sous la douche ; c'est complètement inattendu et, à cause de cela, j'ai été intéressé. »

Fausses pistes

Toute la structure du film semble en effet reposer sur ce moment-clé du meurtre de la jeune femme, sur le plaisir aussi de la totale manipulation qui fascine Hitchcock. Il confiait à Truffaut : « La première partie de l'histoire est exactement ce qu'on appelle à Hollywood un «hareng rouge», c'est-à-dire un truc destiné à détourner votre attention, afin d'intensifier le meurtre, afin qu'il constitue pour vous une surprise totale». Et ce début en effet où Marion fuit avec l'argent volé, Hitchcock l'allonge au maximum (elle passe une soirée avec Norman et l'on croit même qu'elle va se repentir), accorde à l'argent une telle importance que le crime, lui, est complètement inattendu ! D'autant plus qu'il n'est pas habituel de tuer la star au premier tiers du film !

Dans la douche

Le meurtre de Janet Leigh n'est pas sans raison une des séquences les plus célèbres du cinéma mondial. Le tournage de cette seule scène de 45 secondes a duré 7 jours ! Et il a fallu 70 positions de caméras ! Hitchcock raconte qu'on lui avait fabriqué pour la circonstance un superbe torse factice avec du sang qui pouvait jaillir au moindre coup de couteau. En fait, il ne s'en servit pas.

Toute la scène est née d'un montage savant de plans très serrés. Il a utilisé un modèle nu qui doublait la vedette, Janet Leigh n'intervenant que pour les plans sur les mains, les épaules et la tête. Hitchcock ne voulait pas montrer tout le corps nu : « Nous filmions certains plans au ralenti pour éviter d'avoir les seins dans l'image ».

Petits budgets et grosse recette

Hitchcock prétendit que le sujet et les personnages de *Psychose* lui importaient peu. Ce qu'il voulait, c'était une construction, un montage, qui puissent « faire hurler le public ». Il voulait en somme s'amuser, faire une expérience technique… L'autre but était de savoir s'il pouvait réaliser un long métrage avec un petit budget. Il réalisa donc *Psychose* avec une équipe de télévision pour le tourner rapidement, à l'exception de quelques scènes clés où il s'attarda. Il produisit donc le film lui-même avec un modeste budget de 800.000 dollars. En 75, soit en quinze ans, *Psychose* lui avait rapporté 13 millions de dollars de bénéfice ! Sans doute, ce fut là le plus grand succès d'Hitchcock.

L'auteur

Alfred Hitchcock est né à Londres en 1899. Son père est marchand de légumes (la nourriture dans son oeuvre sera toujours intimement mêlée au meurtre, jusqu'à ce que, dans *Frenzy,* il en vienne même à cacher un cadavre dans un camion bourré de sacs de pommes de terre). Une de ses plus grandes peurs, enfant, est liée à la police : il a 4 ou 5 ans lorsque son père, pour le punir, l'envoie au poste de police avec une lettre. Le commissaire la lit, puis enferme l'enfant dans une cellule pendant plusieurs longues minutes… Un événement qui évoque un des thèmes favoris du réalisateur : l'homme injustement accusé.

Pensionnaire chez les Jésuites dont Hitchcock confie qu'ils lui ont inculqué la science du suspense (on annonçait le fouet le matin sans préciser à quel moment la punition aurait lieu !), il voue dès l'adolescence une passion au théâtre et au cinéma, particulièrement pour Griffith, Murnau et Fritz Lang dont l'expressionnisme marquera profondément toute son oeuvre.

Hitchcock suit des cours de dessin dans une école technique puis à l'Université de Londres. Sa patte, et surtout son humour, il les met au service de la publicité dans une compagnie d'électricité où il entre à l'âge de 19 ans. Mais l'année suivante, plein d'aplomb, il se présente aux studios Famous Players-Lasky, des producteurs américains qui viennent d'installer une succursale à Londres, et il leur propose des dessins pour légender les intertitres des films muets. Il est accepté sur le champ.

Hitchcock se forme sur le tas, apprenant à écrire des scénarios en compagnie d'écrivains américains ou filmant des scènes secondaires. Quand le producteur anglais, Michael Balcon, reprend les studios d'Islington, Hitchcock devient assistant metteur en scène. C'est lors de la réalisation de *Woman to Woman* (1922) qu'il rencontre Alma Reville, scripte et monteuse du film, qui deviendra son épouse quelques années plus tard.

Homme à tout faire, Alfred fait ses classes comme dialoguiste, assistant, adaptateur jusqu'en 1925, année pendant laquelle il réalise son premier film en tant que metteur en scène, *Pleasure Garden*. Il a 26 ans. Ce mélodrame exotique lui vaut d'emblée une réputation enviable : on l'appelle «le jeune homme au cerveau de maître». Réalisant deux films par an et parfois plus, Hitchcock entame cette carrière féconde qui fera de lui le maître du suspense : on ne compte pas moins de 25 films pour cette période anglaise dont les célèbres, *L'homme qui en savait trop* (1934), *Les trente-neuf Marches* (1935) et *Une Femme disparaît* (1938).

Lorsque la guerre éclate, Hitchcock, qui a toujours admiré le professionnalisme des Américains, accepte les offres d'Hollywood. Il réalisera notamment : *Rebecca* (1940), *Les Enchaînés* (1946), *L'Inconnu du Nord-Express* (1951), *Fenêtre sur Cour* (1954), *La Mort aux trousses* (1959), *Psychose* (1960) et *Les Oiseaux* (1963)…

Au total, près de soixante films dont la rigueur et la structure ont fini par le hisser bien au-delà du statut du simple réalisateur de polars à suspens.

Le Voleur de bicyclette

1948

Vittorio De Sica (1901-1974)

L'oeuvre

Ricci, ouvrier en chômage, obtient une place de colleur d'affiches, à une seule condition, posséder une bicyclette. La sienne étant au Mont-de-Piété, sa femme y dépose tous les draps de la famille... Le premier jour de travail, alors qu'il s'évertue à coller une grande affiche représentant Rita Hayworth, Ricci se fait voler sa bicyclette.

Aidé de ses amis, il se met à chercher sa bicyclette dans les rues de Rome au cours d'une longue journée épuisante. Le soir, en compagnie de son fils Bruno, il aperçoit son voleur, le poursuit, tombe sur un vieil homme, complice du voleur, se dispute avec lui pendant une messe des pauvres, perd finalement sa trace. Exaspéré, Ricci se met en colère contre son fils. La réconciliation est célébrée devant un repas au restaurant. Après une visite chez une voyante, il retombe sur son voleur et le suit jusque chez lui. Mais faute de preuves et de témoins, la police ne veut pas intervenir.

Désespéré, Ricci renvoie le petit Bruno chez lui et décide de voler une bicyclette. Il est vite rattrapé et, sous les yeux de son fils, il est arrêté par la foule. Mais le propriétaire, brave homme, ému par les larmes de l'enfant, ne porte pas plainte. Le père et son fils s'éloignent dans la foule...

Le tournage du Voleur de bicyclette *a duré 18 mois : presque cinq fois plus que la durée normale d'un tournage...*

Un chef-d'oeuvre

Le néo-réalisme

Alors que le *Rome ville ouverte* de Rossellini inaugurait en 1945 le néo-réalisme italien, c'est à De Sica et à son *Voleur de bicyclette* que l'on doit la diffusion dans le public de cette nouvelle forme de cinéma. Dès 1948, il triompha dans le monde entier.

Basant son film sur un fait divers — quoi de plus anodin que le vol d'une bicyclette? — De Sica a voulu et réussi à donner l'impression qu'il montrait une tranche de vie prise sur le vif. Pour créer cette illusion du reportage neutre, il s'est refusé les effets sophistiqués, les plans et les cadrages savants. Il nous donne ce sentiment de «montrer la réalité»: foules omniprésentes, dialogues d'une sobriété toute quotidienne, récit mettant en évidence les actes simples qui «font» réalistes.

Quant aux acteurs, ce sont des non-professionnels: Lamberto Maggiorani, le personnage principal, a joué, dit-on, son propre rôle, étant lui-même chômeur dans la vie. De Sica refusa l'offre d'un producteur américain qui voulait lui imposer Gary Grant comme vedette! Et il fut même question un temps de confier le rôle à Jean Gabin: avec de tels monstres sacrés, le film n'aurait sans doute pas atteint la valeur de fresque sociale qu'il revêt avec des acteurs venus de la rue...

Cinéma-vérité?

Néo-réalisme n'implique pas, comme on le croit trop souvent, improvisation ou amateurisme technique! La preuve en est le soin qu'apporta De Sica à la réalisation de son film: le tournage a duré 18 mois, soit cinq fois plus que dans un film courant! Alors même qu'un tiers du film avait déjà été tourné, De Sica découvrit le petit Enzo Staiola qu'il voulut absolument pour le rôle de l'enfant: il reprit tout à zéro pour lui donner le rôle!

Décidément, le cinéma de De Sica n'a rien à voir avec l'objectivité à laquelle prétendait, par exemple, un cinéaste comme Dziga Vertov: «On confond souvent le réalisme et le vérisme, disait Vittorio De Sica. Le vérisme est un banal documentaire alors que le réalisme est une transposition de la réalité, et cette transposition poétique est pour moi un point de départ...»

Un drame social

De Sica a collaboré pour beaucoup de ses films avec Cesare Zavattini, écrivain et théoricien du néo-réalisme, qui déclarait qu'il voulait être «avant tout un contemporain : et ceci parce que le cinéma n'arrive à une expression artistique, à un langage humain et social universel, que s'il offre la signification des événements, des drames collectifs de son temps».

Peinture d'une société prolétarisée, témoignage sur l'Italie d'après-guerre rongée par le chômage et la pauvreté, le film a su dépasser l'anecdote et la simple exposition d'un cas social pour atteindre la valeur universelle d'un drame intemporel, celui de la solitude.

La solitude

Pour retrouver sa bicyclette, son instrument de travail, Ricci fait appel à la police, à son syndicat, à ses amis, à la foule des pauvres gens... En vain : personne ne veut l'aider. Quant aux riches, ils le chassent de l'église où il a osé troubler le déroulement de la messe. Ricci cherche même un secours du côté des forces surnaturelles, auprès d'une voyante qui n'est pas capable de compatir à son chagrin. La religion alors? Les séminaristes étrangers qu'il croise dans la rue ne parlent même pas sa langue...

«*Le Voleur de bicyclette,* a déclaré De Sica, c'est la solitude de l'homme, mais ce n'est pas une solitude métaphysique, elle est toujours socialement expliquée.»

Réquisitoire contre une société qui n'a su produire que la misère, le film est aussi un cri de révolte contre l'absence de solidarité humaine. Un film pessimiste? «Mon film n'est pas achevé, disait De Sica, c'est au spectateur de l'achever lui-même...»

Le Voleur de bicyclette, *qui a tenu l'affiche aux Etats-Unis pendant plus d'un an (ce qui tient du miracle pour un film italien) et qui fut unanimement salué par le public et la critique en 1948, recevait dix ans plus tard la deuxième place au classement des douze meilleurs films de tous les temps (Exposition universelle de 1958).*

L'auteur

Né à Sora (Italie) en 1901, Vittorio De Sica fut d'abord un acteur prolifique (il a joué dans plus de cent films), incarnant avec désinvolture l'élégante figure du séducteur italien. Il commence sa carrière au théâtre dans la compagnie de Tatiana Pavlova, et se taille ses premiers succès dans des comédies légères et des revues où il interprète des romances sentimentales.

En 1931, il débute au cinéma et devient très vite l'acteur à la mode du cinéma italien. Il n'a pas cessé de tourner, autant dans des films américains, français, anglais qu'italiens, des films qui sont loin d'être tous des chefs-d'oeuvre, mais auxquels Vittorio De Sica insufflait cette petite note de séduction qui fait une partie de leur charme. Il reste l'acteur de *Pain, amour et fantaisie* de Comencini et du *Général della Rovere* de Rossellini.

A la fin des années 30, il s'intéresse à la mise en scène et tourne son premier film, *Roses écarlates*, en 1939. Mais c'est avec son cinquième film, *Les Enfants nous regardent* (1943) qu'il pose les premiers jalons du néo-réalisme italien. Un genre qu'il affirme dans *Sciuscia* (1946) et *Le Voleur de bicyclette* (1948).

Après *Miracle à Milan* (1950) où il montrait la misère des bidonvilles en préservant le ton joyeux de la fable, et *Umberto D* (1952) qui évoquait la détresse d'un vieil homme gardant sa dignité dans la misère, Vittorio De Sica connaît une période moins heureuse avec *Station terminus* et *L'Or de Naples* qui déçurent beaucoup, autant que *La Ciociara* ou *Les Séquestrés d'Altona*. Ses échecs successifs poussèrent la critique à remettre en cause toute son oeuvre passée que l'on taxa de misérabiliste, mélodramatique... Mais avec *Le Jardin des Finzi Contini* (1970), où il retraçait avec sensibilité les persécutions des juifs en Italie, et pour lequel il obtint l'Ours d'Or au festival de Berlin en 1971, De Sica démontrait qu'il n'avait rien perdu de ses moyens. Il continua à tourner jusqu'à sa mort en 1974.

Table des matières

Les chefs-d'oeuvre du théâtre 117

Les chefs-d'oeuvre de la peinture 145

Les chefs-d'oeuvre de la scuplture 217

Les chefs-d'oeuvre de l'architecture 239

Les chefs-d'oeuvre de la musique 279

Les chefs-d'oeuvre du cinéma 357

Achevé d'imprimer sur les presses de **Scorpion,**
à Verviers pour le compte des éditions **Marabout,**
D.L. octobre 1987/0099/158
ISBN 2-501-00963-0